ALICE VINCENT
Großstadtgewächs

Das Buch

Großstadtgewächs entführt uns in die Welt von Alice Vincent:
Mit Mitte zwanzig hat sie erreicht, wovon viele Millennials
träumen. Sie wohnt mit ihrem Freund in einer schönen
Wohnung in London und arbeitet erfolgreich als Journalistin. Im hektischen Stadtleben, zwischen Optimierungs- und
Leistungsdruck im Job und dem Binge Watching von Netflix-Serien fühlt sich Alice aber zunehmend verloren. Dann
macht auch noch ihr Freund Schluss. Tief verletzt sucht
Alice Trost in der Natur: Das Gärtnern auf ihrem kleinen
Balkon – mit Blick auf die Themse – und die Beschäftigung
mit Botanik helfen ihr nach und nach, ihren Schmerz zu
überwinden, sich selbst wieder zu spüren und vor allem
neue Wurzeln zu schlagen. Als Alices Debüt erschien, begeisterte es ein großes Publikum. Ihr Buch entführt uns in
eine Welt voller Herzschmerz und erzählt vom Weg aus der
Einsamkeit mithilfe der heilenden Kraft der Pflanzen

Alice Vincent

Großstadtgewächs

Wie mir mein kleiner Garten aus der Lebenskrise half

Übersetzt aus dem Englischen
von Leena Flegler

GOLDMANN

Penguin Random House Verlagsgruppe FSC® N001967

1. Auflage
Deutsche Erstausgabe Februar 2021
Copyright © 2021 by Wilhelm Goldmann Verlag, München,
ein Unternehmen der Penguin Random House Verlagsgruppe GmbH
Neumarkter Straße 28, 81673 München
Copyright © 2020 by Alice Vincent
Published by arrangement with Furniss Lawton.
Umschlaggestaltung: UNO Werbeagentur, München,
unter Verwendung eines Motivs von © FinePic®, München
Illustrationen im Innenteil: © 2020 Jo Dingley
Redaktion: Judith Mark
MP • Herstellung: kw
Satz: KompetenzCenter, Mönchengladbach
Druck und Einband: GGP Media GmbH, Pößneck
Printed in Germany
ISBN: 978-3-442-31592-5
www.goldmann-verlag.de

Besuchen Sie den Goldmann Verlag im Netz:

Für all diejenigen,
denen ich Erde und Samen zu verdanken habe

Kleine Pflanzenauswahl
aus diesem Buch

Islandmohn
Papaver nudicaule

Adlerfarn
Pteridium aquilinum

Duftwicke
Lathyrus odoratus

Schmetterlingsflieder
Buddleja davidii

Köstliches
Fensterblatt
Monstera deliciosa

Schmalblättriges
Weidenröschen
Chamaenerion angustifolium

Chinesischer Geldbaum
Pilea peperomioides

Yoshino-Kirsche
Prunus x yedoensis
»Somei-Yoshino«

Aurikel
Primula x pubescens

Große Kapuzinerkresse
Tropaeolum majus

Geigenfeige
Ficus lyrata

Kronen-Anemone
Anemone coronaria

Roter Dreiecksklee
Oxalis triangularis

Basilikum
Ocimum basilicum

Inhalt

Einleitung

Wenn man nur nah genug an den Zaun heranging, konnte man so tun, als wäre er gar nicht da. Mit den Drahthäkchen zwischen den Fingerknöcheln konnte man durch die Löcher spähen, und dahinter: lauter sich wiegende weiße Blüten. Aberdutzende Gänseblümchen. Ein flüchtiger Fiebertraum inmitten von Mauern und Beton.

Zuletzt war ich hier ein paar Wochen zuvor entlanggekommen, auf dem Heimweg von einem Abendessen in einem Innenhof – unsere Version eines Sonntagabend-Society-Programms: Freunde treffen, Schalentiere knacken und mit Brot auftunken. Jemand hatte ein Selfie gemacht und es online gestellt – als Zeichen unseres guten Lebens, als Beweis für unseren Erfolg. Meiner Generation war eingebläut worden, genau solche Sachen zu wollen: am ersten milden Frühsommerabend des Jahres schlichte Genüsse mit Gleichgesinnten irgendwo in fußläufiger Entfernung – mitten in London! –, damit wir von dort wieder heimschlendern konnten.

Josh und ich waren Hand in Hand hügelaufwärts spaziert, als ich ihn abrupt zurückzog, damit wir uns die Blumen ansehen konnten. Manchmal fühlte es sich komplett irreal an, wie ein ausgeklügelter Streich, wie eine Scharade, bei der wir spielten, dass dies unser Leben sei. Es war zu gut, um wahr zu sein, und gleichzeitig nie genug; immer einen Hauch von dem entfernt, was angeblich die überwältigende Essenz des Lebens war. Vielleicht lag es ja daran, dass es so letzten Endes auch gar nicht sein sollte.

Denn nur wenig später war die Blase geplatzt und die Luft so schnell raus, dass mir davon schier der Kopf schwirrte. Hier stand ich nun wieder, ließ den Blick über diese Seltenheit, dieses unbebaute Stück Land schweifen, auf dem Wildblumen wuchsen, und fragte mich, wie es mit mir weitergehen sollte. Wie konnte es sein, dass ich im einen Moment in etwas drinsteckte, was sich im nächsten Moment einfach in Luft aufgelöst hatte? Wenn jetzt jemand diese Wiese abmähte, kämen die Blumen im Jahr darauf wieder? Vielleicht waren sie uns ja nur für die paar Tage beschert worden, die sie im Abendlicht hin und her wogten, ehe sie verblühen und die schweren Samen sie in die Knie zwingen würden?

·

Als ich noch klein war, waren Wildblumen Waffen: Wir betrachteten das, was die Natur uns bot, als etwas Handfestes, als eine Macht, als mannigfaltiges Arsenal, das wir in unserer Kindheit auf dem Land bei unseren andauernden Fantasieschlachten einsetzen konnten.

Wir rollten aus Kletten-Labkraut kleine Kugeln und bewarfen einander – im besten Fall so unauffällig, dass das Opfer überhaupt nichts davon bemerkte und noch stundenlang ahnungslos weiterlief: mit leuchtend grünen Widerhaken am T-Shirt, über dem Rückgrat oder auf der Schulter oder, am allerbesten, auf der Kehrseite, bis jemand es darauf hinwies, was es sich eingehandelt hatte.

Auch Löwenzahn diente mitunter als Strafmaßnahme.

Sobald im Mai die zottigen gelben Blütenstände zu den viel schöneren, filigranen Pusteblumen verblühten, wurden sie für uns zu Wahrsagern: Wer immer die Flugschirmchen wegpustete, vermochte mittels seines Atems zu orakeln – hauptsächlich ob zwei Personen, oftmals eine aufgeregte Freundin und entweder der begehrteste oder der unbeliebteste Junge in der Klasse, ineinander verliebt waren oder nicht. Wesentlich unerfreulichere Offenbarungen hielten indes die Stängel bereit: Wen immer wir überreden konnten, an einem abgerissenen Löwenzahn zu lutschen – für gewöhnlich mit dem Versprechen einer besonderen Köstlichkeit –, hatte im Handumdrehen und noch für einige Zeit den derb bitteren Milchsaft auf der Zunge und verzog unter Garantie zur diebischen Freude des Übeltäters angewidert das Gesicht.

Das Gemeinste überhaupt waren die Gräser: Je länger die Tage wurden, umso höher standen sie, wehten auf wilden Wiesen hin und her und bildeten Samenstände mit kleinen Speerspitzen und Streubomben aus. Die Namen kannten wir nicht, aber wir wussten genau, welche die besten waren – die mit jeder Menge Samen, die nicht allzu weit auseinanderstanden. Die Größenwahnsinnigen unter uns griffen gern zu den üppigen, fedrigen Gräsern; Anfänger neigten eher dazu, die glänzenden, dünneren Gräser zu wählen, allerdings waren die zu kompakt und entfalteten sich nicht so leicht. Am besten waren die Gräser dazwischen – und um die ausfindig zu machen, brauchte man ein bisschen Erfahrung. Obwohl meine Schwester die ersten Lebensjahre in der Vorstadt gelebt hatte, lernte sie schnell und profitierte überdies von meiner Leichtgläubigkeit: Sie wählte ihre Waffe, erzählte mir, dass sie sie mir quer über die Zunge legen würde und ich die Zähne zusammenbeißen und die Augen zumachen sollte, wenn ich erfahren wollte, wie es sich anfühlte zu fliegen. Sobald der Halm korrekt positioniert war und die Vorfreude aufs Fliegen hinreichend angestachelt, riss sie ihn mir seitlich aus dem Mund und lachte sich schlapp, sobald die harten, trockenen Samen an meinen Zähnen explodierten. Unter ihrem Gelächter riss ich die Augen auf, spuckte den gar nicht mehr enden wollenden Samenvorrat aus und zupfte mir die Reste von den Lippen. Anschließend hatte ich wieder ein paar ganz neue Kosenamen für meine Schwester.

Ich kenne all diese Streiche, weil ich sie als Kind oft erlitten habe und kaum je das Vergnügen hatte, sie an anderen auszuprobieren. Einmal versuchte ich, Hannah zu überreden, auf Gras zu beißen, aber sie wusste natürlich genau, was ich vorhatte. Als Jüngste in einer Familie, die ursprünglich aus der Stadt stammte, war ich nach unserem Umzug aufs Land für derlei Schülerspäße gefundenes Fressen, gerade weil ich selbst noch zu klein war, um zur Schule zu gehen.

Aber ich lernte schnell dazu und fand mich auf den Äckern und den nur unzureichend ausgeschilderten Wanderwegen rund um unser neues Zuhause immer besser zurecht, indem ich an Hecken entlangstreifte und erkannte, was sich dort im Wechsel der Jahreszeiten an Beute finden ließ. Nicht dass ich formales Wissen angehäuft, botanische Namen der Pflanzen oder deren landwirtschaftliche Bedeutung gekannt hätte – aber ich nahm es zur Kenntnis: das Auf- und Verblühen entlang der Handvoll Wege und Sackgassen. Mal landete Froschlaich in Einmachgläsern im Klassenzimmer, mal ein ungefiederter Vogel auf unserer Terrasse, wo ich ihn unter die Lupe nahm; er war aus dem Nest gefallen und riss die noch blinden Augen weit auf. Kaninchen wieselten über die Felder. Wenn wir mal einen Dachs außerhalb seines Baus zu Gesicht bekamen, dann mit dem halb komisch, halb tragisch von Verwesungsgasen aufgeblähten Bauch nach oben am Straßenrand. In der Lämmerzeit schwankten wir wochenlang zwischen Jubel und Furcht; wir hatten gelernt, dass manche Lämmer zwei Felle trugen, weil bei einer anderen Geburt der Tod eingetreten war.

Wir lernten auch die Gesetze diverser Pflanzen. Aus Eicheln wuchsen Eichen und aus den Kastanien am Boden die Rosskastanie – zumindest aus denjenigen, die wir nicht in Essig einlegten oder für unsere jährliche Kastanienschlacht sammelten und im Ofen aushärteten. Und bei allem Schabernack, den wir trieben, waren wir uns darin einig, dass Brennnesseln fies und für Späße tabu waren – allein das Brennen und der Hautausschlag, wenn man daran vorbeistreifte! Zum Glück wuchs in der Nähe oft Sauerampfer, der weich und kühlend und lindernd wirkt, wenn man ihn über die Quaddeln reibt, die uns an den Kinderbeinen emporkrochen: grüne Medizin, die zwischen den Fingerknöcheln hervorquoll und im Nagelbett kleben blieb, wenn wir die Blätter zwischen unseren verschwitzten Handflächen zerrieben.

Trotz allem spielte sich mein Leben hauptsächlich in Innenräumen ab. Auf dem Dorf mochte man die hinreißendsten und skurrilsten Traditionen beibehalten haben – Spanferkelfeste, Schafblasenballspiele und erbitterte Konkurrenz bei Obst- und Gemüseschauen –, aber ich war nun mal obendrein ein Kind der Neunziger und ließ mich wie alle anderen auch von neuen technischen Errungenschaften und dem Sirenenruf der Zukunft nur allzu leicht verführen. Ich weiß noch genau, wie im Arbeitszimmer unser erster Windows-95-Computer installiert und mir nur wenige Jahre später gezeigt wurde, wie ich ins Internet kam. Die

Möglichkeiten der Online-Welt brandeten über meine Generation und die unserer Eltern hinweg wie eine Flutwelle, obwohl damals nur wenige hätten voraussehen können, wie sich das Ganze entwickeln sollte.

Als Teenager löste das Leben auf dem Land in mir klaustrophobische Zustände aus: diese Weite – und keinerlei Möglichkeit, ihr zu entkommen! Ich sehnte mich nach der Stadt, nach London, nach Bürgersteigen, Street Style, dem latenten Gefühl gefährlicher Genüsse jenseits der einzigen hiesigen Sorge: dass dich an einer unbeleuchteten Nebenstraße ein Auto mit überhöhter Geschwindigkeit erwischen könnte. Ich fühlte mich durch die dörfliche Stille, den weiten Himmel und den mitunter trotzdem beschränkten Horizont regelrecht erstickt. Im selben Atemzug fragten Eltern und Lehrer, was eines Tages aus uns werden sollte, und bedrängten uns, unsere Berufung und einen Beruf zu finden und Karriere zu machen. Und das verinnerlichten wir: Wir wollten und mussten uns eine Zukunft entwerfen. Ich wurde Journalistin – jemand, der aus seiner Lieblingsbeschäftigung einen Beruf machte. Ich wollte meine Texte auf gedruckten Seiten sehen. Und so zog ich aus, in diverse übervolle Städte, und dachte nicht mehr an Pflanzen oder Jahreszeiten oder Wachstumszyklen, die ich auf dem Land hinter mir ließ. Bis mir eines Tages dämmerte, wie sehr ich das alles vermisste.

●

Als ich begann, mich für Pflanzen zu interessieren, war ich Mitte zwanzig, und die ersten Schritte auf dieser Reise tat ich langsam. Ich wollte sie auch nicht öffentlich zelebrieren, im Gegenteil, anfangs behielt ich all das schön für mich.

Sich für das Gärtnern zu begeistern galt als schrullig, als unschick – eine Beschäftigung für Rentner oder Langweiler. Die beständige, nachhaltige Befriedigung, die sich einstellt, sobald man einen neuen Spross oder ein sich entrollendes Blatt entdeckt, sobald man entlang der Kanten eines kleinen Zimmergewächshauses das erste Dutzend Keimlinge entdeckt, kann man nun mal nicht abfotografieren und dem üblichen Futter für unsere Facebook-Seiten hinzufügen: den Schnappschüssen aus einer durchfeierten Nacht in einem Club oder den Impressionen von einem langen Wochenende in Budapest.

Und ich hätte es selbst nicht einmal erklären können. Das Gärtnern hatte in meiner Kindheit und Jugend kaum je eine Rolle gespielt; ich hatte nie das Bedürfnis gehabt, mich näher mit Botanik zu beschäftigen oder auch nur einen botanischen Garten zu besichtigen. Die Verlockungen des Gärtnerns – die eher unmoderne Optik, die Anhäufung von Wissen und die gewisse Pedanterie – ließen mich noch immer kalt. Ich wusste nur, dass mir das Gärtnern Spaß machte – und zwar mehr als alles andere, mehr als Londons glitzernde Lichter, mehr als schicke Partys und aufsehenerregende neue Alben. Mich mit Pflanzen zu beschäftigen bedeutete, mir selbst Dutzende spannender Fragen zu stellen: wie und warum diese oder jene Pflanze ausgerechnet dies oder das tat. Und diese Fragen wollte ich mir beantworten können – wie bei einer stummen, unausgesprochenen Rätselaufgabe, die ich ganz für mich allein in meinem Kopf lösen konnte. Und anders als bei anderen, eher lauten Antriebskräften in meinem bisherigen Leben (immer die besten Noten, Uniabschluss, der perfekte Job, Freunde finden, mit denen man die Art von Spaß haben konnte, der in sozialen Netzwerken gut aussah) hatte ich beim Gärtnern

17

kein Ziel vor Augen. Die Arbeit, die man ins Gärtnern investiert, schlägt sich natürlich im Resultat nieder, aber bislang war mein Verhältnis zum Gärtnern ein eher lockeres, und Kräfte, die nicht in meiner Hand lagen, bestimmten das Ergebnis. Für jemanden, der jahrelang versucht hatte, alles in die richtige Richtung zu steuern, fühlte es sich an wie ein fortlaufender charmanter Zaubertrick.

Genau wie schon Millionen vor mir zog ich nach London, um dort Arbeit zu finden. Ich fand mich ganz gut zurecht, mochte den Lärm und die Anonymität und fand den konstanten Wandel hoch spannend. Andererseits ist die Stadt ein Gebilde, das der Mensch aus der Not heraus errichtet hat, und was dabei herausgekommen ist, wird zusehends schwer bewohnbar. Für ein Nachdenken und Hinterfragen ist hier kaum noch Platz; fernab Aberhunderter winziger Veränderungen in der Luft, in der Erde, an jedem Zweig wurden an mich in der Stadt andere Anforderungen gestellt. Die Stadt verändert unsere Prioritäten, nötigt uns, auf eine Art und Weise miteinander in Konkurrenz zu treten, von der wir nie dachten, dass sie uns wichtig wäre: Wer verdient was, wer fährt wohin in den Urlaub … In Städten leben heutzutage mehr Menschen denn je. Die Generation der Millennials – der ich selbst angehöre – strömte nur so in die Moloche aus Beton und Glas und Stahl, ließ sich auf prekäre Wohnverhältnisse ein und gierte nach Jobs in Branchen, die von der Rezession besonders betroffen waren. Wir wollten gleichzeitig die Erwartungen unserer Eltern abschütteln und neue Lebensstile erfinden. Wir wollten lieber Dinge tun als Dinge besitzen – trotzdem wünschten wir uns die eigene finanzierbare Wohnung. Wir krabbelten die Karriereleiter nach oben, die in eine Zukunft führte, die kaleidoskopisch, veränderlich und unmöglich vorhersagbar war.

Wir versuchten, zig Sachen gleichzeitig zu sein, wurden immer besser darin, sie anderen vorzugaukeln, während wir zugleich das Gefühl hatten, bei alledem nicht zu genügen.

Wir entfremdeten uns von allem Lebenden, mit dem wir unseren Lebensraum teilten. Wir wurden pflanzenblind, scherten uns nicht länger um die Kraft und den Zweck von Gewächsen, die wir nicht einmal mehr hätten benennen können. Aber da waren wir nicht die Ersten: Seit Generationen verlassen Menschen die Dörfer ihrer Kindheit, um nach städtischen Reichtümern zu streben. Doch irgendwann ruft uns das Land zurück. Wir ertappen uns dabei, wie wir uns danach sehnen – nach erholsamen grünen Flächen. Wir widersetzen uns Gesetzen und Glaubenssätzen, um Dinge in Böden zu züchten, die nicht unsere sind, um aus dem Hässlichen etwas Schönes zu machen, was die Herzen aller anderen wie auch unser eigenes anrühren soll. Inmitten des Schmutzes und Smogs der Industriellen Revolution fingen viktorianische Behörden an, Räume für Parks zu definieren, damit die Bevölkerung sich zumindest in einer grünen Lunge aufhalten konnte, wenn die eigene schon rußschwarz war. Als dann die rasante Abfolge von Neuerungen in jenem Jahrhundert zur allgemeinen Erschöpfung geführt hatte, versuchten ein paar der innovativsten Vordenker, mittels Gartengestaltung neue Freiräume zu eröffnen.

Was zeichnet unsere Generationen im Vergleich dazu aus? Welche Eigenschaften unserer Indoor-Existenz haben unser Gehirn, unsere Bedürfnisse und Wünsche geprägt? Irgendwann ertappte ich mich dabei, wie ich mir den unerwarteten, spröden Geschmack der Grassamen zurückwünschte. Ich wollte das Überraschende auf meiner Zunge zurück – etwas, was mir ganz gleich wie grob von außen beschert wurde. Ich wollte die Weite zurück – nicht unbedingt im Sinne von Lebensraum, denn die Stadt ist riesig und voll von Wundern wie von Enttäuschungen. Nein: die Weite meines Denkens. Als ich mich ertappte, wie ich auf dem Gehweg minutenlang die Gänseblümchen betrachtete, während andere an mir vorübereilten, dämmerte mir, dass ich hungrig war: hungrig nach einer Form von Verständnis, nach der Art bescheidener Superkraft, die man sich aneignete, indem man Kletten-Labkraut in Spielzeug verwandelte; hungrig nach einer dicken Brombeere oder einem Sauerampferblatt, das Heilung versprach. Wenn ich nur die Funktionsweise dieser Pflanzen kennen und verstehen würde, was sie zum Blühen und Verblühen brachte, könnte ich womöglich eine ganz neue Art zu leben für mich entdecken.

Juni

Der Sommer befällt diese Stadt mit dem gleichen Hochdruck, der ihn herbeigeführt hat. Die Backsteinfassaden speichern die unverhoffte Hitze, und der Asphalt fängt an zu flimmern. Wir sind schweißüberströmt, weil wir dummerweise immer noch in unseren Strumpfhosen und Mänteln und Stiefeln stecken. Doch jemand hält seine schützende Hand über uns – und das feiern wir, indem wir hinaus in die Gärten und Parks strömen und zum allgegenwärtigen tausendfachen Zischen unsere Bierdosen öffnen. Wir wissen, dass es nicht lange heiß bleiben wird.

Die Leute vergessen gern, wie nass und regnerisch der Juni sein kann. Ein einziges sonniges Wochenende am Anfang des Monats, das gewisse Zeitungen schon mal als Hitzewelle bezeichnen, eröffnet den Sommer. Dabei ist Mittsommer – jener Wendepunkt zwischen Licht und Dunkelheit – noch Wochen entfernt. Dann kommt der Regen, jedes Mal. Es ist genau dieser Wechsel von der überraschenden Hitzeblase zum gurgelnden Versickern des anhaltenden Regens, den die Pflanzen zum Wachsen brauchen.

Denn der Juni ist fruchtbar. Er ist die Atempause zwischen der zarten Fülle des Frühlings und der Wucht des Hochsommers. Im Juni wächst alles und schießt in die Höhe, auf einen Zenit tumultartiger Veränderung zu. Die

Stockmalven sprießen und lehnen sich über die Bordsteine. Alleen scheinen zu schrumpfen, weil sich das Geäst der Bäume unter dem frischen Laub biegt. Gräser schießen ins Kraut, wiegen sich in der Brise und kitzeln dich im Vorbeigehen in der Kniekehle. Rosen explodieren förmlich in Samtigkeit und Duft und lechzen nach Wasser. Es sind so viele Knospen, dass einige vom Wind und vom Regen auf den Gehweg gepeitscht werden und unter den Schritten der Passanten zerknacken. Alles ist grün und überbordend und übereifrig und strotzt nur so von aufkeimendem, neuem Leben. Mittsommer nähert sich und damit im Norden die maximale Neigung der Erdachse zur Sonne – und das beeinflusst die Ausprägung der Tage, die wir mit unseren alltäglichen Aufgaben verbringen.

•

Mein Leben war schon seit einer Weile in ruhigen Bahnen verlaufen. Es brach der dritte Sommer in derselben Wohnung an – die längste Zeitspanne, die ich zumindest in meinen Zwanzigern jemals an ein und demselben Ort verbracht hatte. Wir wohnten im vierten Stock eines Wohnhauses auf einer Anhöhe. Vom Esstisch aus waren sowohl Sonnenauf- als auch Sonnenuntergang zu sehen, und der Wechsel der Jahreszeiten war in der Wohnung deutlich zu spüren. Im Winter wurde es dampfig; wenn morgens die kraftlose Sonne aufging, lief Kondenswasser an den Fenstern hinab und bildete Pfützen auf den Fensterbrettern. Stürme zerrten an den Außenwänden. Im Hochsommer rissen wir sämtliche Fenster auf und ließen den Tag herein, bis abends die Schatten über die in rotes Licht getauchten Wände wanderten. Wenn ein Windstoß hereinwehte, knallte entweder am einen oder anderen Ende des Flurs eine Tür und störte für einen Moment den lichten Wohnungsfrieden.

Dies war das Schiff, an dessen Steuer wir standen: Josh und ich. Ein strahlend weißes Zuhause, das mitunter fast zu erwachsen wirkte für all die Dinge, die wir gemeinsam angehäuft hatten – zu sehr auf Hochglanz poliert für all das, was uns miteinander verband: Abenteuer und Lebenshunger.

Wir hatten uns fünf Jahre zuvor ineinander verliebt – im Nachbarviertel während eines Sommers voller Picknicks im Park und bei Spaziergängen an der Themse. Mehrere warme Wochen gingen ins Land, bis wir uns das erste Mal küssten: ein paar Minuten nach Mitternacht auf dem Trafalgar Square bei den Löwen. Er war für mich eine weitere Errungenschaft innerhalb dieses unbekannten, einsamen Londoner Molochs, den ich in mich aufsaugte – bitter, erfrischend und vielversprechend. Nach jener Nacht waren wir nur noch selten ohne einander unterwegs. Wir rutschten in eine Beziehung hinein, ohne überhaupt recht zu wissen, was Beziehung bedeutete. Seine und meine frühen Zwanziger fügten sich ineinander. Wo immer ich hektisch und laut war, legte er – leise und nachdenklich – eine Fürsorge an den Tag, die ich zuvor nie gekannt hatte. Ich wiederum versuchte, ihn aus den hintersten Winkeln seiner Komfortzone hervorzuzerren.

Es war für uns beide die erste, die prägende Beziehung – ein Pflänzchen, das auf instabilem Boden wächst, in den Rissen der Jugend wurzelt und trotz widrigen Wetters weiter gedeiht. Die wichtigsten Punkte im frühen Erwachsenenleben hatten wir allesamt mit Häkchen versehen: Wir waren tanzen gewesen bis zum Morgengrauen, hatten Fernreisen unternommen, uns furchtbar zerstritten. Wir waren trotz Krankheit und Herzschmerz zusammengeblieben, wir

23

hatten gelernt, den jeweils anderen an die erste Stelle zu setzen, selbst wenn es wehtat. Wir arbeiteten hart an dieser Liebe, flickten sie zusammen – mithilfe von erbitterter Unterstützung und Verständnis – und hielten sie in Gang, wenn wir schon nicht den nächsten Gang einlegten. Unsere Leben fältelten sich ineinander, wie es im Leben von Liebenden oftmals der Fall ist. Menschliches Origami – darin hatten wir irgendwann einige Übung.

Mit der Zeit fühlte es sich an, als wären wir zu etwas anderem herangewachsen, zu Menschen, die nicht mehr wir selbst waren. Uns verbanden der Ehrgeiz und die Entschlossenheit, genau das Leben zu leben und die Karriere zu machen, die wir uns ausgemalt hatten, zudem aber auch all die Dinge, die wir gemeinsam aufgebaut hatten: unsere uneinnehmbaren Escher-Festungen aus Sprache und Humor beispielsweise; Geschichten, die wir zu chiffregleichen Schnipseln reduzieren konnten. Es war einfach herrlich – diese geheime, schneekugelartige Welt, in die niemand sonst vordringen konnte. Bis ich Josh kennenlernte, hatte ich nie jemanden getroffen, der imstande war, sich noch mehr Gedanken zu machen als ich; im Vergleich zu ihm fühlte ich mich frei und leichtfüßig, wie ich mich im Vergleich zu anderen niemals gefühlt hatte. Allerdings hatte ich auch nie zuvor jemanden getroffen, der sich derart verpflichtet fühlte, auf mich aufzupassen, der einen derart unverrückbaren moralischen Kompass hatte, der so kompromisslos Richtig und Falsch benannte und so wendig im Geiste war. Ich war fasziniert von ihm, der sich nur ganz langsam öffnete, und ihn kennenzulernen war für mich, wie in ein gut gehütetes Geheimnis eingeweiht zu werden. Als wir also weit vor den anderen erwachsen wurden, war das für mich gar nicht weiter schlimm – weil wir es gemeinsam taten.

Die Wohnung war ein Meilenstein in diesem Prozess des Erwachsenwerdens, in der Verpflichtung, die wir verschanzt hinter ernsthaftem Papierkram und Juristenjargon miteinander eingingen – etwas Bindendes. Wir gehörten zu der Handvoll Glücklichen, zu den sehr wenigen Millennials, die sich ein eigenes Dach über dem Kopf gekauft hatten – ausgerechnet in London! –, die den Horrorgeschichten aus den Schlagzeilen trotzten, und zwar dank einer Mischung aus Erbschaft, der Großzügigkeit anderer und einer Reife, für die wir eigentlich noch gar nicht alt genug waren. Obwohl sie aus Ziegeln und Mörtel bestand, behandelte ich unsere Wohnung wie ein rohes Ei, wie ein kostbares, oftmals widersinniges Nest für unser sich gerade erst entwickelndes Leben. Eher ein neues Spielzeug, das uns unverhofft beschert worden war, denn ein Ort zum Leben.

Wir versuchten, daraus einen Ort zu machen, an dem wir selbst unseren jugendlichen Weltschmerz in Gemütlichkeit packten; an dem wir mit Freecycle-Fundstücken Pinterest-Bildvorlagen nacheiferten. Damit fühlte sich dieser Ort mit der Zeit nicht mehr ganz so wundersam an. Wir führten dort ein normales Leben, belegten Brote, putzten uns die Zähne. Nahmen einen Untermieter auf, damit wir unsere Rechnungen leichter begleichen konnten. Gewöhnten uns unterschiedliche Zubettgehzeiten an. Und ich fing an, die Grenzen zu verschieben – nach draußen, hinaus über die Schwelle unseres Balkons.

Für mich war der Balkon das Beste an unserer Wohnung. Dass er nicht groß war, fand ich umso besser – keine vier Meter lang, gerade mal einen guten Meter tief und zu beiden Seiten von verwitterten Metallsprossentüren flankiert, die so schmal waren, dass sich Gäste nur vorsichtig seitwärts hindurchschoben, gern mit einem nervösen Kichern, weil sie befürchteten, ansonsten stecken zu bleiben. Wenn ich dort hinausging, verspürte ich einen Hauch von Freiheit; ich sah den Himmel, spürte ihn, als wäre ich mittendrin, und konnte frei durchatmen. Meine Lunge fühlte sich größer an; ich hatte mehr Raum, um auszuatmen.

Zögerlich begann ich, den Balkon zu besiedeln, und verbrachte dort draußen auf meiner kleinen Himmelsplattform zusehends mehr Zeit. Ich wollte Leben dort hinbringen, wo es sich bislang bloß windig angefühlt hatte. Mit Kräutern fing ich an – Minze, Thymian, Salbei. Die stopfte ich mitsamt viel zu dichten Wurzelballen und in erbärmlichem Zustand in gastronomiegroße Tomaten-Blechdosen, die ich auf dem Gehweg vor einer Pizzeria gefunden und mitgenommen hatte. Binnen weniger Wochen hatte ich die armen duftigen Dinger ersäuft. Irgendwann machte ich es mir zur Gewohnheit, sonntagmorgens in aller Herrgottsfrühe mit einem Zwanzig-Pfund-Schein in der Tasche in Richtung Osten zum Blumenmarkt an der Columbia Road zu fahren. Was immer ich hübsch fand, packte ich in Tüten, schleifte es mit der Bahn heim, nur um dort allem in bester Absicht und doch auf verschiedenste Weise versehentlich den Garaus zu machen. Sonderangebote von Sainsbury's und Lidl wurden zu meinen gärtnerischen Stützrädern: Manches ging ein, von anderem war ich tatsächlich überrascht. Es sollte eine Weile dauern, bis mir dämmerte, dass ich den Finger in die Topferde stecken musste, bevor ich goss, um zu sehen, ob die Pflanzen überhaupt schon wieder Wasser brauchten. Stattdessen übergoss ich ohnehin schon überschwemmte Wurzeln mit flüssiger Liebe. Zartes Wachstum setzte ich peitschendem Wind aus. Wenn eine Pflanze in die Höhe schoss, deutete ich es als Triumph statt als Zeichen allerhöchster Not angesichts von Licht- und Nährstoffmangel.

Wenn meine Pflanzen in Samen schossen (sprich: vorzeitig aufblühten, um mit dem letzten bisschen Kraft vor dem verfrühten Ende noch schnell Samen zu bilden), ließ ich sie in einer Mischung aus Neugier und Stolz blühen. Einige waren auch wirklich schön; meinen Rucola lasse ich beispielsweise heute noch blühen: Die filigranen, windmühlenförmigen weißen Blüten gehören zu den schönsten, die ich kenne. Kurz vor dem Verblühen schneide ich sie ab und streue sie über einen Salat – die Blüten schmecken leicht nussig und sind wahnsinnig lecker.

Ich war zwar auf dem Land aufgewachsen, als Enkelin zweier Großväter, die Gewächshäuser und Gemüsebeete beackerten und für die das Vereinzeln von Pflänzchen etwas zutiefst Tröstliches hatte. Beide konnten über ihre moralischen Stränge schlagen, indem sie aus National-Trust-Gärten Stecklinge stibitzten. Trotzdem hatte ich für das Gärtnern bislang nie Interesse gezeigt.

Nicht dass ich der Natur nichts hätte abgewinnen können. Meine Kindheit hatte aus Ausflügen mit dem Fahrrad, Erkundungstouren über Äcker und dem Bau von Unterständen bestanden. Dann wiederum hatte ich auch dringend Bücher lesen, Bilder malen, eine Zeit lang unbedingt Freundschaftsarmbändchen knüpfen oder Tänze einstudieren müssen. Mit sieben bekam ich meine erste Brille und war davon sofort wie besessen, wurde eines jener Kinder, die überhaupt nicht mehr rausgingen, bis meine Mutter irgendwann drohte, mit uns in eine Wohnung ohne Garten zu ziehen, und ich mich zu guter Letzt doch nach draußen trollte.

Als der Same des Interesses Jahrzehnte später schließlich doch noch aufkeimte, war das Gärtnern nun nicht gerade *das* Ding der Stunde. Tatsächlich fühlte es sich eingangs eher wie die lächerlichste aller Rebellionen an: Anstelle eines Sex-and-Drugs-Territoriums eroberte ich mir die Erde. Es war nicht die durchfeierte Clubnacht, nicht der Brunch, kein langes Wochenende in Kopenhagen und auch keine Gruppenreise nach Ko Samui. Von Leuten in meinem Alter wurde all das erwartet – und das meiste gleichzeitig: Reisen, kreative Jobs, ausgelassene Partynächte, anständiges Auftreten und wechselnde Geschlechtspartner jeglicher Couleur. Gärtnern gehörte schlichtweg nicht zu den sozial verordneten Aktivitäten.

Und warum auch? Die Erde unter unseren Füßen war fremdes Terrain, etwas, was wir schnellstmöglich hinter uns ließen, um in die schwindelerregenden Sphären aus Versprechungen eines neuen Jahrtausends einzutauchen. Wir waren von Eltern großgezogen worden, die erstmals in Supermärkten eingekauft hatten; diejenigen von uns, die in den letzten Jahrzehnten des 20. Jahrhunderts zur Welt kamen, waren bereits zwei Generationen entfernt von all jenen, die noch selbst Dinge angebaut hatten, um sich zu ernähren und um sich daran zu erfreuen. In den Neunzigern wurden Vorgärten nicht mehr gehegt und gepflegt, sondern zugepflastert. Zimmerpflanzen wurden durch Kunstpflanzen und Potpourri-Schälchen ersetzt. Wo früher Gewächshäuser gestanden hatten, wurden Wintergärten und Fahrradschuppen gebaut und endlose Terrassendielenmeter verlegt.

Wir brachten uns die Grundlagen der Lebensführung bei: wie man kochte, putzte und Vintage-Möbel aus dem Sperrmüll rettete. Die Grundlagen des Lebens im Freien gerieten unterdessen ins Hintertreffen. Pflanzen spielten keine Rolle mehr. Selbst auf dem Land stellten sie maximal die Kulisse dar für eine sich verengende Welt, die zusehends von der Mehrheit der Menschen entrückt war. Ich persönlich sehnte mich nach Asphalt und Lärm und der Freiheit, rund um die Uhr in Gehdistanz ein paar Bier oder eine Flasche Wein kaufen zu können – und ich eroberte mir diese Freiheit: erst in Newcastle, später dann – kurzzeitig – in New York und schließlich in London, wo ich eine Zeit lang zu bleiben gedenke.

Trotzdem gärtnerte ich heimlich, still und leise weiter vor mich hin. Bis Anfang Juni kletterte Jasmin vorsichtig am Fallrohr hinauf, und mein lila Basilikum trieb Blätter aus, obwohl ich es in eine schattige Ecke gestellt hatte. Eine Zucchinipflanze, die ich nie aus ihrem Pflanztopf genommen hatte, blühte bereits – auch wenn sich schon bald der Mehltau auf die unterernährten Blätter legen sollte. (Zucchini brauchen – wie das meiste Gemüse – so viel Platz und Nährstoffe wie nur irgend möglich, und ich gab ihnen … nichts.) Die Duftwicken, die ich aus einem Samentütchen aus dem Ein-Pfund-Shop gezogen hatte, kletterten an ihren Rankhilfen empor. Geblüht haben sie nie; für eine Pflanze, die in Sachen Aussaat ein bisschen heikel ist, im Nachhinein trotzdem gar nicht übel. In letzter Zeit hatte ich mich unerklärlich entfremdet von meinem eigenen Leben gefühlt, als exerzierte ich alles nur deshalb durch, weil es von mir erwartet wurde. Spaß haben, arbeiten gehen, eine Beziehung führen: All das fühlte sich seltsam gedämpft an. Im Gegenzug entwickelte ich echte Freude an jedem sich entrollenden Blatt, an jedem Keimling, der durch die Erdoberfläche spitzte.

Ich gärtnerte mit einer Hingabe, die von Neugier, kleinen Erfolgen und niederschmetternden Verlusten befeuert war. In meine Experimente anständig zu investieren konnte ich mir nicht leisten, also ging ich auf Raubzug: Ich pflanzte einjährige Pflanzen (die binnen eines Jahres keimen, blühen und dann Samen ausbilden) in ein Durcheinander aus zusammengeräuberten Pflanzgefäßen – in Holzkisten, Pflanzenöl-Dosen vom Bürgersteig vor Currybuden und in ausrangierte Plastiktöpfe aus dem Gartencenter. Im zweiten Sommer sollten meine Duftwicken an einem hässlichen Wigwam emporranken, den ich aus toten Zweigen und Ästen aus dem Park und einem Stück Schnur zusammengezurrt hatte. Bis zum dritten Frühling hatte ich mit derselben Schnur ein Stück Hühnerdraht an der Klinkeraußenwand der Wohnung befestigt, an dem die Pflanzenpracht hochwachsen sollte.

Denn ich stellte mir immer noch vor, wie sie hochwachsen würde – auch wenn sie viel häufiger schlapp hinabhing. Die Bedeutung von Pflanzendüngern musste ich mir erst noch erschließen – dass Topfpflanzen Nährstoffe brauchten und was diese zu leisten imstande waren. Bislang hatte ich mir im Zuge meiner Misserfolge und einiger verwirrender Internetrecherchen gerade einmal die Grundlagen vergegenwärtigt: Licht, Windschutz, Platz. Ich wollte einfach alles pflanzen – bis ich die sanften Grenzen der Natur zu spüren bekam, indem ich sie überstrapazierte. Aber Mangold wächst nun mal nicht in einem kleinen Pflanztopf. Wenn man jedoch den Inhalt eines Päckchens Senfsamen darüberkippt und das Ganze dann optimistisch als Kompost benutzt, dann, ja, dann sprießen zwei Jahre später die ersten Blättchen.

Ohne dass es mir klar gewesen wäre oder ich es hätte benennen können, häufte ich Wissen an wie Staub: Tag für Tag war da mehr als noch tags zuvor. Es entwickelte sich, blieb hängen, veränderte sich über die Jahreszeiten, wurde von Erfolgen befeuert und von Niederlagen gedämpft, ließ aber nie nach. Und meine Begeisterung wuchs im gleichen

Maße. Mein Hunger nach dem Balkon und alledem, was darauf gedieh, wurde mit der Zeit immer größer. Es sollte dort draußen noch viele Jahre eher grau bleiben denn grün werden, aber inmitten der wilden Mischung aus Blumentöpfen und Kübeln und Konservendosen wuchsen lebendige Dinge, die irgendwo im Spannungsfeld zwischen Biologie und meiner Einmischung existierten. Manchmal stellte ich mich an die Balkontür, lehnte die Stirn an die Scheibe und blieb dort stehen, bis ich bei kühleren Temperaturen durch die Atemwölkchen vor meinem Gesicht kaum mehr etwas sehen konnte. Wenn Josh dann fragte, was ich da machte, antwortete ich immer mit: »Ich gucke nur.«

Der Balkon wurde zu einem Quell der Faszination, blieb gleichzeitig aber auch immer *mein* Ort. Freunde – und sogar Josh – kamen hin und wieder auf Socken heraus (ich selbst hatte damals immer ein Paar verschlissener Flipflops neben der Tür bereitliegen, die ich bis heute nicht weggeworfen habe) und wussten nicht, wo sie sich hinstellen oder hinsehen sollten. Ich pflanzte mir einen Kokon, ohne je über den Grund dafür nachzudenken.

Unterdessen wurde die Wohnung selbst zusehends zu Joshs Revier. Dort drin war ich rastlos; in dem Versuch, meinen eigenen Sinn für Ordnung an einem Ort zu verwirklichen, den sich zwei Menschen teilten, fing ich an, täglich zu putzen. Ich konnte das halbe Wochenende damit verbringen und die abseitigsten Eckchen finden, die ich dann verzweifelt schön zu machen versuchte.

Zwischen uns blitzte immer wieder eine zutiefst empfundene Freude auf, wie man sie nur nach Jahren der Vertrautheit empfindet. Irgendeine Albernheit vermochte eine Stunde hysterischer Lachanfälle auszulösen. Gleichzeitig konnten die Zimmer, die wir bewohnten, auch zu stummen

Schlachtfeldern werden, auf denen unsere unterschiedlichen Kriegsstrategien in Banalitäten zutage traten: Schuhe, die am falschen Platz standen. Drei Tage alte Zeitungen, die nie recht den Weg ins Altpapier finden wollten. Immer wenn es besonders herausfordernd und schwierig war, fühlte sich die Wohnung oben auf unserem Hügel an wie ein Adlerhorst – oder wie ein Käfig, in den durch die Gitter ganz London einströmte. In solchen Momenten ließ ich meinen Blick den Fluss entlang gen Osten schweifen, wo wir früher gewohnt hatten und wo meine Freunde noch wohnten, und fragte mich, was ich wohl gerade verpasste.

Es fiel mir unendlich schwer, es zu begreifen – die Frustration, diese seltsame Einsamkeit, die ich empfand, obwohl ich inmitten so vieler Menschen wohnte, deren Leben über diverse Bildschirme tagtäglich auf mich einströmte. Ich hatte doch alles getan, was ich hatte tun sollen. Ich hatte mich mit der verbissenen Inbrunst vorgearbeitet, die unserer bildungs-ausbildungs-fortbildungsbesessenen Generation eingeimpft worden war. Wir waren in einem leistungsgetriebenen Schulsystem groß geworden, in dem der Erfolg zur Grundvoraussetzung geworden war, und hatten nahezu perfekte Noten und gute Abschlüsse geliefert. Was dann aber auf uns gewartet hatte, war ein Arbeitsmarkt, in dem man erst einmal monatelang ohne Gehalt schuften durfte – für den Hauch von Aussicht auf eine Anstellung (von welcher Dauer sie auch immer wäre). Ich knechtete mich durch diese Zeit, schrieb und schuftete (und probierte die unterschiedlichsten Katerheilmittel) – und alles nur, weil ich auf eine Karriere aus Autorenzeilen in Zeitungen und Zeitschriften hoffte, die die Leute nicht mehr kauften; alles nur, um meinen fast schon lachhaften Traum zu verwirklichen, von meinen Texten leben zu können.

Und die Jobs stellten sich immer gerade rechtzeitig ein. Ich wurde Redaktionsassistentin bei einem aufstrebenden Start-up, wo ich mit einem brandneuen Laptop und einem Blackberry begrüßt wurde, die eine eigenartige, unsichtbare Dauerverbindung zwischen mir und der Arbeit herstellten. Mit vierundzwanzig hatte ich die Art von Job, der sich auf Partys großartig anhörte – für eine Tageszeitung über Popkultur schreiben. Die Anstellung war in vielerlei Hinsicht der wahr gewordene Traum, den ich seit einem Jahrzehnt hegte. Wenn alles gut lief, fühlte es sich an, als hätte ich Superkräfte: Ich ging zu Konzerten und Festivals, schrieb darüber und wurde für meine Hochstapler-Syndrom-durchtränkte Meinung auch noch bezahlt. Allerdings war das auch nur die Belohnung für die fortdauernde Anstrengung, mich immer und immer wieder als gut genug beweisen und die Kritik schlucken zu müssen, wenn ich mal nicht gut genug gewesen war. Aus Sicht meiner Freunde hatte ich es geschafft. Aus Sicht der Kollegen war ich lediglich die neue Nachwuchskraft, die sich an ihrem Job noch nicht abgewirtschaftet hatte.

Das jahrelange Strampeln – Schule, Studium, Praktika – hatte mich also hinter einen Schreibtisch geführt, zu becherweise Tee, zu Snacks, die ich am Rechner in mich hineinstopfte, und zu mikroskopisch kleinen Gehaltserhöhungen, die mir erlaubten, in dieser Stadt, die sich nur die richtig Reichen leisten konnten, halbwegs anständig zu wohnen, wenn auch nie zu *leben*. Der Hunger, der mich hierhergetrieben hatte, veränderte sich, verebbte; ich hatte entweder soeben *die* Bildunterschrift auf Seite eins, *das* Print-Feature oder *den* Titelseiten-Aufreger gelandet – oder fühlte mich, als würde es nie dazu kommen. Irgendwann war dieser Job nur noch ein täglicher Kampf mit überquellenden E-Mail-Postfächern oder aber Mittel zum Zweck, damit wir uns die Urlaube leisten konnten, die wir immer häufiger machten, um der Arbeit zu entfliehen. Zwischen Kantine und Kopierer hatte sich mein Ehrgeiz verflüchtigt, und der Job selbst war mir immer weniger wichtig.

Im selben Maße war London zusehends weniger der Heilige Gral als vielmehr ein Ort, an dem ich hatte landen müssen, um Geld zu verdienen. Ich raste von der Arbeit in den Pub oder zu irgendeiner Veranstaltung und wieder heim und war mir der Ausmaße dieser Stadt immer nur dann bewusst, wenn ich die Themse überqueren musste und in die Abertausend Lichter blinzelte. Ich ertappte mich dabei, wie ich Stunden auf dem Sofa zubrachte, mir Mist auf Netflix ansah, während es draußen Abend wurde und die nächste Folge irgendeiner Serie startete, bevor ich auch nur zur Fernbedienung greifen und auf Stopp drücken konnte. Die Einsamkeit pulsierte in mir wie ein zweites Herz, und irgendwie war mir, als dürfte ich ausgerechnet das niemals jemandem verraten. Während meine Freunde feiern gingen, Dates hatten oder sich ebenfalls Netflix-Serien anschauten, auf anderen Laptops auf anderen Sofas in anderen Stadtteilen, tauchte ich in diese fiktiven Leben ein, die vor mir über den Bildschirm flimmerten, tippte Statements auf Twitter, schrieb WhatsApp-Nachrichten und postete Sachen auf Instagram, bis irgendwann die einzige Zeit, die ich nicht vor einem beleuchtenden Display verbrachte, meine Schlafenszeit war.

Und vielleicht war das ja unausweichlich gewesen. Meiner Generation – aufgewachsen mit Thermochrom-T-Shirts und *Gladiators* – war eingebläut worden, dass sie ihr Heil in der Online-Welt fände und nicht draußen. Gameboys, PlayStations, diverse Nokias 2210, eine via MSN navigierte

Jugend: All das waren die hartplastikbewehrten Fallen für die ersten Teenager in Großbritannien, die in den Cyberspace eintauchen durften und gleichzeitig die letzten waren, die noch ohne Internet aufgewachsen waren. Nicht draußen im Freien, sondern drinnen hatten wir uns beigebracht, mit zehn Fingern zu tippen und Musik zu streamen und auf jeden Markenerweiterungszug sofort begeistert mit aufzuspringen. Immer wenn das Telefon geklingelt hatte, kreischte anschließend sofort wieder das Modem und hörte erst auf, als das Breitband endlich bis ins Hinterland reichte. Aus einer E-Mail der Studienplatzvergabestelle erfuhr ich, dass ich meinen Studienplatz bekommen hatte, noch bevor ich dazu gekommen war, an der Schule meine Ergebnisse abzuholen.

Digitale Zeit ist eine merkwürdige Sache. Nachrichten verbreiten sich binnen Minuten auf Twitter; Leute scheinen sich auf Instagram von einem Land ins andere zu beamen. Bei der Arbeit konkurrierte ich stillschweigend mit anderen Leuten aus anderen Medienunternehmen darum, wer mit ein und derselben News-Krume aus der Unterhaltungsbranche zuerst herauskäme. Es musste immer zuallererst sein – und zwar pronto. Dass wir die Uni ganz ohne Smartphones und W-LAN überlebt hatten, wurde so etwas wie ein schrulliger Scherz unter Gleichaltrigen, als wären wir aus grauer Urzeit in die gleißenden Lichter dieser Gerätschaften teleportiert worden. Dieses Tempo sorgte auch dafür, dass sich andere Dinge anfühlten, als wären sie zeitlich ineinandergerutscht: Irgendwie hatte ich es geschafft, Mitte zwanzig zu werden und ein augenscheinliches Bilderbuchleben zu führen (toller Freund, tolle Wohnung, Instagramtaugliche Urlaube), ohne überhaupt zu wissen, wie es dazu hatte kommen können. Ich wusste nur, dass ich verdammtes Glück gehabt hatte.

Es war, als würde ich – natürlich glückselig – in diesem Bilderbuch-Zufall vor mich hintreiben. Ich hatte es gut getroffen. Zwischen Josh und mir herrschte eine gewisse Leichtigkeit; wir konnten auch unabhängig voneinander unterschiedlichen Interessen nachgehen. Zur Begleitmusik seiner freundlichen Spöttelei vertiefte ich mich in meine Gärtnerei, und mit ähnlicher Herablassung kommentierte ich seine ebenso verlockenden Hobbys. Ich ließ zu, dass ich von der Bequemlichkeit eingelullt wurde und sie jedes Warnsignal von mir abschirmte wie eine Lärmschutzwand. Ich war mir unserer Zukunft sicher; wir würden für alle Zeit zusammen- und nebeneinanderher leben. Josh war einfach da – und das würde so bleiben. Wir hatten uns Dingen verschrieben, die wesentlich ältere, gesetztere Paare taten: Wir abonnierten Zeitungen, machten Fernreisen, sparten auf Möbel, die es uns wert waren. Wir rissen sogar Witze darüber, was wäre, wenn wir eines Tages erst richtig alt wären. Ich fühlte mich einfach sicher mit ihm, fühlte mich *seiner* sicher. In meinen Augen waren wir beide eine unbestreitbare Gewissheit.

Tage und Arbeitswochen konnten sich ewig hinziehen oder vorbeirasen. Ich maß die Zeit inzwischen anhand des Himmels, den ich vom Balkon aus vor mir sah. Aus der Wohnung konnte man von Battersea bis Canary Wharf blicken – und unter dem silbrigen Shard sah alles dazwischen winzig aus. Doch selbst der Wolkenkratzer wirkte nichtig im Vergleich zum Himmel darüber, der sich minütlich veränderte. Wolken türmten sich auf, und Farben gingen wie in einer stummen Darbietung ineinander über, ganz gleich wer ihnen dabei zusah. So lernte ich auch nachzuvollziehen, welchen Lauf über den Horizont die Sonne tagaus, tagein in jenen kurzen Momenten des Auf- und Untergangs nahm. Indem ich vom Balkon aus den Himmel studierte und Stunden damit zubrachte, über winzigste Mysterien nachzugrübeln, verortete ich auch eine ganz kleine Version meiner selbst im unbegreiflich großen Ganzen – in einem Kosmos, der ganz ohne mein Zutun funktionierte.

An jenem Morgen, da alles auseinanderbrach, war der Himmel strahlend blau – die Art von tiefem, fast unerbittlichem Blau, unter dem scharfe Schatten den Boden zerteilen. Ich sah zum Himmel empor und schaufelte gedankenverloren Müsli in mich hinein, als Josh auf mich zutrat und mir mitteilte, dass er eine Auszeit wollte; dass wir eine Beziehungspause einlegen sollten. Gerade erst Minuten zuvor hatte er noch geschlafen, und ich hatte mich aus seinen Armen gewunden. Für mich ergab das keinen Sinn. Was er da zu mir sagte, kam nicht bei mir an, und ich wollte auch gar nicht, dass es bei mir ankäme. Womöglich versuchte er sogar, es mir zu erklären, aber ich kann mich an nichts mehr erinnern. Was immer er sagte, hörte sich in meinen Ohren so verzerrt an, als spräche er unter Wasser. In der Müslischale wurde mein Müsli matschig und ging in der Milchflut unter. Und auch ich fühlte mich, als wäre ich von einer Welle erfasst worden. Als ich wieder auftauchte, um Luft zu schnappen, war da nur noch ein Satz übrig: »Ich hab das Gefühl, als würde ich mich von dir entlieben.«

•

Die folgenden Stunden zerfaserten wie ein Papiertaschentuch; innerlich wollte ich einfach nur noch zu Boden sacken, den Tag ohne mich verstreichen lassen und den nächsten gleich auch, bis dieses schreckliche Fegefeuer niedergebrannt wäre; dann wiederum war ich tief in meinem

Innern fest entschlossen, so zu tun, als wäre nichts passiert. Dass meine Generation dafür stand, alles offen zu teilen, auch Ängste und unseren psychischen Gesundheitszustand, galt nun mal größtenteils nur für die Online-Welt. Das fast schon zwanghafte Bedürfnis, überall mit einem Lächeln aufzutreten, seine Arbeit zu verrichten und erst spät wieder nach Hause zu gehen, war weitaus tiefer verankert. Und ich hatte nun mal ein paar praktische Aufgaben zu erledigen. Also biss ich die Zähne zusammen, stellte mich unter die Dusche, wo ich vor Wut und Verwirrung laut kreischte und mir ein paar Minuten des Zusammenbruchs erlaubte, bevor ich zum bösen Spiel tapfere Miene machte, die ich mehr oder weniger ein komplettes Jahr lang zur Schau tragen würde.

Ich konnte an diesem Tag niemandem erzählen, was da gerade passiert war; es hätte zu einem Riss geführt, von dem ich nicht gewusst hätte, wie ich ihn wieder schließen sollte. Zu allem Überfluss stand mir kein normaler Arbeitstag bevor: In unserer Wohnung sollte ein Shooting stattfinden. Zusätzlich zur tapferen Miene musste ich also auch noch die unerschütterlich hilfsbereite Gastgeberin mimen. Wann immer ein Kollege sich nach meinem Freund erkundigte, mit dem ich hier wohnte, tat ich so, als wäre immer noch alles in bester Ordnung, und das Blut rauschte in meinen Ohren. Die Mittagspause verbrachten wir im Pub gegenüber, und während die anderen Mayonnaise und Gabeln herumreichten, spürte ich, wie der Kloß in meinem Hals immer größer wurde. Ich schluckte ihn hinunter und hoffte inständig, dass niemand mir etwas anmerkte. Insgeheim hatte ich Panik. Ich hatte das Gefühl, als wäre mein Leben von einer Klippe gestürzt, zerschmettert im Abgrund gelandet, und ich sähe darauf hinab und wüsste genau, dass es keinen Sinn mehr hatte, Hilfe zu rufen. Die Vorstellung weiterzuleben, ohne dass Josh je wieder hereingeschlendert käme und mich begrüßte, ängstigte mich zu Tode.

Draußen war es immer noch hell, als er zurückkam, einen kleinen Koffer packte und wieder ging. Wie sich herausstellte, war ich doch nicht so sehr geliebt worden, wie ich gedacht hatte – schon eine ganze Weile nicht mehr. Wir rangen uns noch zu der Entscheidung durch, eine Weile keinen Kontakt aufzunehmen und einander Raum zu geben, um herauszufinden, ob er – sofern er sich dazu imstande fühlte – wieder zu mir zurückkommen wollte.

Wann immer ich die Panik im Griff hatte, schrieb ich das Ganze als Ausrutscher ab, als nichtige Krise, als den Webfehler im opulenten Wandteppich unseres gemeinsamen Lebens. Womöglich würden wir in ein paar Jährchen daran zurückdenken, bei Dinnerpartys darüber witzeln und die Augen verdrehen. Genau so würden wir darauf reagieren – so wäre es doch auch viel logischer, als einfach zu implodieren. Es war bloß eine Beziehungspause; anschließend würden wir einander wieder aufrichten und als noch glücklicheres Paar mit einer noch stärkeren Bindung daraus hervorgehen.

Nur war es andererseits genau diese Verleugnungshaltung, die dazu geführt hatte, dass Joshs Auszug mich so eiskalt erwischt hatte. In meiner Entschlossenheit, alles auf einmal zu sein – namhafte Journalistin, mitten im Leben stehende Mittzwanzigerin, gute Gesellschaft bei Kneipenabenden, beste Freundin und Partnerin mit Potenzial für noch viel mehr –, hatte ich mit der Zeit ausgeblendet, dass einige dieser Rollen nicht mehr funktionierten und es schlichtweg unmöglich war, all das gleichzeitig zu sein. Was wir zusammen aufgebaut hatten, hatte auf dem Papier perfekt ausgesehen – exakt so, war uns beigebracht worden, musste es aussehen. Als es am Ende genau so gekommen war und sich herausgestellt hatte, dass es doch nicht das Richtige sein könnte, hatte ich für mich beschlossen, einfach so zu tun, als wäre es richtig; als sähe so unsere Zukunft aus. Mit dieser sich immer schärfer abzeichnenden Zukunft und der Enge unserer Beziehung hatte Josh zusehends Probleme gehabt, während ich die Realität stillschweigend verdrängt hatte.

•

Tags darauf war der Himmel grau. Schwere Wolken trieben vorüber, und es regnete gegen die Fenster. Ich wachte allein in unserem Bett auf, und schlagartig war ich mir der Leere und damit Joshs Abwesenheit bewusst. Mein Handy rührte sich nicht. Wie gern hätte ich etwas darauf entdeckt – irgendeine Nachricht, dass alles ein schrecklicher Fehler gewesen sei. Wir hatten immer viel übers Handy kommuniziert; seit meiner Jugend war ich es gewohnt, zu Kurznachrichten aufzuwachen. Mit den Jahren hatte ich mich auch daran gewöhnt, neben einer anderen Person aufzuwachen – oder zumindest zwischen warmen Laken, wenn der andere sich schon mal ins Nachbarzimmer verzogen hatte, weil dort das W-LAN besser war. Die Stille lastete schwer auf mir.

Der Juni war nasskalt geworden, und damit fühlte sich jede Stunde schwerfällig und verdrießlich an. Für mich war die Ungewissheit – ob Josh mich wieder zurücknehmen oder mich einfach ad acta legen würde – unerträglich, ganz gleich wie oft ich versuchte, die Situation im Kopf durchzuspielen; ganz gleich wie viele verschiedene Szenarien ich mir einfallen ließ. Im einzig akzeptablen Szenario wäre auf märchenhafte Art und Weise niemals passiert, was doch längst passiert war. Ich schmiedete Pläne, das Land zu verlassen, weil ich mir ein Londoner Leben ohne ihn nicht mehr vorstellen konnte. Ich wollte einfach nur wissen, was als Nächstes kam – selbst angesichts des vor mir liegenden Abgrunds einer undefinierten Beziehungspause –, und sah es regelrecht vor mir: Gästezimmer und -sofas; klamme WGs; sinnlose Nächte, die in Tränen und Reue endeten – und in noch mehr Einsamkeit, die mein Gehirn doch jetzt schon zermalmte.

Weil mich niemand so gut kannte wie Josh. Ich kannte jede Menge toller Menschen, aber ich hatte schon vor langer langer Zeit gelernt, dass ich sie nicht allzu nah an mich heranlassen und erst recht nicht in mein Liebesleben einweihen durfte. Das verbat mir mein Stolz. Meine oberste Priorität war, den schönen Schein zu wahren. Wenn Josh und ich uns gestritten hatten – was immer häufiger vorgekommen und verstörender geworden war –, hatte ich nie jemandem davon erzählt. So etwas sah online nicht gut aus und war ganz sicher nicht das geeignete Thema für einen Whats-App-Chat.

Im Laufe der Jahre hatte ich gelernt, verschiedene Aspekte des Lebens auf unterschiedlichen Ebenen zu behandeln – unter anderem die Wahrheit im Vergleich zu dem, was öffentlich einsehbar war. In gewisser Weise hatte sich auch Joshs bevorzugte Version von mir von derjenigen unterschieden, die ich meinen Freunden präsentierte; für ihn war ich immer ein bisschen leiser, nachdenklicher, weniger chaotisch und peinlich gewesen. Tatsächlich hatte er mir stets das Gefühl gegeben, ein besserer Mensch zu sein – auch wenn ich nicht immer ich selbst gewesen war. Doch ohne ihn war es, als hätte sich meine Persönlichkeit in weiten Teilen verabschiedet und als wäre nur noch der minderwertige Rest von mir übrig.

Ich bestrafte mich dafür, dass ich es so weit hatte kommen lassen. Ich war mir sicher, dass ich ihn von mir weggetrieben hatte, dass ich mich zu sehr auf andere Sachen gestürzt hatte, auf das Putzen, Gärtnern oder aufs Schreiben, statt mich für ihn zu interessieren. Dass ich ihm nicht das gegeben hatte, was er gebraucht hätte; dass ich mich hatte gehen lassen. Ich überlegte mir zig Möglichkeiten, wie ich mich verbessern könnte, damit er mich zurückwollte. Ich kaufte mir absurd hohe High Heels, um unseren Größenunterschied wettzumachen, und schöne Kleider, weil er mich zuletzt fast nur noch in Trainingshosen gesehen hatte. Ich hatte das Gefühl, ich könnte mich in etwas zurückverwandeln, was er begehrte. In meiner Verwirrung und meinem Elend stürzte ich mich auf rein praktische Dinge, als könnte ich so mein Problem lösen – indem ich einfach nur wieder das Heft in die Hand nähme.

Unterdessen kam mein aufkeimendes Gärtner-Selbststudium zum Erliegen. Ich sah darin keine Zukunft mehr. Ob wir die Wohnung behalten würden, stand in den Sternen und war ebenso ungeklärt wie die Zukunft unserer Beziehung. Wenn wir die Wohnung verkaufen müssten, hätte ich auch keinen Balkon mehr. Und ohne Balkon keine Pflanzen. Ich war nicht imstande, mir vorzustellen, jenseits dieses kleinen Claims, den ich für mich abgesteckt hatte, weiter Pflanzen zu hegen und zu pflegen und Freude daran zu haben. Es fühlte sich einfach bescheuert an, auch nur darüber nachzudenken, ob die Petersilie wohl keimen würde oder nicht. Obwohl das Gärtnern zuvor von einer Spielerei zu einem ganz wesentlichen Teil meines Lebens geworden war, waren im Angesicht dieses Faustschlags, des frischen Trennungsschmerzes, nur noch sehr wenige Dinge wichtig. Ohne Josh hatte ich das Interesse an allem anderen verloren.

Nun stellt der Wechsel von Sonne und Regen für Pflanzen eine fast schon magische Kombination dar. Meine bescheidene – nein, anständige – Ansammlung einjähriger Pflanzen, die ich Wochen zuvor eingepflanzt hatte, und die Handvoll überlebender mehrjähriger näherten sich ihrem Zenit: Inmitten von zitronig duftendem Kleinem Fettblatt blühte vor der Wand die stolze Traube einer violetten Lupine. In der Ecke hatte der Rote Dreiecksklee zierliche Blüten getrieben, unter denen sich die haarfeinen Stängel bogen. Da waren Petunien und ein Meer aus Kapmargeriten in grellen Pink- und Lilatönen. Ich stellte mich an die Glastür, lehnte die Stirn dagegen und starrte hinaus, zunächst ohne auch nur eine der Pflanzen anzusehen. Hinter mir fühlte sich die Wohnung mit einem Mal riesig und leer an. Es war niemand mehr da, der sich erkundigte, was ich da tat. Die schiere Anstrengung, immer weiterzumachen, die Tränen zurückzuhalten, und die enorme Erschöpfung legten sich auf meine Stirn und drückten mir schwer auf die Lider – ein dumpfer, anhaltender Schmerz. Dieses Spektakel dort draußen vor der Balkontür, die leuchtenden Farben, das neue Wachstum, das dem Regen trotzte – all das ergab nur schwer Sinn. Ein ums andere Mal schwor ich mir, nicht zu weinen, und weinte dann doch.

Am vierten Nachmittag dann – eine Art Erweckungserlebnis. Ich kam nach Hause und entdeckte auf dem grauen, regennassen Balkon etwas gänzlich Neues. Zwei dicke, pelzige Islandmohnknospen waren aufgegangen und entblößten frische, perfekte Blütenblätter, die so weiß waren wie frisch gewaschene Wäsche. Mir stockte buchstäblich der Atem, so überrascht war ich, dass sie dort gegen die Düsternis anstrahlten. Selbst Knospen, die ich wochenlang – manche sogar monatelang – voller Vorfreude beobachtet habe, verschlagen mir bis heute die Sprache, wenn sie zu guter Letzt aufblühen. Es ist fast, als geschähe es heimlich, sobald man sich abwendet oder mit anderen Dingen beschäftigt ist.

Nicht dass ich sie wirklich beobachtet hätte. In den vergangenen Tagen hatte ich kaum je nachgesehen, was dort draußen vor sich ging, welche Knospen bald aufgehen würden oder welche Blüten langsam welk wurden. Angesichts meines Elends und der kapitalen Verwirrung über Joshs Auszug hatten meine kreiselnden Gedanken vergebens nach einem Sinn gesucht. Ich hatte versucht, Ordnung in unmöglichste Dinge zu bringen und das Unvorhergesehene zu verstehen. Dabei war auf meinem Balkon etwas Kleines (kleiner als meine Handfläche) und Unvorhersehbares geschehen – und in diesem Fall ergab es einen Sinn.

Im selben Moment dämmerte mir, dass es den Pflanzen egal war. Sie scherten sich nicht darum, ob ich in einer Beziehung lebte oder gerade eine hinter mich gebracht hatte. Es kümmerte sie nicht, dass ich aufgehört hatte, sie zu versorgen, weil ich mich wie erschlagen fühlte. Es war ihnen egal, dass ich ursprünglich doch mit allem angefangen hatte, weil ich etwas hatte versorgen wollen, um mich heimisch zu fühlen, um etwas in Ordnung zu bringen, von dem ich nicht mal gewusst hatte, dass es nicht in Ordnung war. Mein Zustand war für meine Balkonpflanzen komplett unwichtig – natürlich, sie sind ja auch keine fühlenden Wesen, zumindest nicht nach derzeitigem menschlichem Verständnis. Und ganz gleich was zwischen Josh und mir vorgefallen war oder was andere Leute sagten oder einander antaten – Pflanzen wuchsen immer weiter und blühten und brachten Samen hervor und legten Ruhephasen ein und trieben neu aus. Einfach weil das ihr Lebenszweck ist.

Der Strudel aus Panik und Elend und Verwirrung hielt

quasi für einen Augenblick inne. Das hier war die beruhigendste Erkenntnis, die ich seit Tagen gehabt hatte. Angesichts dessen wirkte unsere Trennung für einen klitzekleinen Moment banal und nichtig. Am Ende ist Herzschmerz doch nichts weiter als etwas Rituelles, eine alles umfassende emotionale Machtübernahme, der sich in jeder Minute des Tages Hunderte Menschen gegenübersehen. Der Mohn jedenfalls kam mir im Vergleich dazu vor wie ein kleines Wunder – die Erinnerung daran, dass die Natur wider alle Widrigkeiten weitermacht.

Ich fasste keine großen Vorsätze, schwor mir auch nicht, mich wieder glücklich zu gärtnern. Allerdings war da eine Art aufkeimende Einsicht, dass unvorhergesehene Veränderungen nicht immer nur schlecht sein mussten. Der Mohn war für mich der Anfang einer Übersetzung: Die Sprache der Pflanzen, des Gärtnerns, konnte ich bis dahin zwar kaum verstehen, aber ich ertappte mich dabei, wie ich mir doch alle Mühe gab. Ich wollte den Sinn und Zweck des Lebens ergründen, das uns umgibt, mal leise, aber doch Tag für Tag, und als ich anfing, jene Sprache zu dechiffrieren – immer noch unbeholfen und langsam –, half mir das auch, all das, was mit meinem Leben passierte, halbwegs zu verstehen: nicht nur was die Trennung anging, sondern auch all das, was ich mir vom Leben erwartet hatte und wo ich es hinsteuern wollte.

•

Man mag Blumen als zarte, versponnene, alberne Dinge betrachten, die die Leidenschaft gewisser Leute wecken, während andere mit einem betriebsameren Leben achtlos daran vorbeigehen. Aber sie haben eine bestimmte Gestalt und Funktion und, wie mir mit der Zeit klar werden sollte, eine stumme Entschlossenheit, nach ihren eigenen Bedingungen zu gedeihen. Frauen haben lange das Gleiche getan, haben Erwartungen übertroffen und Grenzen verschoben – und wir werden dies weiter tun, bis unsere Bemühungen eines Tages angemessen gewürdigt werden. Wir müssen unseren eigenen Weg in die Welt hinaus und in Aufgabenbereiche finden, aus denen wir bislang ausgeschlossen wurden. Dies war genau wie auf jedem anderen Gebiet auch bei der Gartenarbeit der Fall.

Männer brachten Ordnung in die Gartenkultur: Sie bauten riesige Gewächshäuser und legten Sammlungen an, definierten die Funktion der Gartenanlage und erdachten Wege, um Pflanzen in Bücher zu bannen, die Frauen nicht schreiben durften. Frauen blieb diese Welt lange vorenthalten – und zwar aus den gleichen Gründen, aus denen Frauen nur allzu oft der Zutritt verwehrt wurde: weil ihre Gehirne angeblich zu klein oder zu empfindsam waren oder weil es sich schlicht und ergreifend nicht gehörte.

Andererseits waren wir Frauen nicht seit jeher gärtnerische Parias. Als im 18. Jahrhundert die ersten Handelsschiffe neben Gewürzen, Tee und Tigern auch exotische Pflanzen von den Rändern des britischen Weltreichs mit nach Hause brachten, lösten sie eine regelrechte »Botanomanie« aus. Ausgerechnet die Botanik galt damals als diejenige Naturwissenschaft, die noch am ehesten für Frauen geeignet war. Die frische Luft sollte gesund für uns sein, die fremdländischen Gewächse bescherten uns neue Motive für unsere Gemälde und neue Kräuter, deren heilende Wirkung wir auskundschaften konnten – ganz wesentliche Fertigkeiten für eine Lady. Bis in die 1830er Jahre ziemte sich eine solide Pflanzenkundigkeit für die Dame von Rang ebenso sehr wie fortgeschrittene Klavierkünste und die Fähigkeit, höfliche Konversation zu betreiben.

Was die herrschende Männerwelt indes unterschätzte: dass wir mehr wollten, als eine Pflanze oberflächlich zu bestaunen. Dass wir fleißige und gewissenhafte Pflanzensammlerinnen würden, die nicht nur den Royal Botanic Garden in Kew gänzlich neue Arten bescheren sollten. Frauen ist es zu verdanken, dass einige Pflanzen, die heutzutage unsere Lebensräume zieren, überhaupt erst auf den Markt kamen: Den herrlich gelben Flaum der Akazie beispielsweise und die zierlichen Adern der Storchschnäbel brachte eine gewisse Mrs Norman aus Bromley ins Land, die angeblich mit einem Holzhändler verheiratet war.

Mir gefällt die Vorstellung, dass diese smarten Society-Ladys, sobald ihre einflussreichen Gatten sie nicht mehr beanspruchten, bei ihren Kaffeekränzchen heimlich Pflanzen-Importnetze spannten. Dass auch sie frustriert gewesen waren, längst erreicht zu haben, was die Gesellschaft ihnen als das maximal zu Erreichende zugestanden hatte – ein schönes Zuhause, einen mit Bedacht ausgewählten Ehemann, hinreichende Bildung und die richtigen Kleider, um ein gutes Leben zu führen –, und dass sie daraufhin beschlossen, sich etwas zu suchen, was die Grenzen all dessen verschob, was ihnen als wünschenswert eingebläut worden war.

Andere waren da weniger verzückt. Ab Mitte des 18. Jahrhunderts begannen Pflanzenkundler wie Carl von Linné und später Augustin-Pyrame de Candolle, Pflanzen zu klassifizieren, und mit einem Mal wurde der Zeitvertreib jener Frauen von ihren Zeitgenossen anders eingeschätzt: John Lindley, von 1829 bis 1860 Leiter des Botanischen Instituts am University College London, ereiferte sich ganz besonders bei seinem Ansinnen, Pflanzen aus den Malzimmern zu verbannen und der akademischen Sphäre zuzuschlagen, in der Frauen nicht willkommen waren (auch wenn ausgerechnet er später die »Mädchenversion« botanischer Schriften verfassen sollte: die *Ladies' Botany*, zu Deutsch *Botanik für Damen oder fassliche Einleitung in das Studium des natürlichen Systems der Pflanzenkunde*). Und obwohl die Botanical Society of London, die 1836 gegründet wurde, die erste Forschungsgesellschaft war, die das Engagement von Frauen proaktiv ermunterte, war die einzige Frau, die innerhalb der Gesellschaft wissenschaftliche Abhandlungen beisteuerte, Margaretta »Meta« Riley, geborene Hopper – die zunächst unter dem Namen ihres Mannes publizierte. Andere Forschungsgesellschaften gerieten schier zu Schlachtfeldern der Geschlechter. Die Gefechte hielten über Jahrzehnte an, ehe Frauen auch nur an Sitzungen teilnehmen durften – von Stipendien ganz zu schweigen – und Pflanzen erkunden, ihre Entdeckungen zur Diskussion stellen und tiefer forschen durften, genau wie es die Männer taten, die jene Institutionen gegründet hatten.

Nun zieht man Pflanzen nicht im Hörsaal, und Frauen (zugegebenermaßen hauptsächlich jene, die genug Glück, hinreichend Zeit und das nötige Kleingeld hatten) führen mit dem Sammeln und Züchten fort. Von der britischen Welt der Botanik ausgeschlossen, suchten sie sich alternative Tummelplätze. Einige begleiteten ihre Ehemänner (Männer, die in den frisch kolonialisierten Territorien wie Indien oder Südafrika Regierungsposten bezogen) und machten sich auf die Suche nach Pflanzen, während ihre Gatten den Amtsgeschäften nachgingen. Andere brachen zu eigenen Forschungsreisen auf, stellten eigene Sammlungen zusammen oder setzten sich über die Konventionen ihrer Zeit hinweg, indem sie beeindruckende Gärten gestalteten. Und auch diese Frauen studierten Pflanzen – selbst wenn sie der Linné-Gesellschaft noch lange nicht beitreten durften; gerade einmal vierzehn Jahre vor Einführung des Frauenwahlrechts war es endlich so weit.

Nichtsdestoweniger blieb das Sammeln, Studieren und die Pflege von Pflanzen jahrhundertelang eine Tätigkeit, der sich Frauen aus Faszination, Frust und zur Zerstreuung zuwandten. Trauer, Krankheiten, Skandale und Liebeskummer brachten uns dazu, schiere Wunder aus Pflanzen und Pflanzungen zu vollbringen, indem sie uns obendrein nötigten, Mittel und Wege zu finden, gesellschaftliche Verbotszonen zu umgehen – selbst wenn das bedeutete, sich im Morgengrauen in die Kew Gardens einzuschleichen, wie es die angehende Insektenforscherin Eleanor Ormerod in den 1850er Jahren tat.

Ihr wahres Gärtnerinnenpotenzial konnten Frauen immer dann am besten unter Beweis stellen, wenn ihnen Areale zufielen, die in der Regel zuvor von einem Mann beackert worden waren. Charlotte Marryat war solches Glück beschieden. Sie war Amerikanerin und clever und selbstbewusst genug, in den Statuten der Royal Horticultural Society ein Hintertürchen zu finden: Denn dort stand nirgends geschrieben, dass Frauen sich nicht um die Mitgliedschaft bewerben durften. 1830 trat sie als dritte Frau der Gesellschaft bei. Als sie ihren Mann verlor, investierte sie sein komplettes Vermögen in ihren üppigen Garten, in dem sich unter anderem ein See mitsamt zwei Inseln befand. Dann gab es noch Lady Dorothy, die mit Anfang zwanzig mit ihrem damals schon älteren Cousin Reginald Nevill verheiratet worden war und auf gesellschaftliche Erwartungen keinen Pfifferling gab, als sie sich mit Feuereifer an die Gestaltung ihrer Gärten machte. Ihr Eifer brachte sie mitunter in die Bredouille, als sie beispielsweise versuchte, eine Seidenraupen-Plantage anzulegen, und am Ende das komplette Haus von Raupen nur so wimmelte.

Ein Jahrhundert später versuchten Frauen noch immer, eigene Claims abzustecken, wann immer sich Leerräume in ihrem Leben eröffneten. Margery Fish beispielsweise liebte ihren Mann Walter zweifelsohne von ganzem Herzen, aber er war nun mal ein Schönwettergärtner (während sie die Grundlagen für ihre blühenden Blumenbeete im tiefsten Winter legte) und ein gärtnerischer Tyrann: Er beschnitt seine Pflanzen und ließ den Abfall für Margery liegen, damit sie ihn beseitigte. Als er starb, eroberte sie sich zurück, was er ihr vorenthalten hatte, und stellte ihr ganzes Können unter Beweis, indem sie – als Frau! rebellisch! – die Brechstange ansetzte, um in den aufgestemmten Wegen selbst die unscheinbarsten Kriechpflanzen zum Wachsen zu ermuntern. In der Welt der Botanik ist sie als Autorin und Pionierin bekannt geworden, die dem englischen Cottage-Garten zu neuer Gestalt und Größe verhalf. Für Ehemann Walter, könnte man meinen, war sie lediglich die Sekretärin, die er zur Frau genommen hatte.

Als Sarah Lees mit Mitte fünfzig Witwe wurde – keine Woche vor ihrem zwanzigsten Hochzeitstag war ihr wohlhabender Fabrikanten-Ehemann unerwartet gestorben –, kanalisierte sie ihre Trauer, indem sie sich dem Wohle Oldhams widmete, jener Stadt, die ihren verstorbenen Gatten so reich gemacht hatte. Sie stiftete Förderprogramme und Krankenhäuser, glaubte aber auch an die heilsame Wirkung von Grünflächen. Lees gründete eine Gesellschaft, die sich der Verschönerung der verwahrlosten Industriestadt durch Gärten, Parks und Blumenrabatten verschrieb. Sie tüftelte aus, welche Pflanzen mit Smog umgehen konnten, und richtete Blumenschauen und Cottage-Garten-Wettbewerbe aus, um in einer Stadt, in der das Leben nicht eben leicht war, die Vorzüge des Gärtnerns bekannter zu machen. An der Wende zum 20. Jahrhundert stürzte sich Lees mit dem gleichen Eifer, den sie für städtische Grünanlagen aufgebracht hatte, in die Suffragettenbewegung und die Durchsetzung von Frauenrechten.

Ebenfalls ein Todesfall führte für die unverheiratete viktorianische Botanikerin Marianne North dazu, dass sie die Welt erkundete. Ihre Mutter war gestorben, sodass nun die Tochter den Vater auf seinen Reisen begleitete. Als auch er starb – im Grunde der einzige Reisegefährte, den sie je hatte ertragen können –, machte sie kurzerhand alleine weiter. North – eine geborene Feministin – hatte mit angesehen, wie ihre Schwestern geheiratet hatten, und für sich beschlossen, dass sie selbst ungeeignet für die Ehe war, die sie als »grausames Experiment« betrachtete, das Frauen »in eine Art bessere Bedienstete« verwandelte. Die Früchte ihres Lebens kann man heute in den Kew Gardens besichtigen. In einem schmucken Backsteinbau findet sich dort ihr Vermächtnis: 800 Gemälde, die wie Fotos in einem Album arrangiert wurden und genau so, wie North es sich vorgestellt hatte, ausgestellt werden. Der Ausstellungsraum selbst ist verhältnismäßig klein, aber nicht weniger kaleidoskopisch – man steht dort wie inmitten eines Schmuckkästchens.

North ging mit achtunddreißig erstmals alleine auf Reisen und widersetzte sich auch fortan sämtlichen Konventionen: Sie verzichtete auf hübsche Kleider, auf Botschaftsdiners, die ihre familiären Verbindungen ermöglicht und ihr die Jahre auf Reisen gewiss angenehmer gestaltet hätten. Stattdessen ging sie ihren eigenen Weg. »Ich bin ein sehr

wilder Vogel«, erklärte sie gern, »und ich mag Freiheit.«
Sie reiste rund um die Welt, ließ sich von Topografie und
Jahreszeit leiten – achtzehn Monate durch Indien, dreizehn
durch Brasilien – und malte unterwegs Hunderte Motive,
die stets auch Pflanzen enthielten: Mangroven zum Beispiel,
die bis dahin in Bildern nie dokumentiert worden und just
zu dieser Zeit drauf und dran waren, sich nachhaltig zu verändern. Indem sie hundertfach Pflanzen malte und auf diese
Weise für die Ewigkeit bewahrte, statt sie auszugraben und
zurück ins Vereinigte Königreich zu transportieren, schuf
North gewissermaßen Bilder-Zeitkapseln mit Landschaften, die binnen weniger Jahre von der Erdoberfläche ver-
schwanden.

Nach dem Tod beider Eltern investierte die unverheiratete Ellen Willmott ihr enormes Vermögen in verschwen-
derische botanische Bildungsreisen, englische, französische
und italienische Gärten und Dutzende Gärtner. Die Liste
der Gewächse, die Willmott anpflanzte, ist beeindruckend
und grotesk gleichermaßen – 100 000 Arten, und in einem
Jahr pflanzte sie sämtliche verfügbaren Kartoffelsorten, um
herauszufinden, welche wohl am besten schmeckte. Doch
noch viel bemerkenswerter war ihr Wissen, das ihr letztlich
eine von zwei Victoria Medals of Honour bescherte, die
die Royal Horticultural Society an Frauen vergab; bei derselben Gelegenheit wurden 58 Männer mit der Medaille
geehrt.

Die zweite Frau war Gertrude Jekyll. Geboren 1843,
sammelte sie schon mit zwanzig Jahren Pflanzen und war,
was Gartendesign und Gartengeschichte anbelangt, derart
wegweisend, dass ihr vielfach geschilderter Werdegang hier
kaum wiederholt werden muss. Für all jene, die ihre Geschichte nicht kennen: Sie fing an zu gärtnern, weil sie gern

malte; nachdem sie aber allmählich erblindete, verbreitete sie statt durch die geliebte Malerei Farben nunmehr durch Blumen und schuf Quellen der Inspiration, die bis heute nicht versiegt sind. Was mich am meisten an ihr beeindruckt, ist der Umstand, dass Jekyll nicht die geringste formale gärtnerische Ausbildung genossen hatte; trotzdem schrieb sie ab Ende vierzig für *The Garden* über Pflanzen und veröffentlichte zehn Jahre später ihr erstes Buch: *Wood and Garden – Notes and Thoughts, Practical and Critical, of a Working Amateur.* (Das Buch erschien 1906 auch in deutscher Sprache unter dem Titel *Wald und Garten; praktische und kritische Anmerkungen und Gedanken eines arbeitenden Amateurs.*) Als »Profi-Amateurin« war sie eine hart arbeitende, gut verdienende Frau, die sich mit dem Gärtnern ihr Auskommen sicherte – und im selben Atemzug anderen unausgebildeten, aber wissbegierigen und talentierten Frauen den Weg ebnete, damit sie ihr nacheiferten.

Jekyll und Willmott waren gut befreundet, und beide gärtnerten bis zu ihrem Tod. Nachdem Jekyll ihr Augenlicht vollends verloren hatte, erkannte sie Pflanzen mittels ihres Geruchs- und Tastsinns wieder. Als Willmott einen Brief ihrer Bank erhielt, die drohte, Warley – ihr geliebtes Haus mitsamt Garten – zu veräußern, ging sie erst einmal nach draußen, um Unkraut zu jäten. Ein gärtnerisches Erbe, das sie hinterlassen hat, sagt möglicherweise aber noch sehr viel mehr über sie aus: »Miss Willmott's Ghost«, wie die Elfenbeindistel im englischen Volksmund heißt, ist deshalb nach ihr benannt, weil Willmott die Angewohnheit gehabt haben soll, immer Samen der Pflanze in der Rocktasche dabeizuhaben, die sie dann heimlich in fremden Gärten verstreute – ein stummes, stachliges Statement einer frühen Guerilla-Gärtnerin.

Genau wie Frauen die gläserne Decke in der Gartenbaukunst zu durchstoßen versuchten, zerschmetterten sie Glas in Gärten, um sich noch weiter reichende Rechte zu erkämpfen: So brachen am 8. Februar 1913 Suffragetten in die Orchideenhäuser der Royal Botanic Gardens in Kew ein, zerstörten rund vierzig Glasvitrinen und beschädigten auch die unschätzbar wertvollen Pflanzen. 1913 war Kew bereits eine vergleichbar beliebte Touristenattraktion wie heute und lockte in jenem Jahr allein zwischen Juni und September 3,8 Millionen Besucher an. Der Direktor war im Vorfeld vor einem Anschlag aus den Reihen der Suffragetten gewarnt worden. Die Frauen stürmten die Gewächshäuser in den frühen Morgenstunden und kamen sogar unerkannt davon, hinterließen jedoch als symbolisches Zeichen ein Stofftaschentuch und einen Umschlag, auf dem »Wahlrecht für Frauen« geschrieben stand.

Der Vorfall sorgte weltweit für Schlagzeilen und bescherte der Bewegung enorme Aufmerksamkeit. Womöglich vom Nachhall der Zerstörungsaktion angespornt, versuchten zwölf Tage später zwei Suffragetten, den Teepavillon in Kew in Brand zu setzen, und wurden auf frischer Tat ertappt: Olive Wharry, sechsundzwanzig (auch wenn sie behauptete, sie wäre zum Zeitpunkt der Tat erst dreiundzwanzig gewesen), und Lilian Lenton, zweiundzwanzig, hatten zudem am Tatort Karten ausgelegt, die sie als »Zwei Frauen ohne Stimme« auswiesen. In den Gerichtsprotokollen wurden sie später als zwei forsche, furchtlose Frauen beschrieben – Lenton ging sogar so weit, während des Urteilsspruchs mit Unterlagen sowie einem Buch nach Gerichtsbediensteten zu werfen. Sie drohten damit, bei Inhaftierung in einen Hungerstreik zu treten – und machten ihre Drohung wahr. Lenton wurde mit einer Brustfellentzündung infolge der

Zwangsernährung aus dem Gefängnis entlassen, während Wharry zweiunddreißig Tage lang jede Nahrungsaufnahme verweigerte. Erst volle zwei Jahre später wurden in Kew auch Gärtnerinnen zugelassen, um die Männer zu ersetzen, die in den Krieg gezogen waren. Als im Laufe des Zweiten Weltkriegs erneut Frauen zur Arbeit antraten, wurden sie von der Presse als »Kewties« (Dt. etwa: »die süßen Mädchen aus Kew«) tituliert.

Die Farbe Lila-Autorin Alice Walker widmete den Beeten ihrer Mutter − oder vielmehr der Suche danach − ein ganzes Buch (Auf der Suche nach den Gärten unserer Mütter). Denn erst in jenen Gärten stieß sie auf den Nachweis, dass ihre Mutter Großes hätte leisten können − wäre sie nicht als Schwarze um die Jahrhundertwende zur Welt gekommen und hätte sie nicht acht Kinder mittels Feldarbeit, eines Pachtgartens und der Näherei im Nebenberuf durchbringen müssen. Walkers Mutter − »so behindert und ständig gestört sie auch in vieler Hinsicht war« − hatte trotz allem »anspruchsvolle Gärten […] mit mehr als fünfzig verschiedenen Pflanzen« angelegt, »die von Anfang März bis Ende November blühten«. Ihre Blumenbeete pflegte sie, bevor sie bei Tagesanbruch aufs Feld ging und nachdem sie abends von dort wiederkehrte, »bis die Nacht einbrach und es zu dunkel zum Sehen wurde«. In Walkers Erinnerung war die Mutter mit ihren Blumen »[s]o schöpferisch […], daß ich mich sogar an die Armut nur durch einen Schleier von Blüten erinnern kann«, und »die Leute − völlige Fremde − […] bis auf den heutigen Tag an unsrem Haus in Georgia vorfahren und bitten, das Kunstwerk meiner Mutter betreten zu dürfen«.

Zorn, Ungerechtigkeit und gebrochene Herzen brachten Frauen und Pflanzen zusammen, und mit der Zeit blieben die Pfade, die sie austraten, in der Gesellschaft sichtbar. Nachdem sie jahrhundertelang vom Gärtnern ausgeschlossen gewesen waren, sorgten Frauen nun dafür, dass ihnen der Zutritt offenstand und sie alle Zuflucht und Freude in der Arbeit mit Pflanzen finden konnten. Auf dieses Vermächtnis blickte ich zurück, als ich mich wieder einmal zur Balkontür hingezogen fühlte, um »nur zu gucken«, um eine Art unausgesprochene Erlösung in den Dingen zu finden, die dort draußen wuchsen, und ein eigenes kleines Areal erblickte, das ich spielerisch und kreativ bepflanzen wollte; meinen ureigenen kleinen Raum im Freien.

•

Auch wenn ich jahrelang stoisch die Nuancen wechselnder Jahreszeiten ignoriert hatte – den sich verändernden Geruch, der in der Luft lag, die Härte des Bodens unter meinen Füßen –, hatte ich seit einiger Zeit meine eigenen jahreszeitlichen Routinen entwickelt. Mittsommer beispielsweise war zum einen der Geburtstag meiner besten Freundin, zum anderen aber in aller Regel auch der Startschuss für das Glastonbury Festival – eine Welt für sich, in der Zeit keine Rolle mehr spielt; die längsten Tage des Jahres in helle Nächte übergehen; in der morgens um acht Drum and Bass gespielt und im abendlichen Zwielicht meditiert wird. Fünf Tage lang schlagen im Tal von Avalon, wo Nebel aufsteigt und Tore die Hügel krönen, Zehntausende Herzen nach neuartigen Rhythmen.

Ich besuchte das Festival seit einigen Jahren beruflich bedingt – ein weiterer Aspekt meines Jobs, bei dem andere vor Neid erblassten, allerdings in einer Art grausamem faustischem Pakt begleitet von einem gewissen Zynismus, der in der Musikbranche anscheinend obligatorisch ist. Ich war die Fünfzehnjährige gewesen, die davon besessen war, neue Bands zu entdecken und der Musik einen Sinn zu entlocken; doch irgendwann war ich zu jemandem geworden, der zu beschäftigt und zu erschöpft war, um noch neue Wege des Zuhörens erkunden zu können. Es fiel mir zunehmend schwer, alledem noch etwas abzugewinnen, und ich hatte Angst, dass man mir das anmerken könnte. Es fühlte sich an wie Versagen, als beginge ich einen Betrug. Während ich dort war und zwischen den Bühnen hin und her pendelte, sollte ich die Magie, die über dieser temporären Stadt hing, in Text umwandeln. Und es war durchaus belebend: Ich mochte es, Dinge schnell zu erledigen, sah mir gern Bands an und schrieb noch viel lieber darüber. Trotzdem kam ich irgendwann nicht mehr umhin zu argwöhnen, dass alle anderen mehr Spaß hatten als ich, obwohl ich doch diejenige mit dem Backstageausweis war.

Natürlich mochte ich diesen wunderbaren Ort noch immer. Die knappe Woche in Glastonbury war inzwischen ein fester Termin in meinem Kalender – Tage und Nächte unter freiem Himmel, der nur von Zeltplanen und Unter-ständen zerteilt wurde. Ich liebte den Trubel auf den Straßen von Somerset bei der Anreise und den ersten Blick, den ich auf die provisorische Siedlung erhaschte, sobald sich mein Bus dem Gelände näherte.

In diesem Juni war es kein bisschen anders. Ein paar Tage, nachdem Josh mich verlassen hatte, packte ich meinen Rucksack und war insgeheim froh, für eine Weile aus unse-rer Wohnung herauszukommen. Ich hoffte, dass der Sinnes-Overload auf dem Festival mich wenigstens für einen Augenblick von meinem Zustand der trauernden Verwir-rung ablenken könnte.

Allerdings war es ein schwieriges Jahr. Im Vorfeld hatten in der Region schwere Gewitterstürme gewütet, die sich nur langsam zu unangenehm kühlem Regen abgeschwächt hatten, der wiederum tagelang anhielt. Am ersten Abend in der Dämmerung die Druiden bei ihrer spirituellen Eröffnungszeremonie begleiten, dann ein paar Stunden herumschlendern, die Magie des Ganzen in mich aufsaugen, zum Steinkreis pilgern, um zuzusehen, wie am Montagmorgen die Sonne aufging – alles, was ich seit Jahren so gern gemacht hatte, wurde vom Matsch kolossal behindert, von knöcheltiefem, klebrigem Schmodder, in dem unzählige Handys, Geldbeutel, Schuhe und andere Hinterlassenschaften auf Nimmerwiedersehen verschwunden sein müssen. Normalerweise erholt sich das Festivalgelände binnen sechs Wochen und produziert Gras, auf dem dann die benachbarte Worthy-Farm-Herde aus 380 Rindern weidet. Wenn aber der Boden derart ruiniert ist, dauert es sieben Monate. Die Erde braucht Zeit, Ruhe und eine nahrhafte Kombination aus Sonne, Wind und Frischwasser, um sich zu regenerieren.

Es war aber auch schwieriger als gedacht, mein Elend und meine Melancholie beiseitezuwischen. Ich hatte die vorangegangenen Tage in einer Art Schock- und Verleugnungszustand verbracht. Die Handvoll Freunde, denen ich von unserer Trennung erzählt hatte, hatten die Nachricht mitsamt den gängigen überlebenskünstlerischen Begleitgeräuschen erhalten: Ich hatte das Ganze mit einem selbstironischen Schnauben abgetan, weil ich mich nicht imstande gesehen hatte, in Kneipengesprächen das volle Ausmaß meines Kummers offenzulegen. Hier jedoch, in der regenüberfluteten Natur, vermochte ich meine Gefühle kaum noch hinter anderen Dingen zu verbergen – vor allem nicht vor mir selbst. Die übliche Erschöpfung, die im schlammigen

Glastonbury zwangsläufig eintritt – täglich einundzwanzig Stunden auf den Beinen, drei kurze Nächte unruhigen Schlafs, bis nichts mehr richtig funktioniert –, wurde durch das Chaos in meinem Kopf noch verstärkt.

Josh fehlte mir wahnsinnig. Mit jeder Faser meines Körpers sehnte ich mich nach ihm: nach dem Geruch seines Nackens; nach der tiefen Wohligkeit, wenn ich in seinen Armen lag, wenn er mich wie immer zuerst einschlafen ließ. Ich hielt mich an unsere Vereinbarung, einander in Ruhe zu lassen, dabei wollte ich nichts lieber, als mit ihm Kontakt aufzunehmen. Also entschied ich mich für Wege, die verzögert bei ihm ankämen: Ich dachte in einem fort an ihn und schickte Postkarten über den neu installierten Festival-Briefkasten. Doch selbst als die Postkarten längst angekommen sein mussten, hörte ich nichts von ihm und fühlte mich wie ein kompletter Idiot.

Ich hatte das Gefühl, den Schmerz bis in die Knochen zu spüren, bis in meine schweren Glieder und unter die freiluftstrapazierte Haut. Meine Sinne fühlten sich wie gedämpft an. Überhaupt nahm ich kaum etwas wahr – abgesehen von einer absurden Sinnlosigkeit, die in kurzen Momenten in eine entfernte Hoffnung umschlug. Aus Stolz hatte ich meinen direkten Kollegen nicht erzählt, wie es mir ging; ich hatte verhindern wollen, dass sie mich mit Samthandschuhen anfassten, weil ich dann vollends in mich zusammengefallen wäre. Ich wollte, dass wenigstens ein Teil meines Lebens normal erschien, auch wenn in Glastonbury die Normalität in Zelten stattfand, in denen alle nach einem Ventil und Vergnügungen strebten. Mir selbst stand der Sinn weder nach dem einen noch dem anderen. Ich wollte lediglich sicher sein können, dass ich in jenes Leben zurückkehren durfte, mit dem ich selbst nie Probleme gehabt hatte.

Einfach damit abzuschließen wäre unvorstellbar gewesen; mich hier und jetzt gehen zu lassen hätte sich dumm angefühlt – ich hatte mein Leben doch ohnehin längst nicht mehr im Griff. Stattdessen konzentrierte ich mich darauf zu funktionieren, gut zu sein bei der merkwürdigen Aufgabe, irgendwo zu arbeiten, wo alle anderen Urlaub machten, auch weil ich das Gefühl hatte, für alles andere ohnehin nicht mehr geeignet zu sein: als Freundin, als Geliebte, als jemand, der doch nur ein bisschen begehrt werden wollte.

Mir völlig fremde Leute wurden zu Beichtvätern; ich schüttete mein Herz entfernten Kollegen aus, die ich über die Jahre im Getümmel des Pressezelts kennengelernt hatte: freundliche Fotografen mittleren Alters, die nicht um den heißen Brei herumredeten und nur gekommen waren, um im Backstage-Bereich Fotos von James Corden und Alexa Chung zu machen, statt wie ich versteckte Locations aufzuspüren und zu entscheiden, was denn nun der aufschlussreichste Teil einer Performance gewesen sein mochte. Sie teilten ihre Liebeserfahrungen mit mir, erzählten mir Geschichten, aus denen ich schließen durfte, dass am Ende alles wieder in Ordnung käme, und wenn nicht, dann wäre es ja wohl »sein Pech, Sweetheart«. Nicht ein einziges Mal hörte ich eine andere Version der Geschichte: diejenige, bei der ich Josh mit offenen Armen entgegenging und feststellte, dass er nicht mehr wollte; die Version, bei der ich noch einmal ganz von vorn anfangen müsste – und zwar alleine.

Unterdessen ging es im ganzen Land hoch her. Während Tausende anderer Besucher unter dem Blätterdach der Bäume zu den Beats eines DJs zappelten, stand ich neben einem wildfremden Menschen und erfuhr zu später Stunde von einem flimmernden Display, dass Gateshead für den Brexit gestimmt hatte. Es fühlte sich an, als wäre meine Generation ihrer Zukunft beraubt worden: ein unvorstellbarer, ein furchtbarer Schlag, der sich aber in gewisser Weise wie die Verlängerung jenes Elends anfühlte, in dem ich gerade steckte. Damals konnte noch keiner ahnen, welches jahrelange Hickhack damit losgetreten worden war, welche Ungewissheiten und welches Chaos das Referendum nach sich ziehen und auf welch vielfältige Weise sich unser Leben verändern würde.

Erst in der zweiten Hälfte der Festivalzeit fand ich meine Version der Erlösung, mein Ventil: Nachdem ich tagelang so getan hatte, als wäre alles in Ordnung, nachdem ich versucht hatte, die Tränen zurückzuhalten, und eine verquere Art von Würde zur Schau gestellt hatte, ließ ich den Tränen endlich freien Lauf – und das mit Verve. Ich weinte sanfte, stille Tränen während der leidenschaftlichen Anti-Brexit-Ansprachen von P. J. Harvey und Matty Healy. Ich schniefte und heulte wie ein Schlosshund, als Adele »Someone Like You« anstimmte und 125 000 Leute mitsangen. Genau genommen heulte ich zu sämtlichen Adele-Songs, zu denen wie zu einem einzigen großen Gefühlsausbruch Leuchtfackeln und Fahnen geschwenkt wurden. Ich schluchzte, als achtzig Leute spontan David Bowies »Heroes« anstimmten – ein Lied, das für uns als Paar immer eine große Bedeutung gehabt hatte –, so wie ich bereits ein Jahr zuvor angesichts der entfesselten Schönheit einer Florence Welch geschluchzt hatte, die nur im BH über die Pyramid Stage gerannt war.

Diese Freiheit, in aller Öffentlichkeit an einem Ort, an dem es keinen juckte und mich niemand kannte, einfach ungeniert vor mich hin zu heulen, war zutiefst kathartisch. Ich hatte das Gefühl, als wäre mir der Stöpsel gezogen wor-

61

den: als könnte ich Gefühle, die sich nicht erst in der vergangenen Woche, sondern schon sehr viel länger in mir angestaut hatten, mit einem Mal abfließen lassen. Meine anfängliche Verleugnung wich allmählich der Trauer um all das, was wir gewesen waren und – das lernte ich jetzt – nie mehr sein würden.

Was stattdessen kommen würde, war zu diesem Zeitpunkt ungewiss. Glastonbury bot einem die unterschiedlichsten Möglichkeiten: Orte, an denen man sich ausprobieren und gehen lassen und in andere Lebensstile hineinschlüpfen konnte. Irgendeine Party war immer im Gange – nur dass ich in diesem Jahr überall das Gefühl hatte, auf der falschen Party gelandet zu sein.

Allerdings fand ich ein kleines Refugium in Glastonburys Permakulturgarten. Um mich herum Pfingstrosen, die hübsch in Milchkannen arrangiert worden waren und im Schutz der Baumkronen dem Regen trotzten. Eine einsame Biene arbeitete sich an verwitterten Baldrianrispen entlang. Während der Sonnwendfeier hieß dieser fast vorzeitlich anmutende Ort Hunderte Festivalbesucher willkommen, doch sobald wir alle wieder verschwunden waren, ging hier die Arbeit weiter: Die Komposthaufen würden verrotten und dampfen, Pflanzen würden aufblühen, auf dem begrünten Dach der Lehrhütte am Rand würden die Früchte geerntet. Der Permakulturgarten in Glastonbury wurde 1989 eröffnet. Seither hat er sich wacker durch die Jahreszeiten geschlagen. Es war eine Wohltat, jenseits der stillgelegten Bahngleise, die das Festivalgelände querten, durch diesen Garten zu streifen, durch dieses gemächliche Treiben, diese lebendige Ermahnung, dass jenseits der Stadt, die mir so vertraut war und die ich bewohnte, auch noch ein anderes Leben möglich war.

Die kurzen Nächte boten eine Vielzahl an Versprechungen und Verlockungen. Obwohl ich oftmals genug von alledem hatte und ins Pressezelt zurückkehrte, um dort ein kurzes Nickerchen zu machen, weil mir der Weg zu einem weiteren Auftritt schlicht zu anstrengend war, ließ ich mich von den Nächten in Glastonbury durchaus auch in Versuchung führen. Diesmal gab es sogar eine Novität: die »Sisterhood«, ein Areal, das nur Frauen offenstand – oder genauer: lesbischen, inter- und transsexuellen Besuchern, die sich als Frauen definierten. Wir waren irgendwo über einen Bauwagen mit einem Neonschild auf dem Dach gestolpert; drinnen saßen zwei dunkelhäutige Damen hinter einem Maniküretresen und produzierten mit voller Absicht das schlechteste Nageldesign der Welt. Mein Mittelfinger beispielsweise wurde nur grob angepinselt und in einen Pott mit Glitter getunkt, und dann wurde ich durch einen Vorhang geschubst. Meine Begleiter – allesamt Männer – mussten draußen bleiben.

Hinter dem Bauwagen war ein dunkler Raum mit plüschigen Möbeln, Bommellampenschirmen und einer niedrigen Bühne errichtet worden, auf der eine kantige Frau in einem weißen Anzug eine Punkband anführte. In sämtlichen Ecken, auf Kissenbergen und vor lässigen Vorhängen knäuelten sich Frauenleiber. Ich kannte hier niemanden, war aber im Handumdrehen von einer Mädelsgruppe umringt, die mich prompt nach draußen in einen der Latino-Musikclubs ganz in der Nähe schleifte. Mit meinen neuen Freundinnen tanzte ich bis vier Uhr am nächsten Morgen. Ganz dunkel kann ich mich noch an ein paar Namen erinnern. Ich habe keine von ihnen je wiedergesehen. Aber für ein paar kurze Stunden war ich imstande, mein Elend hinter mir zu lassen, es mit der Andeutung eines anderen

Lebens zum Verstummen zu bringen – der erste Moment seit Jahren womöglich, in dem ich mir etwas anderes ausmalen konnte als den bequemen Status quo, in den ich langsam hineingerutscht war. Hier sah ich die vage, entfernte Andeutung eines Lebens vor mir, in dem Josh keine Rolle mehr spielte; in dem ich von Frauen unterstützt würde, die für sich allein stark und selbstbewusst und glücklich wären – so wie ich es ebenfalls sein könnte.

Von diesem seltsam erfrischenden Erlebnis beflügelt, dass es Räume gab, in denen Frauen die Regeln setzten, dachte ich auch erstmals darüber nach, wo ich mit meinem eigenen Frau-Sein stand, das sich mir in meinen Zwanzigern auferlegt hatte. Ich hegte immer noch die verbohrte Hoffnung, dass meine Beziehung sich wieder erholen könnte, doch nicht einmal dieser Hauch Optimismus konnte mich wieder zur Ruhe bringen. Das Nichtwahrhabenwollen und die Anspannung waren weiter allgegenwärtig. Ich klammerte mich verzweifelt daran, dass Josh mich zurücknehmen würde, dass wir die Chance hätten, noch einmal neu anzufangen, obwohl ich mir gleichzeitig gar nicht mehr vorstellen konnte, wie das hätte aussehen sollen. Am nächsten Abend hörte ich mir an, wie James Murphy vom LCD Soundsystem »I Can Change« ins Mikrofon maunzte, was in meinen Ohren wie ein Gebet und wie ein Beschluss gleichermaßen klang. Es fühlte sich an, als wäre unsere Beziehung meinetwegen zerbrochen; als hätte Josh mich zurückgewiesen, weil ich irgendwie versagt hatte. Ich hätte mich von Grund auf verbogen, damit es wieder funktionierte. Allerdings meldete sich erstmals auch noch ein anderer Gedanke: dass nicht ich diejenige zu sein brauchte, die sich verändern musste, sondern dass sich auch andere Dinge verändern könnten. Nach Jahren der Zweisamkeit war ich drauf und dran, wieder Single zu sein und damit eine Person, die erstmals, seit sie zweiundzwanzig gewesen war, von niemandem mehr abhängig war. Wer diese Person war, musste ich vielleicht auch erst mal lernen.

Von all den Schildern, Bannern und Spruchbändern, die das Festivalgelände in Glastonbury so bunt machen, sprang mir eines besonders ins Auge: »Was, wenn wir jeden Tag so leben könnten?« Teil des Festivalzaubers ist seine Utopie: dass eine halb gesetzlose Existenz auf der Grundlage von Freiheit und Nächstenliebe möglich sei, auf der Grundlage jener selbstlosen, sich ausbreitenden Liebe, die von einer Gruppe Fremder heraufbeschworen wird, die alle dasselbe Lied anstimmen. Darin verändern sich Gesellschaftsstrukturen, und Grenzen verschwimmen; Machtstreben und Geld spielen keine Rolle mehr, sobald die Leute unter einem Zeltdach schlafen und tagelang mehr oder weniger schlammstrotzend draußen herumstreifen. Natürlich würden wir das so jeden Tag gar nicht wollen; trotzdem blieb mir das Spruchbanner im Gedächtnis und rumorte in meinem Kopf weiter. Ich fragte mich, ob ich vielleicht tatsächlich die Grenzen meines bisherigen Lebens verschieben musste, ob ich mich vielleicht der Erde zuwenden sollte, wie es jene Damen der feinen Gesellschaft getan hatten, die mittels ihrer Pflanzenexkursionen gegen die Konvention verstoßen hatten. Ganz gleich was mit meiner Beziehung passierte – zu tun, was von uns erwartet wurde, hatte allem Anschein nach weder Josh noch mir Glück gebracht. Während die gesamte Nation einem politischen Erdrutsch entgegenblickte, sah ich mich genötigt, mich meinem persönlichen Erdrutsch zu stellen – es wirkte nur noch naiv zu glauben, dass alles einfach wieder so werden könnte wie früher.

Auf dem Heimweg im Bus nickte ich immer wieder ein.

Zu Hause, das war mir klar, wartete bloß die leere Wohnung auf mich, die harte Landung in einer unangenehmen, ungewissen Realität. Draußen neigte sich der Juni schläfrig seinem Ende zu. Rundherum Bärenklau-Kuppeln, die weiß bis hellrosa zwischen wilden Gräsern emporragten. Storchschnäbel, die sich gegen die Brise behaupteten. Stockmalven, die sich entlang des Mittelstreifens emporreckten. Bis wir die Landstraßen hinter uns gelassen hatten – an jenem gleißenden Morgen, an dem die Festivaltore sich schlossen –, schlief ich tief und fest und wachte erst eine gute Stunde später wieder auf. Im selben Moment entdeckte ich ein Feld mit blassrotem Mohn, der vor dem grauen Himmel leicht wie Zuckerwatte hin- und herschaukelte – ein surrealer Augenblick am Rande der Autobahn.

Als ich zu Hause über die Schwelle trat, warf ich die Wäsche der vergangenen Woche auf den Boden und steuerte meinen Balkon an, wo die Duftwicken aufgeblüht waren.

Juli

Als ich ihn das nächste Mal zu Gesicht bekam, trug Josh einen neuen Regenmantel und ein Hemd, das ich nicht kannte, war aber wieder genauso charmant-schüchtern wie bei unserem allerersten Date. Ich saß auf einer Bank unmittelbar neben den Toren zum Park, in dem wir uns verabredet hatten. Ich hatte schon so ein Gefühl gehabt, dass es endgültig vorbei wäre, als er einige Tage zuvor ausgerechnet einen Park vorgeschlagen hatte, statt in unsere gemeinsame Wohnung zu kommen. Zu einem fröhlichen Treffen verabredet man sich nicht auf neutralem Boden. Als ich aufstand und die Arme ausbreitete, umarmte er mich, wie man eine alte Tante umarmt – er tätschelte mir sogar unbeholfen die Schulter –, während ich meine Wange an seine bis vor Kurzem noch so vertraute Brust legte.

Mit den paar kurzen, schmerzhaften Smalltalk-Minuten war es vorbei, sobald wir einen kleinen Hügel in der Nähe hochspaziert waren. Es regnete – wie in einem Spielfilm, wenn auch nicht stark, nicht stark genug, als dass die Wildblumen, die kürzlich erst aufgeblüht waren, niedergeprasselt worden wären. Als wir uns setzten, hielt ich hektisch eine sinnlose Ansprache nach der anderen; alle endeten in Gewimmer. Jenes Nichtwahrhabenwollen war noch immer nicht gänzlich verflogen, ein Teil von mir glaubte nach wie

67

vor, dass wir das Ruder herumreißen könnten; dass ich eine bessere, strahlendere Version meiner selbst werden könnte; dass Josh vielleicht begriffen hätte, wie sehr er mich vermisste und dass sein Leben mit mir ein besseres wäre. Aber so war es nun mal nicht. Ich fragte gar nicht erst, warum genau oder wie Josh zu seiner Entscheidung gekommen war. Auch für Neugierde war kein Raum. Ich wusste einfach, dass ich nicht länger diejenige war, die er brauchte und wollte, und dass er der Ansicht war, ich würde das auch in Zukunft nicht mehr sein. Als er damit herausgerückt war, rutschte er eine Weile nervös herum und wollte anscheinend gehen, hatte einerseits ein schlechtes Gewissen, war andererseits aber auch, wie ich annahm, erleichtert, dass er es hinter sich gebracht hatte. Als wir in entgegengesetzte Richtungen wieder gingen, hatte ich zum ersten Mal seit fünf Jahren keinen Schimmer, wohin er unterwegs war.

Ich hingegen fuhr mit dem Bus nach Hause, wischte mir mit einem zerfledderten Taschentuch ein ums andere Mal über die geröteten Wangen und fuhr dann mit meiner Tasche – die ich in der Hoffnung gepackt hatte, sie nur Stunden später in seiner Begleitung bei uns in der Wohnung wieder auszupacken und mit ihm in eine gemeinsame Zukunft aufzubrechen – zu meinen Eltern aufs Land.

Ich hatte keine Ahnung, wie ich es ihnen erklären sollte. Josh und ich hatten keinen Riesenkrach gehabt, keiner hatte den anderen belogen oder betrogen. Es war eher so, als wäre meine Beziehung ein üppig dekoriertes, gemütliches Zimmer gewesen, in dem sich über Nacht die Tapeten von der Wand gelöst hatten, ohne dass ich es bemerkt hatte. Jetzt stand ich mit den klammen Tapetenfetzen zu meinen Füßen vor dem blanken Putz und fragte mich, wie ich das wieder reparieren sollte. Die Überreste, die ich vor mir sah, waren nicht wiederzuerkennen, und unmittelbar nach der Trennung war das gelinde gesagt noch untertrieben. Was ich damals aber noch gar nicht begriffen hatte, war, dass sich ohne Josh in meinem Leben auch alles andere leicht verschieben würde. Es eröffneten sich mir neue Perspektiven.

Zunächst fühlte es sich an wie ein tiefes Loch. Selbst in meinem alten Kinderbett im Haus meiner Eltern wachte ich vollkommen desorientiert auf und fragte mich, warum Josh nicht da war, bis mir wieder einfiel, dass er auch nicht wiederkäme. Ich stellte mir vor, wie er in einem halben Jahr seine Meinung geändert hätte und wir noch mal ganz von vorn anfangen würden – und im selben Moment fühlte es sich naiv an. Ich schrieb Freunden, die schmerzhafte Trennungen hinter sich hatten, und fragte rundheraus: »Was kann ich machen, damit es weniger wehtut?« Unzählige tatenlose Stunden verstrichen, in denen ich kaum ein Wort sagte, in denen ich kaum bemerkte, dass die Zeit verging. Darauf folgten Phasen hektischer Betriebsamkeit, in denen ich Freunde zusammentrommelte, Presseausweise für Festivals bestellte und die bevorstehenden Wochen und Monate mit allerhand Aktivitäten verplante. Als ich endlich aufhörte zu weinen, fing ich an, endlose Telefonate zu führen, und wanderte zu den Stimmen alter Freundinnen auf und ab, mit denen ich mir zumindest für den Moment immer mal wieder einbilden konnte, in mein Lieblings-T-Shirt gekuschelt zu sein.

In der Gesellschaft von Menschen im Alter meiner Eltern festzusitzen hat etwas seltsam Beruhigendes. Ich konnte im Garten werkeln, Grünzeug und Kräuter ernten, die ich zu Abendessen verarbeitete, und die dicken, pelzigen Schoten aufsammeln, die von der Glyzinie gefallen waren. Hier drau-

69

ßen verging die Zeit langsamer. Meine Patentante kam zu Besuch, nahm mich fest in die Arme und flüsterte mir leidenschaftlich ins Ohr: »Alles Liebe, Alice, alles Liebe!« Ich wurde verhätschelt wie damals als Kind, und es fühlte sich an wie ein warmes Wannenbad. Für einige Tage hatte mein modernes, hektisches, aufsehenerregendes Leben innegehalten. Anna, eine alte Schulfreundin, mit der ich mich in der Stadt einmal in der Woche verabredete, besuchte zufällig zur selben Zeit ihre Eltern, die ein Stück die Straße hoch wohnten, und kam eines Abends vorbei, um mit mir gemeinsam die merkwürdigen Chips-Beutelchen zu leeren, die meine Mutter gekauft hatte, weil sie im Angebot gewesen waren. Es fühlte sich an, als wären wir wieder sechzehn, und ich fand es großartig.

Ich schwamm weiter auf dieser Jugendwelle, als ich zu guter Letzt nach London zurückkehrte. Ich fing an, die tückischsten Erinnerungen an unser Pärchenleben wegzuräumen, knibbelte Fotos von unseren Auslandsreisen herunter, die ich mit Klebeknete an unsere Secondhand-Regale geklebt hatte; klaubte Joshs Schuhe auf, die neben der Wohnungstür standen, und warf sie außer Sicht in den Schrank. Ich fing an, auf seiner Seite der Matratze zu schlafen, als Strafe für seine Abwesenheit, lag dann aber irgendwann diagonal im Bett, eroberte für mich all den Raum, der mir neu beschert worden war.

Es fühlte sich an, als wäre ich unendlich lange erwachsen gewesen und als gäbe es jetzt nichts mehr, wofür ich erwachsen sein müsste. Dass ich ohne Josh in dieser Wohnung saß, war unerträglich – ganz zu schweigen vom Saubermachen oder Vorräte-Einkaufen. Ich blickte auf all die Jahre zurück, in denen ich das Gefühl gehabt hatte, als verpasste ich was, als wäre jeder andere in meinem Alter in Herzensdingen und Schlafenszeiten wesentlich wagemutiger und hätte mehr Spaß. All das kompensierte ich mit wochenlangem Hedonismus.

Ich weigerte mich stillzustehen, stattdessen stellte ich in Bars, bei Drinks, Picknicks und in Nachtbussen gehetzt und chaotisch mein neues unabhängiges Glück zur Schau. Ich lachte zu laut, trank zu viel, klettete an meinen Freunden und redete mir ein, dass dies alles vergleichbar wäre mit dem Gefühl, neben jemandem einzuschlafen, weil meine Freunde am nächsten Morgen immer noch da wären. All das fühlte sich wie Caramac an: gleichermaßen süß und brüchig. So schwindelerregend neu es war, betrunken auf den Bus zu warten, so ernüchtert war ich, wenn wir im Club ankamen, wo ich mich umblickte, den Tänzern zusah und mich fragte, ob sich auch nur einer von ihnen genauso geknickt fühlte wie ich. Trotzdem machte ich immer weiter, zappelte mir die Seele aus dem Leib – vielleicht würde der Schweiß ja die Qualen lindern. Ich redete mir weitaus öfter ein, dass ich das Richtige tat – dass es genau das war, was ich tun *sollte*, wie es von einer großen und unausgesprochenen sozialen Überlieferung vorgeschrieben wurde –, als dass ich hier war, weil ich es so *wollte*. Ich machte Fotos, postete sie auf Instagram, weil ich genau wusste, dass es so aussehen würde, als hätte ich Spaß; hauptsächlich aber, weil ich vermutete, dass diese Fotos in Joshs Feed angezeigt würden. Hier war ein Ich, das ich der Außenwelt anbieten konnte – auch wenn es nicht viel mit der Wahrheit zu tun hatte.

Dabei gab es durchaus auch Wahrhaftigkeit. Ich schüttelte beispielsweise meinen Stolz ab, der mich so lange von meinen Freunden entfremdet hatte. Als ich erstmals seit Jahren wieder die Nähe zuließ, die ich so lange verhindert hatte, dämmerte mir auch, dass nichts Schamhaftes oder

Albernes dabei war, über die weniger glanzvollen Aspekte in meinem Leben zu sprechen. In gewisser Weise halfen mir jene hartgesottenen Freunde, dem anhaltenden Gefühl Einhalt zu gebieten, dass mir Hirn und Herz durch die Finger rinnen könnten. Ich genoss es, mit diesen Leuten Zeit zu verbringen, die ich so lange höflich auf Abstand gehalten hatte. Ich teilte mit ihnen die Betten, betrachtete mit ihnen Sonnenuntergänge, redete und redete und redete.

Der feuchtkalte Juni war in einen milden Juli übergegangen – mild genug, um die Wochenenden im Freien zu verbringen und sich ein ums andere Mal neue Bräunungsstreifen einzuhandeln. In solchen warmen, trockenen Sommern kommen die Geheimnisse dieses Landes zum Vorschein: Vergessene Dörfer tauchen aus ausgetrockneten, spelzigen Seen auf. Die Grundmauern eines alten Herrenhauses, das einst niedergebrannt und verfallen war, brennen sich erneut durch die Erde wie die Mittagssonne durch zusammengekniffene Augenlider. Rund um Chatsworth House kamen auf den verdörrten Flächen riesige verschnörkelte Beete und Pfade, die 1699 angelegt worden waren, wie Negative zum Vorschein. Und genau das war auch mein Gefühl in jenen sonnenverwöhnten, emotional durchweichten Wochen: als drängten Teile von mir, die unter der Oberfläche vor sich hin gedümpelt hatten, mit der gleichen glühenden Intensität wieder ans Licht.

Im Gegenzug äußerten all jene Frauen – denn es waren fast ausschließlich Frauen – die Erschütterung und Entrüstung, die ich (bis heute) in meiner Sturheit nicht imstande war zu äußern. (Noch immer sehe ich keinen Sinn darin, jemanden zu hassen, nur weil dieser Jemand nicht so fühlt, wie du es von ihm erwartest.) Ich hatte Spaß daran, mich wieder mit ihnen zu treffen. Die meisten von ihnen waren immer noch solo, jederzeit für Unternehmungen zu haben, sie lachten gern und waren unendlich großzügig. Wir quatschten immer erst, aber je später der Abend, umso mehr spaßige Dinge fielen uns ein. Erst für Minuten, dann Stunden, später ganze Nächte nahmen sie mich bei der Hand und zeigten mir, dass es noch andere Lebensweisen gab.

Ich redete mir ein, dass ich das brauchte: dieses Eintauchen ins Unvorhergesehene. Von Kindesbeinen an war ich jemand gewesen, der sich über alles Gedanken machte. Mit sieben hatte ich mir bei einem Ausflug in einem Ökoladen peruanische Sorgenpüppchen gekauft; in den Folgejahren waren sie in meinem Kinderzimmer sozusagen Götter gewesen. Es war fast, als hätte ich damals schon für die Epidemie der Angsterkrankungen vorgesorgt, die meine Generation eines Tages heimsuchen würde, sobald uns dämmern sollte, dass nichts von alledem eintreten würde, was uns versprochen worden war. Die Statistik besagt, dass gute zehn Prozent von uns an einer Angststörung leiden. Mir war immer schon klar, dass ausgiebiges Planen müßig ist. Man kann noch so viele To-do-Listen schreiben – sie verschonen einen nicht davor, eines sonnigen Montagmorgens vor den Trümmern des eigenen Lebens zu stehen. Trotzdem schreibe ich sie immer noch – auf die Rückseite von Briefumschlägen, in den Notizen-Ordner in meinem Smartphone –, einfach weil mich das beruhigt.

Nach unserer Trennung war vieles ungeklärt geblieben. Ich akzeptierte allmählich, dass es mit Josh und mir vorbei war, aber die viel drängenderen Fragen – wo wir leben würden, was mit der Wohnung passieren sollte, wie wir unser bisheriges gemeinsames Leben aufteilen würden, die Habseligkeiten, die wir zusammengetragen hatten –, all das war immer noch ungeklärt. Der eigene Bereich, der eigene Radius ist etwas, womit meine Generation ständig zu kämpfen hat. Mit siebzehn Jahren konnte ich das Verhältnis von Bewerbern zu Studienplätzen für sämtliche Studiengänge herunterbeten, für die ich mich beworben hatte. Freunde, die sogar an den besseren Hochschulen Modedesign studierten, bekamen dort schon an Tag eins zu hören, wie wenige von ihnen bis zur Abschluss-Modenschau durchhalten würden. Jedes Jahr im November setzte ein Ansturm auf die Studentenwohnheime ein, einfach weil es nie genügend Zimmer für alle gab. Und so ging es für den Rest unseres jungen Erwachsenenalters weiter. Der Wettbewerb war überall zu spüren: bei Redaktionsassistenz-Stellen, selbst bei unbezahlten Praktika. Auch bei der 500-Pfund-im-Monat-Abstellkammer mit Bett am Rand der U-Bahn-Zone 3. Es fühlte sich an, als müsste alles in Eile und zugleich besser gemeistert werden, als es die Konkurrenz täte. Es war einfach nie genug Platz für uns alle, egal worum es ging, egal in welchem Bereich.

Während ich mir also durchaus bewusst war, wie privilegiert ich war, mein eigenes Plätzchen zu haben, war mir zugleich klar, dass die Uhr tickte. Weil wir immer noch unsere Raten abbezahlten, die Wohnung nicht in Gänze vermieten durften, uns aber auch nicht zum sofortigen Verkauf durchringen konnten, beschlossen wir, dass es das Fairste wäre, wenn wir uns die Wohnung teilten – wenn wir im monatlichen Wechsel dort wohnten, während der jeweils andere sich eine andere Bleibe suchen müsste. Joshs Familie wohnte in London, ich hingegen würde mir eine Reihe Kurzzeit-Unterkünfte suchen müssen. Und ich wusste genau, wie schwierig das würde. In London werden Zimmer erst Tage vor dem Einzugstermin vermietet, sodass selbst eine gründliche Planerin wie ich kein bisschen vorausschauende Arbeit leisten kann. Mir blieb nichts weiter übrig, als zu warten, bis es so weit wäre.

Dieses Hin und Her zwischen Veränderung und Kontrollierbarkeit zehrte an mir. Ich wollte wissen, was aus mir würde, obwohl ich gleichzeitig an meinem Ideal der Vorhersagbarkeit zu rütteln begann. An einem Mittwochabend nahm ich einen früheren Kommilitonen mit zu einem Konzert, das ich besprechen sollte. Wir hatten keinen wahnsinnig engen Kontakt, sodass er noch nicht von meiner Trennung gehört hatte, bis ich es ihm nach dem Konzert erzählte, als wir bereits weiter nach Shoreditch gefahren waren, um den Abend dort ausklingen zu lassen. Er war immer einer für verrückte Pläne gewesen, war kaum je länger als ein paar Monate am Stück im Land gewesen und vor der an sich alltäglichen, für ihn aber beklemmenden Vorstellung zurückgeschreckt, zum Beispiel ein Zimmer für ein ganzes Jahr zu mieten. An der Uni hatten wir ganze Nachmittage im verwaisten Obergeschoss eines libanesischen Restaurants zugebracht, während ich eigentlich in der Bibliothek hätte sein sollen, und uns durch eine Portion geschmorten Lamms gefuttert, was sich im November in Newcastle unglaublich opulent angefühlt hatte. Er war immer schon derjenige gewesen, der in letzter Sekunde auftauchte, dich umarmte und herumwirbelte und deinen Namen kreischte, sodass wildfremde Leute schon anfingen zu starren. Er war niemand, mit dem man planen oder auf den man sich wirklich verlassen konnte. Womöglich endete es genau deshalb damit, dass ich ihn mitten auf dem Arnold Circus – einer Art Podium inmitten eines Kreisverkehrs umgeben von lauter viktorianischen Backsteinhäusern – küsste, statt nach Hause zu gehen und meine Konzertkritik zu schreiben. Nach Pizza direkt aus dem Karton, Cider aus Dosen und einem der spannendsten Gespräche, die ich seit Wochen geführt hatte, erwischte es uns beide eiskalt.

Dieser alberne, nostalgische Kuss warf mich komplett aus der Bahn. Blöderweise betrachtete ich ihn eher als eine Art Fluchtweg denn einen glücklichen Ausrutscher. Auch er war erst kürzlich verlassen worden, wir waren beide nicht gerade in einem stabilen Zustand. Ohne Sinn und Verstand ließ ich die Fantasterei und den Frust zu, die zumindest für eine Weile die Melancholie ersetzten, mit der ich zuletzt allmorgendlich aufgewacht war.

Ich sehnte mich nach neuen Realitäten. Meine eigene Realität wirkte so anstrengend und so nervig – hauptsächlich weil sie anscheinend wirklich erst mit der Zeit besser zu werden versprach. Ich hatte mich so sehr daran gewöhnt, für das zu ackern, was ich mir vornahm – für die sofortige Bedürfnisbefriedigung, die uns auf so verschiedene Weise in Aussicht gestellt wird –, dass ich schon glaubte, ich könnte einfach eine Abkürzung nehmen. Ich malte mir wilde Geschichten aus – sowohl mit ihm als auch fernab von London. Mir flatterte ein Vorstellungsgespräch in Kopenhagen ins Haus, und ich war der festen Überzeugung, wenn ich jetzt einfach abhaute und in diese Pinterest-perfekte Skandi-Idylle zöge, ginge es mir sofort wieder gut. Als ich den Job nicht bekam, musste ich mich erneut damit auseinandersetzen, was um mich herum auf mich wartete: dass ich es allein würde schaffen müssen. Und dass das Geduld erforderte.

Fast schon glücklicherweise war ich mit diesem Schicksal nicht allein. In jenem Sommer kippten Beziehungen wie Dominosteine. Wenige Tage nachdem ich nach London zurückgekehrt war, mich mit meiner neuen Situation abzufinden begann und anfing, Klamotten zu tragen, die jederzeit leicht abzulegen wären, schrieb Kate mir eine Nachricht: Auch sie sei sitzen gelassen worden. Ein paar Stunden später saßen wir im Park in der Nähe der Redaktion, und ich sah eine Version meiner selbst vor mir, die ich seit gerade mal zwei Wochen hinter mir gelassen hatte: ein untröstliches, klammerndes Häuflein Elend versehrter Weiblichkeit. Binnen weniger Wochen war dann ein Schulfreund dran und büßte Freundin, Boot, Hund und seine längeren Haare ein. Ich konnte ihnen allen nachempfinden, wie wund sich die Verletzungen anfühlten, während meine eigenen allmählich verschorften, auch wenn sie immer noch wehtaten, wenn man versehentlich drankam. Wir saßen in Südlondon auf einem Hausdach, futterten uns durch tonnenweise Hummus, und ich sah hinüber in Richtung meiner Wohnung, die nicht mehr wirklich meine war, sondern nur noch der Ort, an dem ich alleine einschlief.

•

Bis nach Kennington war es mit dem Fahrrad eine gute Meile; dort vertrieb Jamie sich den Sommer in einer Straße, die ich immer geliebt hatte. Die Courtenay Street hatte ich in meinem allerersten Frühling in London für mich entdeckt, als ich auf zwei Rädern herumgestreift war und mich sofort in die Stadt verliebt hatte. Ich besaß einen kleinen Stadtplan, der perfekt in die Außentasche meines ausgebeulten Rucksacks passte, und ein Mountainbike, das mein Vater aus dem Sperrmüll gerettet hatte. Ein unterbezahltes Praktikum in einer Zeitschriftenredaktion und die Londoner Mieten hatten damals dafür gesorgt, dass ich die Stadt per pedales durchpflügte, bis ich die Strecken von Elephant and Castle, Covent Garden und Bank bis Old Kent Road und von Clerkenwell bis runter zum Fluss in- und auswendig kannte. London auf diese Weise zu erobern, mir die Straßen im Kopf zurechtzulegen und einzuprägen war der Beginn meiner furchtsamen Beziehung zu dieser Stadt.

Die Courtenay Street ist eine der wenigen Straßen, die sich hinter Kenningtons Wohnblocks und Häuserreihen entlang der Ausfallstraßen verstecken und aussehen, als stammten sie aus einer anderen, zivilisierteren Welt. Die Häuser sind wesentlich niedriger und schmiegen sich hinter zuckergussweißen, filigranen Schmiedezaunbogen dicht aneinander. Rund um den benachbarten Courtenay Square und entlang der Cardigan Street sieht man zwischen altmodischen Straßenlaternen ausladende bleierne Vordächer über den Türen. Wenn das hier Notting Hill wäre und nicht nur eine Armlänge vom schmuddeligen Auftrieb der Kennington Lane entfernt, schösse hier ein gutes Dutzend Touristen am Tag Fotos für Instagram. Genau wie andernorts in London hatte auch diese Straße im Zweiten Weltkrieg gelitten, als sämtliche Eisenbauteile für andere Zwecke benötigt wurden. Gegen Ende der Sechzigerjahre wurden die Häuser saniert, und inzwischen braucht man ein üppig gefülltes Portemonnaie, wenn man hier leben will. Oder – wie in Jamies Fall – die richtigen Freunde.

Das Haus, in dem er wohnte, hatte ein Freund von ihm von einem kürzlich verstorbenen Künstler überlassen bekommen, der vermutlich einer jener Bohemiens gewesen war, die vor einem halben Jahrhundert in diese wunderbaren, heruntergekommenen alten Häuser gezogen waren. Das Haus erinnerte mich an das meines Großvaters – ein abgelebtes Heim voller Plunder, der sich über Jahrzehnte angesammelt hatte und nie ausgemistet worden war. Auf dem Kaminsims lehnte eine Postkarte von Karikaturist und Buchillustrator Quentin Blake. In den Küchenregalen stapelte sich angeschlagenes Emaillegeschirr in Primärfarben. Das Licht von den Terrassentüren wurde von Staub gefiltert, sodass alles von einem diesigen Schleier überzogen war.

Doch Jamie war außerdem hier, weil auch er sich von Liebeskummer erholen musste und kein anderes dauerhaftes Dach mehr über dem Kopf hatte. Seine Trennung war mittlerweile ein paar Monate her; nachdem er sich wochenlang davon hatte vergiften lassen, wirkte er inzwischen gefasst und äußerte sich, während wir an der Spüle lehnten, ruhig und klug über seinen Ex, mit dem er allmählich wieder halbwegs normal umgehen könne.

Wir gingen hinaus in den Garten, und ich dozierte ein bisschen über seine Duftwicken, die inzwischen Schoten ausbildeten. Dass sie im Garten eines Hauses aus dem Jahr 1913 wuchsen, passte wunderbar – im Edwardianischen Zeitalter waren sie überaus beliebt gewesen. 1900 wurden bei einer Duftwicken-Ausstellung sage und schreibe 264 Sorten präsentiert. (Man stelle sich den Duft vor!) Ein Jahr später wurde die National Sweet Pea Society gegründet und nahm ihre Arbeit auf – und existiert noch heute.

Die Blumen musste jemand früher im Jahr ausgesät haben. Sie sahen gesund aus – einjährige Pflanzen mit kräftigen geflügelten Stängeln, die sich an einer windschiefen viereckigen Konstruktion aus Bambus und Kordel entlangrankten. (Wigwams sind stabiler!) An den Ranken hingen jede Menge pastellfarbener Blüten und kleine, pelzige Schoten, die aus den Blütenständen erwachsen, wenn diese nicht rechtzeitig abgezupft werden. Binnen weniger Wochen – oder sogar Tage, wenn es warm genug ist – wird die Hülsenfrucht dick und schwer und trocknet. Ihr folgt der

Spross, sodass bald nur noch der blassgelbliche Geist einer Pflanze übrig bleibt, wo es zuvor so üppig gegrünt hat. Die glücklicheren unter den Samen platzen aus den Schoten, fallen zu Boden, wurzeln und treiben neu aus. Wie die überwiegende Mehrheit aller Lebewesen existiert auch die Duftwicke – Lathyrus odoratus, wobei der Name nicht annähernd nach ihrer Zartheit klingt –, um sich zu vermehren. Sie wächst lediglich, um Samen zu produzieren, und sobald die sich verteilt haben und die Zukunft der nächsten Generation gesichert ist, geht sie ein. Um diese kleinen, verheißungsvollen Samenschoten zu produzieren, bringt sie unermessliche Energie auf. Danach hat die Pflanze ihren Zweck erfüllt.

Mehrjährige – oder perennierende – Wicken, wie etwa die Bukettwicke (Lathyrus latifolius) oder die Knollen-Blatterbse (Lathyrus tuberosus), durchlaufen diesen Prozess Jahr für Jahr und kämpfen sich jeden Sommer neu zurück. Sie duften nicht so stark wie ihre einjährigen Verwandten – wie herrlich frisch gewaschene Wäsche, die man an einem Sommertag draußen zum Trocknen aufhängt. Dafür machen sie es durch Lebenskraft wieder wett. Meine Lieblingswicken ranken sich um die an Dickens gemahnenden schwarzen, schmiedeeisernen Geländer eines Vorgartens an der Camberwell New Road: Das Haus an sich sieht zutiefst traurig aus, aber jedes Jahr im Juli blühen dort den Abgasen Tausender Fahrzeuge zum Trotz massenhaft kirschrote Blüten über dem Asphalt auf. Ich habe die Schwester dieser Wicke, die Strand-Platterbse (Lathyrus japonicus), siegreich über den Kiesstrand von Dungeness ranken sehen – jene bizarre, fast schon außerweltliche Landspitze, die so trocken wird, dass sie rein klimatisch als einzige Wüste Großbritanniens gilt. Mehrjährige Wicken wachsen in Sträuchern in Vorgärten und in den Hecken der ungepflegteren Parks dieser Stadt. Die Wicke ist eine der wenigen Blumen, die ich ohne schlechtes Gewissen überall pflücke (im öffentlichen Raum, sollte ich wohl hinzufügen), weil ich genau weiß, dass immer genügend übrig bleiben, zumal man nicht immer ganz leicht an sie herankommt, aber sie ist jeden Kratzer des Brombeergestrüpps wert. In einer Vase zu Hause halten die Blüten eine knappe Woche lang, manchmal sogar länger. Dann verblassen die Blütenblätter allmählich zu einem staubigen Scharlachrot.

Lathyrus latifolius fühlt sich trotz der brutalen Bedingungen selbst in der Stadt pudelwohl, was Stadtgärtner nicht davon abhält, es alle Jahre wieder mit dem zarteren *Lathyrus odoratus* zu probieren. Ich für meinen Teil, genau wie bestimmt viele andere auch, betrachte die einjährige Duftwicke insgeheim als Pflanze für den Landgarten. Die Schlichtheit macht ihre Schönheit aus – sie verfügt nicht über angeberische Dornen oder pompös trichterförmige Blütenstände, sondern einfach nur über ein paar zart gekräuselte Blütenblätter, die aussehen wie kleine, zusammengeknüllte Taschentücher. Vita Sackville-West, die große Pflanzenkundlerin und berühmte Lebensgefährtin von Virginia Woolf, war da ein wenig abschätziger: »klein, gedeckte Knospe, weder in Sachen Schönheit noch Farbigkeit erwähnenswert«, schrieb sie im Oktober 1952 in ihrer wöchentlichen *Observer*-Kolumne (die später im Sammelband *Mein Garten* erscheinen würde) über die ursprüngliche Platterbse, die italienische Wildform, die im ausgehenden 17. Jahrhundert nach England gebracht worden war. Aus diesem »bescheidenen kleinen Wildwuchs« sind die prachtvolleren und stärker duftenden Sorten erwachsen, die heute in unseren Gärten stehen – »Spencer«, »Grandiflora«, »Cupani« …

81

In den Fünfzigerjahren hatte Sackville-West sich auf die Suche nach der italienischen Urform gemacht, die »sich irgendwo an einem Gewirr dürrer Rankstangen hinaufwinden und in der unbeachteten, aber sonnigen Ecke eines Küchengartens dem Pflücken überlassen worden sein dürfte«. (Lustigerweise traf diese Beschreibung exakt auf Jamies geliehenen Garten zu.) Zur selben Zeit dürfte mein Großvater mütterlicherseits, drei Monate bevor er Vater werden sollte, seine Duftwickensamen für den nächsten Sommer ausgesät haben.

Ich ziehe Duftwicken, weil meine Mutter sie zieht, sie tut es, weil mein Großvater es tat und sie dabei eine gut handbreite Masse Blüten heranzog. Und auch wenn ich meine Duftwicken missmutig beäuge, weil sie nie so schön blühen wie die meiner Mutter, habe ich auch meine Mutter schon brummeln hören, dass ihre »nie so schön wachsen wie die meines Vaters«. Meine Großmutter schnitt Sträuße für drinnen, die dann ihr komplettes lupenreines Sechziger-Interieur mit Duft füllten, wie ich mir habe sagen lassen. In der Küche, in der ich aufgewachsen bin, standen in einem blau-weißen Keramikkrug ebenfalls Duftwicken auf dem Tisch – manchmal sogar noch mitsamt der verwirrten Blattlaus, die sich auf dem kurzen Weg vom Spalier vor dem Küchenfenster nicht hatte abschütteln lassen. Hin und wieder kam der Strauß auch von einem älteren Mann namens George, der in einem viktorianischen Cottage am Dorfrand wohnte und immer zu kurze Hosen anhatte.

Duftwicken gehören zu jenen magischen Einjährigen – genau wie Schmuckkörbchen, die man am besten im Mai aussät –, die Nachlässigkeit in der Pflege mit umso mehr Blüten belohnen. Klar, die Triebe werden irgendwann kürzer, besonders wenn man ihnen reichlich nährstoffreiche

Erde vorenthält, wie ich es tat. Ein passionierter Blumen-topfgärtner- und Blumenliebhaber-Freund hat mir mal er-zählt, dass er Duftwicken nur noch aus nostalgischen Grün-den zieht, denn selbst in riesigen Wannen fühlen sie sich nicht sonderlich wohl und sind bis Anfang Juli verblüht, während sie im Freien dann immer noch »ganz anständig weitermachen«. Eine rechtzeitig zurückgeschnittene, gut genährte Duftwicke blüht in guten Jahren monatelang. Ich habe in der Vergangenheit sogar noch Anfang November Wicken meiner Mutter geerntet, und das bloß, weil Duft-wicken nur dann Samen produzieren können − und somit den Weg für die Nachfolgegeneration ebnen −, wenn sie zuvor verblüht sind. Sobald man sie verblühen, eine Samen-hülse hervorbringen und diese dann in Ruhe liegen lässt, platzt sie auf und verteilt die Samen, aus denen bestenfalls neue Blumen austreiben.

Genau das erklärte ich Jamie an jenem Mittwochvormit-tag. Das − und die Art und Weise, wie der Gärtner diesen Prozess unterbinden kann. Nur Tage nachdem die blass-gelben Knospen erscheinen, blühen sie auf. Dann geht das Spielchen los: Wie lange hält es der Gärtner wohl aus, bis er dieses zarte, geliebte Pflänzlein inmitten der schönsten Blüte zurückschneidet, damit sich stattdessen neue Blüten bilden? Einjährige Pflanzen kann man so wochenlang »hin-halten« und eine Blüte nach der anderen heraufbeschwören, bis die Pflanze irgendwann eingeht − ein Wechselspiel von Kontrolle und Geduld, von Pflege und Risiko: Wie lange erhält man etwas am Leben, wie viel Zeit gibt man sich, um sich an dem schönen Anblick zu erfreuen, ehe man ihm kurzerhand ein Ende setzt − im rasenden Galopp sozusagen, aber eben auch in der Hoffnung, daraus etwas Neues ent-stehen zu lassen?

Jamies letzte Blüten mussten zurückgeschnitten werden, um die Pflanze daran zu hindern, noch mehr Schoten auszubilden, die sich zu denjenigen hinzugesellt hätten, die bereits massenhaft über unseren Köpfen hingen. Wir fanden zwar keine Schere, stattdessen aber ein Grapefruitmesser, mit dem wir die Triebe beschnitten. Als ich fertig war, ertappte ich Jamie dabei, wie er in seinem weißen indischen Hemd mit einem Strauß bonbonpinkfarbener Blumen neben einem gelben Gartenstuhl stand und ihren Duft einatmete.

•

Ich bin mit Musikfestivals aufgewachsen. Sah meinen großen Bruder, der damals gerade erst sechzehn war – in meinen Augen unendlich erwachsen –, wie er sich beim Radiohead-Konzert auf BBC inmitten der Menschenmenge seinen viel zu langen Neunziger-Pony aus dem Gesicht wischte. Glastonbury war damals noch ein Abenteuer und Lichtjahre von den unüberwindbaren Metallzäunen und der Online-Fotoregistrierung entfernt, die aus dem Ticketkauf heutzutage eine Prozedur machen, die nur noch eingefleischte Fans über sich ergehen lassen. Damals wurden dort Leute zusammengeschlagen und ausgeraubt, und die Camping-Areale kamen fremdartigen, gefahrvollen Welten gleich.

Für manch einen mag Glastonbury seinen damaligen Reiz verloren haben. Aber es ist immer noch das landesweit am wenigsten kommerzialisierte große Festival. In den vergangenen zwanzig Jahren sind Festivals zu Riesenumsatzbringern geworden – ein Segen für Campingausrüster und Gummistiefelhersteller, Glitzer- und Blumenstirnbandproduzenten und Street-Food-Wagen. Ich selbst war mit fünfzehn das erste Mal auf einem Festival – in Reading natürlich – und konnte es gar nicht fassen, wie viele meiner Lieblingsbands dort hintereinander die Bühne enterten.

Nur ging es irgendwann nicht mehr um die Musik; die Besucher wollten sich verkleiden, herumscharwenzeln, ein paar Tage freimachen und mit Glitzerklamotten auf einem Acker die Fesseln des Arbeitsalltags sprengen. Sommerwochenende für Sommerwochenende tauchten überall ein und dieselben Nudelauflauf- und Cocktail-Trucks auf, und auch andere sprangen auf den Zug mit auf: Comedians, Theaterensembles, Literaturveranstalter. In Festzelten fanden Bankette statt wie bei einer Hochzeit, auf der man die anderen Gäste nicht kannte. Das Ganze hieß fortan »Erlebnis«, und deshalb landete es auch auf der To-do-Liste sämtlicher Millennials, denen es an Besitztümern oder einem eigenen Häuschen zum Angeben mangelte. Im Glitzertrikot, mit Fuchsmaske und im Alkohol- und Drogennebel durch die Wälder zu streifen wurde denjenigen, die »dazugehören« wollten, als unverzichtbare Erfahrung verkauft.

Ich war mitunter auf zehn solcher Festivals pro Sommer, und der Sommer meiner Trennung von Josh war keine Ausnahme. Ich hatte einen Punkt in meiner Karriere erreicht, an dem ich mit Leichtigkeit an Eintrittskarten und bessere Übernachtungsmöglichkeiten kam, und weil meine Freunde und ich nie wahnsinnig viel Geld oder Vorausplanung investierten (fast immer beschlossen wir spontan, irgendwo hinzufahren), tauchten wir dort immer einfach nur für zwei, drei Nächte auf. Das machte Spaß, klar, und war natürlich der totale Luxus. Und irgendwie hatte ich auch immer noch das Gefühl, als mogelte ich mich hinein, während ich im nächsten Augenblick auch schon das nächste bunte Armbändchen anlegte, das mir den Zutritt zum nächsten fähnchendekorierten Festivalgelände gewährte, auf dem ich nicht wesentlich mehr tun musste, als Spaß zu haben. Ich war immer gern tanzen gegangen, um Stress abzubauen, und jene langen Nächte, das ziellose Umherstreifen und die Jagd nach Momenten der Transzendenz zu pulsierenden Beats waren für mich eine Art Ventil. In einer Sommernacht die kühle Brise im Gesicht zu spüren oder inmitten einer lauthals mitsingenden Menschenmenge zu stecken fühlte sich einfach nur gut an. In solchen Momenten hörten die Rädchen in meinem Hirn mitunter kurz auf zu rattern.

Natürlich hatte ich Glück gehabt, und diese Events waren ganz sicher auch die Highlights eines Jobs, auf den ich zehn Jahre lang hingeschuftet hatte. Zugleich waren die Festivaltickets, die ich von Berufs wegen bekam, ein zweischneidiges Schwert: Man durfte sich zwar backstage aufhalten, aber nie allzu offenkundig allzu viel Spaß haben. Die Kontrolle zu verlieren und sich zu sehr gehen zu lassen war für alle Beteiligten eine peinliche Angelegenheit.

Diejenigen, die für ihre Eintrittskarten bezahlt hatten und dort quasi Urlaub machten, kannten derlei Einschränkungen nicht … oder vielleicht am Ende doch? Festivals sind inzwischen eine dermaßen große Sache geworden, dass sie in Social-Media-Profilen und auf YouTube-Kanälen eine Riesenrolle spielen: überall Clips von schönen, strahlenden Menschen, die Schampus trinken und unter dem Sternenhimmel tanzen. Hier hat niemand einen Sonnenbrand, niemand ist lustlos, verkatert oder hat am nächsten Morgen den Blues. Selbst Events, die eigentlich dafür da sein sollten, dem anstrengenden, grauen Alltag zu entfliehen und in einen Moment der Freiheit einzutauchen, sind mittlerweile bis obenhin befrachtet mit Erwartungen, die wir ohne die richtige Belichtung und den richtigen Style kaum mehr erfüllen können. Hatte hier sonst noch jemand das Gefühl, nicht hinreichend schön zu sein für die Art von Hedonismus, nach der wir uns alle sehnten?

Ich habe es im Übrigen immer spannend gefunden, dass gerade die kleineren, feineren Festivals ausgerechnet an schönen Orten ausgetragen wurden, die wesentlich zur Atmosphäre beitrugen. Glastonbury war da geradezu Vorreiter: Der Ort liegt idyllisch im grünen, hügeligen Tal von Avalon, und in den frühen Morgenstunden verschluckt der Nebel die Besucher auf ihrem Rückweg zu den Zeltplätzen. Inzwischen bewerben auch andere ihre Waldstücke und versteckten Lichtungen für derlei Veranstaltungen, stellen die üblichen Club-Stimulanzien zur Verfügung – nur eben ohne die Wände, von denen der Schweiß trieft. Uralte Räume – in sich geschlossene Ökosysteme aus Moosen, Schlamm, Laub und Stängeln – verwandeln sich ein Sommerwochenende lang in Besonderheiten. Wir spüren regelrecht, dass in diesen kaum je betretenen, wild wuchernden Zonen Freiheiten lauern, stürzen uns aber nur dann hinein, wenn wir im Dunkeln ein schickes Kleid tragen und der Glitter in unseren Gesichtern das Blitzlichtflackern widerspiegelt. Die Natur wird zum Gastgeber für Dekadenz. Anschließend gehen wir wieder, kehren in die Normalität zurück, ohne richtig zur Kenntnis genommen zu haben, was wir dort zurückgelassen haben.

Dann wiederum sind wir auch nicht die erste Generation, die sich so verhält. Bereits im Viktorianischen Zeitalter sind die Menschen durch die Wälder gestreift, weil es als angesagt galt. Die Verlockungen waren zwar andere, aber das Prinzip dahinter gar nicht unähnlich: Ziel war, sich selbst zu verbessern, eine Art höhere Gnade zu erlangen; die Ehrgei-

zigeren versuchten, neue Wege zu beschreiten und extreme
Orte zu entdecken, nur um dann einen Beweis von dort
mit nach Hause zu bringen und im Freundeskreis damit zu
prahlen. Die Inspirationsquelle hierbei war eine ganz bestimmte Pflanze – nämlich der Farn, von dem die viktorianische Gesellschaft jahrzehntelang in vielerlei Hinsicht
besessen war.

Farne sind die Dinosaurier der Pflanzenwelt: Fossilfunde
lassen darauf schließen, dass sie bereits vor 360 Jahrmillionen auf der Erde erschienen, auch wenn diejenigen, die es
heutzutage noch gibt, erst vor 145 Jahrmillionen auftauch-
ten. Sie wachsen seither in aller Seelenruhe an Standorten,
die viele andere Pflanzen nicht bewältigen könnten: in Fels-
spalten, auf dem lichtarmen Waldboden, an windumtosten
Berghängen, auf meinem Balkon. Oder wie meine Mutter
beim Betreten meines kleinen Fleckchens im Freien bemerkte: »Ich buddele sämtliche Farne aus unserem Garten
aus – und Alice pflanzt sie hier freiwillig!« Farne wurden
seit Jahrhunderten in unseren Landschaften nur allzu leicht
übersehen. Im Viktorianischen Zeitalter änderte sich das.

Der Farn rückte sozusagen ins Rampenlicht – und wurde
für seinen lange ignorierten Wedelminimalismus geliebt.
Der Umstand, dass Farne nicht blühten, galt als Beweis für
ihre »Bescheidenheit«. Botaniker hatten erst gegen Ende des
18. Jahrhunderts herausgefunden, wie Farne sich vermehr-
ten – teils mittels kugeliger brauner Sporen, die an der
Unterseite der Wedel männlicher Pflanzen saßen –, und
ungeachtet ihrer urgeschichtlichen »Wurzeln« hatten sie sich
einen Hauch Fremdartigkeit bewahrt, weil sie ihr Geheimnis so lange gehütet hatten. Viktorianische Zeitgenossen
hatten es sich indes zur Aufgabe gesetzt, Spezies aus den
entlegensten Winkeln Großbritanniens und der ganzen Welt

zusammenzutragen, und redeten sich ein, dieses Ansinnen sei schon allein deshalb ein hehres, weil es enormes Durchhaltevermögen erfordere. Die Liebe zu den Farnen wurde insofern auch als eine Ausformung des Naturalismus angesehen, dem etwas Göttliches innewohnte, weil der Fokus nun ausgerechnet auf den eher unauffälligen Kreationen des Schöpfers lag. Was im Übrigen noch lange anhielt: In den 1830er Jahren brach in der bürgerlichen viktorianischen Gesellschaft ein regelrechter »Farnwahn« aus, der bis ins folgende Jahrhundert anhalten sollte. 1855 führte der Priester und Autor der *Wasserkinder*, Charles Kingsley, den Begriff »Pteridomania« ein (abgeleitet von *Pteridophyta* – Pflanzen, die Sporen statt Samen bilden), um die Faszination für Farne, die landesweit schier jeden Haushalt zu ergreifen schien, in Worte zu fassen.

Aus heutiger Sicht nahm die »Pteridomania« schier unfassbare Formen an: Wen immer die Begeisterung packte – wer also zum »Pteridomaniac« wurde –, studierte mit Ernsthaftigkeit und Stolz nicht nur die Pflanzen an sich, sondern auch ihre immer längeren, unüberschaubaren botanischen Namen. Immer mehr Farnbücher erschienen, um die Fanatiker mit umso mehr Lehrstoff zu versorgen. Den Höhepunkt erreichte der Farnwahn, als sich die Farnfreunde bei Exkursionen auf die Suche nach seltenen Spezies machten, die sie dann mit nach Hause nahmen und in sogenannte Ward'sche Kästen setzten – Mini-Gewächshäuser, die ein gewisser Nathaniel Bagshaw Ward entwickelt hatte. Nona Bellairs war eine von einem Dutzend Frauen, die über ihre pteridomanischen Expeditionen Berichte verfasste. 1865 publizierte sie *Hardy Ferns: How I Collected and Cultivated Them*. Darin beschrieb sie eine dreimonatige Schottlandreise – und mit im Gepäck: zwei Schäufelchen, ein Bestimmungsbuch und eine »große, verschließbare Blechdose«, in der sie ihre in Baumwolltücher eingeschlagenen Funde wochenlang mit sich herumschleppte.

Bellairs war einundvierzig, als ihr Buch erschien – was sie nicht davon abhielt, sich bei der Jagd nach neuen Spezies auch weiterhin in brenzlige Situationen zu stürzen. Beschwingt berichtet sie von einem Zwischenfall, als sie mit einem »viereinhalb Meter langen Bambusrohr, an dessen Ende eine Klinge befestigt war«, in einer Höhle an der Küste nach einem »bildschönen [Asplenium] marinum« stocherte. Die Flut kam schneller herein als gedacht, und sie musste von »einem Gentleman und einer Dame sowie einem Matrosen« in einem Boot gerettet werden, die sich anschließend allesamt »um den Farn scharten, weil wir ihn alle gar nicht genug preisen konnten«. Bellairs hatte Glück gehabt und überlebt, um diese Anekdote zum Besten zu geben; andere hatten weniger Glück. Eine gewisse Miss Jane Muers kam 1867 in Perthshire ums Leben, als das Kliff, auf dem sie einen Farn sichern wollte, unter ihr wegbrach.

In der Hochphase des Farnwahns wurden ganze Farnexkursionen und -reisen organisiert. Zu den Reiseunternehmen, die entlang ihrer Routen Zwischenstopps an Farnschluchten und -zuchten empfahlen, gehörte auch Thomas Cook & Son. Wo immer es Farne im Überfluss gab, wie in Snowdonia und rund um Windermere, nahmen geschäftstüchtige Einheimische das Heft selbst in die Hand, scharten Horden aus Pteridofanatikern um sich (die mit der kürzlich gebauten Eisenbahn gekommen waren), priesen Wedel an, die sie selbst ausgebuddelt hatten, und erboten sich als Führer, die den Farnjägern zeigten, wo sie am besten Beute machen konnten.

Die Farnjagd galt kurioserweise als hauptsächlich weibliches Hobby. Spezielle Wickelkleider kamen auf den Markt, die der viktorianischen Sammlerin mehr Bewegungsfreiheit bei der Suche bescherten, und jüngere Frauen brachten eine ähnliche Begeisterung für das Sammeln, Identifizieren und Klassifizieren sowie das Zeichnen von Farnen auf, wie es ein Jahrhundert später Teenagermädchen für Popgruppen aufbringen sollten. Indem er selbst in *Glaucus, or the Wonders of the Shore* den Namen für die Farnfans geprägt hatte, äußerte Kingsley zugleich sein Wohlwollen für die Bewegung:

> Sie werden nicht leugnen, dass [Ihre Töchter] Freude dabei empfinden und aktiver, fröhlicher und selbstvergessener sind, als sie es beim Kaffeekränzchen, bei der Häkelarbeit oder Tapisseriestickerei gewesen wären.

Charles Dickens war da weniger enthusiastisch. 1862 verwehrte er seiner Tochter einen Ward'schen Kasten (der nach heutigen Schätzungen 250 bis 550 Euro gekostet haben dürfte – eine ähnliche Hausnummer wie der Eintrittspreis für ein Wochenende auf einem Festival), nachdem er sie »peinlich befragt« hatte und zu dem Schluss gekommen war, dass sie »eines Farnhauses *nicht* würdig« sei. An einen Freund schrieb er:

> Auf die Beharrlichkeit des jungen Dings ist doch kein Verlass. Soll sie ihr Farnhaus doch besser an eine ihrer Burgen in Spanien oder eins ihrer englischen Luftschlösser anbauen.

Die Frauen in Edith Whartons *Zeit der Unschuld* waren in der Spätphase der Pteridomanie eindeutig besser dran und durften ihre fiktionalen Gewächshäuschen ohne Widerstände umsorgen.

Vielleicht lag es daran, dass es Frauen so lange untersagt gewesen war, sich über Pflanzen kundig zu machen – vom Entdecken ganz zu schweigen –, dass sie den Nervenkitzel einer botanischen Entdeckungsreise und die damit einhergehende akademische Strenge umso mehr wertschätzten. Um Zimmerpflanzen hatten sie sich bereits ein knappes Jahrhundert lang kümmern dürfen; in den 1770er Jahren unternahm Josiah Wedgwood für seine neu gestalteten Zwiebelpflanztöpfe sogar eine kleine Marktanalyse nur unter Kundinnen. Mit dem beginnenden Viktorianischen Zeitalter durften Frauen endlich zusehends auch selbst entscheiden, welche Pflanzen sie in welcher Zusammenstellung in ihren vier Wänden haben wollten. Die zarten Finger der Damen galten fortan als umso bessere Werkzeuge, um die Fensterkästen und Pflanzkübel zu befüllen, die in die neuen, modernen Häuser mit ihren größeren Fenstern einzogen. Und je mehr Häuser gebaut wurden, umso mehr frischgebackene Stadtbewohnerinnen erklärten ihre Zimmerpflanzen und ihren grünen Daumen zu Statussymbolen. Kentiapalmen, die noch heute beliebt sind, weil sie selbst mangelnder Pflege standhalten und sich mit dem schlechten Licht in einem düsteren Hausflur abfinden, wurden von den Viktorianern gleichermaßen geliebt, gerade weil sie selbst in deren rußigen, gasgeschwängerten Wohnräumen überlebten. Zunehmend kamen Gartenbücher und Zeitschriften auf den Markt, die sich gezielt an eine weibliche Leserschaft richteten: Im Jahr 1842 schrieb eine gewisse Jane Loudon im *Ladies' Magazine of Gardening*:

> Ich besitze selbst keinen Garten, habe aber einen großen Balkon mit zahlreichen Gewächshauspflanzen, die im Sommer blendend aussehen, mir jedoch im Winter einiges

Kopfzerbrechen bereiten. Ich musste sie alle nach drinnen in unsere Fenster und auf zig Blumenständer in die Wohnräume holen; bei einigen bin ich trotzdem in die Verlegenheit gekommen, sie zu entsorgen.

Wenn man bedenkt, wie gern sie die Pflanzen in ihre Häuser hineinholen wollten – und wie sie mit ihren Ansinnen scheiterten –, ist es kaum überraschend, dass diese Frauen, die in weiten Teilen vom Gärtnern im Freien oder selbst im eigenen Gewächshaus (das als Männerdomäne galt) ausgeschlossen waren, eine derartige Freude daran hatten, auf der Jagd nach Farngewächsen – und das auch noch gemeinschaftlich – durch die Wälder zu marodieren. Von einem Foto mehrerer in hochgeschlossene Blusen gekleideter Frauen, die 1900 an einer »Lektion über Farne« im Höhenkurort Pocono Pines in Pennsylvania teilnahmen, springt die schwesterliche Freude den Betrachter regelrecht an. Einige Arten wurden sogar nach ihren Entdeckerinnen benannt – nach einer Miss Beever beispielsweise oder einer Mrs Bolland. Aber natürlich war damals nicht alles eitel Sonnenschein. Denn was bedeutete es wohl, wenn Farne ihrem natürlichen Standort blindwütig entrissen wurden und stattdessen nun in dunklen Zeichensalons in Glaskästen steckten, überhitzten und leiden mussten? Selbst eine so renommierte Farnliebhaberin wie Bellairs äußerte sich besorgt um jene Spezies, die sie selbst »schonungslos« ausgrub und in ihre beengte Blechdose stopfte, nur um sie zu Hause zu entsorgen:

Ich habe dich nie leben lassen und fürchte, ich werde es auch in Zukunft nicht können [schreibt sie an ihren *Botrychium*]. Ich muss in der Tat einräumen, dass ich einen

Fund niemals am Leben erhalten konnte … Trotzdem war er immer die Suche wert.

Der Begriff »Farnräuber« – für all jene, die ohne Rücksicht und Sachkenntnis einfach alles aus der Erde rupften – hielt sich noch lange über das Ende des 19. Jahrhunderts hinaus, als der Hype längst wieder verebbt war.

Bei aller Hysterie, die mit der Pteridomanie einherging, gibt es trotzdem Aspekte, die mir selbst heute, nach anderthalb Jahrhunderten, vage bekannt vorkommen: Alte Fotografien von Frauen inmitten australischer Baumfarne erinnern an die kunstvollen Aufnahmen von Bikinischönheiten und Palmen, die Instagram überfluten. Die Farnalben, in denen die Pteridomaniacs ihre Reisen dokumentierten und die dann demonstrativ auf den Beistelltischen zu liegen kamen – sind das nicht Äquivalente unserer gut kuratierten Social-Media-Feeds? In viktorianischen Mittelschichthaushalten wurden Farne immer beliebter, weil immer mehr Menschen zur Miete wohnten und ihre Farne leicht mit umziehen konnten, genau wie sich heutzutage eine großstädtische »Generation Miete« Zimmerpflanzen hält – etwas Organisches, Lebendiges, das bei einem bleibt, selbst wenn man wieder einmal den prekären Einflussbereich eines ausbeuterischen Vermieters räumen muss. Farne wurden regelrecht zum Ausdruck gesellschaftlichen Ranges: Bereits 1840 bemerkte der Botaniker Edward Newman, dass Farne »nicht länger der Botanik- und Gartenbausphäre vorbehalten sind; fast jeder, der einen guten Geschmack hat, unternimmt mehr oder weniger erfolgreich Versuche, diese Pflanzen zu hegen«. Überdies zierte der Farn zunehmend botanische Drucke und Haushaltswaren. So wie seit Mitte der 2010er Jahre Farne für Tapeten-, Kissen- und Couchbezug- sowie

Geschirrdekore herhalten, war der Farn schon im Viktorianischen Zeitalter ein eigenständiger Trend für Interieurs, und die Röcke von Sonntagskleidern wurden mit Farnwedelmotiven bestickt.

Wann immer Trends aufkommen, nimmt unterdessen die Leidenschaft ab, die den Trend überhaupt erst hervorgebracht hat. Ebenso wenig wie all die traurigen Sukkulenten in Urban-Outfitters-Filialen dem Enthusiasmus wahrer Kaktusliebhaber gerecht werden, die das Dickblattgewächs in den 1930er Jahren aus den Wüsten in unsere heimischen Märkte brachten, schien auch die Pteridomanie auf ihrem Zenit auszublenden, welche ursprüngliche Faszination die Leute dazu inspiriert hatte, hinaus an die frische Landluft zu gehen und dort beschwingt zwischen Farnbüscheln umherzustreifen. Edward Newman, einer der führenden Farnexperten im viktorianischen England, entdeckte seine Passion für das Studium der Farnnamen erst, nachdem er aufgrund einer Angstneurose »drei Monate Reisen« verschrieben bekommen hatte. Oder womöglich traf es Henry David Thoreau in seinem Tagebuch noch ein bisschen besser:

> Wenn du die Farne kennenlernen willst, musst du deine Botanik vergessen. […] Kein einziger wissenschaftlicher Ausdruck, keine Unterscheidung nützt dir im geringsten […].

Irgendwie spricht mich das deutlich mehr an als die Vorstellung von feinen Damen, die »in Begleitung eines Gentleman oder Bediensteten, der Korb und Pflanzschaufel trug, Landstraßen entlangreisten«. Über Botanik und wissenschaftliche Ausdrücke, die ich hätte vergessen können, verfügte ich damals Mitte Juli in der Festival-Hochphase nicht nennenswert, und das bisschen, was ich wusste, wandte ich ebenso wenig an; trotzdem war mir insgeheim klar, dass es mich nach draußen zog.

Ich war auch zuvor nicht immun gegen den Zimmerpflanzentrend gewesen, der sich unter Gleichaltrigen zum gesellschaftlichen Gütesiegel zu entwickeln schien. In Einrichtungsmagazinen tauchten neben Sofas mit einem Mal überall die rustikalen Blattspreiten der Geigenfeige auf; die *Monstera deliciosa* – die unsere Eltern noch als schnödes Fensterblatt kannten – erlangte auf Instagram und Pinterest neue Beliebtheit. Nach Jahrzehnten der Verbannung drangen Zimmerpflanzen wieder in schicke, trendige Cafés und in unsere minimalistischen Haushalte vor. Genau wie ihre Vorgänger aus dem Viktorianischen Zeitalter rissen sich auch die Millennials um jedes bisschen Natur, die sie zuvor mit ihrer Landflucht und dem Bezug winziger, überteuerter Stadtwohnungen hinter sich gelassen hatten, die sie sich wiederum nur mithilfe von Jobs leisten konnten, bei denen sie in einem fort auf Bildschirme starrten. Auch für uns wurden Pflanzen wieder begehrte Besitztümer; immer mehr Inneneinrichtungs-Webseiten widmeten sich pflanzenbefüllten kleinen urbanen Räumen.

Was die Ward'schen Kästen für die Teenager des Viktorianischen Zeitalters waren, ist für uns der Flaschengarten: Das bauchige Glasgefäß mit dem selbstgenügsamen Ökosystem im Innern kam quasi über Nacht wieder in Mode. Auf Instagram liken wir tausendfach Bilder von Gewächshäusern und botanischen Gärten, von üppig grünen Dschungeln in lichtdurchlässigen Kathedralen. Diese Welten hinter Glas unterliegen unserer Kontrolle: Wir halten die Umgebungsbedingungen stabil, in denen Pflanzen gedeihen, die draußen so nicht überlebensfähig wären. Und ironischerweise beschert uns ausgerechnet eine solche Umgebung, die derart von Limitierungen geprägt ist, das Gefühl, frei zu sein. Andererseits kommen die Werte, die meine Generation propagiert – Erlebnis anstelle von Besitz, aus purem Selbsterhaltungstrieb Erwartungen zu übertreffen und »Authentizität« –, in diesen Bastionen der Künstlichkeit sozusagen zusammen. Nachdem alles in unserem Leben vergänglich ist, enthalten diese Gewächshäuser Welten, in denen die Zeit sich verlangsamt und nur durch natürliche Prozesse gekennzeichnet ist.

Auch ich hatte in unserer Wohnung Zimmerpflanzen angehäuft: eine Rhipsalis beispielsweise, die ich in einem Charity-Laden gefunden hatte, und Fensterbänke voller Sukkulenten aus den Blumenläden in der Umgebung. Im Bad stand eine üppige Aloe, und auf der Fensterbank im Wohnzimmer waren verschiedene pflegeleichte Haworthien und Kalanchoen gelandet, die ich geschenkt bekommen hatte. An meinem Arbeitsplatz stand neben meinem Rechner ein Kaktus, der zu wenig Licht abbekam, und immer morgens, wenn ich früh anfing zu arbeiten und das Großraumbüro ansonsten verwaist war, genoss ich es zu beobachten, wie das frühe Tageslicht durch die Wedel der im Büro verteilten, nach Sauerstoff dürstenden Zimmerpalmen fiel.

Trotzdem hatte ich zu all diesen Pflanzen kaum einen Bezug. Sie waren eher zufällig in meinen Besitz gelangt, zumeist als Geschenke; es hatte eine kurze Phase gegeben, in der Sukkulenten in Goodie Bags gesteckt hatten – PR-Leute hatten sie allen Ernstes per Post verschickt. Es wäre mir falsch vorgekommen, mich dieser Pflanzen nicht anzunehmen und ihnen beim Wachsen zuzusehen. Aber im Grunde hatte ich mich dabei bloß nach der Mode gerichtet. Eine Sukkulente sieht winters wie sommers annähernd gleich aus; in einem britischen Haushalt bleibt sie klein und zahm – eine kümmerliche Miniaturversion dessen, wozu sie in ihrem natürlichen Habitat heranwächst.

Die Pflanzen, die mich faszinierten, waren diejenigen, die draußen wuchsen, diejenigen, die jedwedem Wetter die Stirn boten, die ihrer Umgebung einen Nutzen bescherten – die den Bienen mit Pollen dienten und ihr Laub abwarfen und im Winter den Tod fürchten mussten, nur um beim ersten Versprechen des Frühlings mit einem lange unterdrückten Vergeltungsgefühl wieder zum Leben zu erwachen. Ich hatte mich monatelang danach gesehnt, endlich wieder hinauszukommen – die Mauern einzureißen, die ich unbewusst um mich herum errichtet hatte. Immerhin lauerte dort draußen ein potenziell anderes Leben, während ich rastlos drinnen verharrt und nicht gewusst hatte, wie ich die Mauern hätte überwinden können. Vielleicht war das auch der Grund, warum ich auf meinem Balkon so tief Luft holen konnte, warum ich in den eingezäunten Gärten auf der gegenüberliegenden Straßenseite Zufluchtsorte fand.

Außer dass ich es jetzt endlich wieder tun konnte und auf niemanden drinnen mehr warten musste, war da noch eine stärkere Antriebskraft – ich *fieberte* förmlich darauf hin hinauszugehen. Ich brauchte das schon seit Monaten, vielleicht sogar schon seit Jahren. Es war die gleiche Kraft, die mich auf dem Balkon durchströmte – nur wollte ich mehr davon. Es war nicht nur die Flucht aus London und vor den Erinnerungen, die mich hier heimsuchten; ich brauchte etwas, in das ich mich hineinwühlen konnte.

Dieses unausgesprochene Bedürfnis hinauszukommen, nur von den Wolken gefangen zu sein, spornte mich auf die gleiche Weise an, wie die Musik mich als Teenager angespornt hatte. Damals hatte ich Zuspruch und Bedeutsamkeit in Songtexten gefunden und diese auf jeden freien Zentimeter in meine Schulbücher und mit Kugelschreiber auf meine Schultasche geschrieben. Ich hatte es als Befreiung empfunden, zu einem Drumbeat auf- und abzuspringen. Ich war an Abenden zu Gigs gegangen, obwohl ich am nächsten Morgen zur ersten Stunde in der Schule sein musste, war auf die Sekunde und stocknüchtern zum Einlass vor Ort gewesen und hatte mich ganz nach vorne gestellt, um selbst die Vorband aus der ersten Reihe sehen zu können. Das Wummern der Soundanlagen zu spüren und jemanden dabei zu beobachten, wie er sich an ein Mikro klammerte, hatte mir eine Energie beschert, die ich sonst nirgends gefunden hatte.

Mit den Jahren war dieser Effekt verblasst. Es ist aber vielleicht auch nicht ganz leicht, einen derart wilden Enthusiasmus aufrechtzuerhalten, wenn all das Teil deiner Arbeit wird – das Analysieren, Kalibrieren, Auf-Vorzüge-Abklopfen, das über das reine Empfinden hinausgeht. Womöglich war ich auch einfach erwachsen geworden – war zu alt für den Ehrgeiz, immer unbedingt zu den Ersten gehören zu müssen, die eine Band entdeckten. Es spielte keine Rolle, zu wie vielen Festivals ich ging, wie viele Bands ich spielen sah – die Zahl derer, die in mir jenen ursprünglichen Teenager-Geist und die Leidenschaft weckten, wurde immer geringer. Stattdessen stellte sich eine Apathie ein, die ich mir kaum eingestehen wollte.

Trotz allem spielte ich das Spiel weiter mit. Sobald der Headliner fertig war, ging das Feiern los. Die Menschenmassen, die nach zig Drinks aus Plastikbechern und den ersten Begleiterscheinungen der eingeworfenen Amphetamine zusehends zur Herausforderung wurden, stürmten die Wälder. Dort boten sich diverse Möglichkeiten: Zelte mit

Menschen, die sich mittels Alufolie und Pappkartons als Roboter verkleidet hatten; Zelte mit Menschen, die Kopfhörer trugen und deren Gesang und Gestampfe alles andere übertönte; Late-Night-Comedy-Zelte, in denen lauthals gegrölt wurde; und dann unsere Destination: eine Tanzfläche, die inmitten von Bäumen lag, eine Lichtung im Wald vor einer Bühne, auf der ein anonymer DJ Beats ablieferte. *Rise and drop, rise and drop* – die Menge drängelte sich vor den Lautsprechern, der elektronische Donner erfasste ihre Leiber, und meiner mittendrin, mein Kopf ganz woanders, das Gehirn abgelenkt von der Einsamkeit, die entsteht, wenn man sich fragt, ob man eigentlich der Einzige ist, der nichts fühlt.

Allerdings gab es auch noch einen anderen Rhythmus, den des Regens auf dem Blätterdach. Ohne die Musik hätte man ihn deutlich hören können – und er hätte großartig geklungen. Stattdessen wurde er übertönt und musste gespürt werden: nasse Tropfen auf meiner Stirn, die an der Nase hinabliefen und von den Fingerknöcheln trieften. Mit aufgezogener Kapuze und den Kopf im Nacken ging das Tanzen weiter – die Bäume zerteilten den Strom von oben, sodass das Wasser sich in unwahrscheinlichste Muster zergliederte. Irgendwann erreichte der Regen auch den Waldboden. Unter meinen durchweichten Sportschuhen bebte die nasse, zertrampelte Erde, der Farn peitschte mir um die Beine, und der Geruch – das Alter, das Lebenssatte – beherrschte meine Sinne, kroch mir in die Nase und den Rachen hinab, stieg mir zu Kopf und schlug mir mit einer urtümlichen Bekanntheit entgegen, der ich seit Jahren nicht mehr begegnet war. Genau das Gleiche hatte ich in meiner Kindheit gespürt, wenn ich durch Wälder gerannt war: die ungestörte Ruhe eines tausatten Morgens, die unverkennbare Energie der Freiheit. Die Körperlichkeit dieser Erfahrung, von der ich gar nicht geahnt hatte, dass ich mich nach ihr sehnte, rüttelte mich auf – genau wie es früher die Musik vermocht hatte. Dies war die Flucht, die ich mittels Konsum hatte erreichen wollen, ohne dass mir klar gewesen wäre, dass ich die Dinge ziehen lassen musste, statt sie anzuhäufen, damit mir die Flucht gelänge.

Ich blieb stocksteif stehen, während die Beats die Erde unter meinen nassen Sneakers weiter zum Vibrieren brachten, meine Freunde tanzten und Hula-Hoop-Reifen das Kunstlicht über dem Festivalgelände spalteten, und nahm einen Ort wahr, der schon Jahrtausende lang diese stummen, komplexen Prozesse durchlaufen hatte: Der Adlerfarn (*Pteridium aquilinum*, ein weit verbreiteter Farn, mit dem sich nur wenige Sammler beschäftigten) stand hüfthoch über dem Gehölz am Rande der Lichtung und verströmte einen so frischen Duft, dass ich geradezu auf neue Weise zu atmen begann.

Für den Rest des Wochenendes lockte mich der Wald wieder und immer wieder, und ich versuchte, auch meine Freunde dafür zu begeistern. Tagsüber war dort weitaus weniger los, und er war dann eher ein Zufluchtsort mit gesprenkeltem Licht und sanft wogenden Wedeln. Ich saß auf Baumstämmen und Rindensplittern und versuchte, die einander ablösenden Akustikgitarren auf der Bühne auszublenden und mich stattdessen mit meinen Freunden zu unterhalten. Ein Instagram-Upload katapultierte mich kurzzeitig zurück nach London: Allem Anschein nach hatte Josh die vergangene Nacht mit einer gut aussehenden, mir unbekannten Mode-Stylistin in deren schicker Wohnung verbracht; meine Begleiterin – Kate – wusste ihrerseits genau, wie sie ihre Geringschätzung darüber zum Ausdruck bringen konnte. Sie schlug vor, im See schwimmen zu gehen. Darin war sie ein Ass – mit ihrer kraftvollen Mischung aus Yorkshire-Nüchternheit und der Begeisterungsfähigkeit einer Journalistin aus Westminster, die jedem mit Leichtigkeit ein Bekenntnis abquatschen konnte. Nachdem wir uns kreischend ins kalte Wasser gestürzt hatten, sezierten wir unsere gebrochenen Herzen, während das Seewasser unsere Haut kühlte und unsere Sinne schärfte. Ich verspürte tatsächlich Trost, während wir einander das Herz ausschütteten; ich war mit meinem Liebeskummer nicht allein. Anschließend stampften wir durch den Wald zurück – mit immer noch nassem Haar, das uns im Nacken klebte, und langsam verdunstender Nässe auf der sonnengewärmten Haut. Ich konnte die Algen aus dem See noch für den Rest des Tages berauschend und grün an mir riechen. Dort draußen hatten wir eine Oase gefunden, die nichts von uns gefordert hatte, zu der ich zurückkehren konnte, zu der ich aus der Enge meines getrübten Zuhauses, meines müden Geistes und den flüchtigen Konsumwünschen fliehen konnte. Genau wie jene Frauen der Vergangenheit, die aus ihren mit Zimmerpflanzen dekorierten modernen Stadtwohnungen geflohen waren, um in den dahinterliegenden Weiten einem Sinn nachzuspüren, hatte auch ich in der Natur etwas erspürt, was mir Genugtuung bescherte.

Dieses Festival verließ ich früher als geplant. Ich hatte genug – zumindest für die kommenden Wochen. Ich konnte der Künstlichkeit, diesem Konstrukt einer vergnüglichen Zeit, nichts mehr abgewinnen. Es funktionierte für mich nicht mehr; diese aufgehübschten Auftritte, die Kostümierungen befriedigten mich nicht mehr. Stattdessen genoss ich das Gefühl, den ganzen Trubel hinter mir zu lassen und in einem Doppeldeckerbus Landsträßchen entlangzurattern, während sich draußen der Himmel luftig rot färbte. Ich hatte so eine Ahnung, dass das, was ich dort im Wald erlebt hatte, auch in London zu finden wäre, wenn ich nur die Augen aufhielte. Dass dieselbe Zielgerichtetheit, mittels derer die Pflanzen dort draußen wuchsen, auch unter Stadtpflanzen zu finden wäre. Diese Zielgerichtetheit klang in meinen Ohren wahrhaft und tief und drang sogar durch mein Elend hindurch. Sie sollte mich auf den Boden zurückholen.

August

Wurzeln sind das unterirdische Skelett und der Verdauungstrakt der Pflanze. Sie sichern die Stabilität und versorgen die Pflanze mit Wasser und Nährstoffen. Daneben übernehmen Wurzeln mitunter noch andere Funktionen, sind beispielsweise vielfach Vorratskammern der Pflanze und speichern die Energie, die die Pflanze aus sich heraus erzeugt hat. Im Übrigen sind Wurzeln das allererste Anzeichen von Leben: Der aus dem keimenden Samenkorn wachsende Trieb – eine der dezentesten, banalsten Erscheinungen im täglichen Leben – erscheint erst dann, wenn die Pflanze hinreichend in der Tiefe verankert ist und den Grundstein für ihr Wachstum gelegt hat. Wurzeln suchen gern die Herausforderung, sich in dichte Erde zu wühlen; eine entwurzelte Pflanze wird schneller an ihrem neuen Standort »Fuß fassen«, wenn sie fest in der neuen Erde sitzt und keine Lufteinschlüsse die Wurzelfasern von der Umgebung trennen, in der sie wachsen soll.

Es gibt unterschiedliche Arten von Wurzelsystemen: sogenannte Tief- oder Pfahlwurzler, die sich vertikal im Boden verankern, und sich gleichmäßig in die Breite entwickelnde Flachwurzeln. Beide Wurzelarten lassen sich zudem nach Erscheinungsform unterscheiden: in eher feingliedrige Wurzeln und eher ungeschlachte, »fleischige« Knollen. Adventiv-

oder sprossbürtige sind die Optimisten unter den Wurzeln: Sie sprießen aus dem Spross oberhalb der Erde für den Fall, dass die Pflanze in der Erde den Halt verliert. Über Nebenwurzeln, die sich im Alter unter dem Blätterdach einer jahrhundertealten Eiche bilden und fast wie versteinert über der Erde verlaufen, stolpert man gerne mal.

Es ist schon spannend, dass der Mensch den Begriff »Wurzeln« verwendet, wenn er über das Erbe, die Herkunft spricht. Den Stammbäumen von Pflanzen haben wir mittels neugieriger Menschenhände und -köpfe und qua botanischer Kenntnis immer schon gern neue Wuchsrichtungen beschert: Wir fremdbestäuben Pflanzen und kreieren neue Arten, verleihen ihnen verschiedenste verwirrende Namen (der Rainfarn beispielsweise oder auch der in Südostafrika beheimatete Besenfarn sind gar keine Farne – der Rainfarn gehört zur Familie der Korbblütler, der Besenfarn zu den Spargelgewächsen) oder benennen sie nach ihren Entdeckern. Hinweise zur Herkunft einer Pflanze finden sich zumeist in den Pflanzenteilen, die *über* der Erde liegen.

Trotzdem verbinden wir – im Grunde wie die Pflanze auch – das Konzept »Wurzeln« mit angestammten Orten. Meine Wurzeln beispielsweise sind kein bisschen exotisch. An »meine Orte« erinnere ich mich in Form von Gärten: etwa eines Teiches an einer Terrasse in Berkshire – das erste »echte« Zuhause meiner Kindheit, mit einem rechteckigen Vor- und einem rückwärtigen Garten. An das hoch gewachsene, fedrige Pampasgras entlang der Auffahrt, das meine Eltern sofort herausrissen, kann ich mich heute noch gut erinnern. Wie oft lag ich unter einem mit winzigen kirschroten Blüten übersäten Rotdorn, der laut meinem Vater auf Englisch *May tree* heißt – »Maibaum« –, weil die Blüte im Mai beginnt.

Meine Jugend assoziiere ich mit einem lang gezogenen guten Viertelhektar dürrer Wiese, einer Eibe, die kaum Licht durchließ, aber zu alt und mit zu viel Aberglauben befrachtet war, um sie zu fällen, und mit nicht besonders schön gewachsenen Eichen, die mir trotzdem gefielen. Morgens stand Nebel auf der Wiese und bildete beim Frühstück sozusagen die Kulisse, ehe er sich auflöste und Tau und Frische hinterließ. In meiner Jugend war das Aufregendste, was ich durchs Fenster sah, ein Fasan, der mir eines dämmrigen Wintermorgens aus einer Armeslänge Abstand direkt ins Gesicht starrte, sowie ich den Vorhang beiseitezog. Mein Vater indes hätte Stunden am Küchenfenster zubringen können, auch wenn er sich normalerweise immer nur ein paar Minuten gönnte, in denen er gedankenverloren mit seinem Ehering gegen den Teebecher klackerte und den Blick schweifen ließ. Womöglich stellte er dabei im Kopf To-do-Listen zusammen – oft murmelte er etwas über den Eukalyptus der Nachbarn – oder plante den bevorstehenden Tag, der sich vor der sich draußen schleichend verändernden Kulisse vor ihm erstreckte. Ganz gleich wie verschlafen oder missmutig ich in jenen hektischen Frühstücksminuten war, bevor ich zum Schulbus laufen musste – Dad wies mir immer den besten Platz am Frühstückstisch zu, den am Tischende, mit Blick auf den Garten, der eigentlich sein Stammplatz war. Er behauptete dann immer gerne, er selbst sei schon fertig, stand auf und stellte sich ans Fenster. Während ich noch eilig in der Zeitung blätterte oder auf den Fernseher starrte, bemerkte ich gar nicht, was für eine großzügige kleine Geste das war. Trotzdem verinnerlichte ich die Routine, ganz ohne dass ich es mir bewusst gemacht hätte: Wenn ich von der Uni nach Hause kam und meine Oberschenkel an der Heizung unter dem Fenster wärmte (in diesem Haus war es einfach immer zu kalt!), legte ich die Stirn an die Scheibe und sah, wie mein Atem auf dem Glas den Blick auf den Garten vernebelte.

Irgendwann dämmerte mir, dass ich genau das Gleiche auch in Joshs und meiner Wohnung tat: Ich hatte unseren Esstisch in die Verlängerung des Balkons gerückt, direkt vors Fenster, und saß beim Essen, Zeitunglesen und beim Schreiben am Tischende. Der Blick auf meinen Balkon durch die gerade mal schulterbreite Balkontür war die Kulisse, vor der ich frühstückte und zu Abend aß, arbeitete und mich entspannte. Ohne dass ich es so vorausgeplant hätte, war mein Lieblingsplatz in der Wohnung genau der, von dem aus ich meine kleine Oase dort draußen im Blick behalten konnte. Eigentlich saß ich nur dann nicht dort, wenn wir Besuch hatten und ich Gästen – genau wie früher mein Vater – den besten Platz im Haus zum Sitzen anbot. Keine Ahnung, ob sie es je bemerkt haben; oftmals waren sie wohl zu sehr mit der Aussicht auf den Shard-Wolkenkratzer, mit ihrem Wein oder mit Klatsch und Tratsch beschäftigt, aber damit kann ich leben. Es braucht nun mal ein bisschen Zeit, den Platz würdigen zu lernen. Wenn ich jetzt darüber nachdenke, fällt mir tatsächlich noch eine andere Gelegenheit ein, zu der ich von meiner Tradition abwich: Am Abend nach unserer Trennung saß ich stundenlang schlaflos und begleitet vom Trommeln des Regens mit dem Rücken zum Balkon auf dem Stuhl gegenüber meinem Lieblingsplatz – als drohte es zu viel zu werden, bei alledem auch noch den Sonnenuntergang jenseits meines kleinen Refugiums betrachten zu müssen.

Obwohl ich nie wahnsinnig viel Zeit dort verbracht habe, erinnere ich mich an die Gärten meiner Großeltern womöglich besser als an alle anderen. Mein Großvater väterlicherseits besaß ein weitläufiges Stück Land hinter seinem viktorianischen Haus. All die versteckten Nischen, eine echte Maulbeere und ein einstmals makelloses Gemüsebeet, in dem er bis fast zu seinem Tod Kartoffeln zog, waren seine größte Freude.

Zur Hausnummer 12 an der Albert Road hatte von Beginn an auch ein Gewächshaus gehört, und noch mit Ende neunzig mäanderte Grandpa dort zwischen Stapeln leerer Pflanztabletts und säckeweise Anzuchterde hindurch – sehr zum zunehmenden Entsetzen seiner Nachkommen. Seine Gewächshaus- und Gartenpflanzen wucherten ineinander, pressten gegen die Glaswände und durch die Risse; die Natur überschritt die Grenzen der menschengemachten Infrastruktur, die eigens errichtet worden war, um sie unter Kontrolle zu halten. Ich war vielleicht sieben Jahre alt, als ich das Gewächshaus erstmals betreten durfte. Er hatte dort ein paar Schlumbergera gezogen und gab mir eine davon mit. Es gelang mir tatsächlich, sie zum Blühen zu bringen – grellpinke Blüten, die an klobigen, segmentierten Trieben hingen. Wenn ich ihn ein Jahrzehnt später besuchte, half ich ihm immer, in seinem Gewächshaus Dinge einzutopfen – eine stille, ruhige und zumeist eher schludrige Arbeit, bei der man trotzdem immer das Gefühl hatte, dass man sie schon halbwegs ordentlich ausführte.

Mit der Zeit hatte Grandpa es sich zur Gewohnheit gemacht, spontan kleine geführte Spaziergänge durch den Garten zu unternehmen. Ich selbst stand auf meinem Beobachtungsposten im Haus, während er und meine Eltern begeistert die Beete betrachteten; der Sinn sollte mir erst nach und nach einleuchten. Inzwischen machen meine Schwester und ich das Gleiche in ihrem Garten – und zwar nie geplant, es passiert immer einfach so. Diese beiläufigen

Inspektionsgänge haben etwas Meditatives. Man behält im Blick, was im Garten vor sich geht – und das genaue Hinsehen ist eine der wichtigsten Fähigkeiten des Gärtners. Noch an seinem letzten Abend führte Grandpa seine engste Freundin durch seinen Garten, in dem alles gerade frisch grünte und aufgeblüht war, wie es für einen warmen Mai üblich war. Im Nachhinein hieß es, nachdem er dort draußen alles bewundert habe, sei er zufrieden gewesen und habe beschlossen, dass er »jetzt gehen« könne. Nur wenige Stunden später ist er im Alter von siebenundneunzig Jahren gestorben.

Während Grandpa einen Blick fürs Botanische hatte, hatte Grandad – der stolze Yorkshireman und Vater meiner Mutter – ein Händchen fürs Großziehen. Wann immer ich den Duft der gelappten Blätter einer Pelargonie rieche – die im Übrigen weit unterschätzt wird – oder frisches Tomatengrün, fühle ich mich in meine sonnenverwöhnte Kindheit zurückversetzt, in der er mir zeigte, wie die unterschiedlichsten Dinge heranwuchsen. In seinem Gewächshaus war eine Menge unausgesprochener Stolz zu spüren – und das schwüle Aroma dicht wuchernden Grüns, das er auf engstem Raum mit viel Engagement unter seine Kontrolle brachte. Draußen wuchsen Karotten, die wir aus dem Beet zogen und in die Küche trugen, wo wir die Erde abwuschen, ehe wir sie in uns hineinmümmelten und mit jedem eifrigen Bissen die Erde schmecken konnten. Jahre später fand ich in einer Kiste ein Foto, das es nie in ein Album geschafft hatte. Es muss im Frühsommer aufgenommen worden sein: Zur Rechten windet sich Bohnenlaub um kerzengerade Bambusrankhilfen, hier ragt Karottengrün aus der Erde, dort eine Handvoll Kartoffelpflänzchen und – ganz links – ein Durcheinander aus Duftwicken, die an einem Spalier aus

Hühnerdraht emporranken. Der Gartenschlauch schlängelt sich über ein Pflanztablett – auf dem mein pausbäckiges, zwei Jahre altes Ich steht, breit grinst und eine Pflanzschaufel in der Hand hält, die so lang ist wie mein Kinderbein.

Tatsächlich sind *das* wohl teils meine Wurzeln – Erinnerungen an Zeiten und Orte, die mit jenen Pflanzen zu tun haben, die ich heute selbst ziehe. Vielleicht reichen die Ursprünge für mein Interesse an der Botanik sogar noch weiter zurück: Eine gewisse Louise Elizabeth Allen, meine Ururgroßmutter, malte Blumen – genau wie Gladys Millen, die Schwester meiner Namensvetterin und Urgroßmutter, von der ich angeblich die blauen Augen und die scharfe Zunge geerbt habe. Wir sind ein Gemenge aus so vielen Zutaten – aber wenn wir behaupten, dass Menschen genau wie Pflanzen Wurzeln haben, dann können sie gleichermaßen ausgebuddelt und umgesetzt werden. Im August war es für mich so weit.

Mir stand der erste von mehreren Umzügen des kommenden halben Jahres bevor: raus aus der Wohnung, in der ich mich zu Hause gefühlt hatte, hin zu mehreren Interims-Unterkünften. In den vergangenen anstrengenden sechs Wochen war ich immerhin zu der Erkenntnis gelangt, dass es ein »Leben danach« geben könnte, und mit dem eingangs bitteren Beigeschmack meiner Unabhängigkeit hatte ich mich inzwischen fast versöhnt: Er prickelte auf meiner Zunge wie Brause, wenn auch mitunter so sehr, dass es mir fast zu viel wurde.

Alles fühlte sich immer noch sehr wund an. Meine besten Freunde behandelten mich nach wie vor wie ein rohes Ei, doch inzwischen hatte die Kunde auch diejenigen erreicht, denen ich nicht selbst von meiner Trennung erzählt hatte. Mittlerweile lag sie auch lange genug zurück, als dass man mich darauf ansprechen und die Gelegenheit beim Schopfe packen konnte, eigene ungebetene Ratschläge und Anekdoten loszuwerden. Wann immer ich erzählte, dass Josh und ich nach wie vor gut miteinander klarkämen, schnaubten sie und orakelten, dass das nicht mehr lang dauern würde – und mir wurde ganz schwindlig bei der Frage, ob ich bloß naiv war oder irgendwann ebenso giftig würde wie alle anderen. Die staunten unterdessen offen über unsere Situation – genauer: darüber, dass wir gemeinsam eine Wohnung gekauft hatten, zu deren Verkauf oder Vermietung wir uns noch nicht hatten durchringen können –, bis wir irgendwann quasi zum warnenden Beispiel wurden, dem nicht viel mehr als entgeistertes, halbherziges Mitleid entgegengebracht wurde. Letztlich führte es dazu, dass ich nur noch unnahbarer wurde, jeden Zweifel schulterzuckend beiseitewischte und umso ironischer damit umging. Allmählich wurde ich richtig gut darin, diese spröden Schichten um mich aufzubauen. Ich war eben nicht mehr die Dauerfreundin, aber noch konnte ich mich nicht dazu überwinden, in die Rolle der kürzlich Verlassenen oder des willentlichen Singles zu schlüpfen. Ich musste immer noch herausfinden, wer ich inzwischen war, wer aus diesem ganzen Durcheinander und den vergangenen Jahren wieder zum Vorschein kommen und was aus mir werden sollte.

Ich hätte die Zelte abbrechen und abhauen können, in irgendeine WG ziehen, mein Herz an den Nächstbesten verschenken und zulassen, dass es mir erneut gebrochen würde. Ich hätte Nonne werden können, mir einen neuen Job suchen oder komplett das Handtuch werfen und auf Weltreise gehen. Ich hätte umziehen, ich hätte mich einem Zirkus anschließen können. So was erzählten einem die Leute – mir und vielen anderen in meinem Alter: dass man nur alles geben müsse und dann werden könne, was immer man wolle. Nur wer bitte schön glaubte ernsthaft daran, dass all diese Optionen verlockend wären? Oder dass es da ein, zwei Optionen gäbe, die attraktiver wären als andere?

Jetzt war ich also ebenfalls entwurzelt, meine Pläne waren alles andere als klar umrissen und meine Möglichkeiten so brüchig wie das Spätsommerlaub, das vertrocknet zu Boden wehte. Ich hatte versucht, dem Umstand, dass ich würde ausziehen müssen, halbwegs sortiert ins Auge zu blicken. Denn inzwischen war Josh an der Reihe, in unsere Wohnung zurückzukehren. Ich hatte den August in Wochenenden mit jeweils neuen Schlafräumen eingeteilt. Mich irgendwo länger am Stück einzumieten hätte ich zu diesem Zeitpunkt nicht fertiggebracht, und ich war auch immer noch der Ansicht, ich müsse an den Wochenenden fliehen – ausgerechnet die Wochenenden waren einfach immer noch so überreif mit Erinnerungen, dass sie schon faulig zu werden drohten.

Als jüngstes von drei Geschwistern in einer turbulenten Familie war mir bei der Aussicht, nur mit mir selbst allein zu sein, immer ein bisschen bange. Ohne konkrete Beschäftigung wurde mir alsbald langweilig, ich wurde rastlos, war unfroh mit mir selbst und scrollte stattdessen endlos durch Facebook, Twitter und Instagram, um in die mit deren Freunden angefüllten Posts anderer Leute einzutauchen wie in ein Säurebad, auch wenn sich das unvermeidlich in mein eigenes Selbstbewusstsein und persönliches Wohlbefinden ätzte. Insgeheim setzte ich Gesellschaft zu haben immer noch mit Erfolg gleich; ein Mangel an Freunden, mit denen man sich, solange es die eigenen Kräfte erlaubten, umgeben und Spaß haben konnte, kam für mich einem Versagen gleich. In jenen ersten Tagen, die ich zu meinen Eltern geflüchtet war, hatte ich Panik geschoben und Festival- und Bahntickets angehäuft – und jetzt standen all diese Festivals an. Mich in eins nach dem anderen hineinzustürzen fühlte sich einfach nur unendlich anstrengend an. Ich hatte den Bogen überspannt, hatte mir viel zu viel vorgenommen. Ich war erschöpft, brauchte Schlaf, wollte eigentlich viel lieber bloß ein bisschen lesen und einfach nur normal sein, mir Zeit nehmen und überlegen, wie ich irgendwo hinkäme, statt ständig mit Schweiß auf der Stirn nach dem nächsten Bus oder Zug Ausschau zu halten.

Stattdessen beschloss ich, es durchzuboxen – und irgendwie stellte sich auch keine Katerstimmung ein. Irgendwer nannte es Party-Karma: die Wiedergutmachung für meinen Herzschmerz. Trotzdem fühlte es sich für mich eher so an, als bewegte ich mich immerzu weiter auf demselben Level, das je nach Event nur marginal höher oder niedriger eingestellt wurde. Die Tage fühlten sich wie das Straßenkonfetti an, das im Sommer überall herumlag – Blütenblätter, die von Blumenampeln geweht worden waren, und nasse, verstreute, rasiermesserscharfe Splitter zerschellter Biergläser.

Zwischen den Nächten unter Zeltplanen, in denen aus der Ferne der markerschütternde Festival-Herzschlag herüberklang, übernachtete ich die ersten Augustwochen im winzigen Gästezimmer des neuen Freundes einer Freundin im achten Stock eines Hochhauses in Battersea. Josh war in unserer Wohnung, als ich meine Sachen packte, und setzte mich in ein viel zu großes Taxi, was so ungefähr der seltsamste, irgendwie aber auch netteste Abschied war, den wir je voneinander genommen hatten. Ich gab mich gut gelaunt und beschwingt, als wollte ich zu einem sommerlichen Ausflug aufbrechen und nicht in eine anstrengende neue

Realität; doch insgeheim hatte ich mächtig zu kämpfen. Das Gästebett nahm den größten Teil des Zimmers ein, ich rollte mich auf den Bauch und blickte vom Kissen aus über die Bahngleise, die vor dem Fenster verliefen.

Der Sommer war mittlerweile sieben Wochen alt. Jeder Morgen fühlte sich schwerfällig an angesichts der Ausdünstungen von Millionen, die ihrem Leben in einer Stadt nachgingen, die für Hitze schlichtweg nicht gemacht ist. Allerdings nahm die Kraft der Sonne allmählich ab. Ich stand in einer neuen, unbekannten Küche – barfuß auf einem klebrigen Boden – und sah ihm entgegen, diesem kosmischen Dotter, der sich über die fügsame Stadt ergoss. Es war der Sonne anzusehen, dass die Tage wieder kürzer wurden. Das Ganze fühlte sich erdrückend an. Mich ohne Josh in unserer Wohnung aufzuhalten – wo immer noch überall Habseligkeiten von ihm herumlagen und mich daran erinnerten, dass er nicht mehr da war – war eine Strafe; aber woanders zu sein, einfach weil man irgendwo unterschlüpfen musste, war noch wesentlich schlimmer. Sich morgens zu waschen und anzuziehen, zur Tasche zu greifen und die Wohnung zu verlassen – all diese alltäglichen Handgriffe fühlten sich mit einem Mal unendlich schwierig und fremd an. Irgendwie hatte ich die Fähigkeit eingebüßt, zwischen diesen netten, freundlichen Menschen, die ich jetzt wohl als vorübergehende Mitbewohner bezeichnen musste, einfach nur zu funktionieren. Ich fand den Smalltalk, dieses abgedroschene soziale Tänzchen, einfach nur blöde – und überflüssig. Immerhin wäre ich nur Tage später ohnehin wieder weg, und diese Leute brauchten keine neuen Freunde. Indem ich mir ein Abendessen kochte, hatte ich bislang immer runterfahren und mich entspannen können, aber inzwischen brachte ich dafür keine Motivation mehr auf und wärmte mir stattdessen im Backofen Fertiggerichte auf. Die Leute, bei denen ich wohnte, zogen sich abends in ihre Schlafzimmer zurück, während ich ihre Wohnzimmer okkupierte, Netflix schaute, auf den Bildschirm glotzte. Womöglich taten sie hinter verschlossenen Türen genau das Gleiche; vielleicht fühlten sie sich ja genauso entfremdet. Ich lechzte jedenfalls danach, mit irgendjemandem – mit irgendetwas – eine Verbindung einzugehen. Abends ging ich in skurrilsten Kombinationen aus mir kaum bekannten Leuten aus, einfach nur weil sie verfügbar waren und willens, sich mit mir abzugeben, und redete mir ein, in Clubs gegen andere verschwitzte Leiber zu rempeln vermittele eine Art Gemeinschaftsgefühl. Mein alter Freund von der Uni schrieb hin und wieder, erwähnte, dass er einen Artikel von mir gelesen habe oder dass er hier- oder dorthin gereist sei. Diese Nachrichten waren wie Angelhaken, an denen ich mich festbiss, nur um im nächsten Moment verzweifelt nach Luft zu schnappen. Als wir uns das nächste Mal wiedersahen, fiel mir wie Schuppen von den Augen, dass ich mir eine schale, eine unmögliche Fantasie geschaffen hatte; wir beide würden zu nichts Gutem führen außer zu zerbrechlichen Erinnerungen.

Dass ich zudem keinen Außenraum zur Verfügung hatte, machte meinen Lagerkoller nicht gerade besser. Der Wohnblock lag an einer der Hauptverkehrsstraßen, die durch Südlondon führten, und jenseits der sonnenstrapazierten Scheiben sah man die halbe Stadt vor sich. Mich interessierten indes bloß die gepflegten Beete in den gepflasterten Gärtchen zig Stockwerke unter mir. Die Bepflanzung zeugte davon, dass sie von irgendjemandem gepflegt wurden: üppige Funkien, die hoch genug standen, um der Raspelzunge der Schnecken zu entgehen; Geranien in voller Blüte;

akkurat gestutzte Sträucher und eine Menge Jasmin – gerade die richtige Dosis süßen Dufts, um den Sommergestank der Stadt zu durchdringen. Der Aufruhr in mir, das stetige Auf und Ab, mit dem ich versuchte, mit meiner Situation klarzukommen, musste raus durch die warmen Fenster, stieß draußen aber nur auf luftleere Abgaswölkchen. In diesen Wochen kam es mir vor, als bestünde die Stadt bloß aus kleinen Kisten: In einer davon wachte ich auf, eine andere nahm ich nach unten zu den Gleisen, von denen aus ich zur Arbeit fuhr, wo ich zu den Glücklichen gehörte, die zu weit oben an einem zu großen Fenster saßen, das sie nicht öffnen durften. Wenn man von dort nach unten sah, war da nur umso mehr Glas und dahinter weitere kleine Kisten, die wie meine eigene mit reihenweise Schreibtischen gefüllt waren. Ich hätte nicht mal mehr sagen können, wie viele Jahre meines Lebens ich schon an derlei Arbeitsplätzen verbracht hatte, denen ich in Gestalt von Büchern und Postkarten zumindest den Anschein von Identität hatte geben wollen. Inzwischen kam es mir einfach nur noch vor wie Verschwendung.

Ich versuchte, dem Ganzen auf dem Fahrrad zu entfliehen. Städte limitieren uns, setzen uns Grenzen, durch ihr Vorwärtsstreben, durch Gehwegplatten, durch den Straßenverkehr. Eine rote Ampel, und ein Bus muss in der Gluthitze auf flimmerndem Asphalt halten – und drinnen kocht die Stimmung über. Ein Streifenwagen donnert vorbei, die Sirene hallt förmlich von der Hitze wider. Das Fahrradfahren eröffnet einem da eine gewisse Autonomie. Battersea liegt am Fluss inmitten eines Netzes aus zweispurigen Schnellstraßen und lässt sich auf zwei Rädern leicht durchqueren; überdies kam es für mich einer kleinen, willkommenen Rebellion gleich, sogar die langen Treppenhaus-Linoleumflure meines seltsamen Interimsheims entlangzurollen. Ich erkundete neue Wege entlang der Themse. Indem ich zwischen Radweg und Lkw-Spur hin und her wechselte, konnte ich mich über die Beschränkungen hinwegsetzen, die den endlos brummenden Pkws auferlegt waren. Nachdem sie die drückende Hitze in sich aufgesaugt hatte, spuckte die Stadt sie abends peu à peu wieder aus, und ich kam erst nach Einbruch der Dunkelheit mit einem feuchten Film zwischen Schulterblatt und T-Shirt wieder nach Hause. Mich unter freiem Himmel zu bewegen, selbst inmitten von Abgaswolken, kam für mich einem vorsätzlichen, zielgerichteten Akt von Ursache und Wirkung gleich. Ich fühlte mich gut, weil ich meinen Körper strapaziert hatte, und keuchte, wenn ich mein Fahrrad abschloss; als hätten wir beide etwas Schlichtes, Gutes geleistet. Als hätte es mich irgendwo hingebracht, wo ich hatte sein wollen.

Sechs Stunden dauert die Zugfahrt nach Newcastle und wieder zurück. In Newcastle hatte ich studiert und mich in die Stadt verliebt. Josh und ich hätten an diesem Wochenende unseren Jahrestag gehabt, und den wollte ich nicht in London verbringen. Ich bin mir nicht sicher, was ich getan hätte, wenn ich hätte bleiben müssen; als das Wochenende vor der Tür stand, fühlte sich mein Entschluss letztlich ein bisschen überdramatisch an. Aber ich hatte in Newcastle zwei alte Freundinnen, ältere Quasi-Schwestern, die sich über alles und nichts ereifern konnten und mich auf Fünf-Freunde-artige Trips zu windumtosten Burgruinen und an den Strand schleiften – inklusive Prosecco im Rucksack und in Zeitungspapier gewickelte Fish and Chips. Ihre Gesellschaft und ihre tröstlichen Worte waren wohltuend, auch wenn die Wirkung natürlich nur vorübergehender Natur war. Wenn ich gen Norden reiste, fühlte es sich immer ein bisschen an wie ein Rückschritt in meine Studentenzeit, und es war schwierig, sich nicht in einem fort daran erinnert zu fühlen, dass man keine neunzehn mehr war und nicht mehr allzu gern pappsüße Cocktails in sich hineinkippte. Weil wir nicht recht wussten, was wir sonst tun sollten, gingen wir tatsächlich in denselben Club, der in unserer Studienzeit meine Lieblingslocation gewesen war. Damals hätte ich während des Semesters an jedem beliebigen Dienstag mutterseelenallein dort hineinspazieren können und mich so gefühlt, als wäre ich bei einer Hausparty gelandet, weil ich so gut wie alle kannte. Nun waren fast zehn Jahre vergangen, und es war Mitte August, Semesterferien – die Tanzfläche war gähnend leer. Dass wir drei uns darauf stürzten, machte es irgendwie nur noch schlimmer – ein blasses, mechanisches Echo jener Freiheiten und Freuden, die wir genossen hatten, als von all diesem Durcheinander noch keine Rede und Liebeskummer noch deutlich einfacher gewesen war. Es war mir fast peinlich, dass ich auch nur mit dem Gedanken gespielt hatte, die alten Zeiten wieder heraufbeschwören zu können. Dort, wo mein jüngeres Ich einst gestanden hatte, stand jetzt eine andere Frau. Ich postete einen Schnappschuss online, damit Josh ihn sehen konnte, und wartete darauf, dass eine Handvoll Likes eintrudelte und damit eine oberflächliche Genugtuung.

Neue Dinge zu unternehmen fühlte sich wesentlich besser an. Im Jesmond Dene beispielsweise gingen wir mit dem Hund Gassi. Das Areal ist seit 1866 eine öffentliche Parkanlage; zuvor war es der extravagante Garten der Stadtresidenz von Lord Armstrong gewesen, eines hiesigen Aufsteigers. Armstrong war mit waffentechnischen Innovationen reich geworden und wandelte sich dann zu einem viktorianischen Philanthropen, der sein Vermögen für fantastische

Kreationen ausgab. Als er und seine Frau (die mehr für die Gärten getan hat als manch feine Lady) das Land erwarben, muss das alte Gletschertal ein wildes Durcheinander aus Ginster, Brombeergestrüpp und dem einen oder anderen einheimischen Baum gewesen sein; als der Dene schließlich der Öffentlichkeit übergeben wurde, kam er einem Märchen gleich: mitsamt Wasserfällen, Mühlen, Veranstaltungsgebäuden und einer imposanten Eisenbrücke.

Über diese Brücke fuhr ich in meiner Studentenzeit mehrmals pro Woche mit der Bahn, ehe ich von Jesmond nach Heaton zog; allerdings hatte ich den Dene damals weitgehend ignoriert. Richtig erkundet habe ich ihn erst nach Abschluss meines Studiums. Meine letzten Stunden in der Stadt verbrachte ich im alten Steinbruch des Dene und tanzte zu Kerzenlicht auf einer Party, die dort gar nicht hätte stattfinden dürfen. Für mich wird der Dene immer mit dem Geruch von Bärlauch verknüpft sein, der zum Zeitpunkt der Abschlussklausuren überall wuchs. Die Zeit damals war eine Mischung aus Eskapismus oder Flucht in die Natur einerseits und andererseits der Plackerei, die spannenderweise auf Armstrongs ursprüngliche Intention zurückverweist: Denn er hatte den Bewohnern von Newcastle, jener rußgeschwärzten Hafenstadt, in der die Leute so hart arbeiteten, einen Ort schenken wollen, an dem sie die Maloche hinter sich lassen konnten. Und es funktionierte immer noch – selbst Jahrhunderte später. Entlang der Talflanken hatte die Alte Mühle zwar ihr Dach eingebüßt, war aber über und über mit fast schon verblühtem Allium, mit Wicken und Purpurglöckchen bewuchert. Eigentlich war das ganze Konstrukt zum Schutz mit einem Drahtnetz überzogen, aber irgendwer musste dort hindurchgebrochen sein und die Blumen gepflanzt haben. Gelber Scheinmohn hatte schon angefangen, Kapselfrüchte zu bilden, und einige davon nahm ich mit.

Je weiter ich von London entfernt war, umso stärker zog es mich in die Stadt zurück. Trotz all ihrer Tücken, trotz der Enttäuschungen wollte ich wieder dort sein. Außerdem war der August ohnehin ein schlechter Monat, um von der Arbeit freizubekommen. Wegen der Schulferien und all der Festivals waren wir dauerhaft unterbesetzt. Nachdem mein Zuhause sich nur mehr ungewiss und wacklig anfühlte, hatte ich angefangen, das Büro als meinen sicheren Hafen zu betrachten, und wenn auch nur, weil dort keinerlei Hürden zu nehmen waren, weil ich dort immer noch tun konnte, als wäre alles wie immer, und weil ich genau wusste, welche Rolle ich zu spielen hatte. Die Arbeit selbst, sonst immer temporeich und kreativ, ließ ich schleifen und suhlte mich stattdessen in Langeweile. Hauptsächlich war ich damit beschäftigt, Tabellen zu befüllen und sicherzustellen, dass die Praktikanten genug zu tun hatten. Vor meiner Trennung hatte ich mich in einem fort um neue Jobs und ehrgeizige Förderprogramme im Ausland beworben und mich nach einer Veränderung gesehnt, die ich nicht einmal hätte benennen können. Inzwischen jedoch fing ich an, mich mit der Eintönigkeit abzufinden, dachte hier und da darüber nach, welche Möglichkeiten mir die Freiberuflichkeit eröffnen könnte, während ich gleichzeitig suchmaschinenoptimierte Tipps zu den besten Campingstellen bei den Festivals in Reading und Leeds verfasste. Es war ein willkommenes Gegengewicht zum Chaos in meinem Leben. Ich schob meinen Koffer unter den Schreibtisch und machte einfach weiter, als wäre alles ganz normal.

Dass ich meinen Balkon, meinen Trost, eingebüßt hatte, war zunächst völlig unbemerkt der Startschuss zu einer

Mission, die mir noch lange nicht bewusst sein sollte: woanders die erholsamen Vorzüge einer grünen Umgebung zu suchen – jenseits der Grenzen, die ich in jener Zeit vorübergehend Zuhause nannte. Ich mochte auf dem Land im Grünen aufgewachsen sein, aber erst in der Stadt lernte ich die Natur wirklich schätzen. Irgendwie sind mir Dinge näher, die zwischen Stahl und Beton wachsen, und genau dort verbirgt sich in London die Vegetation – jenes widerspenstige Leben, das sich den Gesetzen der Stadtplanung und sämtlichen Pflastersteinen widersetzt und den Jahresverlauf regelrecht kartiert.

Und genau das fand ich auch in Hannahs Garten vor. Meine Schwester und mein Schwager hatten ihren Garten bislang gar nicht genutzt. Sie waren erst wenige Wochen, im Grunde gerade erst ein paar Tage zuvor umgezogen – in ihr neues, weiß verputztes Vier-Zimmer-Versprechen einer gemeinsamen Zukunft. Und diese Zukunft stand mehr oder weniger unmittelbar bevor: Meine Schwester war hochschwanger und trug einen fast schon karikaturesken Bauch vor sich her, obwohl sie ansonsten so zierlich war; eine Babykugel, die zwischen weich und knochenhart hin und her wechselte. Ich weiß noch, wie sie einmal meine Hand nahm, um mir zu zeigen, wo ich hinfassen sollte. »Das ist der Po«, erklärte sie mir, und ich konnte ihn tatsächlich spüren, diesen winzigen ungeborenen Hintern, der sich im selben Zimmer wie ich befand, auf demselben Sofa – und doch Welten entfernt.

Ich bezog das künftige Kinderzimmer und lag an derselben Wand, an der bald das Kinderbett stehen sollte. Aber dort war genügend Platz, sodass ich meine Klamotten ausbreiten und mir ein Nest daraus bauen konnte – ich hatte eindeutig zu viel dabei, und obendrein eine merkwürdige

Mischung. Das Zimmer ging nach Osten, wo das erste Tageslicht hereinfiel, und eines Samstagmorgens wurde ich zum Geräusch von Erde auf Metall wach. Als ich aus dem Fenster sah, stand Hannah vornübergebeugt und breitbeinig draußen im Garten und bearbeitete den harten, ausgedörrten Sommerboden mit einer Forke.

Ich lief nach unten, um ihr die Leviten zu lesen, weil sie hochschwanger eine solche Schwerstarbeit verrichtete, doch sie meinte nur, ich solle still sein – es war gerade erst acht Uhr früh, sie waren neu in der Straße, und meine Schwester wollte die Nachbarn nicht wecken. Hannah hatte Unkraut gejätet, das seit einer Ewigkeit unkontrolliert vor sich hin gewuchert war und den ansonsten kahlen Boden bedeckte, wo besser Gras hätte wachsen sollen: überall runde, fast eiförmige Blätter, unter denen die darunterliegende Dynamik nicht annähernd erkennbar war. Hannah nahm sie in die Hand und versuchte – ja, fast schon auf ihrem Babybauch liegend –, die Pflanzen mitsamt den Wurzeln auszureißen, die inzwischen ergraut und dick waren wie alte Möhren.

Es waren Pfahlwurzeln – die langen, spitzen, bärenstarken Dinger, die sich aus einem Samenkorn schieben und tief in die Erde drillen, wo sie Wasser und Nährstoffe absorbieren und die Pflanze versorgen. Wenn man einen Keimling oder ein Pflänzchen mit so einer Wurzel vorsichtig aus der Erde zieht, entpuppt sich diese gern mal als beeindruckender Packen. Sofern man die Zukunft eines solch kleinen Pflänzchens aufs Spiel setzen will, ist eine todsichere Methode, die Pfahlwurzel zu verletzen: Sobald das geschieht, wird die Pflanze nicht mehr annähernd so hoch oder kräftig wachsen können. Wenn sie aber intakt bleibt, ist die Pfahlwurzel so ungefähr das Sturste, was man sich vorstellen kann. Während andere Wurzelsysteme eine Art stabilisierendes Sicherheitsnetz unter der Pflanze bilden, kennen Pfahlwurzeln von der Sekunde an, da sie durch die harte braune Samenschale brechen, nur eine Richtung – und wenn es sein muss, treiben sie es dabei ziemlich weit: In der Kalahari wurde geschlagene 68 Meter unter der Erde Wurzelwachstum entdeckt.

Ganz gleich um welche Pflanze es sich handelt – solange sie in der Erde wächst, sind ihre Wurzeln immer auf das Gleiche aus: auf Wasser, Nährstoffe, Sauerstoff. Sauerstoff brauchen sie für den Zellstoffwechsel – die überirdischen Blattzellen erzeugen ihn selbst, quasi als Abfallprodukt, wenn sie das Kohlendioxid aus der Luft umwandeln, während die Wurzeln den Sauerstoff ihrer unmittelbaren Umgebung entziehen müssen. Wenn Wurzeln weiß sind, atmen sie gut: Ich habe selten eine Pflanze gekauft, ohne erst heimlich den Pflanztopf abzuziehen und nachzusehen, wie der Wurzelballen aussieht. Wie fest presst sich das Wurzelgeflecht bereits an sein Plastikgefängnis? Wie nass und dunkel ist die Erde? Helle, fast weiße Wurzeln in leicht feuchter, aber immer noch bröseliger Erde – das sind die Pflanzen, die man mitnehmen kann, die haben gute Chancen zu überleben. Zu viel Wasser verdrängt die Luft, und die Wurzelzellen können nicht atmen, die Wurzeln werden schwarz, verfaulen, und die Pflanze stirbt nach und nach ab. Zu wenig Platz ist fast genauso schlecht: Denn die Wurzeln wachsen so lange, bis sie auch den letzten Millimeter erobert haben. Eine eingetopfte Pflanze wird bis ans Äußerste drängen, bis der Wurzelballen die Form des Pflanztopfes annimmt und durch die Ablauflöcher im Boden quillt. Doch Pflanzen brauchen so viel mehr – Nährstoffe aus der Erde, Platz, um sich auszubreiten –, damit sie zu ihrem vollen Potenzial heranwachsen.

Die Wurzeln in Hannahs Garten waren keine leichte Aufgabe. Sie waren frustrierend spröde, zerbrachen unter unseren rutschigen Händen, und helle (gesunde, sauerstoffangereicherte) Bruchstellen traten zutage und blitzten uns aus dem Südostlondoner Lehmboden unbeugsam entgegen. Aber wir waren genauso unbeugsam, das waren wir immer gewesen. Hannah ist viereinhalb Jahre älter als ich und hatte sich als Kind sehnlichst eine Schwester gewünscht. Zumindest biologisch war ich das auch – wenn auch in unseren Kindheitserinnerungen eine eher grob behauene. Nicht dass ich ein echter Rabauke gewesen wäre, aber doch jemand, den vermeintliche »Jungssachen« fasziniert hatten: die Britpop-CDs unseres Bruders; vererbtes Lego; meine absolute Lieblingsfarbe Blau – Pink war mir zutiefst verhasst.

Wenn wir drei Zeit miteinander verbrachten, dann gerne mit ausgedehnten, zweckmäßigen Aktivitäten. In den späten Neunzigern okkupierten wir einen schmalen Streifen Land gegenüber von unserem Elternhaus und versuchten, dort einen Gemüsegarten anzulegen. Wir brachten Saatgut aus, buddelten Kartoffeln in die Erde, setzten Reihe um Reihe Salatpflänzchen. (Es ist zwar befriedigender, etwas aus Saatgut zu ziehen, aber Setzlinge, die schon ein paar Wochen alt sind, sind letztlich widerstandsfähiger und nicht so wahnsinnig anfällig. Die meisten Gärtner entscheiden sich für eine Kombination aus beidem.) Meine Mutter unterstützte uns, wenn auch mit einer gewissen Skepsis. Sie war sich sicher, wir würden uns in den wärmeren Monaten nicht mehr um unser Beet kümmern. Wir würden kein Unkraut jäten und die Möhren nicht vereinzeln – sprich: die Schwächlinge aussortieren, damit die stärkeren ihre orangefarbenen Wurzeln besser ausbilden konnten (ganz richtig: Pfahlwurzeln). Wir würden das Interesse verlieren, je weiter die Schnecken vordrängen. So würde die magere grüne Ausbeute am Ende ein teurer Spaß.

Natürlich hatte sie recht, es kam so und nicht anders. Zusammengenommen waren wir vierunddreißig Jahre alt und hatten nicht den Hauch von Geduld. Außerdem mochten wir Gemüse nicht wirklich gern – trotzdem: allein an etwas zu arbeiten, ganz gleich wie schlecht der Stern wäre, unter dem die Arbeit stünde? Das hatten wir immer schon gut hingekriegt: mit Schneemännern, mit Pappkartonschlössern, indem wir unseren Vater am Strand in den Sand einbuddelten. Hier und jetzt, Jahrzehnte später, machten Hannah und ich genau das Gleiche wieder. Erstmals seit vielen Wochen, in denen jede einzelne Handlung mit einem Fragezeichen versehen gewesen war, ergab etwas wieder Sinn – dieses frühmorgendlich stille, stundenlange Ausjäten. Wir mussten auch gar nicht groß darüber sprechen, wir verfielen schlicht in einen natürlichen Rhythmus: Spaten einstechen, Erde lockern, Wurzeln ziehen. Spaten einstechen, Erde lockern, Wurzeln ziehen. Dieses riesige, unerwünschte Wurzelungetüm langsam, vorsichtig und trotzdem mit Kraft aus dem Boden unter unseren Knien zu entfernen war instinktiv befriedigend, und ich spürte die Genugtuung bis tief in die Eingeweide. Wenn die Wurzelstücke in unserem Eimer landeten, kam das Geräusch für uns einem Triumph gleich.

Ich war mir bewusst, dass dies eine der letzten Gelegenheiten für uns beide war – für eine spontane Aktion, so wie wir später spontan Hannahs Garten begehen würden –, und zwar nur wir zwei Schwestern, ich immer noch die Jüngste. In wenigen Wochen wäre Hannahs Baby auf der Welt – ein neugeborener Mensch, der ganz nah an ihr dran wäre – biologisch vielleicht sogar näher als ich, ihre Schwester.

Hannah hatte sich dieses Baby, das jetzt in ihr heranwuchs, ebenso sehr gewünscht, wie sie sich als Kind nach einer Schwester gesehnt hatte. Falls sie sich auch diesmal ein bestimmtes Geschlecht gewünscht hatte, behielt sie es für sich.

Gärtner legen im August eine kleine Verschnaufpause ein. Der Überfluss im Mai liegt schon eine Weile zurück; das Wildwuchern im Juni und Juli hat sich zumindest ein wenig beruhigt, zurückgeschnittene Pflanzen haben wieder und wieder neu ausgetrieben. Und auch wenn man jetzt für ein bisschen Farbe im Herbst und Winter neue Pflanzen aussäen könnte, bemüht man sich im August eher darum, verblühte Blütenstände auszubrechen und das Austrocknen der Pflanzen zu verhindern. In jenen wenigen Wochen zwischen Umzug und Geburt leitete Hannah ihr aufkeimendes Gefühl von Mutterschaft in ihren neuen Garten um. Sie goss wie eine Wahnsinnige. Es grenzte fast schon an Besessenheit, wie ausgiebig sie alles wässerte. Ich ertappte sie dabei morgens ebenso oft wie abends nach der Arbeit – in den winzigen Päuschen, die auch unsere Mutter in Anspruch nahm, diese wenigen Minuten zwischen dem Abendbrot und ihrem wohlverdienten Sherry. Es ist genau die Zeit des Tages, in der am wenigsten Wasser verdunstet und mehr davon in die sonnenverdörrte Erde gelangt.

Freundinnen mit Kindern haben mir erzählt, dass sie während der Schwangerschaft ein inneres Bedürfnis zu gärtnern verspürt hätten. Irgendwie scheint das eine unausgesprochene Regel zu sein, vielleicht etwas Unterbewusstes, das tief in unseren Stoffwechsel eingebettet ist. Eine Freundin hat das Gärtnern sogar mal ganz direkt mit der Schwangerschaft verglichen: Es sei »beides mal unspektakulär, mal grässlich, man macht sich ständig Gedanken, aber am Ende war es die Mühe wert«. Eine andere Freundin berichtete, sie habe nur deshalb während der Schwanger-schaft mit dem Gärtnern aufgehört, weil es mitten im Winter gewesen sei, hätte aber komplett durchgedreht, wenn sie die Gartenarbeit auch nur einen Tag eher hätte einstellen müssen. Eine Frau – mit dem dritten Kind schwanger – hatte durch sämtliche Schwangerschaften hindurch weiter gegärtnert: »Bis vor drei Jahren war der Garten Brachland«, erzählte sie mir, »inzwischen gedeiht er prächtig.«

Auch wenn die Zeit immer noch nicht gekommen ist, in der wir Kinderlosen gefragt werden, *ob* wir überhaupt Kinder haben wollen – und nicht, *wann* –, hat sich die Erwartungshaltung an Frauen im Vergleich zur Generation unserer Mütter doch zumindest ein bisschen gewandelt. Meine biologische Uhr beispielsweise hat immer schon verhältnismäßig leise und wenig zuverlässig getickt, und ich habe keine Ahnung, ob sich das je ändern wird. Andere Frauen in meinem Bekanntenkreis sprechen von einem Metronom, dessen Ticken ihnen durch Mark und Bein geht. Ich bin nur froh, dass wir in beiden Fällen mittlerweile freier sind, zu tun und zu lassen, was wir als Individuen wollen. Unsere Generation braucht einfach länger, um erwachsen zu werden, um ein Häuschen zu kaufen und eine Familie hineinzusetzen. Erst mit Ende zwanzig wurden Kinder für mich überhaupt zu einem Thema, als um mich herum alle urplötzlich und mit Begeisterung schwanger wurden. Ich fragte mich, was da bitte im Trinkwasser war. Aber vielleicht hat mein Bedürfnis, die Umsorgerin zu sein, einfach nur eine andere Form angenommen – genauer: die Form von Samenkörnchen, die ich auf meinen Fensterbrettern aussäte und deren Aufkeimen ich entgegenfieberte. Wir Millennials, die wir uns zusehends mit dem Gärtnern beschäftigen, müssen uns eine Menge Respektlosigkeiten anhören: Wir seien zu unreif, nicht einmal dazu imstande, auch nur einen Hundewelpen großzuziehen, geschweige denn ein Kind, sodass wir uns stattdessen mit teuren exotischen Zimmerpflanzen beschäftigten. Derlei leicht dahingesagte Urteile klammern jedoch ein grundlegenderes Bedürfnis aus, das sich im Laufe der Jahrhunderte immer wieder gezeigt hat: Sobald man die Menschen von der Natur entfremdet, sie in Schuhkartons packt, die auf Beton und Asphalt stehen, sie vor Bildschirme setzt, sie in beweglichen Blechkabinen von A nach B transportiert und den weiten Himmel von ihnen abschirmt, werden diese Menschen sich nach Grünem sehnen. Unsere Generation ist nicht die erste, die sich anderen Lebewesen zuwendet, um ihr Seelenheil zu finden – sei es durch Fortpflanzung oder anderweitig –, und wir werden auch nicht die letzte sein. Was ich an mir selbst und bei vielen anderen feststelle: Sobald wir aus dem Gleichgewicht zu geraten drohen, wird aus dem Rhythmus der Natur gleichsam ein Sirenengesang, der jenes Gleichgewicht verspricht, das wir anderweitig nicht mehr erlangen können.

In Hannahs Abwesenheit sollte ich auf ihr Geheiß mit ihrer Wahnsinns-Bewässerungsroutine weitermachen. Wir hatten mit einem letzten Fünkchen Hoffnung uralte Grassamen aus dem Schuppen unserer Eltern an den Stellen ausgebracht, wo wir zuvor die Wurzeln aus der lehmigen Erde gezogen hatten; es war ein trockener August und der Boden steinhart. Ich goss, zog den Schlauch (Ein Gartenschlauch! Ein Außen-Wasseranschluss! Für mich, die sich dank schwesterlicher Gunst im Hinterzimmer ihres Puppenhauses in Erwachsenengröße einquartieren durfte, ein Geschenk!) zu den buckligen Beeten zu beiden Seiten des Rasens. Tatsächlich rettete ich diverse Pflanzen: ein Basilikum beispielsweise, das Hannah wider meinen Rat tagtäglich überschwemmte und – obwohl ich es ein ums andere Mal in die Sonne stellte – wieder zurück an seinen Stammplatz trug. Basilikum stammt ursprünglich aus Indien und gedeiht am besten in warmem, trockenem Klima. Es braucht Sonne und Hitze und hasst es – genau wie Rosmarin oder Lavendel –, über Nacht mit den Wurzeln in einer Pfütze zu stehen.

Der August ist grundsätzlich nicht der allerbeste Pflanzmonat, und von Stiefmütterchen beispielsweise sollte man in dieser Zeit komplett die Finger lassen. Sie mögen sowohl Nässe als auch Kälte und stellen sich besser gegen den Wind, als ihre Größe vermuten lässt. Sie drehen ihre weichen Blüten zwar der Sonne entgegen, aber zu viel davon überleben sie nicht. Trotzdem pflanzte ich welche, packte diese herrlichen feuchten Erdquader, die von weißen Wurzeln durchdrungen waren, und schob sie in vorbereitete Löcher in den Beeten. Sie machten sich ordentlich und breiteten sich sogar trotz der Hitze über die ihnen zugewiesenen Standorte hinweg aus. Die Mohnsamen aus dem Jesmond Dene trug ich ans andere Ende des Gartens und fuhr mit dem Fingernagel die geriffelten Kapseln entlang. Perfekte kleine schwarze Samen rieselten lautlos in meine flache Hand und von dort in die Erde.

Hannah wollte gern Flieder pflanzen. Ich war mir nicht sicher, ob es daran lag, dass sie ihn entlang der Bahngleise in der Stadt gesehen hatte oder weil wir in der Kindheit in unserem Garten eine riesige *Buddleja davidii* gehabt hatten – im Übrigen in direkter Nachbarschaft zu unserem todgeweihten Gemüsebeet. Die üppigen Rispen, die aus Dutzenden trompetenförmiger Blüten bestehen, hatten damals so viele Schmetterlinge angelockt wie keine andere Pflanze: C-Falter hauptsächlich, deren getigerte Flügel sich vor dem satten Violett abhoben, aber auch Tagpfauenaugen und Kleine Füchse – eine kleine Menagerie, die unsere Sommerferien begleitete. »Das ist der Schmetterlingsstrauch«, erklärte mein Vater, und genauso nannte ich ihn dann auch – und zwar noch ziemlich lange – und war stolz auf mein Quäntchen nebulösen botanischen Wissens. In voller Blüte verströmte der Flieder einen Duft, der wie Honig am Gaumen schmeckte und so süß war, dass es manchmal fast schon vergoren roch.

Später dann, als wir erwachsen geworden waren, schien der Sommer immer früher anzubrechen; die alljährliche Liebesaffäre des Flieders mit den Londoner U-Bahnhöfen ging bereits im Juli los und blieb der Stadt kreuz und quer bis weit in den Herbst hinein erhalten. Ich sollte vielleicht erwähnen, dass der Flieder nicht über Pfahlwurzeln verfügt; er ist keine Pflanze, die an einem Standort wurzelt und dann dort bleibt, im Gegenteil: Er wirft förmlich ein Netz aus feinen Wurzelfasern aus, die sich nach Nährstoffen an jenen nährstoffarmen Orten strecken, die der Flieder besiedelt. Er ist eine Pflanze, die auf Breitenwachstum angelegt ist – die wächst und blüht und sich fortpflanzt, und zwar so schnell es geht, auch weil sie anscheinend weiß, dass sie jederzeit entwurzelt werden könnte. Entsprechend scheiden sich am Flieder die Geister, und für Gärtner stellt er stets eine Gratwanderung dar zwischen der Bewunderung für seine Schönheit und dem Umstand, dass er sich wie Unkraut verbreitet.

Bis etwa Mittsommer – zumindest in Londoner Breiten – streckt der Flieder seine hoch aufgeschossenen Triebe mitsamt den festen, noch grünen, aber vielversprechenden Knospen über Bahngleise und U-Bahnhöfe. Die Triebe sehen eher dürr aus; dabei sind sie kräftig genug, um dem

Fahrtwind eines vorbeidonnernden Zuges standzuhalten. Und sie sind verdammt stur: Fliedertriebe bohren sich durch Risse in Dächern und Mauern. Erst ist es nur ein zartes Zweiglein – aber bis in den Hochsommer, bis August, sind die Blütenrispen schwer geworden und locken wagemutige Insekten an all die turbulenten Orte, an denen die Menschen tagtäglich vorbeirauschen. Die Liebesbeziehung ist auf ihrem Höhepunkt, und die Verliebtheit schlägt sich in allen erdenklichen Lilaschattierungen auf den Sitzbänken der Bahnhöfe nieder. Je weiter der Monat voranschreitet, umso brauner und trockener werden die Trompetenblüten, weil die Pflanze all ihre Energie in die drei Millionen Samen pumpt, die sie produzieren kann, ehe die Samenstände ausgereift sind. Der warme Wind, der unter den vorbeidonnernden Zügen emporweht, nimmt die federleichten, keimfreudigen Samen mit und verteilt sie weiter, sodass sie andernorts aufkeimen und wachsen können.

Das war in jenem Sommer nicht anders. Es brach der erste richtige Hochsommertag an, und in die Nischen der viktorianischen Glaselemente über dem U-Bahnhof Denmark Hill malte der Flieder blättrige Schnörkel. Der dortige Flieder ist mein Liebling unter all den abenteuerlustigen Schmetterlingssträuchern: Wie er dort durch das schmutzige Glas bricht, sieht er regelrecht exzentrisch aus und schlichtweg zu unerreichbar, als dass man ihm Pflege angedeihen lassen könnte. Im Winter liegt Schnee auf seinem Gerippe, und er ist nur mehr der Geist jener leidenschaftlichen Liebe. Womöglich hat er auch nie vorgehabt, dort zu wurzeln – hat er dann aber doch, aus schierer Hartnäckigkeit, lange nachdem die Samen dort von einem Dutzend Zügen pro Stunde hingewirbelt wurden.

Dieses hektische, atemlose Rendezvous findet an den

Gleisen und U-Bahnhöfen schon seit Jahrzehnten statt. Der Flieder liebt jedoch nicht die Gleise an sich, sondern den Kalk im Boden, der sich dort abgelagert hat, als London sich in einem Spinnennetz aus Straßen und dicht beieinanderstehenden Gebäuden ausbreitete. Für die Gleis- und Gebäudearbeiten entlang der Bahnstrecken wurde ein und derselbe Kalkmörtel benutzt. Als in der Stadt während der deutschen Luftangriffe Häuser zerbombt wurden, wuchs aus den Trümmern Flieder – und zwar so üppig, dass ihm ein weiterer Spitzname verliehen wurde: *Bombsite plant* (»Bombenkraterpflanze«).

So unbeschreiblich verlustreich die späten Dreißiger und frühen Vierziger mit ihren Bombenangriffen waren, so schnell hat die Natur sich London zurückerobert. Der aufgerissene, verlassene Boden bot unternehmungslustigen Pflanzen eine überraschend entgegenkommende Heimat; niedergerissene Mauern kamen für sie sofort neuem Lebensraum gleich. Das Schmalblättrige Weidenröschen (*Chamaenerion angustifolium*) – in Großbritannien auch als *Bombweed* (»Bombenunkraut«) bekannt – verbreitete sich beispielsweise rasend schnell. Bereits im Viktorianischen Zeitalter hatte es sich an Eisenbahngleisen angesiedelt, doch im Licht, das jetzt durch die zerbombten Gebäude fiel, gedieh es umso besser und besiedelte die Trümmer im Handumdrehen. Das Schmalblättrige Weidenröschen wird in Amerika *Fireweed* (»Feuerunkraut«) genannt, weil es am liebsten dort wächst, wo etwa ein Waldbrand alles verkohlt und vernichtet hat und sonst keine Vegetation mehr übrig ist. Mitte der Vierzigerjahre konnte der Botaniker E. J. Salisbury das Schmalblättrige Weidenröschen nach Bombenangriffen in neunzig Prozent aller von ihm untersuchten Trümmerflächen nachweisen. Und man findet es immer noch – nicht in Gärten und Parks, weil es viel zu invasiv ist, als dass man es anpflanzen wollte. Aber mitunter sind Bahngleise von dunkelrosa Wolken umgeben, deren Blütenkerzen hüfthoch das Land überragen, das die Pflanze besiedelt hat. So wie ihr die Wurzeln Stabilität verleihen, verleiht die Pflanze im Gegenzug auch dem Land selbst Stabilität: Das Schmalblättrige Weidenröschen wächst nicht nur überall dort, wo ein Brand erlischt – es wird auf amerikanischem Boden teils auch aktiv eingeführt, weil es ein unerbittliches Wurzelsystem hat: ein weit und effizient verzweigtes Gewirr, das sich in Windeseile ausbreitet und erodierte Erde festigt; auf diese Weise bereitet es buchstäblich den Boden für die nachfolgende Vegetation.

Genau das geschah auch auf den Trümmerfeldern des Zweiten Weltkriegs: Dutzende Wildblumenarten und Gräser verwandelten die City of London bis in ihre östlichen Vororte in wilde Wiesen. Bis 1940 war die Londoner Innenstadt ein rußiges Pflaster gewesen, auf dem abgesehen von ein paar Flechten und Moosen kaum Pflanzen wuchsen. Doch mit zunehmendem Raum gedieh auch neues Leben: Hoffnungsvolle Samen wurden unter Schuhsohlen, in Manteltaschen oder auf Zigarettenschachteln in alle Himmelsrichtungen getragen, stahlen sich aus den Nasentaschen der Pferde, stoben aus dem Fell eines sich schüttelnden Hundes und fielen auf den zerrütteten Boden der kriegsgebeutelten Stadt. Richard Sidney Richmond Fitter, besser bekannt als RSR Fitter und führender Wildblumen-Experte, kam im Londoner Stadtteil Streatham zur Welt. Bereits 1945 veröffentlichte er *London's Natural History*, in der er den immer wieder aufflammenden Kampf des Menschen gegen die Natur seit vorrömischer Zeit dokumentierte. Darüber hinaus gab er sein Wissen auch persönlich weiter, indem er

Jugendgruppen auf Wildblumen-Expeditionen durch die bombenversehrte Stadt führte. Eine dieser Jugendlichen war Jane Lindsay: Sie sammelte und trocknete ihre Funde – Purpur-Leinkraut, Aufrechtes Glaskraut, Luzerne – in einer Kladde, die später ans Garden Museum übergehen würde. Ihre Blumen hatte sie auf einem zerbombten Areal gesammelt, das rund um den heutigen Barbican lag und an das Lindsay selbst sich erinnerte als »ein wildes, offenes Gelände voller Vögel und Wildblumen […] und Überreste der alten römischen Stadtmauern«.

Es gab noch einen weiteren Flieder, den ich mir gerne ansah – ein paar Haltestellen weiter in Hither Green. Wann er mir erstmals auffiel, weiß ich nicht mehr, womöglich Monate, wenn nicht sogar Jahre zuvor. Aber er sprang mir erneut ins Auge, als ich in jenem August mein Übergepäck aus London SW11 nach London SE13 schleppte, um dort frustriert und verschwitzt den Schlüssel zu meinem nächsten Interims-Unterschlupf entgegenzunehmen (wobei die gute Miene zum unleidlichen Spiel mir wohl wesentlich mehr Kraft raubte als mein Gepäck). Jedenfalls war dieser Flieder ein gedrungenes, hinterlistiges Ding, das die Nische hinter einer verwitterten Klinkermauer bis hoch zu den schmuddeligen geneigten Sichtfenstern besiedelte – eine erfreuliche Überraschung zwischen all dem blassen Firmen-Blau der Southeastern-Bahngesellschaft. Die Fliederzweige mit dem frischen, paarig gefiederten, ovalen Laub baumelten linker Hand wie eine Alexander-Calder-Skulptur.

Die Beharrlichkeit dieses Flieders war bewundernswert, und ich freute mich darüber, wie sehr er die Stelle mochte, die er sich erobert hatte – wirklich ein erstklassiges Fleckchen: reichlich indirektes Sonnenlicht, eine gute Belüftung und durchs Dach sogar Wasser. Täglich konnte ich ihm beim Wachsen zusehen. Ein paar Wochen später kam ich zwar nicht mehr tagtäglich dort vorbei, aber ich fuhr Hannah natürlich weiter besuchen – unsere gemeinsamen Wurzeln machten aus ihrem neuen, immer noch leeren Heim einen Ort der Stabilität, bescherten mir eine Art familiäre Struktur. Wir plauderten bei einer Tasse Tee oder bei einem Teller Pasta, ohne dass ich an meinen Herzschmerz erinnert wurde, und verbrachten miteinander gemütliche, wenn auch ziellose Fernsehabende. Jedes Mal, wenn ich aus dem Zug ausstieg, sah ich die Fortschritte: Genau wie Hannahs Bauch und das Baby wuchs auch der Flieder, und seine Zweige wurden immer voller, bis sie schließlich bis an die Glasdecke reichten. Die violetten Rispen hingen mittlerweile nur noch Zentimeter über den grübelnden Köpfen der Pendler.

Der Flieder wurde für mich auch zum Vehikel, das Konzept »Zeit« anders zu begreifen, als es meine verwirrten Gedanken imstande gewesen wären zu tun. Ich begann, mich besser zu fühlen; allmählich stellte sich wieder Zufriedenheit ein. Sie wurde zwar nicht täglich größer, so wie der Flieder – aber dort vorbeizufahren und zu sehen, wie er sich verändert hatte, bescherte mir ein besseres Empfinden dafür, was Entwicklung bedeutete, als jeder Kalender, jede Uhr es vermocht hätte. Daten, Ziffern – ja, sie bestimmten meinen Alltag; ein numerischer Code, der mein Leben in Abschnitte teilte: soundsoviele Wochen, seit es passiert war, noch soundso lange, bis ich wieder umziehen müsste, soundsoviel Zeit, die ich verplanen müsste, um nicht allein daheimzusitzen. Kästchen im Kalender, die befüllt werden wollten. Doch dem Flieder beim Wachsen zuzusehen war etwas, was ich wahrhaft genießen konnte: Dann und dann waren die ersten Knospen gekommen, jetzt blühte er, jetzt ist er verblüht, da sind die Samenstände. Bald würde jemand von der Southeastern mit einer Leiter geschickt, um das ausladende braune Skelett zurückzuschneiden und dort wieder ein bisschen Ordnung zu schaffen. Trotzdem würde der Flieder im kommenden Sommer zurückkehren.

September

Mit einundzwanzig ging ich nach New York – gerade im richtigen Alter, um Alkohol kaufen zu dürfen, aber sonst zu nicht allzu viel mehr imstande, was ich dort nicht erst hätte lernen müssen. Mein Vater brachte mich zum Flughafen und hielt in der Parkbucht, die in den USA »Kiss 'n' Fly« heißt und hierzulande bloß schnöde zum »Absetzen des Fluggasts« dient. Er sah mir hinterher, wie ich an den glänzenden Drehtüren zu den Abflugschaltern stehen blieb und dann noch mal kurz kehrtmachte, um ihm zu erklären, dass ich am Ziel meiner Reise wohl kaum überleben dürfte, wenn es mir nicht einmal gelänge, alleine für meinen Flug einzuchecken. Also verabschiedete er sich – wenn auch mit einer liebevollen Umarmung –, als würde ich einfach nur abends ausgehen.

Ich war gleichermaßen vorfreudig und verängstigt. Ich hatte ein dreimonatiges Vier-Tage-die-Woche-Praktikum bei einem (inzwischen eingestellten) Jugend-Lifestylemagazin an Land gezogen – aber immer noch keine Bleibe. Der rettende Anruf kam, noch während ich am Gate auf den Abflug wartete. Ich hatte überdies einen Master-Studienplatz Journalismus in London ergattert, aber irgendwie kam mir das noch viel riskanter vor, noch viel zügelloser, als meine Sachen für eine Auslandsreise zu packen, auf die ich mit mehreren Studentenjobs eisern hingespart hatte. Die Studiengebühren wären himmelhoch, dann die Mieten in London – und mir grauste bei der Vorstellung, eines Tages mit ein und denselben Kommilitonen um dieselben mickrigen Jobmöglichkeiten zu konkurrieren. Früher hatten die Zeitungen eigene Volontärsprogramme für Uniabsolventen angeboten, doch seit Beginn der Wirtschaftskrise waren diese Programme eingestellt worden. Inzwischen waren Volontariate in London kaum mehr als Praktika, die sich unendlich hinzogen. Ich hatte schon in den vergangenen Jahren während der Ferien honorarfrei für Lokalzeitungen und Zeitschriften gearbeitet, und die Aussicht, dass das einfach so weitergehen sollte, war für mich unerträglich. New York erschien mir dementsprechend als die aussichtsreichere Alternative: Ich würde ein bisschen was von der Welt sehen, während sie dort gleichzeitig besser zu wissen schienen, wie sie unsereins einsetzen konnten. Es war nicht ganz leicht zu verdauen: einerseits unser Mantra, dass wir alles erreichen könnten, wenn wir nur hart genug darauf hinarbeiteten – und andererseits die sich verdichtenden Hinweise, dass es schlicht und ergreifend nicht genügend Jobs für uns gäbe. Ich ließ es in mir köcheln und entwickelte einen erbitterten Hunger – bis mir allen Ernstes etwas bevorstand, was sonst nur in Spielfilmen vorkam: der Umzug nach New York. Ein Traum, der wahr zu werden versprach.

Ich lernte schon bald, dass ein Unterschlupf bei berufstätigen Vermietern nicht das Gleiche war wie eine Studi-WG, in der man sich überdies miteinander anfreundete. Dass in den USA die Ofentemperatur in Fahrenheit angegeben wird, in New York aber kaum jemand Öfen benutzt. Zum ersten Mal in meinem Leben verspürte ich Einsamkeit – echte Einsamkeit, die mit dem hohlen Echo einer in der Ferne schlagenden Glocke von nun an durch meine kompletten Zwanziger in mir widerhallen sollte.

Von Freitagmorgen bis Sonntagabend erkundete ich die Stadt: die Parks, Delis und Museen, für deren Eintritt ich einen Dollar in die Spendenkiste warf. Ich ratterte mit dem Zug hinaus nach Coney Island oder stopfte mich in Chinatown für vier Dollar mit Dumplings voll. Meine Abende verbrachte ich bei zwar kostenlosen, aber unter-alkoholisierten Fashion-Veranstaltungen und bei Geschäftstreffen in irgendwelchen Spelunken, und in dieser Andersartigkeit – angesichts all des Glamours überall – fühlte sich mein Aufenthalt einfach nur surreal an. Ich verließ mich darauf, dass der Luftzug entlang der Bahnsteige von Hewes Street und Marcy Avenue den leichten Kater vertrieb, den mir das PBR-Dosenbier beschert hatte. Das schicke Manhattan von der Kinoleinwand sah ich irgendwann nur noch für ein paar kostbare Sekunden am Tag, immer wenn ich von Brooklyn aus mit dem M-Train in die Stadt und wieder zurück fuhr und das Chrysler Building über mir in Licht getaucht war. Stattdessen eroberte ich mir ein eigenes, anderes New York.

Ich hatte ein paar Leute kennengelernt, überwiegend Studenten oder frisch Graduierte und zumeist Briten, die sich wohl ebenfalls gedacht hatten, erwachsen zu werden sei eine anstrengende und teure Sache, ganz gleich wie wir es anstellten, also könnten wir es im Grunde doch auch gleich so machen, wie es uns am besten zupasskam. Ein paar irische Mädels, die an der Montrose Avenue in einer Wohnung direkt an den Bahngleisen wohnten, halfen mir mit ihrer Gesellschaft und mit überwürzten Abendessen über mein unerwartetes Heimweh hinweg. Gemeinsam stromerten wir durch die Stadt und verbrachten unendliche Anfänger-Arbeitsstunden damit, mittels unterschiedlicher Instant-

Messengerdienste über Drinks, Dates und Untermietpreise zu kommunizieren. Man findet die Nachrichten immer noch online; wenn ich sie mir heute ansehe, sprechen daraus Slangs und Gefühle fremder Menschen zu mir. Wie übereilt wir uns aufeinander gestürzt, für wie mutig und brillant wir uns gehalten hatten! Jahre später sollten sich unsere Wege unverhofft wieder kreuzen, und da würden wir binnen weniger Stunden mit einem nachsichtigen Lächeln an die Kinder zurückdenken, die wir damals gewesen waren.

Unser New York war jedenfalls aus einem anderen Backstein gebaut: aus dem Brennen am Gaumen von Ein-Dollar-Pizzastücken und der Aussicht, den G-Train zu nehmen und fast schon zwangsläufig am falschen Ort herauszukommen. Es kam einem Zeitfenster gleich, das so klein und unrund war wie die Kreise, die wir auf dem Hausdach zogen, auf das wir uns eines Nachts heimlich geschlichen hatten; die Lichter der Brooklyn Bridge zogen Streifen über den wimmelnden Himmel. Nach und nach wurde ich *streetwise*, lernte, wie ich den Junkies aus dem Weg gehen konnte, die sich spätnachts die Seele aus dem Leib kreischten und einem den ausgestreckten Zeigefinger ins Gesicht hielten wie eine Waffe. Von abgebrüht konnte trotzdem keine Rede sein; nur meine Naivität und pures Glück bewahrten mich davor, ernsthaft in Schwierigkeiten zu geraten.

Jene Wochen in New York waren wie Zuckerwatte: körnig und durchlässig, kristallin wie der Himmel über Manhattan. Wie die Bewohner der Stadt hat auch die New Yorker Luft eine gewisse Schärfe: Das Licht fällt vom Atlantik herein und kollidiert mit den massiven Wohnblocks und schimmernden Türmen, an denen es aufsplittert, Dinge entblößt, harte Schatten wirft und wenig Raum lässt, in dem man sich verstecken könnte. Dasselbe Licht fiel auch auf die Avenues, die quer über die ganze Insel verliefen. Von dort aus betrachtet schien der Himmel nur mehr aus Rechtecken zu bestehen, über die rosa Wolken hinwegdrifteten. Unten auf der Erde gingen die New Yorker ihren Geschäften nach, während ich nach oben sah: Diese schwindelerregende Höhe – ich konnte mich daran gar nicht sattsehen. Wenn dann die Dämmerung einsetzt, wird es im ausklingenden Sommer unten auf den Straßen schlagartig finster.

Die Hochhäuser Manhattans stemmten sich steif in dieses Licht wie die Pendler in der morgendlichen Subway, während sich draußen in den Parks mit einem Mal ein Tanz entspann: Sonnenlicht auf Laub, das von einer lauen Spätsommerbrise umweht wurde. Es dauerte einige Zeit, bis ich es erstmals in den Central Park schaffte. Die ersten Wochen in dieser Stadt hatte ich damit verbracht, die von Bäumen gesäumten Avenues von Clinton Hill in Brooklyn entlangzuspazieren und auf den weitläufigen Rasenflächen im Prospect Park zu faulenzen. Der McCarren Park in Williamsburg lag meinem ersten Untermietzimmer am nächsten, allerdings war dieses Stück Grün eher traurig anzusehen und leicht verlottert. Stattdessen lief ich ein paar Häuserblocks weiter zum East River Park und sah zu den Wolkenkratzern am anderen Ufer hinüber.

Sobald sich der schwül-drückende Sommer dem Ende zuneigte, breiteten sich die Farben aus, und ich machte mich auf den Weg hinüber zur anderen Insel. Manhattan erkundete ich durch seine Parks: East River Park, Tompkins Square Park, Washington Square Park; das kleine dreieckige, historische Areal an der Christopher Street Station; dann der lang gezogene Hudson River Park. Richtig zündete es Mitte Oktober: In Bronze und Umbra getauchte Blätter wehten pittoresk an den Brownstones von Manhattans schickeren Vierteln vorüber und landeten in Chelsea und im West Village auf dem Kopfsteinpflaster. Ich verbrachte einen Bilderbuchtag im Central Park, wo ich so viele Fotos von Bäumen schoss, dass irgendwann der Film voll war und ich ihn kurzerhand einfach zurückdrehte und ein zweites Mal belichtete. Auf den Negativen lagen zig in Flammen stehende Blätter übereinander.

Bei meinem ersten Ausflug zur High Line war sie in Gold getaucht. Das Projekt war gerade erst ein gutes Jahr zuvor an den Start gegangen, doch bereits in diesem heißen Sommer waren die Gräser ins Kraut geschossen. Das gelbliche Licht vom dahinter liegenden Hafen fing sich in den Fruchtständen des Blauen Pfeifengrases, die an ihren gebogenen Stängeln wippten. Durchtrainierte Menschen in Lycra joggten kurz vor dem After-Work-Andrang an uns vorbei, und irgendwie fühlte sich dieser aufgeständerte Halbling an wie eine andere Welt: ein Park in den Kinderschuhen, ein Garten, der auf einer stillgelegten Hochbahntrasse angelegt wurde, von deren Ende aus man bis zur Freiheitsstatue sehen konnte. Genau diesen Ausblick hatten meine zwei Freundinnen mir zeigen wollen, und damit weckten sie in mir eine Faszination, die ich hier in New York für nichts anderes aufgebracht hatte – nicht für die höflich in Plastiktüten überreichten Take-aways aus Bodegas (»*Have a nice day!*«), nicht für den Umstand, dass Englisch mit englischem Akzent hier nicht zwangsläufig verstanden wurde. In den folgenden Monaten ertappte ich mich dabei, wie ich immer und immer wieder zur High Line zurückkehrte; ich hatte nicht recht verstanden, wie diese Anlage funktionierte, wollte aber darin eintauchen.

Rosie war eine von drei Londonerinnen, die an meinem

ersten Tag in Williamsburg ähnlich überfordert wie ich und leicht verschwitzt an mir vorbeigelaufen waren und die ich quasi von der Straße weg gekapert hatte. Die drei waren bereits ein bisschen länger in der Stadt und nahmen mich sofort in ihren Kreis auf. Rosie arbeitete für einen Verlag in Chelsea mit Sitz direkt unter der High Line, jenem gerade mal gut zwei Kilometer langen Streckenabschnitt der einstigen West Side Line, über die früher Rinder zum Meatpacking District transportiert worden waren. Dreißig Jahre lang hatte dieser Abschnitt sich dem Abriss zugunsten neuer Bauflächen widersetzt. Stattdessen wurde er nun in einen der großartigsten Parks der Welt verwandelt.

Nachdem ich tagelang versucht hatte, das mystische New York aus Spielfilmen mit der heißen, schmutzigen Wirklichkeit übereinzubringen, fühlte es sich auf der High Line erstmals so an, als wäre ich in einem verschwommenen Übergangsbereich gelandet. Damals war die High Line wie gesagt noch blutjung, und es sollte noch Jahre dauern, bis sie auf der Liste der TripAdvisor-New-York-Tipps in die Top Twenty aufsteigen sollte: ein Stück Land, das der Öffentlichkeit gerade erst zugänglich gemacht worden und trotzdem kein bisschen auf Hochglanz poliert war, als wäre es mit der Weisheit des Alters zur Welt gekommen. Dieser Ort schwebte förmlich über der unerbittlichen Hektik der darunterliegenden Gehwege und ruhte im Schatten der benachbarten Hochhäuser; eine riesige Anlage, die zu einem ganz bestimmten Zweck errichtet worden und dann ausrangiert worden war, bis sich ein neuer Zweck aufgetan hatte. Die High Line war ein menschengemachter Ort, der in Vergessenheit geraten war, doch als der Mensch sich irgendwann wieder daran erinnert hatte, war aus dem Ort etwas Neues geworden: ein ätherisches, wandelbares Ding, das in der Natur ebenso wie in der Technik wurzelte. Licht und Wind durchdrangen es und gestalteten ebenso schnell Bilder, wie sie wieder verwehten – eine Störung im Stadtbild von Chelsea, die gleichzeitig ein Heim für die Natur war und doch zutiefst unnatürlich. Zwischen alten Speichern, die in Künstlerateliers und Wohnlofts umgewandelt worden waren, stellte die High Line sowohl eine Lebensader als auch ein Refugium dar – etwas Vitales, das gleichzeitig höchst merkwürdig verortet war. In einer Stadt, die dafür bekannt ist, dass Träume Wirklichkeit werden können, verwandelte die High Line Manhattan in eine erwachende Traumlandschaft – in etwas, was über seine eigene Realität hinausreichte.

In den dreißig Jahren, seit dieser Abschnitt der New York Central Railroad für den Schienenverkehr stillgelegt worden war, hatte kein Mensch mehr die Gleise betreten, und es hatte sich Wildwuchs breitgemacht. In der Morgendämmerung des neuen Jahrtausends war der Fotograf Joel Sternfeld von Joshua David und Robert Hammond dort hinauf eingeladen worden – von zwei Männern, die in der Nachbarschaft wohnten und davon träumten, dass das Areal eines Tages in einen Park umgewidmet werden könnte. Sternfeld war bei dem Anblick schier vom Donner gerührt. »Urplötzlich stehst du in einer anderen Welt«, sagte er einige Jahre später in *High Line Stories*, einem kurzen Dokumentarfilm. »Da waren Wildblumen, Glasscherben, Vögel, Trauertauben …«

Sternfeld betrat über die folgenden zwölf Monate die High Line, wann immer er wollte, während die große Mehrheit der New Yorker weiterhin keine Ahnung hatte von der Welt, die dort über ihren Köpfen gewachsen war. Mit der Zeit dämmerte ihm, dass die urtümliche Schönheit am besten zur Geltung kam, indem man einfach geradeaus blickte, die schmalen Gleise entlang, die mitten hinein in ein Stadtbild und in das Wasser dahinter zu führen schienen. Seine Fotos – aus einer Serie namens »Walking the High Line« – fangen dieses aufgeständerte Land ein, in dem Dinge gekeimt waren; auf dem rostige Schienen unter massenhaft welkenden Gräsern verschwinden, die hoch über verschnörkelten eisernen Straßenlaternen hin- und herwogen. Der Hintergrund aus den roten Ziegelgebäuden und Schornsteinen von Midtown Manhattan wird von den ersten knospenden Weidenröschen des Frühsommers und von wuchernden Ackerwinden zerteilt. Im Frühling folgen den kurvigen Schienen filigrane gelbe Wildblumen, während junge Bäume wie Brücken die schmale Trasse zwischen den Speichergebäuden überspannen, in denen binnen eines Jahrzehnts Boutique-Apartments entstehen sollten. Sternfeld besuchte die High Line auch im Winter, stellte sein Kamerastativ in den Schnee und dokumentierte das tapfere Gerüst, das vorangegangene Jahreszeiten hier errichtet und zurückgelassen hatten. Vier Jahre später stellte eine Studie im *Journal of the Torrey Botanical Society* fest, dass dort 161 Pflanzenarten kämpferisch genug gewesen waren, um das Land zu erobern, das der Mensch verlassen hatte. 82 davon waren heimische Arten, die übrigen 79 waren von anderswoher in die Stadt gekommen und hatten es geschafft, dort Wurzeln zu schlagen – wie die Millionen New Yorker, die darunter hindurchliefen.

Es gab Leute, die sich dafür einsetzten, dass dieser Ort sich selbst überlassen bleibe – wie er in der Abwesenheit des Menschen inmitten einer der am dichtesten besiedelten Städte dieses Planeten gewachsen war. David und Hammond hatten indessen die Friends of the High Line gegründet, um ihrem Ansinnen Gehör zu verschaffen und das Gelände umzuwidmen. Anfangs befragten die Friends of the High Line Anwohner nach ihrer Meinung, was mit den gut drei Hektar brachliegenden, wunderbaren Geländes geschehen solle. Hammond bekam daraufhin eine Karte: »Die High Line sollte so, wie sie jetzt ist, als wild wachsendes Land, erhalten bleiben. Sie würden sie bloß kaputtgestalten. So ist es doch immer.« Hammond bewahrte die Karte auf und hängte sie über seinen Schreibtisch, weil sie auch seine eigene größte Sorge auf den Punkt brachte, »wir könnten die natürliche Schönheit, die in dem wilden Zustand schlummerte, möglicherweise nicht bewahren, sondern alles zerstören«.

Doch statt den Status quo zu bewahren oder radikal umzugestalten, was die Natur dort geschaffen hatte, nahmen sich die Friends des immanenten Geistes der High Line an – der Flüchtigkeit dessen, was dort oben wuchs, und zugleich seiner Hartnäckigkeit –, und setzten diesen Geist in der Bepflanzung neu um. Der Bewuchs dort oben war derart präsent und imstande, den Betrachter über den Stress in dieser Stadt emporzuheben, und gleichsam animalisch; während der Rest von Chelsea hübsch mit Laub dekoriert wurde, das aus den Blumenkübeln entlang der Straßen und aus den Balkonkästen rieselte, schien die High Line vielmehr zu atmen: Dort vibrierte eine Spannung, eine Inhaberschaft des Ortes, die sich der menschlichen Einmischung widersetzte. Die Pflanzen stellten sich in den Wind und in die Jahreszeiten und lebten darin; alles Schicke, aller Schnickschnack war dort natürlichen Strukturen und Düften zum Opfer gefallen. Das hier war eine sich innerhalb unnatürlicher Grenzen ausbreitende natürliche Wiese, die sich über eine geheime Rippe der Stadt erstreckte. An so einem Ort war ich noch nie gewesen.

Wenn man sich die Sternfeld-Fotos im Nachhinein ansieht, ist besonders faszinierend, wie sehr sie der High Line im Jahr 2010 ähneln, sogar der deutlich fortgeschrittenen Anlage, die sich daraus entwickeln sollte – und das, obwohl der Park mittlerweile zur Kunstgalerie geworden ist und für Millionen Touristen eine Sehenswürdigkeit darstellt. Diejenigen, die ihn gestaltet haben, hatten sich die Flora angesehen – all das, was schon da war – und sie quasi als Zeichenbrett hergenommen. Der niederländische Landschaftsgärtner Piet Oudolf wurde hinzugezogen und sollte entscheiden, welche Pflanzen wohin kommen sollten, und schuf etwas, wie Sternfeld es formulierte, »das zu Beginn nicht allzu Erfolg versprechend aussah«.

Oudolfs Gärten folgen keiner Mode, keinem Zeitgeist, weil er dabei weniger flüchtige Konzepte im Sinn hat, weniger die Ästhetik, als vielmehr ein Gefühl, den Raum und dessen Schönheit. »Ein Garten ist immer auch ein Versprechen«, sagt er im Dokumentarfilm *Five Seasons: The Gardens of Piet Oudolf.* »Es muss noch gar nicht da sein – aber du suchst danach, was da sein wird.« Oudolf ist ein Pflanzenfanatiker, ein Schöpfer bleibender Schönheit, der sich zudem für tierische Artenvielfalt einsetzt. Ein Mann, der sich der Counter-Culture-Bewegung der Sechziger widersetzte und trotzdem Pionierarbeit leistete, indem er eine Gartenarbeit »ohne Pestizide, ohne künstliche Düngemittel und ohne eine Armee aus Gärtnern« propagierte, »die all die Pflanzen am Leben erhalten«. Seine Herangehensweise ist nachgerade radikal – vielleicht gerade weil er einer jener Gärtner ist, die nicht inmitten von Pflanzen aufgewachsen sind. Genau wie ich war er vielmehr erst mit Mitte zwanzig zum Gärtnern gekommen und hatte in Pflanzen Mittel und Zweck gesehen, um seinem bis dahin vorbestimmten Werdegang zu entkommen – nämlich in den Gastronomiebetrieb seiner Eltern einzusteigen. Er habe »mehr gewollt«, sagt er – und dieses Gefühl konnte ich nur zu gut nachvollziehen.

Wie andere Pflanzenbesessene – Beth Chatto zum Beispiel – veränderte Oudolf nicht nur unseren Blick auf Gärten, sondern auch die Pflanzen selbst, die wir darin pflanzten. Seine Schüler finden ihn inspirierend und empörend gleichermaßen: Er folgt keinem festen Maßnahmenkatalog und macht seine Pflanzpläne regelmäßig der Öffentlichkeit zugänglich – wenn er sie einmal umgesetzt habe, brauche er sie nicht mehr, dann entwickele er stattdessen lieber neue Ideen. Er gilt inzwischen als prominentester Vertreter des New-Perennial Movement, jener naturalistisch-gestalterischen Bewegung, die in den Achtzigerjahren in Deutschland und den Niederlanden aufkam und Gärten und Parks in etwas Herausforderndes und Berauschendes zugleich verwandelte. Die Grundüberzeugung ist simpel: Man pflanze Pflanzen an Stellen, wo sie am besten gedeihen – und zwar solche, die sprießen, blühen, Samen ausbilden und eingehen –, und lasse sie im Jahr darauf wiederkommen. Solche Pflanzen nennen sich perennierende (oder mehrjährige) Pflanzen. Allerdings erfordern perennierende Pflanzen Geduld. Einjährige liefern fast augenblicklich Ergebnisse: Sie produzieren bunte Blüten, quasi sowie man sie aus dem Gartencenter holt. Wenn sie verblühen, nimmt man sie aus dem Beet und ersetzt sie – ohne viel Aufheben und ohne viel investiert zu haben. Mehrjährige indes erfordern die Achtsamkeit des Gärtners in all ihren Lebenszyklen – selbst in der Phase, in der sie »unsichtbar« sind und unter der Erdoberfläche lauern. Im Gegenzug liefern sie Struktur und die eine oder andere Überraschung, sobald sie im Folgejahr wiederkehren.

In Oudolfs Gärten ist jede Jahreszeit ein Spektakel für sich. Wenn sich die frischen Triebe im späten Winter durch den Schnee schieben, bereiten sie den Weg für den sanften Aufruhr der Frühlingsblüte. Im Sommer explodiert dann alles und gipfelt im Herbst in einer trägen *petite mort*. Der Garten hat dann sozusagen Leichen im Keller. Im schwachen Licht eines nebligen späten Wintertags schließlich wird alles zurückgeschnitten und der Beschnitt auf der Erde liegen gelassen, wo er zur Nahrung für das geduldige Leben darunter wird. Was dann erfolgt, lässt sich halbwegs voraussagen, hält aber wie gesagt auch stets die eine oder andere Überraschung bereit. In der Schönheit dieser Gärten ist die Veränderung ein integraler Bestandteil – wie bei so vielen Dingen.

In den Anfangsjahren wurde das störrische Liegen- und Sterbenlassen von der Gartenwelt mit Empörung quittiert. Oudolf arbeitete damals eng mit einem anderen niederländischen Landschaftsgärtner zusammen: mit Henk Gerritsen. Gemeinsam verfassten sie *Meine Lieblingspflanzen* – ein Kompendium über 1200 mehrjährige Pflanzen, die sie für einen schlicht-schönen Garten in all seinen Lebensphasen empfehlen. Jahre später sollte Oudolf in *Five Seasons* konstatieren, dass »auch der Tod in den Garten« gehöre. Das habe Gerritsen ihn gelehrt. »Wir entdeckten, dass Pflanzen auch dann gut waren, wenn sie nicht blühten«, erklärte Oudolf. »Darauf hat er mich hundertmal hingewiesen. Und wir haben uns Pflanzen dann auch jenseits ihrer Hochphase angeschaut.« Für Gerritsen, der bis zu seinem Tod im Jahr 2009 mit dem HI-Virus lebte und rund fünfzehn Jahre zuvor seinen Partner Anton verloren hatte, war die Schönheit der vermeintlich leblosen Pflanze von umso größerer Bedeutung. »Die Leute hatten früher fürchterlich Angst vor dem Tod in ihren Gärten«, erklärte er dem Autor Noel Kingsbury.

> Da war jedes gelbe Blatt ein Makel und musste entfernt werden … Inzwischen hat eine neue Generation den Tod kennengelernt, und wir verbannen ihn nicht mehr aus unserem Garten.

Derart zu gärtnern bedeutet auch zu verstehen und zu akzeptieren, dass ein Ende notwendig ist, um dem neuen Anfang den Weg zu ebnen, und dass Leben nicht nur Geburt, sondern auch Tod bedeutet.

Nun ist die High Line ein Park, der sehr bewusst mitten ins Leben gebaut wurde oder, wie Bauleiter James Corner im Jahr 2004 – fünf Jahre vor der Eröffnung – seiner Hoffnung Ausdruck verlieh:

> Hunderte, wenn nicht Tausende werden hier auf- und abwandern und immer noch imstande sein, diese gewisse Energie des Pflanzenlebens zu zelebrieren, die durch die harte Erde bricht.

Am Ende wurden es Millionen. Und die Zahl der Besucher begeisterte auch Hammond und David. »Es ist besser mit Menschen«, schrieb Hammond 2016. »Die Menschen sind genauso wichtig wie die Pflanzen.«

Dabei wandern auch die Pflanzen gewissermaßen auf und ab – denn Oudolfs Gartengestaltung ist nie eine statische. Er designe Gärten und Parks »mittels unterschiedlichster Erfahrungen und anhand von verschiedenen Konzepten«, sagte er, und wenn sich diese Konzepte veränderten, veränderten sich auch die Pflanzen. Dass er auch der Vegetation gewisse

Freiheiten gewährte, war der Hauptgrund, warum er für das Projekt überhaupt angeworben worden war. Wenn man dort oben inmitten der sich wiegenden Gräser und unter dem Blätterdach der Bäume steht, vergisst man leicht, dass die High Line in Wahrheit ein einziger riesiger Pflanzkübel ist – ein überdimensionierter Balkon für die Öffentlichkeit. Selbst die gewaltigen Bur-Eichen wurzeln dort oben in nicht einmal einem halben Meter tiefer Erde. Hier werden die Pflanzen beobachtet, und es wird hingehört; diejenigen, die sich hier nicht gut entwickeln, werden nicht stur neu gepflanzt, sondern sie dürfen welken. Die Sibirische Katzenminze beispielsweise – *Nepeta sibirica* – ist eine hübsche, ausläuferbildende Pflanze, die lange Stängel entwickelt, an denen leuchtend blauviolette, lippenförmige Blüten sitzen, und die sich netzartig verwurzelt. Nach einer regelrechten Explosion in den ersten Jahren tat sich die Sibirische Katzenminze an der High Line zusehends schwer. Also wurde ihr gestattet einzugehen, während andere, besser geeignete Pflanzen – Storchschnäbel beispielsweise – den frei gewordenen Raum beziehen durften.

»Die einzige Gerätschaft, auf die ich nicht verzichten kann, ist mein Sehsinn«, sagte Oudolf gegenüber dem *Wall Street Journal*, kurz nachdem die High Line eröffnet worden war. »Mal braucht man einen Spaten, mal eine Heckenschere, aber wenn man gärtnert, dann muss man in einem fort hinsehen.« Und man erkennt überall, dass die High Line ein Ort ist, an dem wirklich hingesehen wird: nicht weil hier oder dort etwas nachgebessert oder nachjustiert werden müsste, sondern es wird darauf geachtet, wie die Dinge funktionieren; dass die Spannungsverhältnisse genau so sind, wie sie sein sollten. Dieser Ort existiert auf der Grundlage einer Vereinbarung, dass hier experimentiert werde, dass Dinge sich wandeln dürfen und man dem Wandel zusehen kann. Hier ging es nie darum, etwas Gutes, etwas Perfektes entstehen zu lassen, sondern etwas aus der Herausforderung zu machen – das Potenzial eines knorrigen, unwirtlichen städtischen Areals freizusetzen und dort nicht nur Dinge in Gang zu halten, sondern sie zu neuer, neuartiger, fast schon provokanter Größe zu führen.

•

Seit jenem Jahr träumte ich immer Ende August, Anfang September von New York. Meine Traumbilder waren veränderlich, unterschieden sich mal in der Farbigkeit, mal in Klischeehaftigkeit, aber es handelte sich doch immer um ein und denselben Ort. Manchmal träumte ich von Spaziergängen vorbei an den grünen Vordächern der Apartmenthäuser an der Upper West Side, mal von den großzügigen Gehwegen entlang der Avenues in Brooklyn, mal von den Pflasterstraßen in SoHo, vom halb ranzigen, halb verführerischen Geruch der Kebab-Bude am südlichen Ausgang des Bahnhofs Broadway-Lafayette Street. Diese fiebrige Frankenstein-Stadt schlich sich noch Jahre später nächtelang in meinen Schlaf.

Wenn ich dann aufwachte, war ich immer unfroh und frustriert, weil vor meinem Fenster – sei es in Peckham, Hackney oder Camberwell – lediglich ein grauer Spätsommermorgen wartete und ich mich angesichts der Ansprüche, die dieser neue Wohnort an mich stellte, in der Falle fühlte. Ich war nur deshalb hierhergezogen, weil ich hier Arbeit gefunden hatte, nicht weil ich dringend nach London gewollt hätte. Jetzt trotzdem hier zu sein hieß, mich einem Leben zu verschreiben, das mir von anderen diktiert wurde: lange Arbeitstage, mühsame Karriereschritte, späte Partynächte, irgendwann Nestbau, und dies alles, ohne dass ich je die Chance gehabt hätte zu überlegen, ob ich das wirklich wollte.

Ich glaube, die Träume hatte ich, weil ich den Wandel vom Sommer zum Herbst immer ganz besonders deutlich gespürt habe. Ich bin am Tag der Herbst-Tagundnachtgleiche zur Welt gekommen, pünktlich zum kalendarischen Herbstanfang, ein wenig später als berechnet, aber doch irgendwie passend. Ich war die Dritte in Serie: Mein Bruder war der Erste und kam ein paar Tage vor Weihnachten pünktlich zur Wintersonnenwende zur Welt, und meine Schwester wurde zur Frühjahrs-Tagundnachtgleiche geboren. Irgendwie hätte da noch ein viertes Kind dazwischengehört, das an Mittsommer Geburtstag hätte haben müssen – einfach nur, damit alles seine Ordnung hätte. Ein paar Jahrzehnte später hat dann mein Bruder am 22. Juni eineiige Zwillingsmädchen bekommen – insofern war der Symmetrie damit wohl Genüge getan.

Dass ich zur Tagundnachtgleiche Geburtstag hatte, fand ich immer toll: Mein neues Lebensjahr konnte ich quasi mit dem Beginn einer neuen Jahreszeit einläuten – als richtete irgendwo eine riesige Uhr mit ruhiger, mechanischer Genugtuung die Zeiger neu aus. Der Herbst war für mich nicht nur die Zeit für neues Schulzubehör und buntes Laub, sondern – wie am Baum heranreifende Äpfel – eine Jahreszeit mit einem großen Potenzial für Veränderungen. Ich mochte ihn lieber als das dumpfe Anbrechen des Winters, das zögerliche und langwierige Wachwerden des Frühlings oder den oftmals überraschend hereinbrechenden heißen Hochsommer. Ich liebte die wenigen Morgen Ende August, an denen man – sofern man nur früh genug aufstand – stets die Kühle in der Luft schon wittern konnte, den Vorboten des Septembers und des Herbstes.

In dieser Phase geht alles in Flammen auf: Der Sommer verbrennt in einem lodernden Inferno, liegt an immer noch verblüffend warmen Nachmittagen mit Picknicks und Drinks im Freien in den letzten Atemzügen – es werden die letzten Drinks im Freien sein, bis irgendwann der Frühling wiederkehrt. Der Herbst ist der schöne Tod der Natur, Laub, das sich brandrot verfärbt, ehe es den Boden bedeckt und dann der Verheerung des Winters weicht; unterdessen tankt das Leben unter der Erde neue Kraft. Nicht dass ich Todessehnsucht gehabt hätte, aber ich wollte dieses Inferno, ich wollte es gleißend hell, um endlich erkennen zu können, was auf der Strecke bleiben musste, um Räume zu eröffnen für die Nachdenklichkeit des bevorstehenden Winters. Um Raum zu schaffen für neues Leben im Frühling.

Solange ich in der Ausbildung steckte, hatten die Startschüsse in diesem Monat mein Leben geprägt – und insgeheim war ich verärgert gewesen, dass die Vorlesungen an der Uni erst im Oktober begannen. Doch mit dem Studienabschluss in der Tasche rückten derlei institutionalisierte Kalender-Meilensteine in den Hintergrund; ich war mir selbst überlassen, um meine nächsten Schritte nach eigenem Gutdünken und je nach Gelegenheit zu terminieren. Trotzdem hielt ich am Gefühl des herbstlichen Wandels fest – weil ich nicht anders konnte und wollte. Seit meinem jungen Erwachsenenalter war der September stets mit einer gewissen Dringlichkeit über mich hergefallen, die mehr war als die rein sachliche Feststellung, dass der Sommer zu Ende ging – in Gestalt von Kollegen, die sonnenverwöhnt und mit Post-Urlaubs-Blues von ihren Reisen zurückkehrten, oder in Form unzähliger Aufrufe in Modemagazinen, jetzt schleunigst einen neuen Mantel zu kaufen. Da war immer auch der geheime Wunsch nach etwas anderem, Neuem.

In der Stadt selbst war der Jahreszeitenwechsel ein bisschen schwieriger zu erkennen; nach Hinweisen musste man suchen. Der Flieder verwelkte allmählich und verfärbte sich dunkel. Hier und da tauchten Hagebutten in verwilderten Gärten und auf den Grünflächen von diversen Wohnanlagen auf. Urplötzlich recken sich die rosa-weißen Herbst-Anemonen über Backsteinmauern und durch schmiedeeiserne Zäune; sie bleiben bis zum ersten Frost. Die Brombeeren an verirrten Trieben, die über Zäune und an Straßenrändern entlang wachsen, werden endlich dunkel, und das Laub an den Bäumen ist zwar noch nicht verfärbt, aber es liegen zunehmend Blätter am Boden. Wenn die Sonne scheint und die Wärme immer noch von den Backsteinmauern abstrahlt, sind die Leute nach wie vor in kurzen Hosen und ärmellosen Shirts unterwegs. Eine Fahrt in der Tube ist immer noch schweißtreibend.

Der Sommer hallt insofern immer noch nach; aber die Veränderungen in der Natur waren an Londons Rändern im Lauf meiner Zwanziger auch zunehmend leichter zu ignorieren. Meine bisherigen Neustart-Rituale spielten kaum noch eine Rolle. Umzüge machte ich nur noch von Bequemlichkeit und geringer Miete abhängig; meine Beziehung verlief mit einer Solidität, zu der ich mich manchmal gar nicht imstande fühlte. Manchmal beneidete ich insgeheim meine Freunde, die immer noch mit ihrem Single-Dasein zu kämpfen hatten und nach wie vor auf Jobsuche waren. Ich fühlte mich zusehends, als hätte ich mein Leben zu schnell gelebt, als hätte ich ein Nest gebaut, noch ehe die Zeit dafür reif gewesen wäre, und als hätte ich entsprechend auch viel zu früh mit den falschen Erwachsenenproblemen zu tun bekommen. Als käme sich niederzulassen unter meinesgleichen einem Versagen gleich. Die Abenteuerlustigeren von uns wurden digitale Nomaden oder arbeiteten zumindest darauf hin, hatten Dutzende Affärchen mit allen möglichen Leuten, ehe sie alldem ein Ende setzten und noch mal ganz von vorn anfingen. Ich selbst hatte höllisch Glück gehabt, was mich aber nicht davon abhielt, wissen zu wollen, was sonst noch möglich wäre – und wie. Wo ist bitte dein Neustart?, flüsterte der September mir zu. Und was hast du im vergangenen Jahr eigentlich geleistet?

Das Mädchen, das einst nach New York gegangen war, hätte jedenfalls nie geglaubt, dass all das eintreten könnte: die schöne Wohnung, der schicke Freund und – vor allen Dingen! – der Job bei einer überregionalen Zeitung. Und doch hatte ich mich in eine junge Frau verwandelt, die mit alledem nicht recht glücklich war. Ich wollte in einem fort Dinge schaffen: mein Autorenbild in der Zeitung sehen, die Titelstory oder das Top-Feature landen, viral gehen. Und wann immer ich etwas davon geschafft hatte – oftmals nach Monaten in der Tretmühle –, stellte sich keine Zufriedenheit ein. Stattdessen nahm ich mir die nächste Aufgabe vor, bei der wieder ein hohler Sieg zu erringen war. Immer neue Herausforderungen – wie die Prüfungen, die wir mehrmals im Jahr hatten bestehen müssen. Wir hatten gelernt, dass man nur gut genug lernen und trainieren musste, um einen Erfolg zu landen, aber nie, wie wir mit diesem Erfolg über den reinen Selbstzweck hinaus auch zufrieden wären. Alles musste ständig bedeutsam sein und nach außen hin wirken; es gab immer noch mehr zu erreichen, immer irgendwen, der etwas noch besser machte, der noch länger bei der Arbeit blieb, für die du schon froh sein durftest, dass du sie hattest.

Als ich anfing, nachts von New York zu träumen, verstand ich diese Träume zunächst quasi wörtlich: als Hinweise, dass ich London verlassen und nach New York zurückkehren sollte. Eines Tages im August – etwa ein Jahr nachdem Josh und ich zusammengekommen waren – kulminierte mein Frust angesichts unseres Lebens darin, dass ich mich mit Josh am Themse-Ufer heftig stritt. Ich fühlte mich eingesperrt; von ihm, von den Einschränkungen, die eine feste Beziehung im Alter von dreiundzwanzig mit sich brachte, wie sie sich äußerte, wie sie sich anfühlte. Von der Vorstellung, dass ich einerseits noch so viel erleben müsste, andererseits aber genauso sehr bleiben und meinen bisherigen Weg weitergehen sollte. Der Mangel an Veränderung machte mich rasend; ich fühlte mich total verkrampft – und zwar womöglich, weil ich den Eindruck hatte, dass sich nichts entwickelte, dass da nichts wuchs. Ich konnte, was in meinem Leben war, nicht heranwachsen lassen, weil da kein Raum für Veränderung war – Raum, um nicht etwa meine Beziehung, mein Zuhause oder gar meine Karriere voranzubringen, sondern um mich selbst grundlegend zu verändern. Raum, um den Mut zu entwickeln, jene Vorstellung von dem, was ich tun und womit ich glücklich sein *sollte*, abzuschütteln und stattdessen nach Dingen zu suchen, die in mir tatsächlich Gefühle wachriefen.

Letztlich fühlte es sich dann aber unvernünftig an, all das über Bord zu werfen, was in der Theorie doch fantastisch aussah. Und mit jedem Jahr, das ins Land ging, wurde ich besser darin, meine Träume zu ignorieren. Ich spielte zusehends weniger mit dem Gedanken, alles hinzuwerfen, auch wenn mich manche Dinge, beispielsweise der Blick auf die Londoner Kingsland Road im diesigen Frühsommerlicht, auf der Stelle und ohne jede Vorwarnung zurück nach

Brooklyn katapultierten. Irgendwann zwischen langen Nächten und ausgedehnten, verwirrten Gesprächen in meinen Zwanzigern, die von billigem Wein und chaotischen sozialen Beziehungen begleitet waren, stellte sich eine Art hohle Befriedigung angesichts schöner Möbel und teuren Fruchtsafts ein und in dem Gefühl, in meiner Beziehung doch genau hier hinzugehören. In meinem schallgedämpften Hamsterrad unterdrückte ich das Bedürfnis nach Veränderung mithilfe schaler Belohnungen. Über Jahre hinweg flackerte mein Leben nur mehr auf Sparflamme. Immergrün statt leuchtend heller Farben.

Dieser September, der September nach unserer Trennung, war mit einem Mal komplett anders. Ich träumte nicht mehr. Sechs Jahre nachdem die Träume begonnen hatten, waren die nächtlichen Forderungen nach Veränderungen plötzlich verstummt. Das dämmerte mir, während ich an einem jener zähen Spätsommermorgen mit der Bahn zur Arbeit fuhr. Mein Blick blieb an den starren Kränen in der kühlen Morgenluft über Nine Elms hängen – und schlagartig saß ich im Pendelzug zwischen Brooklyn und Manhattan. Bis zu diesem Moment hatte ich seit Monaten weder im Wachzustand noch im Schlaf mehr daran zurückgedacht.

Mein unbewusster Heißhunger auf Abenteuer, auf Ungeplantheit, war gesättigt. Ich hatte all die Ungeplantheit beschert bekommen, von der ich gar nicht wusste, dass ich danach gelechzt hatte. Aber darüber hinaus war ich auch gezwungen gewesen, meine eigenen Nöte und Bedürfnisse zu durchleuchten und mich auf meine eigenen instabilen Impulse zu verlassen, ein Leben zu errichten, das ich mir wünschte. Meine innere Flamme loderte wieder. Ich fing allmählich an, die Überreste meines bisherigen Lebens loszulassen, um Kraft zu gewinnen, um im Frühling neu zurückzukehren. Ohne dass ich es so gewollt hätte, nahm ich Abschied von der unerbittlichen Hitze des Sommers, der sich ohnehin bereits abgewandt hatte, während ich hellwach gewesen war, statt weiter im Dämmerschlaf einer fernen Sehnsucht nachzuhängen.

•

Nach einem Monat wieder in unsere Wohnung zurückzukehren war seltsam; sie fühlte sich gleichzeitig vertraut und fremd an. Es war eine Erleichterung, meine Wäsche zurück in den Schrank räumen zu können statt in ordentliche Stapel neben meinen Koffer. Ich wusste endlich wieder, wo alles war – trotzdem hatte hier ein anderes Leben stattgefunden, das nunmehr getrennt von meinem Leben verlief. Josh und ich gingen freundlich miteinander um, auch wenn ich lieber halbwegs auf Distanz blieb und meine Gefühle um meiner selbst willen für mich behielt. Er hielt mir genau das vor, fand mich kaltschnäuzig und gleichgültig. Aber ich konnte ihm auch nicht erklären, dass das für mich notwendig war, dass ich mir gerade unter Schmerzen eine neue Haut wachsen ließ, die eine Isolationsschicht zwischen uns bilden sollte.

Das Bedürfnis, einen Haushalt zu bespielen, diese seltsame Faszination des Nestbaus, die mich in den vergangenen zwei Jahren so sehr beschäftigt hatte, war mit der Trennung erloschen. Stattdessen wandte ich mich nach außen. Die Rückkehr in die Wohnung war gut, aber die Rückkehr auf den Balkon war noch besser – die Art von Wiedersehen, die andere Leute mit ihren Haustieren haben, wie ich mir vorstellen kann. Ich verspürte einfach eine enorme Zuneigung und genoss diesen Raum im Freien wie ein Elixier, fand immer noch dieselbe Erlösung wie in all der Zeit zuvor. In meiner Abwesenheit waren die Duftwicken an ellenlangen Trieben aufgeblüht, die seit Juni gewachsen waren, und hatten eine schier angeberische weiße Pracht hervorgebracht, weil sie sich selbst überlassen gewesen waren, während ich sie ansonsten längst zurückgeschnitten hätte. Die Petunien und Geranien, die an Mittsommer in ihren Blumenkästen noch ordentlich vor sich hin gewachsen waren, verwilderten regelrecht und hatten Geiztriebe gebildet, und niemand hatte die Köpfe der Tausendschönchen abgeknipst, sodass sie Samen ausgebildet hatten und inzwischen in den letzten Atemzügen lagen. Ich hingegen atmete tief den wohligen, zitronigen Duft der Efeu-Pelargonien ein, die über die Balkonwand wucherten. Die würden noch eine gute Weile halten.

Ich beeilte mich, um mich in Sachen Balkon auf den aktuellen Stand zu bringen, und erfreute mich an den Dingen, die dort ohne mein Zutun gewachsen waren. Ich umsorgte den Ort und bedachte ihn mit Liebe und Produktivität, riss ein paar frische Lavendeltriebe aus einem der Halbsträucher auf dem Grundstück und schnitt sie zu Setzlingen zurecht, schob sie vorsichtig um den Rand eines Topfs mit grobem Sand in der Hoffnung, dass sie dort bis zum nächsten Jahr von allein Wurzeln trieben. (Wenn man frisch abgeschnittene Stängel rund um den Topfrand setzt, direkt an das Plastik, wachsen die Wurzeln zunächst schön in Richtung Topfboden, verzweigen und verflechten sich anschließend mit ihren Nachbarn und bilden ein dichtes Netz. Wenn man sie in die Mitte des Topfs setzt, kann es passieren, dass die Wurzeln durch die Ablauflöcher im Boden wachsen, weil sie schlichtweg zu abenteuerlustig sind, als gut für sie wäre.)

Auch mein Sedum war auf dem Zenit. Ich hatte ihn ein, zwei Jahre zuvor spontan gekauft – und zwar in der falschen Jahreszeit, mitten im Herbst, da ist die Pflanze auf der Höhe der Blütezeit und sieht dann ein knappes Jahr lang nicht mehr annähernd so gut aus. Ohne dass ich mich schlaugemacht hätte, was die Pflanze benötigte, hatte ich sie in eine dunkle Nische auf dem Balkon direkt an die Wand gesetzt. Die Fetthenne – oder *Hylotelephium*, wenn man sich vornehm ausdrücken will – war mir unter dem Namen Sedum Autumn Joy (»Herbstfreude«) bekannt und ist eine zuverlässige, lebensfrohe Pflanze, sofern man ihr eine Chance gibt, sprich: ziemlich viel Licht. Diejenige, die ich mehr oder weniger misshandelt hatte, war irgendwann nur noch schlapp gewesen und verkümmerte. Dann entdeckte ich im Frühling mit einem Mal knubbelige kleine Blätter, die aus den Überresten der vermeintlich toten Stängel sprossen. Ich setzte die Pflanze um in einen großen Zinkeimer, den ich ziemlich waghalsig zwischen das Eisengeländer und den Wandvorsprung linker Hand auf dem Balkon klemmte. Wenn der Eimer abgestürzt wäre, hätte er jemanden umbringen können, aber er blieb an Ort und Stelle. Sowie er den immer noch kraftlosen Sonnenuntergängen ausgesetzt war, hatte er bis Mittsommer tatsächlich dickleibige Sedum-Triebe ausgebildet, die jetzt die westliche Balkonecke dominierten. Im September blühten dort leuchtende, angeberische Blütenstände, die wie flache Pilzköpfe aus winzigen Blüten aussahen, die wiederum angesichts der Bienen, die dort herumschwirrten, nur umso zierlicher wirkten. Als eine Art Spätsommerluxus genoss die Pflanze die Feuchtigkeit, die dank des nicht vorhandenen Drainagelochs im Zinkeimer zurückblieb. Sie gab sich mit der Helligkeit zufrieden, absorbierte das Licht und genoss wohl den Ausblick – und schaffte es, an ihrem zugewiesenen Ort selbst den streitlustigsten Windböen standzuhalten und weiter zu blühen.

Ich beschloss, die Wohnung in einem neuen Licht zu betrachten: Ich wollte in ihr nicht mehr den Verlust, sondern eine neue Art von Liebe sehen. Ich kochte schlichte, leckere Abendessen für Freunde – Mahlzeiten, die man wunderbar nebenbei zubereiten kann, während man sich unterhält. Wir quetschten uns auf den Balkon, sahen zu, wie die Sonne unterging, und redeten. Manchmal wurde ich wach, und eine meiner Freundinnen lag neben mir im Bett. Dann wieder war beim Aufwachen der einzige Beweis für einen vorangegangenen Besuch eine dezente Fürsorge: ins Spülbecken gestapelte Teller, meine Schuhe ordentlich nebeneinander neben der Tür. Ich spürte selbst, dass ich anfing, besser zu funktionieren, weil langsam, aber sicher wieder normale Dinge in meinem Leben stattfanden: Wäsche waschen, eine anständige Mahlzeit essen. Es war bereits ein Weilchen her, seit ich das zuletzt geschafft hatte. Zuletzt hatte ich im Juli in der Wohnung geschlafen und mich derart unwohl gefühlt, dass ich kaum je nüchtern ins Bett gegangen war.

Inzwischen fühlte es sich weniger furchterregend an, aber es war immer noch wahnsinnig still, sobald niemand mehr da war und das Geschirr fertig gespült. Sobald mein Besuch gegangen war, versetzte mir die Einsamkeit immer noch einen Stich, und die Abende zogen sich unangenehm in die Länge. An den meisten Tagen verspürte ich einen dumpfen Schmerz, am deutlichsten morgens, wenn es besonders ruhig war, und an den häufiger werdenden Abenden, die ich alleine verbrachte. Immerhin stellte sich ein kleiner Triumph ein, als ich erstmals feststellte, dass ich auch mal alleine daheimbleiben *wollte*; trotzdem sah ich mich nach wie vor nicht imstande, mir um Josh keine Gedanken zu machen. Ich fragte mich, womit er gerade beschäftigt war, wünschte ihm nur das Beste, hoffte, dass er nicht allzu sehr litt und dass seine Freunde gut zu ihm waren. Ich konnte ihm keine Stütze mehr sein, aber ich hätte es gern sein wollen. Es nicht mehr sein zu dürfen fühlte sich an wie ein weiterer Verlust.

Meine Freunde fingen allmählich an, mich überreden zu wollen, wieder auszugehen und jemanden kennenzulernen, mich bei Dating-Portalen anzumelden, oder sie wollten mich mit ihren netten Single-Freunden zusammenbringen. Monatelang war die Vorstellung, jemand Fremden zu berühren, komplett undenkbar gewesen – von mehr ganz zu schweigen. Ich war schon völlig zufrieden damit, wenn ich der Welt alleine entgegentreten konnte: ohne die Unterstützung eines Partners oder die Aussicht auf eine mögliche gemeinsame Zukunft. Trotzdem sehnte ich mich nach Körperlichkeit – nach dem puren, schwer zu beschreibenden Prickeln, dem unvorhersehbaren Aufgeregt-Sein, nach den verlockenden Gefahren, die derlei Begegnungen begleiten. Ich wollte jemanden begehren und spüren, dass mich jemand begehrte.

Allerdings hatte ich keinen Schimmer, wie ich das anstellen sollte. Ich weigerte mich, auf eine Reihe zappliger Dates geschickt zu werden, bei denen ich Leuten gegenüberstünde, die bloß träge die Zeit totschlagen wollten. Ein Tinder-Profil zu erstellen scheute ich gleichermaßen. Ich hätte mich nicht einmal dazu durchringen können, geeignete Fotos auszuwählen, und wollte mich selbst auch nicht in einer launigen Bildunterzeile zusammenfassen. Ich wusste genau, dass ich alleine schon Panik bekäme, wenn ich bei irgendeinem Fremden aus dem Internet nach rechts swipen würde, weil ich Angst hätte, er würde nicht zurückswipen. Ich konnte die Vorstellung nicht ertragen, erneut zurückgewiesen zu werden.

Dass der September ausklang und ich es bis in die Knochen spürte, trug zu meiner allgemeinen Rastlosigkeit bei. Mein betäubter Sommer neigte sich dem Ende zu und läutete gewissermaßen einen Schub ein: Das Bedürfnis, mich ins Leben – in ein Single-Leben – zu stürzen, pulsierte lauter denn je in mir, oft sogar lauter als mein dumpfer Herzschmerz. Nachdem ich mich in London über die Jahre halbwegs zurechtgefunden und einen beständigen Alltag gehabt hatte, wollte ich in die hintersten Winkel der Stadt vordringen und sie wieder genau so erkunden, als wäre sie – und als wäre ich hier – neu. Ich wollte die Bürgersteige auf und ab wandern wie damals in New York. Ich wollte mich wieder in London verlieben: von den stratosphärischen Verlockungen bis hin zu den ernsthaften Ärgernissen.

Eines Freitagabends, an dem mich all meine Freunde im Stich gelassen hatten und selbst mein Handy standhaft stumm blieb, riss ich mir gegen Mitternacht kurzerhand den Schlafanzug wieder vom Leib, zog mich um, durchquerte die Stadt und steuerte in der leisen Hoffnung, einen Überraschungs-Gig von Lady Gaga zu sehen, einen früheren »Working Men's Club« an. Weil alle anderen dort bereits ordentlich angetrunken waren, Freunde dabei- und Spaß hatten, stand ich ohne Drink in der Hand komplett alleine herum und sah mir das Spektakel einfach nur an, das sich vor meinen Augen abspielte. Rund eine Stunde lang kostete ich die gleiche schier irrsinnige Freiheit, die ich schon mal auf der Zunge geschmeckt hatte, als ich frisch nach London gezogen war – oder auch bei meiner Ankunft in New York. Mich irgendwann nur noch auf vertrauten Straßen und an vertrauten Orten zu bewegen hatte mich abgestumpft, doch jetzt sah ich wieder Möglichkeiten. Statt wie sonst mit dem Taxi fuhr ich mit einer Reihe von Nachtbussen heim, und das Adrenalin brodelte in mir, weil ich die Stadt für mich alleine zurückerobert hatte.

•

Als ich tags darauf mit einer Freundin auf einer Party eintraf, war es draußen längst dunkel, auch wenn es noch mild war; Emily und ich lehnten uns mit herbem Whiskygeschmack in der Kehle ans Balkongeländer und ließen den Blick über die uns wohlvertrauten Orientierungspunkte der City of London schweifen: Gherkin, Cheesegrater, Walkie-Talkie … Ein Stück entfernt war die charakteristisch erleuchtete Spitze des Canary-Wharf-Hochhauses zu sehen. Die Party war keines dieser lauten, aufgedrehten Feste, bei denen Leute sich aneinander vorbeiquetschen, Haut unter Stofffetzen hervorblitzt und irgendeine anstrengende, anonyme Musik mit viel zu viel Bass so laut aus den Lautsprechern dröhnt, dass es sich urweltlich anhört. Es war eher ein feuchtfröhliches Festchen – ein, zwei Dutzend Leute, die in einer zu hellen Wohnung herumsaßen und auch nicht zu der Musik tanzten, die im Grunde nur der Nostalgie halber lief. Wir waren nur deshalb gekommen, weil es sich nach einer Flasche Wein in dem ungarischen Restaurant um die Ecke spontan nach einer netten Idee angehört hatte.

Als ich also meinen Namen hörte, hatte der Rufer nicht einmal brüllen müssen. Ich kannte ihn nicht, wir waren uns nie vorgestellt worden, allerdings ist unsere Branche klein, und als er mir seinen Namen sagte, wusste ich sofort, wer er war. Ich hatte Jahre zuvor mal Artikel von ihm redigiert. Er war Theaterkritiker und hatte sich den Tag über Aufführungen in Suffolk angesehen – dass wir beide noch auf dieser Party gelandet waren, war insofern mehr oder weniger Zufall. Ich hatte schon einiges getrunken, war wagemutig und in der richtigen Stimmung. Erst unterhielten wir uns locker, plauderten über die Arbeit und flirteten eher unbeholfen, doch irgendwann schlug das Gespräch um in etwas Zischendes, Sprühendes – wie frisches Holz, das in ein ausgehendes Feuer geworfen wird. Es war Jahre her, seit ich zuletzt diesen leicht hilflosen Tanz vollführt hatte, dieses im Grunde blöde, glücklose Spiel, jemand Neuen kennenzulernen, während man gleichzeitig versucht, eine bessere Version seiner selbst zur Schau zu stellen. Ich führte meine Trennung als Entschuldigung ins Feld, als eine Art verbale weiße Fahne, die hoffentlich auf Nachsicht träfe, falls ich genauso kaputt wirken sollte, wie ich mich fühlte.

Zu irgendeinem Zeitpunkt verabschiedete sich Emily, und ich blieb ohne sie dort vor dem Kühlschrank in dieser fremden Küche zurück. Wir waren im Lauf des Abends immer näher zusammengerückt. Das helle Licht einer Leuchtstoffröhre störte mich, ich fühlte mich darin irgendwie entblößt, also schaltete ich es immer wieder aus. Einerseits war ich aufgedreht, andererseits immer noch leicht gehemmt, und es dauerte eine Weile, bis mir klar wurde, dass aus dieser Unterhaltung mehr werden könnte. Ich wollte ihm nahe sein, ohne recht zu wissen, warum, ohne es auch nur als den Beginn einer vorhersagbaren Ereignisreihe zu sehen, die bloß auf eine Art und Weise enden konnte.

Keiner von uns war mutig genug, auch nur den kleinsten ersten großen Schritt zu gehen; irgendwie fühlte ich mich wie gelähmt. Als uns irgendwann beiden die Geduld auszugehen drohte, küssten wir uns – eine Begegnung aus Bier und Vorfreude, die in einem beiderseitigen schüchternen Lächeln endete. Doch es veränderte die Vorzeichen. Der Abend ging allmählich in die entstehende Tiefe eines neuen Morgens über. Er rief uns ein Taxi. Noch während wir draußen warteten, stellte ich fest, dass ich mein Handy drinnen vergessen hatte. Als ich es holen lief, hatte jemand einen Drink darüber gekippt, es war futsch – meine digitale Stütze und Sicherheit hatte sich verabschiedet.

Es war bereits früher Nachmittag, als wir seine Wohnung tags darauf verließen. Ich war schon eine gefühlte Ewigkeit zuvor aufgewacht, im Grunde bei Sonnenaufgang, und hatte nicht gewusst, was ich mit dem schlafenden, schmerzhaft unbekannten anderen Körper neben mir anfangen sollte. Also war ich einfach liegen geblieben, hatte zugesehen, wie das Licht sich veränderte, wie seine Brust sich hob und senkte, und hatte halb gehofft, halb befürchtet, dass auch er bald aufwachte.

Draußen schlug uns die Frische eines sonnigen Nachmittags entgegen. Er hätte mich wohl gern zum Essen eingeladen, aber ich wollte lieber nach Hause fahren, meinen Kater auskurieren und die jüngsten Geschehnisse sacken lassen. In mir sprudelte es vor Aufregung nach diesen letzten Stunden, gleichzeitig fühlte es sich an wie ein kolossaler Verrat an Josh, dass ich mich mit jemand anderem geteilt hatte. Ich hatte ein schlechtes Gewissen, weil jemand anders mich so glücklich gemacht hatte, so sehr begehrt hatte, jemand, der nicht Josh gewesen war. Mein Haar war immer noch nass vom Duschen. Ich lief eine Straße in Brixton entlang und fühlte mich mit meinem ungeschminkten Gesicht ungewohnt befangen, als wäre die schiere Neuheit all dessen mir ins Gesicht gemalt, wo zuvor Make-up gewesen

167

war. Was da gerade passiert war, hatte mich derart eiskalt erwischt, dass ich nicht einmal mehr wusste, was ich als Nächstes tun sollte – außer dass ich mir vorgenommen hatte, heute eine Freundin anzurufen. Als Matt also an der Kreuzung am Ende seiner Straße stehen blieb, mir beide Hände ans Gesicht legte, mir einen Kuss gab und mir dann auch noch nervös seine Nummer diktieren wollte, war ich schier vom Donner gerührt: Ich war ganz ehrlich nicht davon ausgegangen, dass wir uns wiedersehen würden. Diese strapazierten Klischees aus Filmen und Erzählungen und anderen Leben schienen nicht auf mich zugeschnitten zu sein. Außerdem war mein Handy ohnehin kaputt, und er hatte seins daheim liegen gelassen. Also einigten wir uns darauf, dass wir einander online ausfindig machen würden.

Auf dem Heimweg ging ich noch in einem Gartencenter vorbei. Mit den Jahren hatte ich eine Art Netzwerk aus Blumengeschäften und Gärtnereien gespannt – besonders aus denjenigen, die in der Nähe der Wohnung lagen. Es gab einen schönen Laden an der Hügelflanke von Dulwich, der besonders für den faulen und einigermaßen betuchten Pflanzkübelgärtner geeignet war, während ich selbst mich zunehmend auf den alltagstauglichen Konkurrenten verlegt hatte, der ein, zwei Meilen entfernt in Herne Hill lag. Manchmal suchte ich beide auf, aber in Südlondon kommt man mit dem Bus nicht allzu gut herum, und auf dem Fahrrad kann man nun mal bloß begrenzt Pflanzen transportieren. Aber der Laden an der Croxted Road fühlte sich immer irgendwie zeitlos an. Schon seit Jahrzehnten begleitete er die Jahreszeiten mit knospenden Stecklingen und Gemüsesämlingen. Drinnen, wo Zimmerpflanzen und Dünger verkauft wurden, roch es wohlig und erdig nach Gartenschuppen, Tierhandlung und altem Tante-Emma-

Laden. Dort ging ich gern hin, wenn ich Fragen hatte. Die bunten Samentütchen, die an der Wand aufgereiht waren, und die verschiedenen Arten von Zwiebeln, die knittrig und kräuselig in ihren Kisten lagen, weckten in mir eine kindliche Begeisterung.

An jenem lauen Nachmittag in den Klamotten des Vortags brachte ich Bimi-Brokkoli-Setzlinge nach Hause auf meinen Balkon – ein ziemlich optimistischer Kauf, wie so oft, wenn man naiv an eine Sache herangeht. Brokkoli ist gar nicht schwer zu ziehen, aber er braucht eine Sache, die ich ihm nicht bieten konnte: nämlich (mindestens) einen guten halben Meter Platz um jede Pflanze. Stattdessen stopfte ich meine Neuerwerbungen in einen Plastiktrog, der besser für ein bisschen Salat geeignet war – meine Endivie war immer noch ganz gut in Schuss –, und träumte von einer Balkonernte im Frühling.

Ich sah Matt tatsächlich wieder. Er war offen und ehrlich auf eine Art, die ich nach all den Horrorgeschichten von Freunden über Ghosting und nach meinen Ängsten angesichts von Dating-Apps nie erwartet hätte. Meine eigenen, verhältnismäßig lange zurückliegenden Erfahrungen und Versuche, mit jemandem auszugehen, waren von Kurznachrichten begleitet gewesen, die unbeantwortet geblieben waren, und von Andeutungen, die letztlich im Sande verliefen.

Mir gefiel seine unkomplizierte Art – wie er mir das Gefühl gab, als wäre ich mit einem feinen, geschmeidigen Glanz überzogen oder als käme ich gerade frisch und beschwingt vom Friseur. Er bemerkte Qualitäten an mir, die ich völlig ausgeblendet hatte, lustige Dinge, die für mich nie bemerkenswert gewesen waren – wie meine Zähne. Oder den Umstand, dass ich im täglichen Gespräch Modeworte benutzte, die längst nicht mehr in Mode waren. Er machte mir nicht so sehr für einzelne Eigenschaften Komplimente, sondern eher mir als Gesamtheit, ganz so als mochte er alles an mir. Nachdem ich so lange darüber gegrübelt hatte, warum ich nicht gut genug gewesen war, war da auf einmal jemand, der mir einfach und buchstäblich sagte, dass ich gut war. Von einem quasi Fremden wahrgenommen und wertgeschätzt zu werden bedeutete für mich, dass ich mich endlich wieder ein wenig öffnen konnte. Fähig war, mich zu verändern, mich den Jahreszeiten anzupassen und ein bisschen von meinem Misstrauen und der Niedergeschlagenheit abzustreifen, die den Sommer dominiert hatten. Mit Matt fühlte ich mich … glänzend. Ich hatte mich seit Wochen ohne chemische Hilfsmittelchen oder Alkohol nicht mehr glänzend gefühlt.

Ich nahm ihn mit ins South London Botanical Institute, jenes Relikt inmitten von normalen Wohnhäusern in Tulse Hill. Dabei handelt es sich um eine charmant-urtümliche Institution in einem viktorianischen Haus, in dem gut und gerne eine ganze Großfamilie Platz gefunden hätte – wäre es nicht voll bis obenhin mit zweitausend Büchern und guten Absichten. Allan Octavian Hume hatte fünfundvierzig Jahre lang als Verwaltungsbeamter in Indien gelebt. Als er nach London zurückkehrte, wandte er sich den Pflanzen zu. Sein Ansinnen war komplett gegenläufig zu dem der restlichen frühviktorianischen Botanik-Elite: Er wollte das Studium der Pflanzen allen zugänglich machen, insbesondere der Arbeiterklasse. Daher eröffnete er 1910 auch sein »Institut« – einen Ort, in dem er Herbarien einrichtete und mit Arten bepflanzte, die er selbst gezogen hatte und die für viele als Referenz dienten.

Heutzutage ist die Bibliothek nur an einem Tag der

Woche für ein paar wenige Stunden zugänglich, allerdings werden die Türen an ein paar Tagen im Jahr für die Allgemeinheit geöffnet, und wir erwischten ausgerechnet einen solchen Tag. Wir wandelten durch die beiden Bibliotheksräume und sahen uns Humes Herbarien an; seit er ein paar Jahre nach der Gründung gestorben war, hatte sich hier nicht mehr viel verändert. Dann quetschten wir uns in das kleine, verwunschene Gewächshaus im hinteren Garten. Hume hatte ein normales Küchengärtchen in einen botanischen Garten verwandelt, in dem bis heute 500 Arten wachsen, allerdings waren diese genau wie die Pflanzen in den Nachbargärten bereits spätsommerschlaff; fantastische Exemplare waren verwildert, Messingschildchen, die nüchtern Beete wie das für Heilpflanzen markierten, und selbst gebastelte Beetbegrenzungen standen entweder auf kahler Erde oder waren völlig von Grün überwuchert. Baumfarne standen bescheiden in einer Ecke über einem Areal, das sich selbst überlassen worden war. Draußen gluckerte ein kleiner Teich leise in der Sonnenwärme. Dies war ein Ort, der Zeit und Nachdenklichkeit erforderte, und mir fiel es schwer, beides aufzubringen, während ich zugleich derart verlegen war und über jedes Wort, das ich sagte, und den Eindruck, den ich gerade machte, erst genau nachdenken musste. Wir setzten uns auf eine Bank, waren immer noch ein bisschen unbeholfen miteinander und zupften vorsichtig an den Grenzen, die wir einander in einer Art komplizierten, ungeschriebenen Routine setzten und wieder einrissen. Matt machte ein paar Witze über Farne, die ich nicht lustig fand; trotzdem durfte er mich anschließend auf ein Bier einladen.

Als ich heimkam, wurde das Licht in meinem Schlafzimmer allmählich pink und versank schließlich in den ebenfalls farbdurchtränkten Kissen; es fühlte sich richtig an. Auch wenn ich inzwischen besser schlief – und nicht mehr aufwachte, weil ich die Leere auf der anderen Seite des Bettes spürte oder mich von einer verqueren Trauer überwältigt fühlte –, schlief ich an jenen Septemberwochenenden immer noch nicht allzu viel: Sie verstrichen mit einer flüchtigen Unschärfe. Die Tagundnachtgleiche – und mit ihr mein achtundzwanzigster Geburtstag – kam, und ich saß mit zwölf Frauen an einem Tisch, die mir durch die vorangegangenen Monate geholfen hatten, wir futterten, bis wir nicht mehr konnten, und gackerten zu Geschichten über Nippelpiercings. Langsam lernte ich genießen, dass die Zügel sich lockerten, dass ich mit ihnen spielen und austesten durfte, wie ich mich an die neuen Rahmenbedingungen meines Lebens gewöhnen könnte: nicht indem ich ersetzte, was nicht hatte wachsen wollen, sondern zuließ, dass sich etwas ganz anderes in diesem neuen, leeren Bereich zu tummeln begann. Was das sein sollte, wusste ich indessen noch nicht.

Eine Woche später fuhr ich in einen Stadtteil von London, der so weit nördlich lag, dass ich dort seit annähernd zehn Jahren nicht mehr gewesen war, futterte einen Crunchie-Riegel, und mit dem Toffeegeschmack am Gaumen ließ ich mir mit unzähligen Pünktchen acht zierliche Frauenhaarfarnblätter auf den inneren Oberarm tätowieren. Ich hatte sechs Wochen zuvor beschlossen, mich tätowieren zu lassen, als ich mit ein paar Ex-Kollegen in den London Fields zusammengesessen hatte. Einer meiner Ex-Kollegen steckte ebenfalls mitten in einer Trennung und hatte sich tätowieren lassen. Es war natürlich ein Klischee, aber es fühlte sich trotzdem so an, als markierte es den Abschluss von etwas, wovon ich schon seit Jahren träumte – von einem Vorsatz, den ich in Brooklyn gefasst hatte, seit ich all die schwarzen

Linien auf der Haut meiner dortigen Nachbarn gesehen hatte. Seither hatte ich immer wieder mit einem Tattoo geliebäugelt.

Auch das Motiv selbst hatte monatelang auf meinem Handy geschlummert; ich war wieder darüber gestolpert, als ich für ein anderes Projekt Fotos durchgesehen hatte: ein sich frisch entrollendes Blatt eines Frauenhaarfarns, das ich versehentlich abgeschnitten hatte, als ich eigentlich nur alte Wedel zurückschneiden wollte. Frauenhaarfarne sind wunderschöne, zarte Wesen, die es genießen, wenn man die trockeneren braunen Blätter entfernt. Wenn man dabei schludrig vorgeht, erwischt man dabei leider auch mal die drahtdünnen Stiele gesunder Wedel. Nun hatte einer davon in meiner Küche gelegen, hatte perfekt und intakt ausgesehen und war gleichzeitig dem Tod geweiht – wie eine Spezies, die man getrocknet in ein Album klebte. Ich war mir der Bedeutung nicht sicher, der Aufgabe dieses Memento mori in Gestalt einiger kleiner, frischer Blättchen, die irgendwann im Küchenmüll verkümmern und sich zugleich für alle Zeit über meine Haut ziehen würden, dachte aber auch nicht allzu viel darüber nach. Ich hatte eine E-Mail an Martha geschickt, die zu der losen Clique aus Kunststudenten gehört hatte, mit denen ich nach meinem Umzug nach London eine Zeit lang zu tun gehabt hatte. Sie war studierte Illustratorin, hatte sich dann aber einen Namen als Tattoo-Künstlerin gemacht. Ihre Tätowierungen waren gleichermaßen bildschön und präzise und von den Radierungen viktorianischer Künstler inspiriert. Als der entscheidende Nachmittag gekommen war, machte sie sich zügig und geschäftsmäßig ans Werk: eine fantastische, schnelle Arbeit, deren Resultat mir für den Rest meines Lebens bleiben würde. Ein Stück fragiler Natur, die auf ihrem Zenit abgeschnitten worden war, hatte eine neue Heimat auf jenem Körper gefunden, den ich mir allmählich wieder zurückeroberte – so wie ich auch alles andere in meinem Leben zurückeroberte. Ich liebte dieses Tattoo. Der Herbst hielt mit Riesenschritten Einzug, sodass ich es monatelang nicht würde herzeigen müssen. Während ich das Tattoo als vages, unausgesprochenes Merkzeichen dieses Sommers betrachtete, fragte ich mich, was aus seiner Trägerin werden könnte.

Oktober

An einem feuchtkalten Donnerstagmorgen noch vor Sonnenaufgang war es so weit: Hannah hatte einen Sohn zur Welt gebracht. Er wurde uns sehr förmlich vorgestellt – in eine Babydecke gewickelte Namen und Maße, die per WhatsApp-Nachricht kamen. Am Fuß der U-Bahn-Rolltreppe blieb ich kurz stehen, um mir dieses kleine quietschrosa Gesicht anzusehen, das Mützchen, das womöglich die Dellen verdeckte, die die Geburtszange hinterlassen hatte, und fragte mich, warum ich nicht glücklicher war. Mit einem unerklärlichen Gefühl des Verlusts verharrte ich noch kurz, ehe ich im Bahnhofslärm von St Pancras wieder an die schmutzige Luft kam und eine überschwängliche Antwort tippte.

Auf sämtlichen Social-Media-Kanälen tauchten zusehends Babyfotos auf. Was früher ein nicht enden wollender Quell verwackelten, trunkenen Hedonismus gewesen war – dunkle Rechtecke mit überbelichteten, umeinandergewickelten Gliedmaßen zum Beweis für »geile Partynächte«, Drinks auf den Gehwegen vor Pubs –, verwandelte sich allmählich in etwas Blass-Pastelliges. Gemütliche Brunches, Verlobungsringe und eine verblüffende Anzahl von Menschen, die mit neuen Partnerinnen oder Partnern, von denen ich noch nie gehört hatte, irgendwelche Hügel hinaufwanderten. Wir wurden allmählich erwachsen; man sah es allein daran, wie wir unsere Existenzen im Internet herausarbeiteten.

Ich selbst war auf dem Weg nach Paris. Dort fand ein Musikfestival statt, das ich nicht dringend hätte besuchen müssen, erst recht nicht mitsamt einer Gruppe aus freundlichen, wildfremden Menschen, aber es hatte sich einige Monate zuvor nach einer guten Idee angehört. Die Aussicht war auch gar nicht schlecht: in einen Schal gewickelt und mit einer eigens zu diesem Zweck zusammengestellten Playlist auf den Ohren regennasse Straßen entlangschlendern, alleine *plats du jour* zum Mittagessen einnehmen. Ich wollte für ein paar Tage zwischen den schiefergrauen Dächern in die lässige Schnörkeligkeit dieser Stadt eintauchen. In Wahrheit bekam ich davon nicht viel mit − stattdessen diverse feuchtfröhliche Abendessen auf Kosten von Plattenlabels aufstrebender Stars und die Überwindung, auf den Beinen zu bleiben, bis auch die Headliner gespielt hatten, die für die frühen Morgenstunden eingeplant waren. Ein ums andere Mal landete ich rotweinbekleckert in meinem Bett und fragte mich flüchtig, warum ich hergekommen war.

Während die anderen ihren Rausch ausschliefen, verbrachte ich ein paar freie Stündchen mit allem Pflanzenleben, das ich finden konnte. Die Stadt war immer noch überwiegend grün, auch wenn schon die ersten gelben Blätter in den Herbstböen über die Avenues wirbelten. Ich entdeckte einen kleinen Hinterhofgarten hinter dem Palais de Tokyo. Mit Aussicht auf den Eiffelturm und vor einem sorglosen Himmel hingen in den Beeten die letzten Fleischtomaten − ob vergessen oder in der Hoffnung, sie könnten noch nachreifen, werde ich wohl nie erfahren. Ich versuchte, die Ausmaße des formal angelegten Jardin des Plantes in mich aufzunehmen − das französische Pendant zu Kew

Gardens –, verlor aber schon bald die Lust an diesen langen, schnurgeraden Reihen, in denen sie dort ihre Entdeckungen angepflanzt hatten. Die Beete waren bereits am Verkümmern; eine kleine Armee aus Gärtnern riss verwelkte Arten heraus und versorgte den Boden. Trübes, durch vorübereilende Wolken gefiltertes Licht fiel auf die papierdünnen Blütenblätter einiger letzter pinkfarbener Mohnblumen.

Um die Mittagsstunde am Freitag erreichte ich den Blumenmarkt der Stadt, den Marché aux fleurs et aux oiseaux. Ich war die einzige Kundin – und würde das für die komplette Dauer meines Kurzbesuchs bleiben. An diesem schmucken kleinen Ort herrschte eine unfassbare Stille – beengte grüne Stände, die in mehreren akkuraten Reihen mit Pflanzen befüllt waren und von teilnahmslosen Standbetreibern bewacht wurden. Der Markt atmete eine fast schon berauschende Einsamkeit aus; ich weigerte mich, sie in mich aufzunehmen. Wenn überhaupt, dann sorgte dieser Ort dafür, dass ich mich an die Columbia Road zurücksehnte, in das dortige Treiben und den Trubel, die Tatsache, dass man dort – wenn man nicht genau weiß, wonach man sucht oder was man auf diesem Ostlondoner Markt überhaupt macht – unter den Rufen der Marktschreier und zum Geruch des überwässerten Lavendels mit den Menschenmassen mitgerissen wird.

Paris mochte vieles zu bieten haben: Champagner in jedwedem Bistro – und das bis weit nach Mitternacht –, schicke, wilde Partys in gentrifizierten Häusern. Aber ich hatte so meine Schwierigkeiten, hier Grünflächen zu finden, mit denen ich mich wohlfühlte. Alles war irgendwie zu beengt, um überhaupt austreiben zu dürfen.

•

Unterdessen zog der Herbst in London ein und veränderte die Stadt. Nicht dass ich viel davon mitbekommen hätte; außer nach Paris flog ich auch noch für ein paar Tage nach Berlin. Die beiden Trips hatte ich zwischen diverse Bettsofas und Gästezimmer gequetscht. Mein Kalender quoll regelrecht über von Terminen und unbekannten Adressen, die ich zum Rattern meines roten Rollkoffers über Bodenplatten und Bahnhofstreppen ansteuerte. Der Koffer war gerade einmal ein paar Jährchen alt, aber die hinteren Rollen waren bereits verschlissen. Gegen Ende des Monats waren sie zu rissigen Würfeln abgeschliffen, die im abkühlenden Straßendreck schwache Spuren hinterließen.

Das endlose Hin und Her und die dafür erforderliche Planerei schlugen mir auf den Magen und machten mich kirre. Ich hatte es so satt, mich tagtäglich mit all diesen freundlichen Leuten zu beschäftigen, die mich bei sich aufnahmen, und wollte mich stattdessen nur noch ausruhen, statt nach immer wieder neuen Pendelstrecken und langen Arbeitstagen Smalltalk zu betreiben. Ich war so sehr damit beschäftigt auszutüfteln, wo ich als Nächstes schlafen und wie ich dort hinkommen sollte, dass die sozialen Verpflichtungen, die ich in meinen Kalender gepackt hatte, zu einer anstrengenden Pflicht wurden. Ich cancelte, was nur ging, meist nur wenige Stunden vorher, hatte anschließend ein schlechtes Gewissen und war gleichermaßen erleichtert. Bei denjenigen Terminen, die ich noch wahrnahm, war ich hin- und hergerissen zwischen »so schnell wie möglich hinter mich bringen«, weil ich einfach nicht mehr Energie aufbrachte, und »so sehr in die Länge ziehen«, dass ich nicht mehr in mein Interims-Zuhause zurückkehren musste.

Die Wahrheit war: Ich war aus der Übung, mir eine Mietwohnung zu organisieren. Ich war eine von Millionen

junger Leute in London, die Schwierigkeiten hatten, irgendwo eine Wohnung zu finden, und die zwischen mehreren
Orten pendelten. Nur hatte ich zwischenzeitlich das Glück
gehabt, zumindest für eine Weile nicht darüber nachdenken
zu müssen. Ein paar Jahre zuvor wäre ich deutlich besser
gewappnet gewesen. Zwischen einundzwanzig und dreiundzwanzig war ich fünfmal umgezogen, was für Großstadt-
bewohner in diesem Alter guter Durchschnitt war. »Digita-
les Nomadentum« ist zum hübschen Mäntelchen für den
Umstand geworden, dass man uns mittels Unter- und Zwi-
schenmietverhältnissen und überraschenden Kündigungen
die Fähigkeit abtrainiert hat, überhaupt einen Sinn für oder
auch nur die Hoffnung auf Beständigkeit zu entwickeln.
Die meisten von uns sind Experten im Durchforsten der
Kleinanzeigen-Plattform Gumtree und wahre Künstler darin, sich im besten Licht als Mitbewohner anzupreisen.
(»Ordentlich, entspannt, für ein gelegentliches Gläschen
Wein gern zu haben.«) Es kam einem komplizierten Katz-
und-Maus-Spiel gleich, in dem mit den Grenzen zwischen
Wahrheit und Fiktion brutal leichtfertig umgegangen wurde. In einer Südlondoner Facebook-Gruppe postete ich,
dass ich ein Zimmer zur Zwischenmiete suchte, und fühlte
mich – ungerechtfertigterweise – zutiefst beschämt, als eine
Freundin erwähnte, dass sie meine Anfrage gesehen habe.
Die Situation war natürlich überhaupt nicht beschämend,
aber die Vorstellung, dass mein kleiner Pitch studiert und
von wildfremden Leuten ausgeschlagen worden war, fühlte
sich nun mal so an.

Eine merkwürdige Art der Katharsis empfand ich unterdessen durch meine sich entwickelnde Selbstgenügsamkeit.
Ich stellte mir vor, welche Schadenfreude manch einer
empfunden haben dürfte, weil diese junge Frau mit der

eigenen Wohnung auf einmal um ein Untermietzimmer betteln musste, während sie im selben Atemzug immer noch ihren Wohnungskredit abstotterte. Gleichzeitig erfreute ich mich daran, wie windschnittig mein Leben geworden war: Ich war dankbar für die Großzügigkeit fast schon außer Sicht verschwundener alter Freunde, die mich bei sich aufnahmen. Ich war stolz darauf, dass ich zusehends besser darin wurde, mit leichtem Gepäck unterwegs zu sein und genau zu überlegen, was ich wirklich brauchte – die Frau, die im Hochsommer noch schweißgebadet und mit verzweifelt zusammengewürfeltem Gepäck quer durch London gestolpert war, hatte sich in etwas Aufgeweckteres, Pragmatischeres verwandelt. Ich war drauf und dran zu lernen, wie ich mit weniger besser klarkäme – mit weniger Klamotten, weniger Habseligkeiten –, um stattdessen mehr Ausflüge, mehr Gespräche, mehr Liebe in mein Leben einzulassen. Ich war der fleischgewordene Sinnspruch, der unsere Generation antrieb: dass Erfahrung über Eigentum gehe.

Quasi ohne große Vorwarnung trieb es mich wiederum auch auf Matt zu – in seine Inbox, in seine Arme und in sein Bett. Keiner von uns konnte den empfohlenen Dating-Ritualen unter Leuten in unserem Alter irgendwas abgewinnen: einander hier und da treffen, vielleicht einmal die Woche, während man gleichzeitig womöglich noch andere Kontakte am Köcheln hält, bis man sich eines Tages dann doch ausdrücklich auf Monogamie einigt. Stattdessen rumpelten wir zusammen, als hätten wir zur Rushhour im selben Bahnwaggon gestanden und beschlossen, gemeinsam den Rest des Tages als Touristen in unserer eigenen Stadt zu verbringen.

Wir schrieben einander nachmittags oder abends Textnachrichten und gingen ein paar Stunden später in kleinen, dunklen Kneipen einen trinken. Ich ertappte mich dabei, wie ich etwas vorhatte und meine Pläne dann doch über den Haufen warf, Google Maps aufrief und mich noch am selben Abend auf den Weg zu seiner Wohnung machte. Oftmals erzählte ich meinen Freunden gar nichts davon. Es schien nach außen fast zu intensiv zu wirken, und nicht selten fragten sie mit hochgezogener Augenbraue: »Du triffst dich *schon wieder* mit ihm?« Da fühlte es sich beinahe schon richtig an, ein bisschen geheimniskrämerisch zu bleiben.

Anfangs glaubte ich tatsächlich, Matts Spontaneität wäre eine Art gut durchdachte Performance. In Wahrheit funktionierte er so: wie ein Flummiball, der durchs Leben hüpfte und Dinge in Tage quetschte, die eigentlich viel mehr Zeit gebraucht hätten. Während ich immerzu plante und mich stresste und alles bis ins Detail analysierte – bis hin zum Abstand zwischen zwei Textnachrichten, die wir einander geschrieben hatten, um zu sehen, ob auch er länger als nötig mit seiner Antwort wartete –, war er einfach geradeheraus: Er äußerte banale ebenso wie hinreißende Dinge, die ihm an mir aufgefallen waren, so beiläufig, als fragte er mich, ob ich einen Tee haben wollte. Ich war erstaunt, wie gut wir zwei zusammenpassten, wie Puzzleteile, und wie viel Raum er in meinen Gedanken einzunehmen begann. Ich wurde schier süchtig nach ihm.

Was ich ihm allerdings nicht erzählte. Ich blieb weiterhin auf gesunder Distanz, zumindest was meine Gefühle anging. Tappte in die Falle, das coole Mädchen zu spielen, das immer und überall unerschütterlich, leichtfüßig und luftig auftrat, während in meinem Innern Aufregung, Verwirrung und konstantes, sinnloses Hinterfragen herrschten. Beispielsweise enthielt ich ihm den Grund für meine ständig wechselnden Adressen vor; ich wollte die pure Alchemie zwischen uns nicht mit dem lästigen Umstand meiner Dauerumzüge verunreinigen. Dann war da noch die Tatsache, dass er Dinge gern exklusiv anging: Wenn er viel arbeiten musste, dann meldete er sich nicht bei mir. Wenn wir aber zusammen waren, gab es für ihn auch nichts anderes mehr. »Wo kommst du denn her?«, fragte er manchmal, ohne wirklich eine Antwort zu erwarten, während er mir mit den Fingern durchs Haar zwirbelte. Und ich antwortete ihm auch nicht, sondern warf mir bloß die Klamotten vom Vortag über und fuhr zu spät zur Arbeit, weil es immer verlockender war, noch ein bisschen länger bei ihm zu bleiben, und wenn es nur für ein paar Minuten war.

Mit Matt zusammen zu sein war, als steckten wir unter einer Glasglocke, aus der meine wöchentlichen Umzüge und die Tumulte in meinem Kopf ausgeblendet waren. Ich spielte immer noch eine Rolle, aber diese Frau fühlte sich an wie ein besseres Ich, eine Person, die sich zumindest nicht ganz so hohl anfühlte wie diejenige, die höflich in die Gästezimmer von Leuten einmarschierte, mit denen ich zuletzt Jahre zuvor richtig eng zu tun gehabt hatte.

Dann wiederum war ich jedes Mal wieder gerührt, wie schnell meine Trennung die Distanz zwischen mir und ein paar alten Freunden überbrückt hatte. Holly beispielsweise nahm mich bei sich auf, dabei hatten wir seit unserem dreiundzwanzigsten Lebensjahr kaum noch Kontakt gehabt. Als sie damals frisch in New York angekommen war, hatte ich ihr gezeigt, was ich in meinen ersten Wochen dort kennengelernt hatte. Wir gingen miteinander aus, zwei britische Mädchen, die die unsichtbaren Grenzen ihrer Freiheiten austesteten. Zurück in London drifteten wir auseinander. Doch nun, nach fünf Jahren Quasi-Sendepause, ließ Holly mich bei sich wohnen, stellte keine Fragen, sondern berief sich bloß auf den stillschweigenden Pakt, den wir einst am Ende unserer Kindheit geschlossen hatten und der besagte, dass wir in Zeiten der Unsicherheit immer aufeinander aufpassen würden. Wieder zusammenzurücken wurde zu einem stummen »Finde die Unterschiede«-Spiel, in dem wir beide auf die Menschen zurückblickten, die wir einst gewesen waren, als wir uns kennengelernt hatten, und bei dem wir feststellten, wie sehr wir uns verändert hatten. Statt mit Jungs und mit den Bars in Brooklyn beschäftigten Holly und ich uns mit reiferen Dingen: Sie renovierte gerade ihre Küche und lernte Japanisch; ich schlief auf einer halbwegs platten Luftmatratze mit so viel Würde, wie ich eben aufbringen konnte.

Seit meiner Trennung von Josh waren jetzt vier Monate vergangen. Das Leben, das Interesse der Leute hatte sich weiterentwickelt, es ging nicht mehr darum, mir Trost zu spenden, und das war nur fair. Irgendwie gab es da diese unausgesprochene Aufforderung, dass ich mit der Situation allmählich klarkommen sollte, und der Ansicht war ich selbst auch. Trotzdem konnte ich immer noch nicht einfach hinnehmen, dass Teile von *uns*, Teile von ihm von mir wegdrifteten: unser versponnenes Worte-Repertoire, unsere Insider-Witze. Als die vertrocknenden Blätter an den Bäumen letztlich zu nasser Glitsche am Boden wurden, spürte ich auch, wie all das, was wir zusammen aufgebaut hatten, allmählich in sich zusammenzufallen begann. Ich wusste ehrlich gestanden nicht, ob ich ihn immer noch liebte oder nicht, das Konzept »Liebe« war einfach zu durchlässig, um noch greifbar zu sein, aber ja, er war mir nach wie vor wichtig. Er kümmerte mich immer noch genauso sehr, nur dass es nicht fair und nicht richtig gewesen wäre, ihm das zu zeigen. Stattdessen schluckte ich es hinunter und machte mit den Sehnsüchten Frieden, die sich immer noch tagtäglich in meinen Alltag schlichen.

•

So wie manche Leute noch schnell die Wohnung saugen, unmittelbar bevor sie in den Urlaub fahren, kümmerte ich mich mit der größtmöglichen Hingabe um meinen Balkon, bevor ich wieder auszog. Indem ich noch einmal tief durchatmete, hatte ich einfach ein besseres, leichteres Gefühl. Ich war von jenen Minuten dort draußen schier abhängig, studierte die versteckte Sprache all dessen, was dort wuchs, was die Bäume im Hintergrund taten, die Bewegungen des Himmels und der Wolken. Es war mein lebenswichtiges Gegengewicht.

Der letzte Morgen vor meinem Auszug hatte hektisch begonnen. Nach ein paar kurzen Stunden im Bett war ich quasi mit der Sonne aufgestanden, hatte immer noch Schlaf in den Augen und Make-up drum herum, musste aber unbedingt noch den Balkon umstellen. Der Sonnenaufgang sah wie ein Eisbecher aus: pinke Schlieren in einem Himmel, der sich in den Abermillionen Glaselementen der Stadt spiegelte, die darunter geradezu zwergenhaft wirkte. Bald wäre ich wieder dort unten in diesen Straßen unterwegs, zur Begleitmusik der Sirenen und »Mitbewohner gesucht«-Kleinanzeigen, würde auf Busse warten und fremde Leute streifen, die genau wie ich in Schuhschachteln gefangen waren, in denen Arbeit und Freizeit aus der Balance gerieten. Erneut dämmerte mir: Es »geschafft zu haben« entfernte einen bloß von der rein physischen Realität. Stattdessen führte man ein Leben, das hauptsächlich via Bildschirm stattfand.

Hier jedoch, in dieser winzigen Schuhschachtel aus Beton

hoch oben im Himmel, war immer noch trotziges Leben. Auch wenn es mir entrissen würde, auch wenn ich nicht wusste, wie lange ich mich noch darum würde kümmern dürfen, war die Vorstellung, den Balkon sich selbst zu überlassen – alles verblühen zu lassen –, ein Ding der Unmöglichkeit. Ihn zu pflegen, damit zu arbeiten, bedeutete eben auch, mich körperlich damit auseinanderzusetzen. Als ich mit meiner Herbstjacke über dem Schlafanzug die schweren Pflanzkübel hin und her wuchtete, spürte ich, wie meine Muskeln sich anstrengten, wie meine Hände in den Ecken, aus denen ich die Töpfe zerrte, von kaltem Schmutz befleckt wurden; ich spürte, wie mein Puls sich beschleunigte, wie mein Atem selbst in der sich erwärmenden Luft immer noch kondensierte. Es war eine Übung in Sinnhaftigkeit – eine Übung darin, Dinge zu tun, für die ich über den reinen Selbstzweck hinaus nichts vorausplanen oder analysieren musste. An diesem Ort zu gärtnern war für mich eine ebenso intuitive Sache wie Tanzen: Eine Bewegung folgt auf die andere, weil das Gefühl und die Zwangsläufigkeit es nun mal so vorgaben. Ich ging nie planvoll an das Gärtnern heran, wusste nie, wie viel ich gießen oder was ich würde ausreißen müssen – ich machte es einfach, wenn es so weit war.

Trotzdem ist der beste Leitfaden, um damit überhaupt erst mal anzufangen, die bevorstehende Jahreszeit. Es ist leicht, den Sommer bis Ende September ausklingen zu lassen, ohne viel zu gärtnern; aber dass ich im November wiederkäme, ohne hier für den Winter vorgesorgt zu haben, hätte sich verkehrt angefühlt – und das, obwohl an diesem Punkt meine Zukunft derart ungewiss war, dass ich mir nicht ansatzweise vorstellen konnte, wie wohl der Frühling aussehen mochte oder wo ich ihn erleben würde.

Die Pelargonien, die Tage zuvor in den Balkonkästen am

Fenster noch rauschend geblüht hatten, hatte ich aus der Erde genommen und auf Zeitungspapier auf einen alten Resopal-Klapptisch gelegt, den ich als Pflanztisch benutzte. In London bleibt es selbst im Winter so mild, dass man für Pelargonien nicht allzu viel vorsorgen muss; die meisten dürften selbst in ihren auskühlenden Kästen überleben und im darauffolgenden Sommer erneut kräftig blühen. In den vergangenen Jahren hatte ich die Kästen immer bloß an die Wand gestellt, wo es ein klein bisschen wärmer war und geschützt vor den extremeren Wettererscheinungen, die schon mal an der Balkonkante entlangrauschen konnten. Viel öfter hört man sogar, dass man sich bei Pelargonien – die oft auch als Geranien verkauft werden – gar nicht die Mühe zu machen brauche, weil sie so billig und somit leicht ersetzbar seien. Doch ohne Komposttonne hätte sich das irgendwie nicht richtig angefühlt; warum etwas wegwerfen, was einen solchen Überlebenstrieb hatte?

Trotzdem stand mir der Sinn nach Veränderung. Die Pflanzen hatte ich ein paar Monate zuvor im Angebot auf dem Columbia Road Flower Market gekauft, und ich war immer noch in der Experimentierphase, wie man was richtig machte. In diesem Fall hatte ich sie also aus der Erde genommen und würde sie nun zurückschneiden, ehe ich sie in frische Erde setzte, damit sie die Energie besser speichern konnten, die sie benötigten, wenn sie im nächsten Jahr mit voller Kraft zurückkommen wollten. Pelargonien wachsen zu raumgreifenden Sträuchern heran, wenn sie sich nach dem Licht strecken, und der warme Sommer hatte unter der Blütenpracht diverse wilde Triebe hervorgebracht. Ich hatte meine Finger in die überwucherten Pflanzkästen geschoben, die dicken Wurzelballen herausgehebelt und dann eine knappe Vierteldrehung vollführt, um die Pflanzen hinter mir auf die Zeitung zu legen. Der Geruch der auskühlenden Erde vermischte sich mit dem belebend pfeffrigen Duft der Blätter. Dann setzte ich die Gartenschere an, bis am Ende nur noch ein vielleicht faustdickes Knäuel aus dicken Trieben übrig war, an denen neue Blätter sprießen würden. Sie sahen verletzlich und gleichzeitig robust aus – als wären sie zwar in einem dicken Wollpulli nach draußen gegangen, hätten aber die Jacke vergessen. Vorsichtig drückte ich sie in ein paar frisch ausgewaschene Töpfe und reihte sie auf dem Pflanztisch entlang der warmen Ziegelwand auf.

Im Balkonkasten landeten stattdessen üppig weiße Alpenveilchen – ebenso elegante wie widerstandsfähige Pflanzen. Ihre auf links gestülpten Kronblätter mögen aussehen wie feinstes chinesisches Porzellan, doch sie trotzen jedem Sturm und gehen nur dann ein, wenn sich anhaltende Staunässe bildet. Sobald sie rund um Neujahr verblühen, kommen die Laubblätter richtig zur Geltung: rundliche, fast herzförmige Blätter, die mit einer blassgrünen Zeichnung versehen sind. Ich topfte sie zusammen mit Pflanzen ein, denen es ebenso wenig ausmachte, hin und wieder ein bisschen Regen abzubekommen, und die in meiner Abwesenheit gut auf sich selbst aufpassen würden: Efeu – der in feuchter Erde jeden Raum mit sattem Grün anfüllt – und Stiefmütterchen. Diese drei Arten sind günstig, nichts Hochtrabendes, bringen aber nichtsdestoweniger Farbe in einen grauen Wintermorgen.

Jemand hatte mir überdies einen Bambus geschenkt, der mir große Freude bereitete. Neben den Farnen, die in ihren dunklen Balkonecken wie wild gewuchert hatten, verlockte mich dieser Bambus, die mutigere, ehrgeizigere Balkongärtnerin in mir zu wecken. Zusammen mit ein paar anderen Pflanzen sollte er das entscheidende Mittel werden, um diesen Betonraum in eine grüne Oase zu verwandeln. Allerdings fängt man beim Gärtnern besser nicht mit Pflanzen an, die größer sind als man selbst – das wäre, als ließe man einen riesigen, pudelnassen Hund in einen Antiquitätenladen voller wertvoller, zerbrechlicher Objekte; für den Fall, dass es schiefgeht, sollte man schon wissen, was man tut. An diesem Morgen unternahm ich die ersten Schritte, leinte den Hund erst mal an und schleifte den riesigen Busch raschelnder Halme in seinem Steinguttopf gute zwei Meter quer über den Balkon.

Meine Herbstfreuden-Fetthenne, die inzwischen schokobraun geworden war – und immer noch Bienen anlockte –, musste sich wohl oder übel mit dem neuen Nachbarn anfreunden. Ich fand es toll, wie die Halme und Blätter miteinander kontrastierten, und kam zu dem Schluss, dass sie wunderbar zusammenpassten, auch wenn ich damit – willentlich – mit der Faustregel brach, dass man über die Grenzen des Pflanzgefäßes hinweg keine zwei Pflanzen ineinanderwuchern lassen sollte. Zügig arbeitete ich mich an diesem kühlen Oktobermorgen voran; dass meine Finger klamm und schmutzig wurden und meine Haut litt, machte mir nichts aus. Die Produktivität und das Tempo, mit dem ich Pläne ersann und nur Sekunden später in die Tat umsetzte, machten meinen Schlafmangel und den verkaterten Magen vollkommen vergessen, und die dräuenden To-do-Listen, die mir im Kopf herumspukten, wischte ich kurzerhand beiseite.

Beim Gärtnern ist es enorm wichtig, genau hinzusehen, besonders für jemanden, der so ungeduldig und übereilt unterwegs ist wie ich. Doch dieser Balkon bot fast unendliche visuelle Befriedigung; ich entdeckte hier neues Wachstum, sah dort, wie das Licht auf den Blättern spielte, wie

Schatten über den Betonboden wanderten. Genau wie früher mein Vater am Küchenfenster stand, stand ich jetzt hier, ließ den Blick schweifen und schrieb im Kopf endlose Listen – was noch verändert werden müsste, was ich noch unbedingt wachsen sehen wollte –, während sich mein Fokus mal hierhin, mal dorthin richtete. Es war annähernd unmöglich, auf diesem Balkon nur eben schnell einen Handgriff zu tun: Ein paar Blütenstände, die abgezupft werden müssen, führen zum Gießen, zum Aussäubern, zum Herumwerkeln, bis die ursprünglichen fünf Minuten, die man draußen sein wollte, zu Stunden und die Hände – die ich nachlässig an meiner Hose abgewischt hatte – vor Kälte steif geworden sind und mein Geist befriedigt.

Katharine S. White, geborene Angell, war die erste Kulturredakteurin des *New Yorker* – diejenige, die Nabokov und Updike entdeckte und groß machte. Allerdings richtete sie ihr wachsames Auge auch auf Saatgutkataloge und schrieb im Alter von sechsundsechzig Jahren ihre erste Gartenkolumne, »Onward and Upward in the Garden«, in der sie Gärtner und Gärtnereibetreiber beschrieb, die ihre Waren in jenen Katalogen präsentierten, als wären sie die nächste literarische Sensation. Obwohl White (die eine ihrer »Entdeckungen« heiratete: E.B. White) mit ihrem Hauptbroterwerb die Standards zeitgenössischer Belletristik maßgeblich neu definierte, war ihre Lieblingslektüre immer noch der Saatgutkatalog.

Eine meiner Lieblingsanekdoten über Katharine S. White hat ihr Ehemann publik gemacht, der ihre Kolumnen nach ihrem Tod im Jahr 1977 herausgab:

Sie besaß keine Gartenklamotten, zog sich nie eigens fürs Gärtnern um. Wenn sie ihre Beete mit den Mehrjährigen oder die Schnittblumenbeete oder den Rosengarten besuchte, war sie dafür nie adäquat gekleidet – es war jedes Mal eine spontane Entscheidung und Flucht aus dem Haus gewesen und, zumindest in früheren Jahren, auch aus dem Job, weg von den Manuskripten. […] Ich habe selten erlebt, dass sie sich auf das Gärtnern *vorbereitet* hätte, sie wanderte einfach hinaus in die Kälte und Nässe, in die Sonne und Wärme, und zwar in derselben Kleidung, die sie am Morgen angezogen hatte.

White gärtnerte mit Ferragamo-Schuhen an den Füßen, in einem »hübschen Tweedrock mitsamt Sakko« oder in einem frisch gewaschenen Baumwollkleid.

Sobald sie sich draußen ins Getümmel gestürzt hatte und mit Umtopfen oder Jäten oder Ausgeizen oder Beschneiden beschäftigt war, vergaß sie alles andere; ihre Kleidung musste es mit allem aufnehmen, was eben anstand.

Das hatte auch für meinen Schlafanzug gegolten, in dem ich nun am Frühstückstisch saß. Ich machte mir keine Gedanken über den Balkonschmutz – Spinnweben, Erde, Blätter –, weil das neue Gesicht meines Balkons beim Blick durch die Balkontür schlichtweg wichtiger war: links die leicht schwankenden, langen, spitzen Bambusblätter, gleich gegenüber die Silhouette eines sternförmigen Lupinenblatts. Es waren Stunden vergangen. Ich goss noch mal ordentlich, ließ ein paar vage, optimistische Anweisungen zu den Zimmerpflanzen zurück und zog den Reißverschluss meines roten Koffers zu, mit dem ich über den kommenden Monat klarkommen musste.

⬧

Der Zuspruch, den ich auf meinem Balkon erfuhr, wurde erneut von einer Reihe von Terminen, von Flügen und Kofferpacken ersetzt. Von Neuem musste ich mir darüber Gedanken machen, wo ich wann sein musste. Die Sehnsucht nach einem grünen Ort setzte mir zu. Mit meinem täglichen Inspektionsgang auf dem Balkon war es fürs Erste wieder vorbei – und mit den wenigen, von Atemwölkchen begleiteten Sekunden, wenn ich durch die Tür nach draußen sah und diesen kostbaren Ort betrachtete. Ich musste mir neue Orte suchen.

Während ich immer häufiger von Übernachtungsmöglichkeit zu Übernachtungsmöglichkeit pendelte, verlagerte ich mein Leben nach draußen. Mein Interesse galt immer mehr der Außenwelt. Die Arbeit – der Job, auf den ich zehn Jahre lang hingearbeitet hatte – verlor zusehends seine Anziehungskraft. Ich konnte mich einfach nicht länger für den Gewinner des Mercury Prize oder das jüngste Überraschungsalbum begeistern, hatte Schwierigkeiten, neue Musik im Kopf zu behalten oder auch nur Neugier darauf zu entwickeln. So wie ich gewisse Dinge inzwischen wahrnahm, konnte ich meiner Arbeit keinen Sinn mehr abgewinnen. Ich suchte nach etwas Belastbarerem, nach etwas, was wüchse und Bestand hätte. Jedes Mal, wenn ich mich durch die Dutzenden Pressemitteilungen am Tag klickte, die eine schicke neue Band nach der anderen anpriesen, war ich mir der Nichtigkeit all dessen umso deutlicher bewusst. Popstar-Albumkampagnen waren binnen weniger Wochen verpufft; da war kein Raum für Wachstum oder Entwicklung.

Ich gab mich zunehmend damit zufrieden, Dienst nach Vorschrift zu machen, und brachte Aufgaben so unaufwendig wie nur möglich zu Ende, während ich gleichzeitig ständig nachsah, ob denn schon Feierabend wäre. In derselben Minute, da mein Arbeitstag vorüber war, verließ ich mit einem schlechten Gewissen, einem Gefühl der Rebellion und Freiheit und mit wehenden Fahnen meinen Arbeitsplatz, an dem Überstunden ansonsten die Regel waren. Doch ich war hungrig nach dem Leben draußen, war davon besessen, musste meinen Schreibtisch verlassen und die bislang unerschlossenen Grünflächen der Stadt erkunden. Was als beiläufiges Interesse begonnen hatte – sehen, was wie wo wächst; auskundschaften, wo Grün und allmählich Ocker sich vor all dem Grau breitmacht; Hinweise aufspüren, was im heimlichen, stillen Leben dieser Pflanzen als Nächstes geschähe –, war für mich zu einer Art Obsession geworden. Ich ertappte mich dabei, wie ich mich danach sehnte, wie ich mich an Orten ohne Bepflanzung regelrecht eingesperrt fühlte. Insgeheim sah ich mich in einem fort nach der nächsten Stelle um, an der urbanes Grün zu finden wäre – wie ein Raucher, der sich irgendwo eine Zigarette schnorren muss. Ich merkte mir die Vorgärten, an denen ich vorbeilief, und tüftelte aus, ob ich nicht doch irgendwie durch einen Park nach Hause laufen könnte. Es fühlte sich an wie eine Schatzsuche, die mit Extrapunkten belohnt wurde, wenn selbst nach der Zeitumstellung immer noch irgendwo stoisch Sommerblumen blühten, wenn die Hortensien an den inzwischen kürzeren Tagen allmählich verblassten. Dort draußen passierten Lebensprozesse live und in Farbe. Der Herbst war bereits fortgeschritten, das Laub loderte, fiel von den Bäumen, die als kräftige Skelette kälteren Monaten entgegensahen und nach Dutzenden Wintern, die sie bereits überlebt hatten, auch noch einem weiteren Winter standhalten würden.

In diesen kurzen Beobachtungen lag eine gewisse Beständigkeit – wesentlich mehr Beständigkeit als in meinem Leben. Und ich genoss es – die Solidität, die Autonomie, die von einem Leben, wie es wir Menschen um die Natur herum errichtet haben, gänzlich unabhängig war. Ich war aus meinem eigenen Zuhause verbannt und von jenem vorhersehbaren Pfad abgebracht worden, von dem ich geglaubt hatte, es wäre meiner; vielleicht konnte ich mithilfe von Pflanzen einen sturmfesteren Lebensweg finden, der mich weiter brächte als das Leben, wie ich es mir einst zurechtgelegt hatte.

•

Parks auf dem Land sind ein merkwürdiges Phänomen: Man fährt dorthin, weil sich dort beispielsweise ein Spielplatz befindet, allerdings auch nicht viel mehr; und es sind auch nicht Parks, sondern »Naherholungsgebiete«. Auch in unserem Dorf hatte es so etwas gegeben: überwuchert und voller Gefahren, derentwegen wir dort nicht spielen durften. Insofern waren Parks in meiner Kindheit auch immer wieder etwas aufregend Neues gewesen. Ein Besuch bei meinen Großeltern in Reading bedeutete, dass wir nach dem Mittagessen einen Spaziergang durchs »Naherholungsgebiet« machten – ohne jeden Zweifel das Highlight des Tages, das nur von den gebutterten Nudeln übertroffen wurde, die meine Großmutter manchmal zubereitete. Trotzdem wollte mir das Konzept lange nicht einleuchten. Genau wie den nordenglischen Zungenschlag oder den Umstand, dass man dort zwei unterschiedliche Kartoffelsorten zum Sonntagsbraten isst, lernte ich den Sinn und Zweck von Parks und die Freude daran erst kennen, als mich wieder einmal eine willkommene Abwechslung in meiner wohlbehüteten Kindheit und Jugend erwartete und ich nach Newcastle zog.

Nachdem ich bis dahin nie in einer Stadt – nicht mal in einem Städtchen – gelebt hatte, wollte sich mir die Vorstellung, dass man um des reinen Vergnügens willen eigens einen Tummelplatz im Freien brauchte, nicht so richtig erschließen. Aber ich hatte darüber natürlich auch nie wirklich nachdenken müssen. Dass ich naiv gewesen war, dämmerte mir bereits während der ersten Woche an der Universität. Ich war einen Tag nach meinem neunzehnten Geburtstag nach Newcastle gezogen – in ein inzwischen abgerissenes Wohnheim gegenüber dem Town Moor und nur einen Katzensprung entfernt vom Leazes Park an der Richardson Road. Das Moor war für viele ein Buch mit sieben Siegeln – diese weite Landschaft von mehr als 400 Hektar, die größer ist als Hampstead Heath und der Hyde Park zusammengenommen –, während ich es herrlich fand: Die grasenden Kühe – an denen Studenten spätnachts auf dem Heimweg gern mal ihre Kräfte ausprobierten – erinnerten mich an zu Hause. Es war die Rede von Exhibitionisten und anderen Übeltätern, und meine Mitbewohnerinnen machten im Dunkeln immer einen großen Bogen darum, selbst wenn sie zu mehreren waren. Für mich war das Moor trotzdem ein belebender Ort: Wenn man mittendrin stand, spürte man gar nicht, dass man noch in der Stadt war. Die Fruchtstände an den Gräsern peitschten aneinander, Vögel jagten im Steilflug Insekten. Wenn es windig war, konnte es einem frei nach James Taylor den Kopf verdrehen – »it'll turn your head around«.

Leazes wiederum war eine ganz andere Hausnummer: Der Park lag hinter schmiedeeisernen schwarzen Zäunen und fantastischen steinernen Toren. Den Boule-Rasen fand ich eher irritierend, den Tümpel für die Ruderboote tod-schick, auch wenn ich weit weniger verzückt davon war als meine Mitbewohner, die mitten in der Nacht dort auf dem schlammigen Wasser Ruderregatten austragen konnten.

Ich hatte die Sommerferien hier nicht erlebt, sondern eroberte den Park in der ruhigen Nebensaison. Leazes Park ist rund um die Uhr geöffnet, weshalb ihm − genau wie dem Town Moor − nachgesagt wird, dass es dort mitunter zu unerwünschten Vorfällen kommt. Meine Lieblingszeit, um dort umherzustreifen, war rund um Sonnenaufgang, wenn der Himmel am weitesten war und die Vögel schon zwitscherten − was für eine Wohltat für Ohren, die immer noch von der Club-Musik klingelten. In einer Sonntagnacht stach uns der Hafer: Mit Wunderkerzen in den Händen fuhren wir auf dem Spielplatz im Funkennebel Karussell. An den ersten überraschend warmen Frühlingsabenden, während alle anderen noch bei der Arbeit waren, ließ ich mich manchmal für eine Weile unter einem knospenden Baum nieder. Schlechtestenfalls war Leazes für mich die Durchgangsstation zwischen Studentenbude und Pub, Teil meines üblichen Rundwegs vom Einkaufen oder von einem der weniger häufig besuchten Campusgebäude, doch selbst in diesen Momenten konnte ich es genießen: kurz die Enten beobachten; die Jahreszeiten wechseln sehen und daran meine Schritte in Richtung Unabhängigkeit und mein Lernpensum der vergangenen Woche messen.

Leazes ist das Ergebnis bester Absichten und war doch eine schwere Geburt. Der Park entstand ursprünglich auf eine Petition hin, die 3000 Arbeiter im Jahr 1857 dem New-castle Council vorlegten und in der sie forderten, »jederzeit Zutritt zu einem offenen Gelände zum Zwecke der Gesundheit und Erholung« zu haben. Fast zwanzig Jahre später zahlte sich ihr gemeinschaftlicher Einsatz aus: Ein Teil des Town Moor wurde zum Park erklärt und der Öffentlichkeit zugänglich gemacht. Die feierliche Eröffnung fand am 23. Dezember statt – ein verfrühtes Weihnachtsgeschenk an die Bürger der Stadt. Städte mögen sich das umgebende Land einverleiben, aber es ist doch immer nur eine Frage der Zeit, ehe die Bewohner anfangen, sich die Natur zurück in die Stadt zu holen.

Leazes war lediglich der erste von Dutzenden Parks, in die ich mich im Laufe meiner Zwanziger verliebte. In Newcastle waren wir mit dem Moor und dem Jesmond Dene so viel verwöhnter, als uns überhaupt klar war. New York konnte mit der High Line und dem Central Park in Manhattan punkten, auch wenn Brooklyn beispielsweise diesbezüglich weniger zu bieten hatte. Aber London schlägt sie alle – weil die Grünflächen regelrecht in die DNA der Stadt eingebaut sind, so wie wir sie heute kennen. Bis zum heutigen Tag machen sie das Wesen der Stadt aus: Annähernd die Hälfte der Stadtfläche ist grün, während der Durchschnitt in anderen Städten bei etwa vierundzwanzig Prozent liegt. London ist tatsächlich die erste Nationalpark-Stadt der Welt – ein Konzept, das den meisten egal sein dürfte, die so etwas nicht zu schätzen wissen, das alle anderen jedoch als fast schon radikale Errungenschaft ansehen.

Überall auf der Welt werden Parks als »grüne Lungen« der Städte bezeichnet, doch der Ausdruck wurde tatsächlich erstmals im 18. Jahrhundert in London geprägt, als die ersten Parks entstanden. Damals war die Stadt eine Jauchegrube – in vielen Vierteln im wörtlichen Sinne. Die Menschenmassen, die nach London geströmt waren, um hier Arbeit zu finden, lebten zu Beginn der Industriellen

Revolution zusammengepfercht im Dreck und im Elend. Die zahlreichen Unzulänglichkeiten der städtischen Infrastruktur sind bestens dokumentiert und schaurig. Miserable Sanitärvorrichtungen und Überbevölkerung führten zu Epidemien. Um besser nachvollziehen zu können, wie man die Lebensbedingungen verbessern könnte, stellten sich Mediziner die Stadt als menschlichen Organismus vor: Die Themse und die Kanalisation, durch die der Fluss spülte, waren die Adern, Gefäße und Kapillaren, die dem Blutkreislauf gleichkamen; und im Angesicht von Krankheiten, vor allem der Cholera, von der die Leute (fälschlich) annahmen, dass sie über die Luft übertragen würde, erforderte die Logik, dass London auch eine Lunge benötigte – oder eben Parks: Grünflächen, die saubere Luft versprachen, den Sauerstoff für den Stadtkörper lieferten und den Schmutz ausfilterten, der allerorts in der Luft hing. Diese Flächen sollten es der unterprivilegierten Arbeiterschaft ermöglichen, die gesundheitlichen Vorzüge eines kleinen Spaziergangs in einer natürlichen Umgebung zu genießen – genau wie es die Mittel- und Oberschicht seit Jahrzehnten für sich beanspruchte.

London hatte von Haus aus Potenzial als grüne Stadt: Unsere Monarchen hatten seit Urzeiten ganze Landstriche eingezäunt, um dort der Jagd und anderen aristokratischen Amüsements nachzugehen. Diese Areale heißen bis zum heutigen Tag Royal Parks und wurden in einem lange herbeigesehnten Akt royaler Großzügigkeit 1851 der Allgemeinheit zugänglich gemacht. Bis heute dienen sie als öffentliche Räume, in denen man spazieren gehen und reiten (oder inzwischen vielmehr Rad fahren) kann. Dabei hatten sie rund fünfzig Jahre zuvor, zu Beginn des 19. Jahrhunderts, tatsächlich in Gefahr geschwebt: Wäre in den Weiten des

Green Park, St James's Park und Hyde Park das Bauen erlaubt worden, hätten Bauunternehmer dort ein Vermögen gemacht. Im Jahr 1808 wurde der Bauantrag über acht »der teuersten Häuser […] der Metropole« im Hyde Park vom Unterhaus abgelehnt, nachdem ein gewisser William Windham eine feurige Rede gehalten und darin Premierminister William Pitt zitiert hatte, der wiederum zuvor die Parks als »Londons Lunge« bezeichnet hatte.

Für jeden, der mit ansehen musste, wie London zum hart umkämpften Schlachtfeld für Bauunternehmer wurde, müssen Windhams Argumente fast schon gruselig vorausschauend geklungen haben. In *Cobbett's Parliamentary Debates Vol. 11* wird Windham zitiert: Es werde nicht bei acht Häusern bleiben.

> Er war davon überzeugt, dass die Baumaßnahmen fortgesetzt würden, wären sie erst erlaubt; jene acht Gebäude würden nicht die letzten sein … und die Kraft der Vegetation werde komplett vernichtet. So werde der Park nicht mehr der Quell für Gesundheit und Erholung sein, der er zuvor gewesen sei.

Windham illustrierte seine Befürchtung, indem er einen Mann beschrieb, der »an einem Sonntagabend, um frische Luft zu schnappen«, in Whitechapel losläuft, nur um »auf nichts weiter als Gebäude [zu stoßen]. Er dächte sich gewiss, dass er davon auf dem Weg genug gesehen habe.« Den Bauvorhaben nachzugeben hätte laut Windham bedeutet, »die Lunge zu zerstören«.

Einundzwanzig Jahre später wurde der Vergleich mit der Lunge erneut gezogen, als John Claudius Loudon, ein Mann mit nur einem Arm, aber Dutzenden Ideen hinsichtlich des Nutzens von Grünflächen für den Menschen, einen Artikel über die Vorzüge von Parks als »Atempausen« für die Massen veröffentlichte. Er war Herausgeber und Hausautor des *Gardener's Magazine*, das in den folgenden Jahren eine verbissene Kampagne für mehr öffentliche Parks in britischen Städten führen würde. Die Vorstellung der Londoner Parks als Lungen wurde obendrein zusehends von Verwaltungsbeamten zitiert, die sich beharrlich dafür starkmachten, die Stadt grün zu belassen – sowohl durch den Erhalt bestehender Parks als auch durch die Aussicht auf weitere Freiflächen im Zuge des fortschreitenden Wachstums der Stadt. Wie ein Artikel im *Spectator* Mitte der 1840er Jahre feststellte, gehört die Lunge zu den ersten Organen, die sich in einem lebenden Organismus entwickeln. Und so war es auch mit London: Mittels oder entlang von Parks – Londons Lungen – entstanden umso mehr Häuserstraßen, mehr Geschäfte, Verwaltungsgebäude, aber auch mehr Gärten.

Windham hatte seine Rede zu Beginn eines Jahrhunderts gehalten, in dem Dutzende Parks überall in der Stadt und im ganzen Land eröffnet wurden: der erste im Jahr 1840, als Textilmagnat Joseph Strutt besagten John Claudius Loudon (der überdies Gärtner war, Landschaftsgärtner und Experte für Bäume) damit beauftragte, das Arboretum von Derby zu gestalten, das sich quer durch den Smog der industrialisierten mittelenglischen Stadt zog und den Arbeitern einen Ort eröffnete, an dem sie Natur erleben konnten. Zwei Jahre später wurde in Hackney im östlichen London der Victoria Park eröffnet; somit musste besagter Mann aus Whitechapel nicht mehr quer durch die ganze Stadt marschieren, um frische Luft zu schnappen. Bis ins Jahr 1852 waren allein in London zwölf Parks angelegt worden, sicher teils auf die Schreckensmeldung eines Parlamentsausschusses hin, dass über eine Strecke von fünf Meilen zwischen Vauxhall und Rotherhithe »kein einziger Ort als Park oder öffentlicher Spazierweg vorgesehen« sei – der Startschuss für Southwalk und Finsbury Park. Die »finstersten, düstersten« Abschnitte des Themse-Ufers auf der Höhe von Chelsea, wo in der ersten Hälfte des 19. Jahrhunderts noch Hundekämpfe und Duelle stattfanden, wurden zum Battersea Park umgewidmet. Genau wie in Leazes in Newcastle wurden dort Attraktionen errichtet wie eine Bühne und ein Teich; neue Bäume wurden gepflanzt und offene Flächen angelegt, in denen die Leute entspannen, durchatmen und mit der Familie spazieren gehen konnten, statt bloß in der Kneipe zu sitzen.

Obwohl sie mit ihren Landsitzen allemal besser bedient war, hatte natürlich auch die Londoner Oberschicht das Bedürfnis nach grünen Oasen und sauberer Luft. Entsprechend entstanden im 17. Jahrhundert die ersten Privatgärten, die im 18. und 19. Jahrhundert regelrecht boomten: Mehrstöckige georgianische Häuserzeilen wurden um verträumte Gartenrefugien herum errichtet. Loudons frühester Artikel aus dem Jahr 1803 handelt just von der Bepflanzung jener von Häusern gesäumten Rechtecke; er empfahl Platanen statt Farnen und Koniferen, und selbst heute, mehr als zweihundert Jahre später, bewundern Menschen – trotz Heuschnupfen – das tanzende Licht, das durch das Platanenlaub fällt. In diesen kleinen, aber feinen neu definierten Arealen, so glaubten die Aristokraten jener Zeit, würden Menschen zusammenkommen, sich unterhalten und bei derlei Begegnungen Ideen austauschen.

Solche guten Wünsche mögen von ehrwürdigen, privilegierten Männern formuliert worden sein, die vom Leben derer, für die sie sich einsetzten und engagierten, wenig wussten. Trotzdem freue ich mich darüber: über ein machtvolles Wort, das Flächen beansprucht, auf dass sie der Allgemeinheit zugänglich gemacht werden und deren Gesundheit und Vorteil dienen. Das Vorhaben ging nicht immer auf; gewisse Krankheiten übertrugen sich nun mal nicht über die Luft, und die Lunge verstopfte trotz allem, gerade in Städten, die so verschmutzt waren, dass eine Handvoll kleinerer Parks nichts dagegen ausrichten konnte und verkümmerte. Der saure Regen führte in Manchester nachweislich zu Pflanzensterben. Im Regent's Park wurden die Felle der dort grasenden Schafe schwarz. Die kleinen Gärten hinter den Häuserreihen wurden zusehends exklusiv, abgezäunt, waren nur mehr jenen zugänglich, die in unmittelbarer Nachbarschaft wohnten und einen Schlüssel besaßen, während andere sie nur noch durch Zäune betrachten konnten oder in Filmen zu Gesicht bekamen.

Was aber letztlich zählt: dass die Lungen erhalten blieben. Die Forderungen fanden in der Allgemeinheit zusehends Anklang, und 1866 wurde im Parlament ein Gesetz erlassen, das besagte, der Zugang zu öffentlichen Flächen wie Hampstead Heath sei für die Bürger der Stadt zu schützen. Dafür bin ich sehr dankbar. Parks waren das Schlagzeug in der Kakofonie meiner Zwanziger, einem Jahrzehnt, das ich in Städten verbrachte. Sie bescherten meinem Leben einen stetigen Takt. Sie mochten als Rückzugsorte für all jene etabliert worden sein, die körperlich wesentlich anstrengendere Arbeit geleistet hatten, als ich sie leisten muss. Trotzdem bleibt ihre Funktion die immer gleiche: Wir gehen in Parks, weil sie uns Weite, Raum und Erholung bieten, die über den Luxus eines Rasenstückchens hinausgehen, das vielleicht eben groß genug ist, um uns an Sonnentagen darauf auszustrecken. Parks eröffnen Freiräume, in denen man den Kopf freibekommt und den Geist entwirren kann – sie sind ein Stück Land, das einzig und allein dazu dient, uns den Beschränkungen unserer Welt zu entziehen: sei es der Arbeit im Tagebau, in einer Fabrik oder vor dem Computerbildschirm. Es liegt ein wohltuender Rhythmus in jenen schmiedeeisernen Zäunen, und das Knarren eines Eingangstors, das sich bei jedem Wetter und in jeder Jahreszeit aufschieben lässt – und zwar von allen, in allen Lebenslagen –, verheißt Freiheit.

Aus der ersten Wohnung, die ich in London bezogen hatte, konnte ich den Peckham Rye Common sehen (ehemals Weideland, das das London City Council im Jahr 1894 seinen Bürgern widmete und das zuvor laut William Blake »Bäume voller Engel« enthalten hatte). Als ich den Park erstmals betrat, war er zugeschneit und wirkte im Dezemberdunkel regelrecht geisterhaft – wie die merkwürdige Leere nach einem turbulenten Markttag. Mit den ersten Anzeichen des Frühlings kehrte ich dorthin zurück. Ich ging auf den Parkwegen joggen – unbeholfen und langsam – und sah zu, wie auf den Bolzplätzen die Normalität des Lebens in eine Stadt zurückkehrte, die mir immer noch fremd war. Genau wie Leazes war auch der Peckham Rye Common ein typisch viktorianischer Park, und ich beehrte ihn mit meiner Einsamkeit und meiner klammen Langeweile – manchmal nur, indem ich durchs Fenster dort hinsah. Jahre später kann ich dort immer noch meinem jüngeren Ich nachspüren, kenne noch immer die Wege, über die ich trottete, und erinnere mich an die Gespräche, die ich dort führte. Ein paar Wochen nachdem wir uns getrennt hatten (im Burgess Park, einer nicht ganz so schönen Grünfläche in der Nähe von Elephant and Castle), hatten

Josh und ich uns im Common verabredet. Wir saßen unter Bäumen, genossen die tröstliche Anwesenheit des anderen und die Merkwürdigkeit, einander unter so verkehrten Vorzeichen wiederzusehen. Wir hatten hier spontane Picknicks veranstaltet, in der Hitze herumgelungert, waren durch Herbstlaub gestreift und hatten frühmorgens Spaziergänge unternommen; jahrelang hatte es uns immer wieder hergezogen.

Allerdings auch in zahlreiche andere Parks: in den Dulwich Park beispielsweise, den wir eines späten Winterabends über den fast zwei Meter hohen Zaun verlassen mussten, weil wir dort eingesperrt worden waren. Victoria Park, jene verwirrende Anlage, in der wir gefeiert und sonntagnachmittags unseren Partykater auskuriert hatten, als ich eine Zeit lang in Hackney wohnte. Wir hatten am Barbican der Sonne nachgeschaut, wie sie durch die Nigel Dunnett's Beech Gardens gewandert war, wo die perennierenden Pflanzungen zu jeder Jahreszeit etwas Neues zu bieten hatten. In der Anfangszeit unserer Beziehung hatte ich mich immer wieder aus meinem Büro in Mayfair gestohlen, um Josh zum Mittagessen im Green Park zu treffen – oder im Postman's Park, dieser kaum bekannten Oase mitten im City-Distrikt, in der auf viktorianischen Kacheln an Helden des Alltags erinnert wird, die bei der Rettung eines anderen Menschen gestorben sind. Auch dorthin konnte man sich vom unliebsamen Arbeitsstress zurückziehen. Auf dem Berkeley Square führte ich lange, ambitionierte Gespräche über Karrierepläne mit einem Mit-Volontär, der ein guter Freund und Starjournalist werden sollte. Der Hyde Park ist in meiner Erinnerung die perfekte Werktagsflucht an einem heißen Nachmittag im Alter von vierundzwanzig. Dort fühlte ich mich, als schwänzte ich die Schule. Der Soho Square war immer eine leicht zwielichtige Wahl, die mit einem schlechten Gewissen einherging – und letztlich nur umso mehr Spaß machte. Ohne eine wie auch immer geartete Getränkedose in der Hand fühlt man sich dort fehl am Platz – und alleine erst recht. Und wie oft hatte ich gedroht, die Zäune mit den angespitzten Pfählen rund um die Gärtchen in Belgravia zu erklimmen, und war dann von der Hand einer vernünftigeren Begleitung am Schlafittchen daran gehindert worden.

Doch wenn ein Park nicht geöffnet ist, dann schreit er danach, heimlich erobert zu werden. In der Abenddämmerung oder kurz vor Sonnenaufgang. Während ich in Bloomsbury arbeitete, waren der Fitzroy Square und die Tavistock Gardens meine bevorzugten Mittagessenslocations, je nachdem, ob der freundliche, rebellische Schlüsselbesitzer des Ersteren »versehentlich« das Törchen offen gelassen hatte oder nicht. Wann immer das der Fall war, empfand ich es als kleines Wunder, dass ich in das Leben, in den privaten Garten eines fremden Menschen eingelassen worden war, wenn auch nur für ein paar Minuten – in einen Garten, der sich von alledem unterschied, womit ich aufgewachsen war. Der Ruskin Park wiederum, den ich erst entdeckte, als ich in die unmittelbare Nachbarschaft zog, wurde zu einer Art Spiegel meiner Beziehung zu Josh. Er schirmte unser Glück von allem anderen ab und überstand selbst heftige Stürme. Als unsere Partnerschaft brüchig und fragil zu werden begann und durch kaum mehr als Verleugnung und Verbohrtheit zusammengehalten wurde, ging ich alleine in den Ruskin Park. Verbrachte dort stille Wochenendmorgen, an denen ich den Entenküken beim Schwimmen zusah und Ruhe in der von Mauern umgebenen viktorianischen Anlage fand, wo die mit allerhand Kräutern gesäumten Beete im Frühling schier aus allen Nähten platzten, während ich mir einen Platz und einen Grund suchte, um heiße, wütende Tränen zu vergießen. In den Wochen und Monaten nach unserer Trennung wurde der Ruskin Park so etwas wie eine Lebensader für mich: Ich lief und radelte dort öfter hindurch denn je, von einem schmiedeeisernen Tor zum anderen, und irgendwo dazwischen streifte ich eine Zwiebelschicht meines Frau-Seins ab, während darunter schon die nächste heranwuchs.

Mitunter habe ich das Gefühl, dass die wichtigsten von all den kleinen Abenteuern in meinem Leben auf Parkbänken stattgefunden haben: erste Dates und Trennungen, lang ersehnte Wiedersehen und die schwindelerregenden, flüchtigen Momente, die Freundschaften durchlaufen. Parks sind zwar zweifelsfrei öffentlich, bieten aber trotz allem eine ureigene Neutralität: die Möglichkeit, Dinge zu sagen, die zu Hause oder in einem Pub oder Café nicht fair oder statthaft wären. Ganz im Sinne ihrer Erschaffer und Bewahrer bescheren diese Lungen uns mehr Luft – allerdings durchaus in mehrerlei Hinsicht: Parks geben uns einerseits die Gelegenheit, Luft abzulassen; andererseits aber auch, einer Sache neues Leben einzuhauchen. Sie eröffnen uns Freiräume, um unsere Lebenssituation besser zu verstehen und in sie hineinzuwachsen. Sich in einem Park umzusehen bedeutet, Beet für Beet unterschiedliche Aspekte des Lebens vor Augen zu haben. Oder unterschiedlichste Szenarien mitzuerleben, während man etwa den kleinen, oftmals übersehenen Parkstreifen von Compton Terrace an der Upper Street in Islington durchquert: ein ungepflegtes, mit Bierdosen bewaffnetes Trüppchen, das auf eine Weise diskutiert, wie man es nur als gute Vertraute und in angetrunkenem Zustand tut. Zwei zornige Frauen, die miteinander in einen Streit geraten sind oder einen älteren Disput wieder aufwärmen. Ein Mann setzt sich herablassend-resigniert auf eine Bank, während eine Frau sich über ihn beugt und ihn von irgendwelchen Gefühlen überzeugen will. Ich fragte mich, ob sie das Pärchen wahrgenommen hatten, das keinen Meter weiter ungeniert knutschte – ganz offenkundig völlig vernebelt in ihrer aufkeimenden Liebesbeziehung. Ein Richard-Curtis-Film, der rückwärts abgespielt wurde.

In Parks verstummt der Stadtverkehr, und Zeit vergeht anders; Parks sind zugleich stadtimmanent und der Stadt entrückt. Es ist, als hätte ich in Parks diverse entscheidende Schritte ins Erwachsenenleben vollzogen: all die nervösen Begegnungen und schmerzhaften Trennungen und berauschten, müßigen Nachmittage, an denen ich wenig mehr getan habe, als den Tauben beim Picken zuzusehen. Meine Anschriften haben sich zigmal geändert – und mit jedem neuen Badezimmer trat eine hauchfeine Verbesserung gegenüber dem vorigen ein: ein bisschen weniger Schimmel, ein teureres Shampoo … Und damit verschoben sich auch meine Interessen. Ich hatte neue Lieblingsjeans, zerlesene Taschenbücher in neuen Rucksäcken, neue Reifen an den geerbten Secondhand-Fahrrädern, auf denen ich durch meine Zwanziger fuhr. Unzählige Meilen von Eisenzäunen bezeugten Aufwärmübungen vor einem Vorstellungsgespräch und das anschließende Ausgleiten, Momente des Herzschmerzes, Momente des Aufruhrs über zerbrechende Freundschaften. Mein Leben veränderte und verschob sich, aber selbst wenn es einmal komplett stillstand, ging ich immer noch in Parks. Selbst in den Zwischenjahren, in denen mein Leben ruhig und gemessen verlief und ich alles gab, damit es weiter so bliebe, nur um am Ende mit Staub auf den Klamotten und blauen Flecken dazustehen – selbst da kreiste mein Leben um Parks, auch wenn ich mich gerade in keinem befand. In solchen Momenten blickte ich eben dorthin, wo vom Balkon aus die Bäume des nächstgelegenen Parks zu sehen waren, und lauschte den Melodien der Jazz-Combos, während ich mit aufs Balkongeländer gestemmten Füßen ein Buch las. Jener Park war nie einer, den wir erkundeten; damals hielten wir uns lieber in unserer Blase auf. Es gab zwar Sommertage, an denen wir mit einer Decke unter dem Arm hinausgingen, allerdings kehrten wir jedes Mal bald wieder nach Hause zurück. Erst jetzt wurde ich wieder dort hinauskatapultiert. Mein Leben hatte sich von Neuem verändert und verschoben, doch die Parks waren in all der Zeit stabile, lebensnotwendige Taktgeber geblieben – vorhersagbar wie das Ein- und Ausatmen. Es fühlte sich an, wie nach Hause zu kommen.

Dann waren da auch noch die Zwischenorte – diejenigen, die weder im städtischen noch im Privatbesitz waren, die zwischen verwischten Grenzen existierten, irgendwo zwischen der Privatheit eines gehegten Gartens und dem weiten öffentlichen Raum. Die man eher als Möglichkeit verstehen durfte, als Orte, an denen Dinge entstehen konnten. Der Oktober war voll von solchen Orten, und auch dorthin trieb es mich.

Mitte des Monats flog ich erneut nach Berlin, diesmal für rund eine Woche. Die deutsche Hauptstadt war für mich seit annähernd zehn Jahren Ziel eskapistischer Pilgerfahrten; ältere, mutigere Freunde von mir waren dort noch während des Studiums oder im Anschluss hingezogen. Unsere Generation war die letzte in einer langen Reihe, die nach Berlin gegangen war, um dort Freiheit und Vergnügungen zu finden, ein entgrenztes Leben, das es in dieser Form andernorts nicht gab und das mit durchwachten, durchfeierten

Nächten und Lässigkeit einherging. Ich selbst war nicht nach Berlin gezogen, auch wenn ich lange darüber nachgedacht hatte. Aber eine ganze Reihe von Freunden hatte den Schritt gewagt und dort Wohnungen bezogen, in denen Platz genug war, um irgendwo eine Gästematratze auszulegen. Also war ich fast jedes Jahr hingeflogen, immer mit Heather, meiner besten Freundin aus dem Studium. Wir hatten daraus eine Routine gemacht, anhand derer wir in der Rückschau unsere Zwanziger nachzeichnen konnten. Irgendwann rückten wir sogar auf von einer zu dritt geteilten Gästematratze zwischen sechs Uhr früh und Mittag zum Luxus eines Doppelbetts in einem eigenen Gästezimmer. Unsere Gastgeber, die zuvor lieber ein faules Erasmus-Jahr eingelegt hatten, statt zu Hause Klausuren zu schreiben, waren erwachsen geworden, hatten sich niedergelassen und Familien gegründet. Bei jeder Reise quetschten wir uns erneut in die altmodischen Fotoautomat-Kisten an den Straßen von Kreuzberg. Die schwarz-weißen Fotostreifen besitze ich heute noch. Der Blitz ist zu grell, um darauf zu erkennen, ob wir gealtert waren oder nicht, aber der Lauf der Jahre ist uns an neuen Frisuren, einem anderen Make-up und die Jahreszeit an unseren pelzverbrämten Kapuzen oder Sonnenbrillen anzusehen.

Auch die Clubs und die Stunden, die wir dort verbrachten, veränderten sich über die Jahre, verwandelten sich in Scrabble-Abende und Futter-Tage, an denen wir so viele Mahlzeiten in uns hineinstopften, wie wir nur konnten. Was aber unverändert blieb, waren unsere Erkundungsspaziergänge: Wir schlenderten nebeneinanderher und führten grenzenlose Gespräche.

Es mag Leute geben, die Berlin als eine hässliche Stadt bezeichnen, mit ihren riesigen, halb leer stehenden Betonburgen und dem Fluss, dem man die Narben der Teilung immer noch ansieht. Wenn ich an Berlin denke, sehe ich immer die Bäume vor mir, die die breiten Straßen säumen und ihnen etwas Weiches verleihen: zumeist Linden, aber es gibt auch Ahorne, Eichen und Platanen, die Berlins Straßen in Tunnel aus Laub verwandeln. Mitte Oktober hatten sie gerade erst angefangen, sich zu verfärben. Es war bereits kühl, sodass wir Mäntel und Wollmützen trugen, trotzdem schwankte das Laub immer noch irgendwo zwischen Grün und Rot und war noch keinen schönen Tod gestorben. Katie wohnte damals in der Nähe der Puschkinallee, die quer durch den Treptower Park führt und deren Verlängerung Ende der 1870er Jahre binnen drei Jahren mit 1200 Platanen in akkuraten Viererreihen bepflanzt worden war. An Sonnentagen hielten die Blätter das Licht regelrecht gefangen, sodass es nur mehr gefiltert auf die graffitibemalten Fassaden und die ordentlichen Gehwege fiel. Dann wiederum passen der zinngraue Himmel und regennasse Morgen zu Berlin wie ein Paar gut eingelaufene, dick besohlte Stiefel. Außerdem ist an solchen Tagen umso leichter zu erkennen, wie in die Lücken im Asphalt dieser Stadt eine Art bodenständigere, menschengemachte Natur eingepflanzt wird.

Berlin ist eine Stadt der Vergnügungen, in der Regelverstöße trotzdem mit einem Stirnrunzeln quittiert werden. Beispielsweise überquert bei Rot kaum jemand die Straße – vielleicht liegt es am Ampelmännchen, und zwar an der einstigen DDR-Version, die weitaus charmanter ist als ihr West-Pendant. Wer auf Radwegen läuft, ist unter Garantie Tourist. Angesichts all dessen wirken die dem Anschein nach spontan errichteten Gemeinschaftsgärten in diversen Berliner Vierteln umso faszinierender. In die winzigen, kopfsteinumfriedeten Öffnungen für Bäume werden Kapuzinerkresse und Schmuckkörbchen gepflanzt, andernorts sogar Essbares wie Kürbisse. Katie erklärte mir, dass diese »Gärten« jenseits aller Bürokratie existierten; die Leute pflanzten kurzerhand Sachen, wo immer sie ein Stück blanken Boden entdeckten.

Es gibt natürlich auch offizielle Schrebergartenanlagen – aber selbst die haben ein wesentlich bacchantischeres Flair als ihre englischen Verwandten. Die Prinzessinnengärten am U-Bahnhof Moritzplatz beispielsweise sind gemeinnützig betriebene Nutzgärten, die 2009 von Hobbygärtnern ins Leben gerufen wurden. Wir landeten dort nur, weil Katie einen Schreibwarenladen in der Nähe aufsuchen wollte – und dann blieben wir fast eine Stunde lang dort. Es hatte am Morgen geregnet, und alles fühlte sich irgendwie erneuert an. Unter unseren Füßen schwappten noch Pfützen, und der Geruch feuchter Erde stieg auf, wenn wir die regennassen Blätter streiften. Der Einfallsreichtum, der sich uns bot, war einfach grandios: Auch wenn überall Essbares wuchs (auf einer kurzen, womöglich falsch übersetzten Übersicht standen unter anderem Mangold, Portulak, Basilikum, Grünkohl, Radieschen, Pak Choy und Senf), steckten all diese Pflanzen dicht an dicht in Pflanzgefäßen: in recycelten Milchkartons, Reissäcken, sogar in den primärfarbigen Kästen, in die eigentlich Getränkeflaschen gehörten. Was nichts anderes hieß, als dass die Gärten transportierbar waren. In der Theorie könnte man so jeden Ort, dem es an Grün mangelt, mit Notbehelfs-Kohlpflänzchen versorgen. All dies wuchs hier zum vorrangigen Zweck, etwas Gemeinschaftliches zu teilen und sich daran zu erfreuen, und hier wurde gegärtnert, einfach weil es einen Flecken brachliegenden Geländes gegeben und es mehr Sinn gehabt hatte, diesen Flecken zu begrünen, als noch mehr Grau darauf zu errichten – selbst wenn all das Grünzeug gar nicht wirklich im Boden wurzelte.

Ein vierzigminütiger Spaziergang in Richtung Süden brachte uns nach Tempelhof: ein gigantisch großes, stillgelegtes Flughafengelände, auf dem Leute Drachen steigen ließen und angesichts der endlosen Weite winzig aussahen. An einem schönen Tag wirkt dieses leere Gelände – gut 350 Hektar Gras- und Asphaltfläche, das ist mehr als anderthalbmal Monaco – regelrecht außerweltlich, was an der bewegten Vergangenheit des Tempelhofer Felds liegen mag: Dort befand sich das einzige Konzentrationslager innerhalb der Reichshauptstadt. Ende der Vierzigerjahre strömten Kinder auf das versehrte Stück Land, um Süßigkeiten einzusammeln, die während der Berlin-Blockade von westalliierten Piloten aus den sogenannten Rosinenbombern geworfen wurden. Der Flugbetrieb wurde erst sechzig Jahre später eingestellt, und das Land ging quasi zurück an die Gassigeher und all jene, die auf dem flachen Gelände ein bisschen böige Luft schnappen wollten. Anfang der 2010er Jahre tauchten dort die ersten Gärten auf. Besonders die Dahlien kamen einem wie Fremdkörper vor inmitten des windgepeitschten früheren Flughafenareals. Früher als reine Floristenblume gehandelt, überragten sie hier mit ihren faustdicken, bonbonbunten Blüten die wild wuchernden Wiesen und verliehen dem Ort eine trotzige Extravaganz. Sie standen in voller Blüte und hatten sogar unzählige weitere, dicke Knospen getrieben, die alsbald aufgehen würden.

An anderer Stelle trugen die Gärten noch die letzten Früchte des Spätsommers – ein paar grüne Tomaten harrten ihres Schicksals, verblühte Sonnenblumenköpfe hingen schwarz und schwer an den mannshohen braunen Stängeln.

Das hier war weniger überschwänglich, weniger geschäftig als die Prinzessinnengärten – das Ganze strahlte eher etwas *Mad-Max*-Artiges aus, wozu auch die anarchischen Konstruktionen aus allerhand Schrott beitrugen; eine um sich greifende Rebellion, die sich in die Erde krallte. Das Tempelhofer Feld ist durchaus umstritten, nicht allein aufgrund seiner Geschichte, sondern auch wegen des – deutlich aktuelleren – Ringens um Bauland in Berlin. 2014 hatte es im Mittelpunkt eines Referendums gestanden, bei dem über die Nutzung eines Viertels der Fläche abgestimmt worden war. Knapp zwei Drittel der Wahlberechtigten hatten sich dafür ausgesprochen, das Land in seiner derzeitigen Form zu belassen: weit, offen und unbebaut. Die Bürger werden auch in Zukunft darüber mitbestimmen, wie das Gelände genutzt werden soll. Noch ist also der Zeitpunkt nicht gekommen, dass ich nach Tempelhof fahre und *keine* Vorschläge mehr höre, was mit dem riesigen Areal geschehen soll.

Woanders zu sein führte mir jedes Mal deutlich vor Augen, was ich an London besonders gern mochte: diese ganz spezielle Freiheit, die Grünflächen mitten im städtischen Chaos vermitteln. Berlin hatte für sein windiges Stück Land gekämpft, hatte seine Bürgersteige zu politisch motivierten Pflanzspielplätzen erklärt und die Straßen mit haushohen Bäumen gesäumt. Paris hatte seine Gärten mit Bogen verziert und schick gemacht. Doch London hatte sich geöffnet, hatte Spaziergänge, das Denken und Herumtollen erleichtert. Wenn man nur ein bisschen Geduld aufbrachte und das richtige Ziel vor Augen hatte, war selbst das nächste Waldstück in London kaum je weiter als eine Busfahrt entfernt. London-Besucher kennen die Stadt als turbulent und teuer, schätzen sie für ihre Exzentrizitäten und für die Tube. Diejenigen jedoch, die London besser kennen, lieben die

Stadt trotz der schmutzigen Straßen, der Abgründe sozialer Ungerechtigkeiten, haben irgendwo ihren Lieblingspark und damit einen Teil ihrer Erinnerungen, der in Grün getaucht ist. Ich war in Europa halbwegs herumgekommen; jetzt wollte ich wieder zurück in meine Stadt, durch ihre Parks schlendern und den Anblick der Straßen genießen, die mit fallendem Laub bedeckt waren.

Sobald ich zurück war, fuhr ich zu Matts Wohnung. Es war Sonntagmittag, und ich fühlte mich nach Tagen des Umherwanderns und nach diversen Partynächten wie gerädert. Trotzdem schleifte er mich hinaus zu einem Spaziergang in seinem Lieblingspark im Viertel – Brockwell Park. Der Park lag auch von meiner Wohnung nicht weit entfernt, trotzdem war ich nicht oft dort gewesen. In London sind wir, was Parks angeht, so verwöhnt, dass man selbst die guten ganz in der Nähe leicht übersieht. Als wir den Hügel in der Mitte hinaufgelaufen waren, entdeckten wir dort – einen Schrebergarten: weder eine Ansammlung aus Bierkästen wie in den Prinzessinnengärten noch ein Fleckchen Erde, das wie hinter dem Palais de Tokyo an einem Hausdurchgang bewirtschaftet wurde, sondern einen von viktorianischen Mauern gesäumten Garten mitsamt Gewächshäusern, Schildchen, Pflanzen und Wildwuchs. Es fühlte sich an wie ein Geheimnis, das man mir viel zu lange vorenthalten hatte. Während wir ihn in Augenschein nahmen, wies ich Matt auf verschiedenste Dinge hin, die dort heranwuchsen: Purpur- und Grünkohl und Kräuter, deren Blätter ich zwischen meinen Fingern zerrieb und ihm hinhielt, damit er den Duft des Rosmarins und Majorans schnuppern konnte. Mir war klar, dass ich hierher zurückkommen würde, dass ich hier einen neuen Ort gefunden hatte, eine neue grüne Lunge, mit der ich atmen konnte.

Das Baby war keine Woche alt, als ich es an einem Abend besuchen fuhr; es war kurz nach der Zeitumstellung und bereits dunkel. In Hannahs Haus war es warm, und es schimmerte alles ganz weich und gelb – und es roch anders: Der künstlich-tröstliche Geruch frischer Wäsche aus dem Trockner vermischte sich mit etwas Animalischerem, etwas Neuem, Blutjungem. Hannah saß auf dem Sofa und reichte mir ihren Sohn, sobald ich meinen Mantel ausgezogen hatte. Er war schon jetzt ein strammes Kerlchen, schmiegte sich fest in meine Arme, und sein ordentlich behaarter Kopf ruhte auf meinem Bizeps. Sein kleiner Mund suchte nach etwas zum Saugen. Ich bot ihm einen Fingerknöchel an und spürte, wie kräftig er daran zog. Die Erfahrung war schwindelerregend, ein kapitaler Ansturm der Hitze und Liebe – ich verspürte das reinste Glück für die Eltern und Stolz auf das Kind, das sie da zustande gebracht hatten. Wir konnten nicht anders, als es zu bestaunen. Für eine halbe Stunde kam die Hektik dieses Monats vollständig zum Erliegen. Und damit waren auch all die verschiedenen Rollen, die ich versuchte zu sein, null und nichtig. Stattdessen empfand ich eine ehrliche, unbestreitbare Zugehörigkeit. Eine, die es nicht nötig hatte, sich eigens zu verkleiden.

November

Ich denke oft, dass das Gärtnern wie eine Sprache ist – mitsamt einem eigenen Vokabular: Wurzelstock, beschneiden, pfropfen, mehrjährig, akklimatisieren, ausgeizen. Vokabeln, die von all jenen verstanden werden, die sie brauchen und *ge*brauchen, die der Uneingeweihte aber kaum versteht. Dann gibt es noch die lateinischen Bezeichnungen und die darin enthaltenen Codes, mittels derer man, sofern man sie entschlüsseln kann, die Ahnenlinie einer Pflanze herausliest. Die Schlüsselblume zum Beispiel mag seit Jahrhunderten Schlüsselblume heißen, womöglich weil die Blütendolde einem Schlüsselbund ähnelt. Aus wissenschaftlicher Sicht handelt es sich jedoch um eine *Primula veris* (*veris* ist ein Genitivattribut und bedeutet »Frühlings-«), die mit der Erdprimel (*Primula vulgaris*, der »weit verbreiteten«, »gewöhnlichen«, die im frühen Frühling gern als günstige Beetpflanze eingesetzt wird) und mit der Aurikel (*Primula auricula*) verwandt ist, jener zarten und doch robusten Gebirgspflanze, deren geheimnisvolle Wildheit und Schönheit bereits Generationen von Gärtnern bezaubert hat.

Für mich liegt der Reiz beim Gärtnern im Entdecken. Eine Sprache erlaubt ihren Sprechern, auf unterschiedliche Weise zu kommunizieren, sofern sie sich nur grob an die Regeln halten. Pflanzen funktionieren ganz ähnlich. Ver-

wildertes, ungepflegtes Pampasgras vor einem Vorstadt-
häuschen wird zumindest in Großbritannien und Irland –
und hauptsächlich in der Generation meiner Eltern – als
Hinweis auf einen Swinger-Haushalt verstanden; spulen wir
zwei, drei Jahrzehnte vor, und das Pampasgras ist wieder in
Mode gekommen (und hat rein gar nichts mehr mit Part-
nertausch zu tun, der wiederum auch nicht mehr heimlich
betrieben wird). Die fedrigen Samenstände verleihen eleganten, aufsehenerregenden Blumenarrangements eine gewisse Leichtigkeit und Dynamik und sind bei Wohndesign-
Bloggern inzwischen ein unverzichtbares Accessoire. Mit
den Jahren verändern Trends und Generationen die Symbol-
kraft einer Pflanze; sie kommt aus der Mode und kehrt
irgendwann wieder, genau wie ein Kleidungsstil oder ein
Möbel. Meine Mutter kann beispielsweise Dahlien nicht
ausstehen, zum Teil weil der Aufwand sie abschreckte, den
mein Großvater um seine Dahlien betrieb. Sie sagt, seine
Dahlien seien obendrein immer »kreischend gelb oder
mauvefarben« gewesen – ein enttäuschendes Ergebnis angesichts des »Riesengeweses«, die Dahlienknollen rechtzeitig
vor Wintereinbruch zu roden und einzulagern. Wenn dann
das Unausweichliche passierte und die Knollen nach Monaten im Winterlager verrottet waren, »war das Geschrei groß«.
Frauen meiner Generation haben diese Abneigung gegen
Dahlien nicht: Die sanft taupefarbenen Blütenstände der
Sorte »Café au Lait« zieren seit annähernd zehn Jahren die
Brautsträuße von Millennials. Warum Dahlien wieder in
Mode gekommen sind? Daran ist Pinterest schuld – und
eine Sechziger-Nostalgiewelle.

Genau wie einzelne Wörter komplexe etymologische
Vorleben haben können, haben auch Pflanzen ihre bewegte
Geschichte. Forschungsschiffe und Eroberungen, Geld und

Handel, Schmuggel und Skrupellosigkeit, Stolz und schöner Schein − all diese Mechanismen haben uns Pflanzen beschert. Eine jahrhundertelange Faszination und flüchtige Moden haben die Nachtfalterorchidee (*Phalaenopsis*) aus den Tropen zunächst als Luxusgut in unsere Gefilde gebracht, wo sie einer solchen Massenvervielfältigung unterworfen wurde, dass sie inzwischen unter Kunstlicht in Supermarktregalen steht. *Phalaenopsis* steht bloß für diejenigen Gärtnervokabeln, die wir bislang imstande waren zu übersetzen − in Geschichten, die über Generationen überliefert wurden, sobald der Mensch involviert war. Doch es gibt bis heute Fälle, in denen Botaniker immer noch grübeln, was wohl mit einer Pflanze passiert war, *bevor* wir sie für uns entdeckten − und es gibt Pflanzen, die überhaupt erst entdeckt werden wollen.

Abstammungsgeschichten können ebenso unübersichtlich wie undurchsichtig sein. Mit der Zeit werden Details vergessen, Unterlagen schludrig geführt oder Dinge um des schönen Scheins willen unter den Teppich gekehrt. Dokumenten zufolge kam im Jahr 1839 ein Franzose namens Jean-Baptiste Vincent als Kurier zurück nach London. Keiner von uns weiß, ob er Isabella wirklich je geheiratet hat − eine Köchin, die den Melderegistern zufolge mit sechsunddreißig bereits verwitwet war. Sie war die Mutter des Urgroßvaters meines Großvaters − ob aber Jean-Baptiste der Vater war, wissen wir nicht. Den kümmerlichen Eintragungen zufolge dürfte er es gewesen sein, daher wohl auch unser Familienname. Aber um die Geschichte konkret nachzuvollziehen, ist sie im Großen und Ganzen zu weit entfernt − zum einen zeitlich, zum anderen aber auch, weil niemand mehr sagen könnte, wer die Menschen hinter den Namen und den paar handschriftlichen Schnörkeln in einem

Registerband waren. Manchmal denke ich noch an Isabella, wenn ich an der St James's Church in Piccadilly vorbeikomme, wo ihre Söhne getauft wurden (es heißt, nur einer davon sei Vincents Sohn gewesen), oder in Mayfair, wo sie in Herrenhäusern gearbeitet haben soll. Ihr Leben ist schlichtweg zu weit von meinem entfernt, um Parallelen zu ziehen, die über den reinen Zufall hinausgehen oder über die Vorstellung, dass sie zwölfeinhalb Jahrzehnte zuvor ausgerechnet an dieser oder jener Stelle vorbeigelaufen sein könnte.

Entsprechend suchen wir mitunter nach weniger greifbaren Dingen, um uns zu erklären, von wem wir abstammen. Dinge, die wir keiner Adresse und keiner Einwohnererhebung entnehmen können: die hohen Wangenknochen beispielsweise oder die Art und Weise, wie jemand den Kopf neigt, wenn er nachdenkt; eine bestimmte Sprechweise oder dass jemand immerzu den Schalter an Verteilersteckdosen ausmacht, selbst wenn gar keine Geräte daranhängen, weil es die Großmutter auch immer schon so gemacht hat. Familien vererben mehr als nur die DNA. Da sind Erinnerungen und Angewohnheiten, die einem qua Genetik, aber eben auch qua Elternhaus mit auf den Weg gegeben werden. Dinge, die auf wackligen VHS-Filmen festgehalten werden. Dinge, die sich im Temperament oder im Phänotyp niederschlagen.

Seit Jahrhunderten haben Menschen Pflanzen und ganze Pflanzenfamilien miteinander gekreuzt – eine Art gottgleiche Beschleunigung dessen, was Pflanzen auch in der freien Natur tun würden. Bestimmte *Primula*-Arten – und zahlreiche andere Gattungen – vermischen sich, sofern man sie nur am richtigen Standort sich selbst überlässt. Neue Arten entstehen, deren Herkunft entweder am Blütenstand oder an der Blattform ablesbar ist oder beispielsweise daran, wie gut sie dem Frost standhalten. Ablesbar ist diese Herkunft aber auch am wissenschaftlichen Namen. Es gibt ganz großartige romantische Geschichten ihrer Entdeckung – beispielsweise Hunderte unfertiger Skizzen und Zeichnungen, die an Bord von James Cooks *Endeavour* von einem gewissen Sydney Parkinson erstellt wurden. Parkinson war ein schottischer Künstler, der angeheuert wurde, um die botanischen Funde von Joseph Banks zu dokumentieren, dann aber auf dem Heimweg im Alter von bloß fünfundzwanzig Jahren starb. Ich persönlich ziehe die bescheideneren Abstammungsgeschichten vor. Pflanzen, die unter Freunden weitergereicht werden und sich so der botanischen Klassifizierung entziehen, die dem Wettlauf um die Entdeckerschaft etwas deutlich Freundlicheres entgegensetzen: nämlich Großzügigkeit und Begeisterungsfähigkeit. Der Chinesische Geldbaum ist so eine Pflanze. In den Siebzigerjahren ging in den Auskunftsstellen in Kew Gardens, in den Edinburgh Botanic Gardens und im RHS Garden in Wisley per Post immer häufiger ein und dieselbe mysteriöse Pflanze ein. Mit ihren flachen, fast kreisrunden sattgrünen Blättern an dünnen Blattstielen verwirrte sie die Botaniker; entsprechend knapp fielen deren Antworten aus: möglicherweise eine *Peperomia*. Schicken Sie das nächste Mal bitte Blüten. Nicht fortpflanzungsfähiges Material können wir nicht identifizieren.

Es handelte sich um eine Pflanze, die landauf, landab Haushalte schmückte und die man in botanischen Institutionen trotzdem in keinem Nachschlagewerk fand. Im Jahr 1978 schließlich landete in Kew ein blühendes Exemplar, das der Botaniker Wessel Marais zu guter Letzt mit einer chinesischen Pflanze in Verbindung brachte, die der deutsche Pflanzenforscher Ludwig Diels 1912 als *Pilea pepero-*

mioides bezeichnet hatte. Sechs Jahre zuvor hatte ein Botaniker und Pflanzensammler namens George Forrest die Pflanze aus einer chinesischen Bergregion mitgebracht. Forrests Sammlung war in Edinburgh eingelagert worden, was aber natürlich nicht erklärte, wie eine Pflanze, die ursprünglich aus den kühlen, oft wechselhaften westchinesischen Höhenlagen stammte, mit einem Mal in ganz Mittelengland auf Fensterbänken und Tischen von Kirchenbasaren auftauchen konnte.

In den Achtzigern wurde schließlich ein Aufruf gestartet: In einem Artikel im *Sunday Telegraph* aus dem Jahr 1983 mitsamt Illustration der Pflanze wurde die Öffentlichkeit um Hinweise gebeten, woher ihre jeweilige Zimmerpflanze gestammt hatte. Eine Familie Sidebottom aus Cornwall meldete sich: Die Tochter habe zwanzig Jahre zuvor von ihrem norwegischen Au-pair eine *Pilea* bekommen, als sie die Ferien in Norwegen verbrachte. Also suchte man in Skandinavien weiter. Doch auch skandinavische Botaniker konnten hinsichtlich der *Pilea peperomioides* nicht weiterhelfen – sie war dort in keiner Kartei aufgeführt und auch nicht Teil des Bestands des botanischen Gartens in Stockholm. Um eine bessere Lösung verlegen ging der schwedische Botaniker Lars Erik Kers ins Fernsehen – woraufhin im Sender 10 000 Briefe eintrudelten.

Als Kers die Briefe sichtete, in denen immerzu von Geschenken und Verwandtschaft und Ablegern die Rede war, trat ein immer klareres Bild zutage – und zwar eins, das mit Forschungsreisen und botanischer Wissenschaft wenig zu tun hatte: Die *Pilea peperomioides* war allem Anschein nach 1946 im Gepäck eines gewissen Agnar Espegren nach Norwegen gelangt, der zwei Jahre zuvor seine Missionstätigkeit in der chinesischen Provinz Hunan beendet hatte.

Auf dem Heimweg nach Norwegen via Indien hatte die Familie noch eine Woche in der Provinz Yunnan verbracht, wo Espegren – womöglich auf irgendeinem Markt – eine *Pilea peperomioides* erstand und sie angesichts der langen Reise in eine Schachtel packte. Von Yunnan aus ging es nach Kalkutta – mitsamt der Pflanze im Gepäck. Zwei Jahre später kam die Familie wieder in Norwegen an.

Und anscheinend ging es der Pflanze gut. Zumindest bis Mitte der Siebzigerjahre dürften sämtliche Exemplare der *Pilea peperomioides* in Nordeuropa von Espegrens Reisemitbringsel abgestammt haben. Die Pflanze lässt sich kinderleicht vermehren: Die Kindel (quasi die Pflanzenbabys) wachsen wie von alleine. Wenn sie groß genug aussehen, um in einem eigenen Töpfchen zu überleben, trennt man das Baby von der Mutterpflanze und pflanzt den Steckling ein. Die Espegrens müssen genau das für Freunde oder Nachbarn gemacht haben, die wiederum ihre Stecklinge weitergaben – und das in einem Maße, dass einer der Trivialnamen der *Pilea peperomioides* »Freundschaftspflanze« lautet, weil sie unter Freunden weiterverschenkt wird. (Im Englischen heißt sie die *Pass-it-on-* oder »Gib-sie-weiter-Pflanze«.)

Diese Tradition setzte sich in den Sechzigern im Vereinigten Königreich fort, als die Tochter der Sidebottoms einen Steckling aus Norwegen mit heim nach Cornwall brachte. Insofern wurde seit Jahrzehnten in ganz Europa eine Pflanze gehegt und gepflegt, von der die Botanik nicht einmal wusste, die die unterschiedlichsten Namen erhielt und jenseits aller wissenschaftlicher Systematiken Enthusiasmus bei ihren Besitzern weckte.

Pilea peperomioides feiert derzeit ein aufsehenerregendes Comeback. Mag sein, dass sie in Skandinavien nie ganz in Vergessenheit geraten war, aber in Großbritannien gehörte sie zu den ersten ungewöhnlichen Zimmerpflanzen, die unter Beweis stellten, dass wieder ein gesteigertes Interesse an Pflanzen herrschte, insbesondere unter Millennials. Im selben Moment, da auf Pinterest- und Instagram-Stimmungsfotos skandinavisch-minimalistische Einrichtungstrends die Oberhand bekamen, betrat auch die *Pilea peperomioides* mit ihren talerförmigen Laubblättern die digitale Bühne. Wie die *Tradescantia* und die *Monstera*, deren zahlreiche Varietäten sich unter den Millennial-Gärtnern neuer Beliebtheit erfreuen und für gewöhnlich nur bei der verkürzten Form des wissenschaftlichen Namens genannt werden, ist die *Pilea* – oder auch Chinesischer Geldbaum – ein Objekt der Begierde geworden, und das nicht zuletzt, weil sie eine Zeit lang in »klassischen« Blumengeschäften und Gartencentern kaum käuflich zu erwerben war.

Mit der Zeit und etwa ab Mitte der 2010er Jahre hatten durchgestylte Pflanzengeschäfte – die im Kielwasser jener neuen, trendigen Lust auf Zimmerpflanzen aus dem Boden geschossen waren – die *Pilea peperomioides* schließlich auf Lager, und spätestens 2017 war sie auch in Gartencentern und auf Blumenmärkten in aller Regel zu haben – und sogar bei Ikea.

Doch noch bevor der schnöde Kauf sich durchsetzte, handelten *Pilea*-Besitzer mit ihren Ablegern und Stecklingen, indem sie sie auf Webseiten wie Etsy oder eBay – oder auf Instagram – anboten. Tatsächlich ist meine auf genau diesem Wege zu mir gekommen: als lustiges kleines Pflänzlein, das sich lang seinem Ruf widersetzte, überaus wuchsfreudig zu sein. Noch ehe er ein guter Freund von mir wurde, schickte ein gleichgesinnter Südlondoner Gärtner namens Jack mir einen kleinen *Pilea-peperomioides*-Steckling per Post. Ich hatte lange widerstanden und mir keine

Pflanze gekauft, und ich glaube, ich würde auch heute dafür in keinen Laden gehen; es würde sich einfach nicht richtig anfühlen. Die Geschichte der Pflanze lebt doch von ihrer Weitergabe, genau die macht sie so besonders: Wenn sich eine Pflanze auf einem kühlen, hellen Fensterbrett von ganz alleine fröhlich vermehrt, sollte der erste Impuls sein, einen Ableger weiterzugeben, damit noch jemand Freude daran haben kann. Insofern hege und pflege ich meine *Pilea peperomioides* weiter, die nach zwei Jahren immer noch ziemlich klein ist, und wenn sie eines Tages groß und stark geworden ist und Ableger ausbildet, verschenke ich die Babypflänzchen nur zu gern weiter.

•

Besuche bei meinen Eltern folgten einer stillschweigenden Routine, einer einfachen und sich kaum je verändernden Formel, derzufolge ich mich nach der Rushhour in den nächstbesten Zug aus Euston setzte, der im November gern heillos überheizt war. Wenn ich Glück hatte – und pünktlich am Bahnhof gewesen war –, fand ich sogar einen Sitzplatz, wesentlich häufiger jedoch ließ ich mich so weit weg von den Toiletten wie nur möglich irgendwo am Boden nieder und baute mir ein Nest aus Reisetasche, Jacke und Freitagabenderschöpfung. Dad holte mich am Bahnhof ab – uns, sofern Hannah sich angeschlossen hatte –, und zwar immer an unserem »geheimen« Stellplatz jenseits der Taxischlange (eins der wenigen Dinge, die meinen Vater zur Weißglut treiben konnten); er orderte uns per SMS dorthin, noch während wir uns quer durchs Bahnhofsgebäude an die feuchte Luft vorarbeiteten. Dann ließen wir die Straßen von Milton Keynes zugunsten von Landstraßen hinter uns, die ich seit meiner Kindheit in- und auswendig kannte. Die paar Wochen zwischen meinen Besuchen reichten jedes Mal aus, um an den Hecken entlang der Straßen ablesen zu können, wie weit die Jahreszeit schon fortgeschritten war. Diesmal wurden die Hecken allmählich fröstelig und verloren ihr Laub an nasse Haufen, die den Straßenrand säumten. Die Weihnachtsbaumplantage, deren Werbeschild das ganze Jahr über hängen blieb, war inzwischen beleuchtet. Über die Schwelle zu treten bedeutete, im nächsten Moment meine Mutter aus der Küche rufen zu hören. In ihrer Schürze und mit ausgebreiteten Armen würde sie gleich auf uns zustürzen, noch ehe wir unser Gepäck abgestellt hätten. Anschließend läutete die Alchemie eines Gin Tonic – Aufgabe meines Vaters – den Beginn des Wochenendes auf dem Land ein.

Es war jetzt zwei Jahreszeiten her, seit ich zuletzt hier gewesen war – fast mehr, denn mein letzter Besuch im Sommer war eher eine Klausur als ein richtiger Besuch gewesen. In den Monaten, die seither vergangen waren, war mir die Gnade zuteilgeworden, mich auszuleben – auf Festivals und Partys, in durchfeierten Nächten und Einsamkeit, bei Auslandsreisen und an jenen Sonntagen, die ich damit zugebracht hatte, quer durch die Stadt von einem Interims-Unterschlupf zum nächsten zu ziehen. Unterdessen waren Anrufe bei meinen Eltern ein bisschen kurz gekommen; auch meinen Bruder hatte ich schon seit Längerem nicht mehr gesehen, und er war mitsamt Freundin und Söhnchen extra vorbeigekommen. Ich kam nicht umhin, neben dem salzigen Duft des Fisch-Pies im Ofen noch etwas anderes zu wittern – eine gewisse Befangenheit. Als stünde auf dem Herd obendrein heißer Brei, um den man würde herumreden müssen.

Es war die erste Gelegenheit seit meiner Trennung, dass wir alle wieder zusammensaßen. Unter Garantie würden mir behutsame Fragen zu diversen praktischen Dingen gestellt, die ich immer noch nicht beantworten konnte. Alle meine Lieben würden sich neue Gewohnheiten zulegen müssen, nachdem sie sich jahrelang nach Josh erkundigt hatten; zumindest würden sie akzeptieren müssen, dass meine Antworten nüchtern und bissig ausfielen, als würde ich mir von einer gerade notdürftig verheilten Wunde den Schorf wieder abreißen, weil ich einen Pullover zu schnell abstreifte. Trotzdem hatte die Heimreise mich dazu ermutigt, mir einzugestehen, was sich alles verändert und wie sehr *ich* mich verändert hatte. Ich hatte eine neue Brille, trug die Haare länger, und der Schlafmangel war mir wohl deutlich anzusehen. Gleichzeitig war ich wieder glücklicher, hoffte ich – zumindest fühlte ich mich allmählich glücklicher. Es kehrte langsam wieder ein bisschen Ruhe ein. Manchmal fühlte es sich immer noch an, als existierte ich nur zu bestimmten Zeiten – lediglich zwischen den Wochenenden, zwischen kurzen Nächten, die in frühe Bürostunden und vollgepackte Tage übergingen. Doch mittlerweile hatte ich wieder Spaß daran und tat es nicht mehr nur aus reiner Verzweiflung. Ich konnte der Unbeständigkeit, die ich so sehr gefürchtet hatte, Energie entziehen. Es war fast, als taktete ich mich mit jeder Rolle, in die ich schlüpfte, immer wieder neu und als wüsste ich jetzt, welcher Mensch ich mit Freunden, mit Kollegen, mit Matt, mit meiner Familie wäre. In der Familie bliebe ich immer das Nesthäkchen; in meiner Kindheit hatte das bedeutet, dass ich diejenige war, die immerzu versuchte, zu den anderen aufzuschließen und mit ihnen Schritt zu halten. Als wir älter wurden, veränderte sich das Muster ein wenig; ich hatte für mich einen anderen Pfad betreten. Meine Geschwister hatten beide inzwischen Kinder und Eigenheime sowie einen Partner, der sie zu Familien machte; im Vergleich dazu war ich einerseits die Einzelkämpferin ohne klar definierte Zukunft, andererseits nach wie vor merkwürdig unfrei; ich war diejenige, um die sich unsere Eltern immer noch Sorgen machten, die sie ermahnten, mehr zu schlafen und weniger zu arbeiten und achtsam mit sich selbst zu sein.

London ist zu komplex, zu künstlich, als dass man dort einer einzelnen Person viel Aufmerksamkeit schenkte, und in der Stadt ist der Wandel allgegenwärtig und erwünscht. Einen Bekannten monatelang nicht zu treffen ist völlig normal, und wenn man zwischen zwei Verabredungen einen radikalen Bruch im Leben vollzogen hat, dann ist das vollkommen in Ordnung. Auf dem Land vollzieht sich alles ein bisschen langsamer, da wird die Geschwindigkeit des Lebens anders bemessen – durch das Fällen von Bäumen, ein neues Bauvorhaben entlang einer Ringstraße, Entscheidungen vonseiten des Gemeinderats –, dagegen wirken städtische Gepflogenheiten regelrecht schräg. Besser, man schiebt sie für ein paar Stunden komplett beiseite. Sobald man seine ausgefallene Städter-Persönlichkeit quasi an der Schwelle abstreift, bringt die frische Luft den Menschen, der sich darunter verborgen hat, umso besser zum Vorschein. Geschichten aus der Großstadt wirken angesichts von Erinnerungen an ein früheres Ich null und nichtig. Wir besuchten das Feuerwerk im Nachbarort und den Park, in dem ich meine Teenager-Wochenenden verbracht, illegalerweise Cider getrunken und mit Jungs geknutscht hatte. Was in London so entscheidend ist – das Viertel, in dem man wohnt, der richtige Job, die richtigen Freunde, das richtige Outfit –, wird hier bedeutungslos. Ich hatte früh gelernt, diese verräterischen Teile meiner Städter-Persönlichkeit bei meinen Heimatbesuchen abzulegen. Für ein Mädchen, das auf dem Land aufgewachsen war, hätte es sich schlichtweg lächerlich angefühlt, seine Herkunft zu verleugnen, indem es für einen Spaziergang über die Felder teure Laufschuhe angezogen hätte. Ich schlüpfte in dieselben alten Gummistiefel, die immer schon an der Hintertür gestanden hatten, schnappte mir dasselbe alte Fleece, das so angenehm nach Garten und Schrank roch, und kramte in der Schublade nach einem Paar Handschuhen, das ebenfalls seine Geschichte hatte: die seines eigentlichen Besitzers. Die einer Herkunft.

Während Großstädter gern die seltsame Stille bemerken, die in kleinen Dörfern herrscht, bin ich immer schon kopfüber in sie eingetaucht, bin früh zu Bett gegangen und von der puren grauen Morgendämmerung aufgewacht. Statt Verpflichtungen und Busfahrpläne strukturieren auf dem Land die Mahlzeiten (und Zwischenmahlzeiten) den Tag, und man verbrennt nur halbherzig all die Kalorien, die man zuvor in sich hineingefuttert hat. Anfang November machte sich zudem Dunkelheit breit. Hier war der perfekte Ort, um den ersten Nachtfrost mitzuerleben, die schwere Nässe in der Luft und frühe Sonnenuntergänge. Der perfekte Ort, um seinen Frieden damit zu machen, dass der Herbst sich von hell und frisch zu grau und nass verwandelte, dass dies aber auch der notwendige Übergang war, der all das Leben ermöglichte, das später neu erstehen sollte.

In meiner Familie wird Zuneigung nicht verbal ausgedrückt. Weil es uns nie jemand beigebracht hat, haben wir auch nie gelernt, zueinander zu sagen, dass wir einander lieben. Derlei Äußerungen fallen nicht in Gesprächen und werden es wohl auch nie tun. Das mag nach Unterkühltheit klingen, aber in Wahrheit liegt es an einer einfühlsamen, einer rücksichtsvollen Distanz. In meinem Elternhaus haben wir oft die Stimmen erhoben – allerdings aus Freude, nur selten aus Wut. Mein Vater hat uns früh beigebracht, dass Hass keine konstruktive Regung ist – besonders nicht in Fällen kindlicher Launenhaftigkeit. Extreme Gefühlslagen, wie Schmollen oder Hysterie, kamen bei uns so gut wie nicht vor. Liebe, nehme ich an, ist ebenfalls ein extremes Gefühl, ein Aspekt im Zusammenleben von Menschen, der sich der Wissenschaft widersetzt, und war daher bei uns auch nie laut geäußert worden. Nicht dass die Liebe nicht spürbar gewesen wäre – das war sie sogar sehr wohl –, aber sie wurde nun mal nicht in Worte gefasst. Stattdessen konnte man sie in einem Glas Saft schmecken, mit dem wir vor der Schule geweckt wurden, und in den Schokosplittern auf den Muffins, die nach der Schule bereits auf uns warteten. Sie wurde mir in den Freiheiten vermittelt, die meine Eltern mir schon in jungen Jahren zugestanden, und durch die unausgesprochene Ermutigung, mit der gefördert wurde, dass ich meine Meinung kundtat. Stolz und Liebe waren im Großen und Ganzen nichts, was meine Eltern explizit formulierten, trotzdem konnte man beides in den Freiräumen erahnen, die sie uns eröffneten. Ich habe die Eigenschaften, die ich am meisten an ihnen schätze, auch für mich selbst übernommen: die Fähigkeit meiner Mutter, jeden zu versorgen, der durch die Tür hereinspaziert, und scheinbar mühelos aus dem Inhalt des Kühlschranks spontan etwas zu zaubern. Die Abneigung meines Vaters gegen jedwede Form von Verschwendung und die feste Entschlossenheit, sich die genauen Daten gewisser Ereignisse zu merken. An anderen Qualitäten arbeite ich noch: an seiner Geduld; an ihrer unerschöpflichen Wissbegierde.

Die Liebe steckte auch in den kleinen, bedeutsamen Geschenken, ohne die ich kaum je nach London zurückkehrte. Ein paar Jahre zuvor hatte ich meine Sachen bei meinen Eltern ausgeräumt, denen ein Umzug bevorstand, und dies als erfreuliches, finales Zeichen meines Erwachsenwerdens gedeutet. Trotzdem wanderte immer wieder etwas von ihnen mit zu mir nach London: ein Beutestück von dem riesigen Flohmarkt in ihrer Gegend, zu dem ich meine Eltern gern schleifte. Bettwäsche, Geschirr oder andere Haushaltsgegenstände, die meine Eltern und Großeltern früher geliebt hatten, jetzt aber nicht mehr brauchten oder die aus der Mode gekommen waren. Manchmal war es auch bloß ein eselsohriges Taschenbuch, das meine Mutter in einem Charity-Laden gefunden hatte und bei dem sie sofort an mich hatte denken müssen, oder ein Buch, das ich bei ihnen aus dem Regal gezogen hatte und noch fertig lesen wollte. Einmal war es ein Teppich, den wir im Urlaub gekauft hatten und der sein Dasein dann jahrelang auf dem Dachboden gefristet hatte. Und natürlich Essen – umfunktionierte Margarineschachteln mit Kuchen und Snacks, die während des Besuchswochenendes nicht aufgegessen worden waren. Päckchen mit eingefrorenem Eintopf. Besonders während ich von einer Adresse zur anderen pilgerte, waren diese Gaben hoch willkommen – es waren genau solche Geschenke, die den nervtötenden, einsamen Schmerz abpuffern konnten, den ich empfand, wenn ich mich mal wieder in einer fremden Küche alleine versorgen musste. Meine Schwester hat mir einmal erzählt – ganz ohne missgünstig oder sauer zu sein –, dass sie derlei »Carepakete« nie bekommen habe. Sie hatte schon lange mit ihrem Freund aus Teenagerzeiten zusammengelebt, den sie später heiraten würde, und anscheinend immer so wohlorganisiert und eigenständig gewirkt, dass – in ihren Worten – unsere Mutter wohl der Ansicht war, sie brauchte die Extrafürsorge nicht. Ich bekomme die Carepakete noch heute. Selbst wenn ich protestiere, schmuggeln sie sich in meine Tasche, und in London mache ich urplötzlich eine in Alufolie gewickelte Entdeckung. Vielleicht liegt es daran, dass ich die Jüngste bin oder dass meine Eltern mein Leben oft als mehr oder weniger zielgerichtetes Chaos aus Arbeit, Projekten und Wörtern empfinden.

Bei diesem Besuchswochenende zur Guy-Fawkes-Nacht war es nicht anders. Ich war mit einem kleinen Rucksack raus aufs Land gefahren und kehrte mit zig Taschen beladen zurück in die Stadt. Ja, Essen war auch dabei, aber auch andere gute Gaben. Nachdem ich jahrelang meine Wohnung mit wohldurchdachten Dingen angefüllt hatte, hatte ich mit einem Mal keine eigene Wohnung mehr und versuchte entsprechend, nichts Neues anzuschleppen, selbst wenn es noch so nett gewesen wäre. Stattdessen war ich diesmal mit Pflanzen heimgeschickt worden: mit Ablegern eines *Helleborus* (keine Ahnung, welche Unterart!) in lehmhaltiger Erde aus dem Garten meiner Eltern, die in feuchtes Zeitungspapier gewickelt und dann in eine Papiertüte gesteckt worden waren: Nachkommen derer, die in den Beeten meiner Eltern in Blassrosa, Weiß und Lila wuchsen und die wiederum selbst einst Geschenke von Freunden der Familie gewesen waren, die es nach Devon gezogen hatte. *Helleborus* – die Schnee- oder Christrose – ist, wie mein Vater immer sagt, promiskuitiv: Die Pflanze hybridisiert oder kreuzt sich von ganz alleine mit verwandten Arten – eine Enttäuschung für diejenigen Gärtner, die Wert auf ausgewählte Spezies legen, aber eine Freude für all diejenigen, die sich gerne davon überraschen lassen, was ihr Garten plötzlich hervorbringt. Im Ergebnis können tatsächlich regenbogenbunte Pflanzen entstehen, wobei die unvorhersehbare neue Färbung und die neuen Eigenschaften nur dann offenkundig werden, wenn sich die Pflanze dazu durchringt zu blühen. Das allerdings kann dauern. Mitunter vergehen Jahre, bis aus Samen gezogene Blumen zu guter Letzt aufblühen, nachdem sie erst groß und kräftig und belaubt werden mussten. Wenn sie aber erst einmal so weit sind, bleiben sie einem im Garten erhalten und bringen unaufgeregte, unerschrockene Blüten hervor, selbst wenn rundherum das meiste längst verblüht ist.

Ich kehrte mit noch einer weiteren Pflanze nach London zurück: mit einer guten Handvoll schlaffer, weicher Blätter in einem viereckigen Pflanztopf. Mein Vater hatte sie mir in die Hand gedrückt, als ich schon fast zur Tür hinaus war. »Das haben wir in Grandpas Gewächshaus gefunden«, sagte er. »Keine Ahnung, was das ist, aber vielleicht magst du dich ja darum kümmern? Vielleicht kriegst du sie ja zum Blühen?« Mein Großvater – der Vater meines Vaters – war im Vorjahresfrühling gestorben. Er hatte uns ein Haus hinterlassen, in dem sechzig Jahre seines Lebens steckten, einen Garten und ein Gewächshaus, die sechzig Jahre Liebe enthielten, um die wir uns nun kümmern mussten. Dad hatte den Sommer über dort alles durchgearbeitet, meine Mutter hatte die Duftwicken beschnitten, zum Blühen gebracht, andere hatte sie ausgegraben und in unseren Garten verpflanzt. Ich hatte mir die alte Stahlgießkanne gewünscht und mit nach Hause auf meinen Balkon genommen – ein kolossaler Fortschritt gegenüber den Milchflaschen, die ich zuvor zum Gießen benutzt hatte. Dieses Pflänzchen jedoch war offenbar durchs Netz gerutscht. Siebzehn Monate nach Grandpas Tod und lange nachdem das Haus ausgeräumt und das viktorianische Gewächshaus niedergerissen worden war – die schicken neuen Bewohner hatten für so eine abgehalfterte, archaische Konstruktion keine Verwendung gehabt –, lebte dieses kleine Pflänzchen noch immer, landete ebenfalls in meiner Tasche und fuhr mit mir zurück nach London.

Die Rückreise tat ihm indes nicht wirklich gut. Es war der erste richtig kalte Herbstabend, und der Wind peitschte die Gleise entlang, während ich dort minutenlang in der Dunkelheit stand. Der nasse Lehm hatte die Zeitung durchweicht und die Nässe sich in der Papiertüte ausgebreitet. Irgendwann war es dann so weit: Die Tüte riss, und der *Helleborus*, das geheime Pflänzchen und eingewickelter Kuchen landeten auf den Bahnsteig. Ich klaubte alles zusammen und hielt das Durcheinander aus durchweichtem Papier und Erde in meinen Armen. Dann der überhitzte Zug, ein stickiger Bus, die einsetzende Rastlosigkeit des Sonntagabends, der Schlüssel in der Tür, endlich zu Hause … Ich war kurz vor dem Ausflug zu meinen Eltern zurück in Joshs und meine Wohnung gezogen und ahnte sofort, dass hier etwas nicht stimmte: Schon von draußen hatte das Licht in den Fenstern komisch ausgesehen. Sobald ich über die Schwelle trat, schlugen mir Zigarettenrauch und fremde Stimmen entgegen – und die Wohnzimmertür war geschlossen, was sonst nie der Fall war.

Josh und ich hatten unser drittes Zimmer seit Längerem untervermietet, um die laufenden Kosten niedrig zu halten. Nun war unser voriger Untermieter in den Wochen nach unserer Trennung ausgezogen, und unsere Versuche, jemand Neuen zu finden, waren halbherzig und unmotiviert gewesen. Am Ende war ein alter Sandkastenfreund von Josh eingezogen, der die Miete zu zahlen bereit war, aber nicht allzu oft da wäre. Allerdings war auch er gerade frisch getrennt und lebte jetzt sämtliche Feierverlockungen und flüchtige Bettgeschichten aus – an einem Ort, von dem Josh und ich um unseretwillen ausgerechnet das hatten fernhalten wollen.

Als ich die Wohnzimmertür aufmachte, war es merkwürdig dunkel, und die Möbel standen anders. Ein halbes Dutzend Leute fläzte an der Stelle herum, wo zuvor der Couchtisch mit Büchern und Zeitschriften gestanden hatte. Bierdosen und Pizzakartons lagen am Boden, und irgendwer fragte mich – die immer noch im Mantel und mit Blumen im Arm dastand und deren Brille beschlug –, ob ich auch etwas essen wolle. Natürlich hatte die Wohnung sich in der Zwischenzeit verändert, aber sie war immer noch mein Zuhause, immer noch mein Zufluchtsort, mein bittersüßer Trost, besonders wenn ich die vorangegangenen Wochen in fremden Wohnungen hatte schlafen müssen. Allmählich hatte ich gelernt, einen alleine verbrachten Sonntagabend gar nicht mehr schlimm zu finden, und mir stattdessen neue Routinen angeeignet: Ich telefonierte mit alten Freunden und kochte mir schöne Abendessen, ehe ich in der Badewanne die Zeitungsbeilagen las. Ich war halbwegs erholt von meinem Ausflug aufs Land wiedergekommen und kopfüber in einen Tumult gestürzt worden, den ich selbst in meinen umtriebigsten Phasen zu Hause nie zugelassen hätte. Nachdem ich mich gerade wieder vorsichtig auf einen Ort eingelassen hatte, der sich wie der richtige Ort abseits von London anfühlte, war meine innere Ruhe von dem Moment an verflogen, da ich durch die Wohnungstür getreten war. Vorsichtig stieg ich über die Leute hinweg, die dort auf dem Teppich fläzten, und stellte die Pflanzen, die ich mit nach Hause gebracht hatte, vor die Balkontür.

Dann entschuldigte ich mich für die Störung, zog mich ins Bad zurück, ließ mir eine Wanne ein und schrieb Matt eine Nachricht.

Er antwortete postwendend und stellte mir die Reste seines Abendessens, Wein und Attenborough im Fernsehen in Aussicht. Es war das erste Mal, dass ich einen Hilferuf an ihn gerichtet hatte. Trotz all der Zeit, die wir miteinander verbrachten, hielt ich ihn immer noch angestrengt von allem fern, was meine Stimmungslage betraf. Was ich für ihn empfand, fühlte sich zusehends gewichtig und unkontrollierbar an – und das machte mir Angst. Ich war immer noch bewusst darauf bedacht, mich auf nichts Festes einzulassen, hauptsächlich weil sich das Timing verkehrt anfühlte: fast schon obszön schnell nach der Trennung, eine viel zu kurze Atempause, um direkt eine neue Beziehung einzugehen. Es lag aber auch daran, dass meine derzeitige Lebenssituation nur schwer zu erklären war: ein Terminkalender voller Umzüge; ein Ex, mit dem ich immer noch in Kontakt stand; eine Wohnung, von der wir beide nicht wussten, was daraus werden sollte, und vor allen Dingen die Liebeskummerwellen, die mich immer noch in wilden, willkürlichen Abständen überrollten.

Der Kontrast zwischen dem, wo ich herkam, und dem, was aus mir geworden war, konnte sich jederzeit urplötzlich in Erinnerungen manifestieren, in der Wohnung oder wo immer ich gerade auf bekanntem Terrain unterwegs war. Wenn unter mir eine Party stattfand, fiel mir das letzte Mal ein, dass sie dort gefeiert hatten: Josh und ich hatten auf dem Balkon gestanden und das Feuerwerk am Himmel über London verfolgt, zunehmend aber auch den Spaß, den die Nachbarn eine Etage tiefer zu haben schienen. Am liebsten wäre ich damals hinuntergelaufen, hätte an ihrer

Tür geklopft und sie gefragt, ob wir mitfeiern dürften, immerhin wohnten wir direkt drüber; aber ich hätte es nicht einmal vorgeschlagen – Josh hätte so etwas nie tun wollen. Und mir dämmerte, dass ich erleichtert war, erleichtert darüber, dass ich mir solche Schranken nicht mehr auferlegen musste. Dass ich meine spontanen Ideen umsetzen konnte, dass ich die Grenzen neu ziehen und Orte besuchen konnte, an denen ich bislang immer nur gekratzt und einen Hunger verspürt hatte, den ich mir nicht hatte erklären können.

Dieses Gefühl der Befreiung zog natürlich sofort ein schlechtes Gewissen nach sich. In meinem eigenen Leben Räume zurückzuerobern war das eine, aber im Leben eines anderen bedeutsam zu werden war etwas vollkommen anderes. In vielfacher Hinsicht verkörperte Matt für mich diese kühne neue Existenz, die Freiheit, die Spontaneität und ein Leben, das auf Freude ausgerichtet war. Ich hatte oft das Gefühl, ich dürfte ihm nur meine beste Seite zeigen. Er wohnte alleine, hatte immer Wein im Kühlschrank, bügelte seine Bettwäsche und war mit sich selbst oder in meiner Gesellschaft vollkommen zufrieden. Ich selbst tat und war nichts davon und habe immer schon – seit meiner Kindheit – eine unterschwellige Panik vor unkontrollierbaren Katastrophen gehabt; also hielt ich ihn auf Sicherheitsabstand von meinem wahren Ich, verpasste mir eine schimmernde Hochglanzschicht, machte über die kleinen Tragödien in meinem Alltag nichtige, dumme Sprüche und polsterte die hohle Freude aus, die mir durchfeierte Nächte und schick klingende Partys bereiteten. Und es funktionierte überwiegend. Er wirkte überzeugt, und ich überließ mich dem Ringen um unbeantwortete Fragen nur dann, wenn ich mit meinem Gedankenkarussell alleine war.

•

Es dauerte vielleicht eine Woche, bis die Neugier überhandgenommen hatte und ich Grandpas Pflanze identifizierte.
Nach etwas zu suchen, ohne zu wissen, wonach, ist in aller
Regel verlorene Liebesmüh – eine Lektion, die ich auf die
harte Tour gelernt habe. Es gibt tatsächlich Apps, mit deren
Hilfe man Pflanzen bestimmen kann. Ich hatte die ersten
Monate in meinem Balkongarten in weiten Teilen mit diesen Apps zugebracht, um die mir unbekannten Schönheiten
zu identifizieren, die ich nach Hause geschleift hatte, nachdem sich Google-Recherchen nach »grau +fiedrig +Grünpflanze« (*Artemisia!*) als aussichtslos erwiesen hatten. Die
Apps kredenzten einem den botanischen Namen und ein
paar vage Hinweise auf Vorlieben und Todsünden bei der
Pflege, aber das reichte aus, um weiterzusuchen, um bestimmte Pflanzen in der Bibliothek nachzuschlagen oder –
häufiger – im Internet. Auf diese Weise trug ich Informationen zusammen, sorgte mich bei jeder identifizierten
Pflanze um den Schaden, den ich bereits angerichtet haben
mochte, und versuchte, ihn wiedergutzumachen. Binnen
einiger Stunden hatte ich herausgefunden, dass die Gewächshaus-Überlebende eine *Primula x pubescens »Auricula«*
war – oder Garten-Aurikel, wie der Eingeweihte sie nennt.
Ich hatte noch nie davon gehört, aber die Google-Bildsuche war durchaus vielversprechend. Die Pflanze sah niedlich aus, fröhlich, hatte zweifarbige Blütenkronen über
einem zierlichen Stängel – fast wie die kitschig-grellen Blumen aus Siebzigerjahre-Zeichentrickfilmen. Sie erinnerten
mich an die knallig orange-braun gemusterte Umschlagfolie, mit der meine Mutter zu jener Zeit immer Klaviernoten eingeschlagen hatte. Eine Blume, bei der man sofort

an Paff, den Zauberdrachen, und an Zebulon aus dem Zauberkarussell dachte. Ich schrieb meinem Vater eine Nachricht, und er antwortete, dass diese Art zu den Lieblingsblumen seiner Mutter gehört habe. Außerdem erfuhr ich, dass ich schleunigst weniger gießen und die vertrocknenden gelben Blätter entfernen sollte – und mit ein bisschen Glück würde die Pflanze im Frühjahr neu blühen: Jahre nachdem Grandpa sie im Gewächshaus ihrem Schicksal überlassen hatte.

In der Rückschau kommt es mir fast blasphemisch vor, die Aurikel mit meiner schläfrigen Hippie-Grundschulzeit in Mittelengland zu assoziieren, weil sie in Wahrheit eine Blume mit einer wesentlich nobleren, beeindruckenderen Geschichte ist, die Gärtner und Botaniker lange in ihren Bann geschlagen hat. Ähnlich wie in der Ahnenforschung gehen wir auch bei Pflanzen erst einmal nur nach schriftlichen Dokumenten; aber es gibt Hinweise darauf, dass Aurikeln bereits seit 1400 angepflanzt wurden – damals noch in Gestalt der *Auricula ursi*, die im Volksmund auch »Bärenöhrchen« heißt: jene schlichtere, oft gelbe Unterart, die es gern kühl hat und besonders gut im durchlässigen, steinigen Boden der mitteleuropäischen Gebirgsregionen wächst. Der erste schriftliche Beleg für die Kultivierung stammt aus Nürnberg; die Pflanzen waren aus den Gebirgsregionen Bayerns, Österreichs und der Schweiz zusammengetragen worden. *Primula pubescens* – die prächtigere, eher Zauberkarussell-artige Aurikel, die in meinen Besitz gekommen war – ist eine Naturhybride (das Produkt der natürlichen Kreuzung zweier Arten) aus *Primula auricula* und *Primula hirsuta*, der pinkfarbenen Cousine, die besser bekannt ist als Behaarte oder Drüsige Primel. Die Hybride tauchte erstmals im späten 16., frühen 17. Jahrhundert in

Österreich auf, trotzdem sollte es bis 1867 dauern, ehe Botaniker durch Detektivarbeit in Form von Wissenschaft und Archiven die Abstammung aufdecken sollten.

Es mag ein wenig nüchtern klingen, aber die Elternpflanzen waren quasi Wanderpokale, und die Geschichten über sie wanderten und mäanderten nur umso weiter. Eine Geschichte besagt, dass die Hybridpflanze ursprünglich aus den österreichischen Alpen in die Gärten von Habsburgerkaiser Maximilian II. gebracht worden sei, wo sich sein Hofbotaniker Charles de l'Écluse, besser bekannt als Carolus Clusius, ihrer angenommen und sie weiter kultiviert habe. Einer anderen Version zufolge sollen die Pflanzen, die Clusius erhielt, von seinem Freund Johann Aicholz, einem Professor und begeisterten Gärtner, mitgebracht worden sein – und zwar aus den Gärten eines Schlosses in den Bergen bei Innsbruck, wo eine gewisse Gräfin Trauttmansdorff ihre Sommer verbrachte.

Dort waren die beiden Pflanzen, die Clusius *Auricula ursi* und *Auricula ursi II* nennen sollte, wild gewachsen. Clusius stammte ursprünglich aus Flandern und hat sich mit seiner Arbeit mit Tulpen einen Namen gemacht; trotzdem gelang es ihm, auch die Aurikel zu kultivieren. Von Clusius lässt sich die Geschichte nun in unterschiedliche Richtungen weiterverfolgen: Entweder nahm er sie mit an die Universität Leiden oder gab sie an seine Wissenschaftlerfreunde in ganz Europa weiter – ähnlich wie die Freundschaftspflanze *Pilea peperomioides* Jahrhunderte später weitergegeben würde. Tatsächlich scheint Clusius ein so großer Freund von gärtnerischen Tauschgeschenken gewesen zu sein, dass er sich vehement gegen den Handel mit Pflanzen aussprach: »Zur Hölle mit all jenen, die mit dem Kaufen und Verkaufen angefangen haben!«, schrieb er 1594 frustriert.

Wie genau die Aurikel aus Mitteleuropa ins Vereinigte Königreich kam, ist nach wie vor ungeklärt, aber sie taucht – als »Bear's Ear«, als »Bärenöhrchen« – erstmals 1597 in britischen Dokumenten auf: in John Gerards umfangreichem Hauptwerk *Herball*, in dem fünf Varietäten aufgeführt sind. Lange waren flämische Weber angeführt worden, die die Aurikel im 16. Jahrhundert bei der Flucht vor religiöser Verfolgung mit auf die Britischen Inseln gebracht haben könnten, und dieser Mythos hält sich hartnäckig, auch wenn sich die botanische Historikerin Ruth Duthie dagegen ausgesprochen hat: Die Pflanze sei schlichtweg zu teuer für einfache Leute gewesen. Doch die Romantik ist einfach unwiderstehlich: die Vorstellung, dass protestantische Hugenotten noch Aurikelsamen ins Gepäck gesteckt haben könnten, als sie aus den Niederlanden und Belgien via Nordfrankreich in die Londoner Spitalfields, nach Norwich und Canterbury flüchteten. Kleine Bündel Hoffnung und Heimat, die ihnen die Ankunft in einem fremden neuen Leben erleichterten. Und auch wenn nichts Geschriebenes diesen Mythos untermauert, hält er sich. Bereits in den 1630er Jahren fanden in Norwich »Florists' Feasts« statt – Blumenschauen, bei denen man zusammenkam, um zu feiern und die blühenden Ausstellungsobjekte zu vergleichen und zu bewundern.

Nun weiß ich sehr wohl, wie vage Geschichte sein kann und wie sehr sie sich mitunter der Dokumentation entzieht. Die Vorfahren meiner Großmutter waren Hugenotten. Sie ließen sich in den Sümpfen von East Anglia nieder, um dort das Marschland trockenzulegen. Zwischen 1591 und 1655 tauchen sie – die Behaggs – mehrfach namentlich und per Unterschrift in Melderegistern auf, trotzdem gibt es keinen Beleg dafür, dass sie je wirklich in den Fens angeheuert hätten – oder auf dem Great Level, wie die Moorlandschaft dort später genannt wurde. Derlei Details versickern mit der Zeit wie das Wasser der Marschen: ein Tütchen Blumensamen in einem Knappsack, ein Arbeitsvertrag, jemand lässt sich nieder und gründet eine Familie – und am Ende wird eine Familiengeschichte über Generationen weitererzählt.

Ein paar Dokumente und die lebenden Nachfahren sind das Einzige, was bleibt. Und beides hat Aurikelfreunde jahrhundertelang fasziniert. Weil die Pflanze sich derart bereitwillig hybridisiert, ist die Anzahl der *auricula*-Unterarten inzwischen ebenso schwierig zu benennen wie ihre Herkunft. In der ersten Hälfte des 17. Jahrhunderts wurden *auricula*-Arten derart eifrig gekreuzt, dass Dutzende unterschiedlichster Hybriden entstanden. Ob gestreift oder gefüllt – verschiedenfarbig und verschieden geformt sind sie das Ergebnis einer Gemengelage aus gärtnerischer Kreativität und Kontrolle. Die unterschiedlichen Varietäten wiederum wurden in Zeichnungen und Gemälden dokumentiert, die zu Objekten der Begierde für die Aurikelgärtner der Zukunft werden sollten, nachdem eine weitere Migrationsbewegung – die in die kleinen Stadtgärten während des 19. Jahrhunderts – den Artenreichtum wieder eindampfte. Die Gärtner der Moderne haben wiederum über Jahre versucht, die an Fantasiegebilde heranreichenden *auricula*-Arten nachzuzüchten, die auf jahrhundertealten Bildern zu sehen sind. Es ist ein andauerndes Spiel aus Versuch und Irrtum, aus Wissenschaft und Überraschung.

Doch nur weil manche seltene Subspezies mit der Industriellen Revolution verloren ging, bedeutet das nicht, dass *auricula* keine Freunde mehr hatte. Sie widersetzte sich sogar umso größeren Prüfungen, indem sie die unterschiedlichsten

Nischen im Leben der Menschen besiedelte. Als all die gelernten Handwerker zusehends in Fabriken landeten und ihr Talent an industriellen Webstühlen verschwendeten, fanden sie stattdessen einen Ausgleich und brachten ihre Liebe zu den Blumen – insbesondere zur Aurikel – in »Flower Societies«, also Blumenvereine ein: Bis 1822 hatten sich in jeder Stadt und in jedem Dorf des industrialisierten englischen Nordens derlei Vereine gegründet. Bereits vier Jahre später wurden im ganzen Land sage und schreibe fünfzig Aurikelschauen veranstaltet. Auch wenn die Arbeiter in den Manufakturen und Fabriken oftmals nur einen freien Tag in der Woche hatten, verfügten die Häuser, die eigens für sie gebaut worden waren, über Gärten, die zwar klein und oft dunkel waren, aber immerhin groß genug, dass sie die Fantasie des Gärtners wecken konnten – gerade weil im 19. Jahrhundert das Gärtnern ohnehin einen Aufschwung erfuhr. Und ausgerechnet in den versmogten, ummauerten Nischen gedieh die Aurikel weiter und genoss womöglich sogar die Kühle und die unwirtlichen Lebensbedingungen. Aurikeln wachsen vor den Bergarbeiterhütten und in den Arbeitergärten in D. H. Lawrence' Romanen. Von der gärtnerischen High Society als »Blume des kleinen Mannes« verunglimpft, brachten Aurikeln eine zarte Freude in schwierige Lebensverhältnisse.

Denn die Aurikel gedeiht selbst auf beschränktem Raum, ohne dass man sie allzu sehr pflegen müsste. Zum Ende des Viktorianischen Zeitalters hin tauchten die ersten schwarzen Färbungen der Pflanze auf – angeblich züchteten die Leute sie gemäß der damals herrschenden Mode, die die trauernde Königin Victoria nach dem Tod ihres Gatten Albert im Jahr 1861 maßgeblich prägte; der Mensch sucht anscheinend immer schon die erleseneren Anforderungen.

Auricula mag es nicht, in allzu nassem Boden zu stehen oder direkter Sonneneinstrahlung ausgesetzt zu sein. Sie bevorzugt ein schattiges, windgeschütztes Plätzchen. Bei gewissen Schauarten, deren Blüten mit feinstem weißem Puder – der Farina – bedeckt sind, kann ein einziger Regentropfen der hübschen Blume den Garaus machen. Die Begeisterung führte schließlich zur Erfindung sogenannter Aurikeltheater im 18. Jahrhundert: überdachte Holz-Stellagen, in denen die Pflanzen in mehreren Reihen übereinander ausgestellt wurden, vor den Elementen geschützt und trotzdem für alle sichtbar waren.

Es gibt Gärtner, die bis heute Aurikeltheater bestücken; doch dieser Art Sorgfalt kann ich wenig abgewinnen. Die Aurikel ist eine Pflanze, die aus dem Gebirge stammt, fröhlich vor sich hin hybridisiert und fantastische Blütenvariationen hervorbringt. Aurikeltheater stehen für mich für eine veraltete, eher verkünstelte Form der Gartenarbeit. Doch ging gewissermaßen auch ich dieser Form der Gartenarbeit auf meinem Balkon nach, der von oben durchs Dach vor Regen geschützt war, von der Sonne durch das Balkongeländer und durch den Beton zudem trocken und kühl blieb. Meine Aurikel blühte im Frühling nicht, und ich übte mich in Geduld. Zum Sommeranfang begannen sich kleine Knospen an dünnen Stielen zu entwickeln, die sich zwischen den Laubblättern hervorschoben. Im August bot sie mir schließlich eine atemberaubende Farbpalette aus Aprikose, Himbeere und Pfirsich dar: eine Art Blumen-Obstsalat, der zeitversetzt aufgeblüht war. Ein Produkt der Liebe, die ihr Leben gelassen und doch überlebt hatte.

Dezember

Ich mag dich«, sagte er.

Ich hatte es kommen sehen – als hätte ich am Bahngleis gestanden und das Grollen eines sich nähernden Güterzugs gehört. Und ich mochte ihn auch: die langen Wimpern, wie unprätentiös er sich gab, seine Schlagfertigkeit, die enorme Freundlichkeit. Ich mochte die Art, wie er schaute, wenn er in Gedanken versunken war, die gekrausten Augenbrauen und die hohen Wangenknochen. Wie sein Profil im Dunkel eines Kinosaals das Licht von der Leinwand einfing. Ich mochte es, wie wir bei Gesprächen jedes Gefühl für die Zeit verloren; wie sich Unterhaltungen in die Länge und Breite ziehen konnten und dass wir beide lieber als alles andere an der Wissbegierde des jeweils anderen teilhaben wollten. Ich mochte es, aufzuwachen und ihn neben mir liegen zu sehen, und ich mochte den dampfenden Tee, den er für mich zubereitete, wenn es draußen noch dunkel war.

Trotzdem zog sich mir der Magen zusammen. Die Wucht der Gefühle zwischen uns war riesig und kaum kontrollierbar. Während der Herbst immer kälter und nasser geworden war, hatte ich mir selbst und meinen Freunden – und sogar ihm – eingeredet, dass es sich bloß um eine Liebelei handele; ich tat das Ganze ab – und passte mich halb im Ernst jener Strategie an, die unsere bindungsscheue Generation gern verfolgt und die im Englischen *cuffing* heißt: Man kuschelt sich in den dunkleren Monaten aneinander, nur um sich im darauffolgenden Frühjahr wieder zu trennen – erneuert und frei, das Single-Dasein wieder zu genießen. Ich steckte verschiedene Aspekte meines Lebens gerne in Schubladen, sodass die Arbeit, mein Zuhause, Familie und Freunde nicht miteinander in Berührung kamen. Matt hatte eine eigene Schublade für sich, und ich versuchte immer noch, diese Schublade so klein und so aufgeräumt wie nur möglich zu halten. Zuzulassen, dass sie an Tiefe und an Gewicht zulegte, hätte allem widersprochen, was ich aus Büchern und aus dem Fernsehen gelernt hatte: *Eat, Pray, Love* und *Sex and the City* hatten mich gelehrt, mein Leben durch Phasen bedeutsamer Einsamkeit zu zergliedern – und dass man immer auch Zeit für sich selbst benötige, um sich von großen Gefühlen zu erholen und all die übrig gebliebene Liebe in sich selbst zurückzugießen. Nur dass ich dabei spektakulär versagt hatte. Ich war kopfüber in etwas Neues gestolpert – wenn auch (noch nicht) in eine Beziehung –, während ein Großteil meiner selbst sich immer noch damit beschäftigte, was eigentlich in meinem vorigen Leben schiefgegangen war. Jetzt laut auszusprechen, was ich für Matt empfand, hätte all das umso gewichtiger, umso realer werden lassen und die Künstlichkeit zutage gefördert, mit der ich das Ganze verzweifelt zu umweben versuchte.

Das erste Adventswochenende ging zur Neige, und seit dem erschreckend frühen Sonnenuntergang waren schon Stunden vergangen. Irgendwann wandte ich mich zu Matt um und sah ihm ins Gesicht. »Du musst Geduld mit mir haben«, antwortete ich langsam, fast seufzend.

»Ich weiß«, sagte er bloß – ebenso sanft und ganz ohne jede Schwere.

•

Wir sind die erste Generation, die über ihre Zwanziger hinaus in Wohngemeinschaften lebt. Gerade in London ist dies oft die einzige Möglichkeit, sich überhaupt ein anständiges Dach über dem Kopf leisten zu können. Mit der Zeit wird dieses Dach über dem Kopf immer besser: Bäder sind weniger schmuddelig, die Leute beschäftigen eine Reinigungskraft und teilen sich die Kosten, wie jede andere Rechnung auch. Aber wir teilen – und aus Mitbewohnern wird eine neue Art von Familie, obwohl wir uns manchmal doch insgeheim nach mehr Raum, nach mehr Privatsphäre sehnen. Dann treten Partner in unser Leben, auf der Immobilienleiter werden die ersten Sprossen erklommen, und unser soziales Umfeld verändert sich wie die Besetzung einer Band. Wir haben unsere eigenen Küchenschränke, eigene Kühlschrankfächer, Handtücher auf der eigenen Handtuchstange und empfinden eine immer größere latente Verärgerung, die mit dem WG-Leben einhergeht. Trotzdem heißt nach Hause zu kommen immer noch, mit jemand Wohlgesinntem und mit netten Gesprächen rechnen zu dürfen.

Für mich war die WG-Zeit vorbei, als ich mit Mitte zwanzig mit Josh zusammenzog. Weil ich nun aus unserer gemeinsamen Wohnung wieder hinausmusste, standen mir erneut Gemeinschaftsküchen und Untermietverhältnisse bevor. Es war schon eine Weile her, und ich freute mich irgendwie darauf, war hungrig nach dem Gemeinschaftssinn, von dem mir irgendwann gedämmert hatte, dass er mir fehlte. Ich dachte, das Heilmittel gegen die nagende Einsamkeit, die sich nach unserem wunderbar erwachsenen, zurückgezogenen Leben aufgetan hatte, könnte vielleicht sein, in eine WG zu ziehen – mit der Art von Leuten, die später Trauzeuginnen bei Hochzeiten und bevorzugte Reisepartner würden. Ich idealisierte die Vorstellung, pickte die Rosinen aus meinen eigenen schönsten Erinnerungen heraus. Ich stellte mir vor, wie ich in einer abgeliebten Küche saß, Rotwein trank, Musik hörte und alte Freunde von neuen Bekannten kennenlernte. Ich wollte mehr Trubel im Leben, ich sehnte mich nach Zusammengehörigkeit, nach der einzigartigen Intimität, die sich zwischen WG-Mitbewohnern entwickelt, die einander mögen und gern Zeit miteinander verbringen; nach Zugehörigkeit in einer Welt, die sich zusehends segmentiert anfühlte.

Ich fand ein Zimmer in einem Haus in Homerton, einen Katzensprung von der Wohnung meiner alten Schulfreundin Anna entfernt. Der Hauseingang war schachbrettgemustert, und als ich über den Fliesenboden ging und durch die rote Wohnungstür trat, beschlug meine Brille, akklimatisierte sich dann aber sofort wieder, nur um den Blick auf eine Handvoll in Schwarz gekleideter Frauen freizugeben, die gemütlich in der Küche herumwerkelten, kochten, aßen, lasen, sich unterhielten; in eine Nische zwischen Kühlschrank und Küchentür war die entsprechende Anzahl Fahrräder gequetscht. Die Beleuchtung war mäßig, das Fenster kondenswasserfeucht, und die Überreste des Einrichtungstraums einer längst ausgezogenen Person waren an den Wänden immer noch deutlich zu sehen – eine selbst gemauerte Ziegelwand und Küchenschränke in einem orange-braunen Muster aus den frühen Neunzigern. Eine große *Pilea peperomioides* stand auf der Küchenanrichte, und rund um den Stamm lauter kleine Kindel. Ich fühlte mich fremd in diesem Haus und gleichzeitig instinktiv heimisch; es erinnerte mich an die Küchen in anderen Häusern, in denen ich selbst oder Freunde von mir gewohnt hatten. Eine Frau nach der anderen stellte sich vor, und ich spürte, wie in mir die Anspannung nachließ. Hier würde ich mich niederlassen können, zumindest für ein paar Wochen, wenn nicht sogar länger, wenn es nötig sein sollte.

Mein Zimmer war klein und aufgeräumt. Über dem Schreibtisch baumelte eine Rhipsalis. Neben das Fenster war ein Einzelbett gequetscht worden. Es war sogar ordentlich bezogen – mitsamt einer darauf dekorierten schlaffleeren Wärmflasche. Über dem Kopfteil hing bizarrerweise das gleiche Poster, das fast zehn Jahre lang in unterschiedlichsten WGs in meinem Zimmer gehangen hatte – eine weißlich übermalte Foto- und Skizzencollage, die ich als Teenager mal aus einem französischen Kunstmagazin gerissen hatte. Wie ausgerechnet diese Collage dort hängen konnte, ist mir bis heute ein Rätsel, aber ich fühlte mich sofort zu Hause. Das hier war mehr als okay. Es passte.

Außerdem gab es einen Garten. Eine Mauer aus dem gleichen alten roten Backstein wie das Haus schirmte ihn von der rückwärtigen Gasse ab, zu der ein Holztörchen in der Mitte führte. Beete säumten einen kleinen gepflasterten Hinterhof. Am besten daran war aber der feucht-schattige seitliche Durchgang, der durch eine gewisse Vernachlässigung ein fruchtbares Zuhause für Farne und Efeu geworden war, die um eine ausrangierte Holztrittleiter herumwucherten. Wenn ich spät genug aufwachte und es draußen schon hell war, sah ich manchmal vom Küchentisch aus dort hinaus und stellte mir vor, wie dieses Eckchen im Grunde aus jedem vorangegangenen Jahrzehnt stammen könnte: dieses heruntergekommene Stück geheimen Gartens, die Überreste eines einst gepflegten Rasens … Auf dem Küchentisch stand eine einzelne weiße Dahlienbommel in einem Glas.

Schon wieder ein Sitzplatz mit Blick in einen Garten – das gefiel mir außerordentlich gut.

Eine meiner neuen Mitbewohnerinnen gärtnerte ebenfalls – und sie wusste anscheinend, was sie da tat. Eines Abends kam ich heim und fand an der Hintertür riesige Wurzelknollen auf altem Zeitungspapier: gerodete Dahlienknollen, deren beigeweiße Rümpfe von dunklen Erdklumpen bedeckt waren – in sämtliche Richtungen verzweigte, seltsam geformte Wurzeln. Auf das Zeitungspapier hatte meine Mitbewohnerin ordentlich in Grün geschrieben: »Sorry, ich muss trocknen. Bin bald wieder weg.« Ein paar Tage später waren die Knollen verschwunden – keine Ahnung, wohin –, um über den Winter kühl und trocken eingelagert zu werden, damit sie nicht dem Frost ausgesetzt wären, ehe sie im nächsten Sommer den nächsten Lebenszyklus durchlaufen würden.

Die Mitbewohnerin erzählte, ihre Mutter sei ebenfalls begeisterte Gärtnerin und dass sie von ihr einiges gelernt habe. Ihre Freude am Gärtnern kam mir nur zu bekannt vor: diese ruhige, annähernd alltägliche Arbeit, die dir eine willkommene Ablenkung vom streng durchgetakteten Stadtleben bescherte – und das sogar im November. Mir dämmerte, dass es womöglich zig Leute von unserer Sorte gab, die sich einen Spaten schnappten und das Wissen ihrer Eltern und Großeltern so gut es ging in sich aufsaugten, um sich dem Fleckchen Erde zu widmen, das ihnen zur Verfügung stand, einfach nur um sich ein bisschen besser, ein bisschen ruhiger zu fühlen.

Niemand von uns hätte zu diesem Zeitpunkt voraussagen können, ob die Knollen im nächsten Frühling wieder in der Erde landen würden. Im Haus standen Veränderungen an. Leise, aber beharrlich klopften sie bereits an unsere

Zimmertüren und an unser aller ungewisse Zukunft. Mietverträge liefen aus, es galt neue Lebensabschnitte zu beginnen. Möglicherweise wurde unterdessen im Garten weitergewerkelt, aber wenn, dann an kühlen Samstagmorgen, an denen ich mich zu Wochenendschichten hinausschleppte. Die anderen waren gleichermaßen beschäftigt – die meisten von ihnen jonglierten mit zwei oder drei Jobs gleichzeitig, teilten ihre Zeit zwischen Praktika, Lehraufträgen, Schreiben und eigenen kreativen Tätigkeiten auf. Wir liefen einander auf dem Flur über den Weg, grüßten freundlich, aber selten blieb zwischen Arbeit und sozialem Leben und einer zusehends übermächtigen Müdigkeit Zeit für ernsthafte Gespräche. Eine Woche nach der anderen verging, und allmählich wurde mir klar, dass Menschen, die sich zur selben Zeit in derselben Küche befinden, nicht unbedingt auch zusammen essen müssen, sondern sich einfach bloß im selben Raum aufhalten; gemeinsame WhatsApp-Hausgruppen beschäftigten sich eher mit administrativen Dingen denn mit allseitiger Gewogenheit. Uns standen immerhin zig andere Möglichkeiten offen: Wir konnten uns Karrieren aus einem Strauß verschiedenster Qualifikationen basteln. Wir konnten ein paar Wochen in einem Stadtteil leben und dann in ein neues Viertel ziehen. Auf gewisse Weise war das Freiheit – die Befreiung von sämtlichen Einschränkungen, die eine Sesshaftigkeit mit sich bringt: die Dauerlast eines Hypothekenkredits oder der Job, den man ein Leben lang ausführt. Die Art von Dauerhaftigkeit, auf die sich unsere Eltern eingelassen hatten, kaum dass sie volljährig gewesen waren. Die Wahrheit jedoch war wesentlich ernüchternder: dass wir nämlich ständig nur arbeiteten, ohne jemals ein klares Ziel vor Augen zu haben oder den entsprechenden Lohn; dass wir nie wussten, ob wir ein nächstes Dach über dem Kopf finden würden. In einer solchen Situation konnte auch kein Gemeinschaftsgefühl entstehen. An uns wurden viel zu viele und zu unterschiedliche Anforderungen gleichzeitig gestellt, als dass wir uns je an etwas Dauerhaftem hätten festhalten können.

Ich wäre gerne hinaus in den Garten gegangen; während der Wasserkocher vor sich hin blubberte, ertappte ich mich zigmal dabei, wie ich zur Hintertür schlich und nachsah, ob der Schlüssel steckte. Aber ich hatte nie den Mut – und es kam nie der Moment, an dem wir gleichzeitig da gewesen wären und ich meine Mitbewohnerin hätte fragen können, wo sie den Schlüssel verwahrte. Es fühlte sich an, als gehörte der Garten jemand anderem, als wäre ich nicht diejenige, die dort herumwerkeln und alles inspizieren sollte, was draußen wuchs, all die Projekte, die sich in aller Stille entwickelten. Es hätte *die* Gelegenheit sein können, Anschluss zu finden. Stattdessen fühlte ich mich ausgeschlossen. Ich konnte eben doch nicht einfach für ein paar Wochen in das Leben anderer Leute platzen und erwarten, dass sie mich in ihrer Mitte aufnähmen. Wir alle hatten auch so schon viel zu viel anderes um die Ohren. Da war es leichter, das Gleichgewicht zu halten, indem jede von uns ihr Leben in der eigenen Blase verbrachte. Gemeinschaft und Anschluss suchten wir online, mittels unserer digitalen Alter Egos und mithilfe von Freunden, die wir bei der Arbeit kennenlernten und die streng von denjenigen separiert blieben, die wir von früher kannten. Entsprechend spazierte ich mitunter einfach die Straße entlang zu dem Wohnblock, in dem Anna wohnte, und trank mit ihr ein paar Becher Tee.

•

Ich hatte den Leuten, die die Gewächshäuser im Brockwell-Park-Schrebergarten betrieben, direkt am Tag nach meinem Besuch mit Matt eine E-Mail geschrieben. Kurze Zeit später erschien ich auf die Minute pünktlich zu meiner ersten ehrenamtlichen Schicht. Es war Mitte November, es hatte just einen Kälteeinbruch gegeben, und ich sollte mich um das Roden der Kriech-Quecke kümmern, einer Süßgräser-Art, die in einem riesigen Areal gewuchert hatte, aus dem eine Wildblumenwiese werden sollte. Die Beete im Brockwell Park werden ökologisch bewirtschaftet, und so galt es, das hartnäckige Gras mitsamt Wurzeln per Hand aus der Erde zu reißen. Ich zog Gartenhandschuhe an – hauptsächlich der Kälte wegen, der Schmutz hätte mir nichts ausgemacht – und legte los, riss die harmlos aussehenden Halme mitsamt der grellweißen Wurzeln aus. Mit jeder einzelnen Aufgabe, die mir zugeteilt wurde, begegnete ich etwas Neuem. Bis zu diesem Morgen hatte ich beispielsweise von Kriech-Quecke überhaupt noch nie gehört. Die lehrreichen Infoschnipsel der Chefgärtnerin über Wurzelwachstum und Stickstoff saugte ich gierig auf. Und es gab Dinge, die ich auf meinem Balkon nie hätte tun können: Wasserpflanzen einsetzen; Zaunwinden roden. Als ich fertig war, war ich über und über mit Komposterde bekleckert und glücklich. Meine Arme und mein Rücken taten von den ungewohnten Bewegungen weh – wann hatte ich zuletzt Werkzeug mit so langen Griffen benutzt? Meine Finger fühlten sich von Kälte und Dreck steif an, aber sie würden schon abhärten. Dies war Gartenarbeit zu einem höheren Zweck: eine Gartenfläche zu bewirtschaften, die nicht meine war. Indem ich dort aktiv wurde, entfernte ich mich vom Konzept des eigenen Zuhauses – davon, lediglich meinen eigenen kleinen Einflussbereich zu verschönern.

Nicht dass an meiner Balkongärtnerei etwas verkehrt gewesen wäre – ich hätte nie damit angefangen, hätte ich nicht sofort das Potenzial meines Balkons gesehen. Aber der Gemeinschaftsgarten zeigte mir auf, dass Gärtnern nicht unbedingt etwas sein muss, was im Hinterhof oder in einem privaten Refugium vonstattengeht. Die Freiheit, die ich in den Londoner Parks empfand, und die Stärke, die ich in den sturen, sich selbst aussäenden Pflanzen in vergessenen Eckchen der Stadt und entlang von Bahngleisen wahrnahm, konnten auch an einem Ort wie diesem aufgespürt, erfahren und entfesselt werden.

In den Gewächshäusern konnte man sich zurückziehen und zur Ruhe kommen. Auf dem Schrebergartengelände stehen zwei davon – eins in der Größe eines Doppeldeckerbusses, das andere nur unwesentlich kleiner –, und in beiden liegt etwas herrlich bodenständig Betriebsames in der Luft. Reihenweise Pflanztöpfe mit Setzlingen, handgeschriebene Schildchen, die vor Überwässerung warnen, riesige tropische Pflanzen, die gegen die Glasdächer drücken … Es herrschen dort unterschiedliche klimatische Bedingungen: Das niedrigere Gewächshaus ist wärmer, auch wenn die meiste Arbeit im höheren Gewächshaus verrichtet wird, wo Vorträge gehalten werden und Kinder und neugierige Erwachsene aus der Nachbarschaft vorbeischauen, um sich zögerlich umzusehen und mitunter Dinge zu kaufen, die dort gezogen werden. Setzlinge – je nach Jahreszeit unterschiedliche Varietäten – wachsen auf langen Metallregalen unter dem weinberankten Dach. Ganz zuhinterst führen zwei Türen in einen kleineren, stilleren Bereich, in dem Pelargonien und allerlei Sukkulenten stehen. Dort herrscht eine fast sakrale Atmosphäre: ein heiliger Ort für diejenigen, die diese eher speziellen, empfindlicheren Gewächse kultivieren. Auf handgeschriebenen Schildern steht dort: »Nur sonntags gießen!«

Die Gewächshäuser wurden in den frühen Achtzigern spezialangefertigt, stehen aber auf einem über fünfzig Hektar großen Gelände, auf dem zuvor schon seit zwei Jahrhunderten Dinge angebaut worden waren: zum Beispiel im Küchengarten von Brockwell Hall, dem Herrenhaus auf dem Rücken des Hügels, der sich über die Gärten erhebt. Das Haus selbst war 1811 von einem gewissen John Blades in Auftrag gegeben worden, der als Glashändler in der Stadt ein Vermögen gemacht hatte. Blades hatte 1783 in Ludgate Hill ein Geschäft für Kristallleuchter eröffnet und fortan die Reichen und Schönen mit seinen Entwürfen beglückt, seine Leuchter und andere Glaswaren sogar an den britischen Verwaltungsadel in Indien exportiert, ehe er für König George III. Glasgravuren herstellte. Als er das Land erwarb, aus dem später der Brockwell Park entstehen würde, war er bereits in fortgeschrittenem Alter. Er beauftragte den Architekten David Riddell Roper, das hügelige Stück Land, das damals zur Gemarkung Brixton, Surrey, gehörte, mit einem Herrenhaus zu krönen. Inzwischen steht das griechisch anmutende Gebäude in Brixton, London – und beherbergt schon länger ein Café, als Blades überhaupt gelebt hat. Das Anwesen wurde um Anbauten, Wege und Zäune erweitert, die von John Buonarotti Papworth entworfen wurden, der auch zuvor bereits immer wieder mit Blades zusammengearbeitet hatte.

Auf Blades' Herrenhaus blickte man vom sogenannten Dichterviertel aus, mehrere Sträßchen mit – damals neuen – Wohnanlagen, die Brockwell Hall säumten. Diverse Jahrzehnte nachdem sie errichtet worden waren, zog mein Ururgroßvater Alfred Behagg dort in ein hübsches Einfamilienhäuschen ein – in die Shakespeare Road Nummer 12. Die Eröffnung des Brockwell Park durch das London City Council im Jahr 1892 verpassten die Behaggs allerdings, weil sie im selben Jahr zurück aufs Land nach Huntingdonshire gezogen und in die Marschen zurückgekehrt waren, wo sich nach der Einwanderung einst ihre Vorfahren niedergelassen hatten. Trotzdem denke ich gerne an sie, wenn ich durch den Park wandere: an Alfred, seine Ehefrau Louisa, die Kinder und allerlei Schwiegerkinder, die eine Zeit lang in dem Haus in Herne Hill gelebt haben. Vielleicht flanierte Louisas Schwester Isabelle mit ihrem Liebsten ja auch hier herum; sie hat nie geheiratet, aber die Karten zum Valentinstag, die sie erhalten hat, sind immer noch im Familienbesitz. Vielleicht hat auch die Bedienstete der Familie hier ihre freie Zeit verbracht und in dieser grünen Lunge tief durchgeatmet.

Als der Park der Öffentlichkeit zugänglich gemacht werden sollte, ließ J. J. Sexby, Leiter der Parkbehörde innerhalb des London City Council, ihn umgestalten und mit dem üblichen Mobiliar spätviktorianischer Parkanlagen bestücken: mit Zierteichen und Musikpavillons sowie aufgeputzten Blumenbeeten rund um das Herrenhaus. Ein merkwürdiger Uhrenturm wie aus einem Märchen wurde mitten auf einen Spazierweg gesetzt. Der einst ummauerte Küchengarten wurde in weiten Teilen aus dem Dienst entlassen, die Küchenkräuter wurden ausgegraben, die Beete teils gepflastert, teils wurden Rosenbüsche gepflanzt und Spazierwege angelegt. Sexby legte Lot und Formschnittschere an und zauberte einen klassischen englischen *walled garden*. Zwischen eine putzige Holzkonstruktion setzte er einen Brunnen; nur ein schiefer Maulbeerbaum durfte dort stehen bleiben, steht bis heute – und zieht seit jeher Besucher an, die sich von seinem Alter und seiner mystischen Bedeutung in den Bann schlagen lassen. Fotos aus dem Jahr 1904 zeigen Frauen mit Hüten, die unter Bäumen, die bereits ihr Laub abgeworfen haben, vorsichtig die bodenlangen Röcke lupfen – und heute sieht es dort nicht wesentlich anders aus. Am stillsten ist es sonntagmorgens im Winter, wenn das Leben unter der Erdoberfläche neue Kräfte sammelt.

Doch nicht alles wurde der Optik geopfert. Ein kleiner Teil des alten Küchengartens blieb erhalten. Das Lambeth Council ließ dort neue Beete anlegen, die dem gesamten Stadtteil Farbe bescherten. Heute wird dieser Teil weniger gewinnbringend genutzt, allerdings werden mit den dort angebauten Pflanzen immer noch kleine Geschäfte gemacht. Ein paar Münzen für die Ernte des Tages – frisches Grün, vielleicht etwas Obst. Ehrenamtliche Helfer dürfen sich großzügiger bedienen. Ich habe einmal für einen eisigen Morgen mit dem Spaten in der Hand eine Tüte Rosenkohl bekommen, der umso besser schmeckte, weil er bereits den ersten Nachtfrost hinter sich hatte.

Die Gewächshäuser, denen die Schrebergärtner im Brockwell Park Regen- und Sonnendach verdanken, stehen auf den Fundamenten älterer Gebäude, die früher zum selben Zweck verwendet wurden. Allerdings ist aus der Zeit, ehe Sexby sich der Gestaltung annahm, über den Küchengarten kaum noch etwas bekannt. Hatte Papworth, ein Mann, der aus Glas Innovationen und Schönheit schuf, auch Glaskonstruktionen für den Nutzgarten entworfen? Wir wissen es nicht. Mit den Glaswänden, die dort einst standen – oder eben auch nicht –, ist auch das Wissen über diesen Bereich des Parks zerschellt, nur um Jahrzehnte später wieder ausgebuddelt zu werden – von Leuten wie mir, die nie einen Fuß auf diesen Boden gesetzt hätten, wenn das London City Council Blades' Anwesen gegen Ende des 18. Jahrhunderts nicht in einen öffentlichen Park umfunktioniert hätte, in eine weitere grüne Lunge innerhalb der Stadtgemarkung. Aber genau wie ich die Vorstellung nett finde, dass meine Vorfahren Brockwell Park neu für sich entdeckt haben könnten, so wie ich ihn in diesem Spätherbst neu für mich entdeckte, mag ich die Vorstellung, dass Blades, den das Glas reich gemacht hatte, dort Dinge anbaute, die in seinem Herrenhaus tatsächlich aufgetischt wurden; dass diese fragilen spektralen Strukturen eigens errichtet worden waren, um Gewächse zu beherbergen, die es auf den sanft hügeligen Feldern von Surrey sonst gar nicht hätte geben dürfen.

●

Wann immer ich nicht in Hackney war, war ich bei Matt zu Hause. Zwischen uns kehrte Ruhe ein – unsere Samstagmorgen und Sonntagabende hatten die anfängliche Befangenheit vertrieben. Die Fremdheit, die wir gegenüber dem jeweils anderen verspürt hatten, hatte sich mit jeder neuerlichen Begegnung, mit jeder Berührung verflüchtigt. Wir fügten uns in das Leben, den Alltag des anderen ein. Nicht dass bei mir von Alltag groß die Rede gewesen wäre. Doch während Matt damit halbwegs klarkam, hatte ich immer noch Schwierigkeiten, mich in diese gemütlichen häuslichen Abläufe einzufinden. In gewisser Hinsicht erinnerten sie mich zu sehr an diejenigen, die ich mit Josh etabliert hatte und von denen ich glaubte, dass an ihnen unsere Beziehung gescheitert war. Ich hatte Bedenken, dass die Häuslichkeit auch das zerstören könnte, was Matt in mir sah. »Erzähl mir etwas von dir, was ich noch nicht weiß«, forderte er mich beispielsweise auf, wenn ich in seinem Bett lag und zu den Rauputzkringeln an der Decke emporstarrte. Damit stürzte er mich jedes Mal in fiebrige Grübelei und in die Suche nach irgendeinem Aspekt meines Lebens, meiner Historie, den ich ihm kredenzen könnte: etwas Wohlartikuliertes, Vielsagendes und doch Ansprechendes. Auf keinen Fall wollte ich dabei von dem sorgsam entworfenen Bild abweichen, an dem ich über Wochen gefeilt hatte!

Ich hatte mich damit abgefunden, dass ich die essenziellen Dinge im Leben nicht kontrollieren konnte, war aber zugleich fest entschlossen, unsere aufkeimende Beziehung so klein wie nur möglich zu halten, weil ich viel zu viel Angst hatte, ihr zu gestatten, zu etwas noch Fabelhafterem heranzuwachsen. Ich wollte, dass diese Beziehung rauschhaft bliebe, dass sie *ungewiss* bliebe. Ich wollte sie in einen Glaskasten stecken, in einen Brutkasten, sie sollte unreif und verspielt bleiben – eine Reihe von Dates statt ganzer Wochenenden, an denen wir Matts Freunde trafen, obwohl wir in der Nacht zuvor eigentlich zu wenig geschlafen hatten. Denn würde diese Beziehung groß genug, um sich den Widrigkeiten des Lebens stellen zu müssen, drohte sie womöglich der Zerstörung anheimzufallen. Besser, ich ließe es gar nicht erst so weit kommen.

Nur leider wuchs sie einfach zu schnell. Wenn ich mit Matt zusammen war, waren meine Gefühle stärker als seit vielen Jahren. Spaß, Begierde, Eifersucht, Ärger – alles war ständig bis zum Anschlag hochgedreht und ging mir durch Mark und Bein. Ich war verwirrt, als gehörten der Körper, die Seele, mit denen ich doch aufgewachsen war, mit einem Mal nicht mehr zu mir. Es war, als wären der Zorn und die Wut, die in ein Gefühl der Taubheit gepackt gewesen waren, seit ich mich in den vergangenen Sommer gestürzt hatte, mit einem Mal wieder da und könnten von der nichtigsten Ungerechtigkeit befeuert werden. Matts gelegentliche Gedankenlosigkeit machte mich wahnsinnig – wenn er mir nicht zurückschrieb oder vergaß, dass ich längst irgendwelche anderen Pläne geschmiedet hatte –, nur dass ich das ihm gegenüber nie zum Ausdruck bringen durfte. Stattdessen köchelte es in mir vor sich hin und brodelte weiter, und ich musste mich zusammennehmen und alles hinunterschlucken, bis diese kleinen Stürme vorüber waren. Ich wollte, dass er mich anbetete und gleichzeitig auf Abstand hielt. Ich begriff gar nicht, was da gerade passierte, so überrumpelt war ich über Wochen von der Schnelligkeit gewesen, mit der sich diese neue Liebelei eingestellt hatte; von der Tatsache, dass mich ein Fremder wahrgenommen hatte, mich begehrte, während ich mich selbst am wenigsten begehrenswert gefühlt hatte; von der Erkenntnis, dass ich als aufpolierte Version meiner selbst existieren konnte. Dass sich unsere Beziehung zusehends in etwas Stabileres verwandelte. Hauptsächlich aber war ich davon überzeugt, dass sie vorbei sein müsste, noch ehe sie begonnen hätte, und dass ich mich dann erneut um mein Glück betrogen fühlen würde. Ich war mir sicher: In derselben Sekunde, da ich mich in die Behaglichkeit, die Weichheit hineinfallen ließe, würde mir dieses Glück wieder entrissen werden. Manchmal nannte Matt mich seine Partnerin, und das fühlte sich an wie eine heiße Klinge auf meiner Haut, die nur die feinsten Härchen absäbelte: eine gefährliche, aufregende Beinahe-Verletzung. Ich wollte mit ihm zusammen sein, ich fühlte mich zu ihm hingezogen, zu seiner Wohnung, zu seinem Leben; eine Bedürftigkeit, die jederzeit und dankbar bedient wurde. Trotzdem planierte ich diese Gefühle mit Verleugnung.

Ein ruhiges Fast-Winter-Wochenende verbrachten wir mit zu viel Kochen und Essen bei ihm; wir hatten in seiner Küche Geschirr gespült, ich hatte in seinem Bad geduscht. Und fühlte mich wie in Ketten gelegt. Nicht dass Matt irgendetwas gesagt hätte; es kam mir nur alles so grässlich bekannt vor, und das erschütterte und erschreckte mich. Die nichtigsten Herausforderungen – mich in Matts Wohnung stundenlang aufhalten und entspannen zu können, einkaufen zu gehen, während er noch ein bisschen arbeitete – kamen mir urplötzlich vor wie ein Hinterhalt. Ich wusste, dass ich immer eine Rolle gespielt hatte; ich war nicht ich selbst – als würde ich mit ihm lediglich aus geometrischen Formen bestehen, die nicht recht zusammenpassen wollten. Trotzdem weigerte ich mich, mich in etwas Nachgiebigeres, Passenderes zu verwandeln, ich weigerte mich zuzulassen, dass er mich sowohl als potenzielle Partnerin als auch als Abspülerin sah. Wieder einmal staute sich Wut in mir an, ich wollte für meine neue, aufkeimende Unabhängigkeit kämpfen. Machte ihn dafür verantwortlich, dass er sie unterwanderte, statt mir einzugestehen, dass meine eigene innere Zerrissenheit wesentlich kontraproduktiver war. Er war wie vom Donner gerührt, als hätte ich ihn soeben auf ein Drahtseil gesetzt, von dem er gar nicht gewusst hatte, dass er darauf balancieren sollte. Er versuchte, mich dazu zu bewegen, ihm eine Erklärung zu liefern, und fragte, was eigentlich los sei. Ich war viel zu verwirrt, um ihm eine präzise Antwort geben zu können.

●

Wir hatten einen günstigen Flug nach Amsterdam gebucht – eine ziemlich aufregende Sache, was ich nach außen hin überspielte. Aber Matt und ich kannten uns nun einmal gerade erst knapp drei Monate – und zwei Wochen vor Weihnachten die erste gemeinsame Reise? Es war seine Idee gewesen: Ich war zu sehr zwischen cool und verängstigt gefangen gewesen, um etwas Derartiges vorzuschlagen. Er sollte in Amsterdam eine Theaterinszenierung rezensieren, und ich hatte seit einem Besuch in Kindertagen immer dorthin zurückgewollt. Und so nahm die Sache ihren Lauf, dieser erwachsene Ausdruck von Freiheit: genügend Geld in der Tasche für ein paar Nächte in einem Airbnb zusammen mit jemandem, von dem ich immer noch tat, als wäre er nichts Festes.

Amsterdam macht aus seinem gartenbaulichen Erbe keine große Sache. Trotzdem ist es nicht schwer, es allerorts vor sich zu sehen. Zufällig lag unsere Unterkunft an der Bloemgracht (»Blumengracht«). In den umliegenden Sträßchen im Stadtteil Jordaan – die kopfsteingepflastert und holprig entlang der Grachten verliefen und das sanfte Morgenlicht des Spätherbsts filterten – waren die Gehwege zu Gärten umgestaltet worden: Die atomare Sternenexplosion einer *Fatsia japonica* zeichnete sich vor dunklem Mauerwerk ab. Feuersalbei klammerte sich an seine letzten Blüten. Um Türen und Fenster schlangen sich Überreste von Wein und anderen Rankpflanzen, die gerade erst wenige Wochen zuvor die Gebäude mit lodernden Farben überzogen hatten. Inzwischen sah man nur noch vereinzelte gelbe Blätter, die ebenfalls bald auf den verwinkelten Straßen landen würden. Die letzten müden Stockmalven standen in ein paar Pflanzkübeln; einige tapfere Pelargonien blühten noch in Balkonkästen, die an Brückengeländern befestigt waren, und rangelten mit den Lenkern liebevoll gepflegter Fahrräder um Platz. Einige Geschäfte boten Pflanzen zum Kauf an, die der Jahreszeit besser entsprachen: Purpurglöckchen, Efeu und Mandelblättrige Wolfsmilch, die leuchtend grün über die Pflanztöpfe hinauswucherten. Mitte Dezember war der Jordaan überdies Teil eines Weihnachtswalds geworden: Mannshohe Tannen, die auf Fahrrädern herbeitransportiert wurden, standen vor den Häusern und waren mit weißen Lichtern geschmückt. Wie geschmackvoll und wie schön, dass Weihnachtlichkeit so unaufdringlich ansteckend sein konnte! Es erinnerte an Weihnachtsfeste vorangegangener Jahrzehnte und Jahrhunderte. Ein Mistelzweig baumelte an einem roten Band vor einer schwarzen Tür.

Mit Einbruch der Dunkelheit fühlten wir uns noch mehr aus unserer gewohnten Welt hinauskatapultiert. Wir hatten uns ein Nickerchen in der Dämmerung gegönnt und wachten zu dieser nachtschwarzen Schönheit auf, ohne ihre Ankunft bemerkt zu haben. Und diese Schönheit nahm mich in den Klammergriff. Die Luft war abgekühlt, Feuchtigkeit setzte sich auf dem Pflaster ab; das Licht der eleganten Straßenlaternen wurde zu einem Schimmer, der Gehwege und Grachten nur mehr blass beleuchtete. Die Klarheit des Tages war in einen nächtlichen Nebel umgeschlagen, der zusammen mit dem Laternenlicht und dem Grachtenwasser fast wie ein Ölgemälde wirkte, aus dem die Verlockungen der Moderne ausgeblendet waren, und uns in eine andere Zeit versetzte. Die Grachten schluckten den Lärm, allerdings wäre auch sonst nicht viel zu hören gewesen: Die Autos waren alle geparkt, nur noch Fahrräder fuhren vorüber. Die Stille brachte uns dazu, unsere Stimmen zu senken und noch enger zusammenzurücken.

Es war eine herrliche Kulisse für eine romantische Geschichte – und dann wir zwei; beide zu nervös, um unseren Gefühlen Ausdruck zu verleihen. Meine waren ohnehin ein einziges Auf und Ab. Wenn ich mit Matt zusammen war, dann gab es keine Fragen mehr; es gab zwar auch keine Antworten, aber ohne das konstant hinterfragende Geplapper in meinem Kopf waren sie auch nicht mehr nötig. Mit ihm zusammen zu sein fühlte sich zusehends leicht und selbstverständlich an. Ich scheute mich nicht mehr, in der Öffentlichkeit mit ihm Händchen zu halten oder mich hinter verschlossenen Türen in seine Arme, an seine Brust zu kuscheln. Jede Begegnung erzeugte stillschweigende Gewissheit, eine Blase, in der etwas Kostbares gedeihen konnte: etwas in sich Geschlossenes, innerhalb dessen mir klar war, dass diese Stunden nur eine vorübergehende Abkehr von meinen Problemen darstellten, die aber dennoch instinktiv herbeigesehnt waren.

Das mit uns war so real, dass wir es nicht von der Hand weisen konnten. Als Matt eines Morgens von dem netten Café auf der anderen Seite der Gracht ein Frühstück für uns holte und die vier hinaufgehüpften Stockwerke mit diversen Küssen ausklingen ließ, fing ich allmählich an, es zu akzeptieren. Ich lernte auch, dass unsere Gewohnheiten nicht immer in Einklang zu bringen waren; mein Ansatz war immer schnell und pragmatisch, oft ein bisschen voreilig, aber lösungsorientiert. Er überlegte immer erst hin und her, war unentschlossen, versuchte, zu viel in einen Tag zu packen, machte sich aber keine Gedanken, wenn etwas am Ende nicht realisierbar war. An diesem Morgen musste er schreiben. Ich arbeitete seit Jahren als Journalistin, hatte aber noch nie jemand anderem dabei zugesehen, wie er einen Artikel zusammenbastelte. Die Intimität, die dabei entstand, war fast unerträglich, und ich erwies mich als ungeduldige Beobachterin. Sein Zaudern war für mich schwer zu ertragen. Und ich fühlte mich sofort eingeengt, weil meine Zeit von jemand anderem bestimmt wurde. Also verließ ich unser Airbnb. Ich wollte den klaren Himmel draußen sehen, unter dem ich freier atmen konnte. Das altbekannte Verlangen zu fliehen – das mich zu Hause immer wieder auf den Balkon hinaustrieb, in die Londoner Parks, wenn mir nach Einsamkeit war, oder in die Schrebergärten, wann immer ich das Gefühl hatte, ich müsste mit anderen in Kontakt treten – trieb mich hinaus auf die Straßen des Jordaan.

Nun ist das Durcheinander aus Straßen dort ziemlich verwirrend, und mein Orientierungssinn ist richtig schlecht, sodass ich in dem Wirrwarr bald nicht mehr durchblickte. All diese Reihen aus Giebelhäusern sahen einander ähnlich. Verirrt in einer Stadt, die ich nicht kannte, begann ich, mir Sorgen zu machen; ich hatte sowohl Handy als auch Portemonnaie in der Wohnung gelassen und wusste nicht einmal, um wie viel Uhr ich losgegangen war. Ich versuchte, meinen Spazierweg rückwärts nachzuvollziehen, bis ich zu guter Letzt vor dem Café stand, das gegenüber von unserer Wohnung lag. Nur um als Nächstes festzustellen, dass unsere Türklingel nicht funktionierte. Ich fragte mich, ob Matt mich irgendwann suchen käme; wie lange ich hier draußen in der Kälte stehen müsste, bis er bemerkte, dass ich gegangen war – während er völlig vertieft in seine Arbeit und mit seinem Abgabetermin beschäftigt dagesessen hatte. Am Ende bat ich im Café darum, ihr iPad benutzen zu dürfen, und kontaktierte ihn via Twitter. Nachdem er jetzt also wusste, wo ich mich befand, konnte ich mich endlich niederlassen und dem Leben, den Fahrrädern und der Geschäftigkeit jenseits der großen Fenster zusehen. Ich war mit nüchtern-leichtem Gepäck nach Amsterdam gekommen, doch nun geriet diese Nüchternheit ins Wanken. Womöglich war ich doch nicht das coole Mädchen; ich war jemand, der sich Sorgen machte, der alles vorausplanen musste, und hatte in einem fort eine Rolle gespielt. Ein Teil von mir war soeben der frischen Flachlandluft ausgesetzt worden – und die entblößende Frische versetzte mir einen Stich.

•

Seit Jahren besichtige ich in sämtlichen Städten, die ich bereise, die botanischen Gärten. Es fing mit einem Spaziergang durch die überraschenden Weiten des Botaniska Trädgård in Göteborg an. Dann der Jardin botanique der Universität Gent, der nur zwei Stunden in der Woche geöffnet hat, aber so hinreißend bodenständig wirkt, dass ein Besuch sich lohnt. Der schlossparkartige Botanische Garten in Berlin hatte bei meinen Besuchen immer auf der To-do-Liste gestanden, aber oft war es zu heiß oder wir waren zu weit weg, weil wir uns in irgendeinen hinteren Winkel der Stadt zurückgezogen hatten. Die Reise nach Amsterdam bescherte mir einen Vorwand, einen der eher legendenumwobenen botanischen Gärten zu besuchen: Er war in Büchern und Filmen vorgekommen – Elizabeth Gilbert beispielsweise schreibt die Geschichte neu, indem sie in ihrem Roman *Das Wesen der Dinge und der Liebe* eine Frau zur Kuratorin macht. Ihr Hortus Botanicus ist nicht der älteste (diesen Wettlauf haben die Italiener gewonnen, die Mitte des 16. Jahrhunderts die ersten *giardini fisici* anlegten, und in den Niederlanden selbst ist es der Hortus Botanicus in Leiden, den unser Aurikelfreund Carolus Clusius rund fünfzig Jahre früher gründete), und er ist gewiss auch nicht der schönste, aber er fühlt sich irgendwie an wie ein Maßstab der Geschichte dieser Stadt.

Der Amsterdamer Hortus Botanicus war 1638 von der

örtlichen Stadtverwaltung aus ganz ähnlichen Gründen ins Leben gerufen worden wie in anderen Städten jener Epoche: als ein Ort der Aufzucht und des Studiums von Heilpflanzen für Ärzte und Apotheker. In Amsterdam war damit die Hoffnung verknüpft, die Krankheiten der Stadtbewohner behandeln zu können. Trotzdem schlichen sich binnen eines Jahrzehnts auch Zierpflanzen ein, und zwar dank Direktor Johannes Snippendaal, der die Zahl der Pflanzen unter seiner Ägide verdoppelte und alles penibel katalogisierte, allerdings lediglich per Trivialnamen. Jahrhunderte später existiert Snippendaals Katalog immer noch, seine Handschrift ist digitalisiert worden und ziert die Beete vor den Hortus-Gebäuden. Seine eigene Geschichte ist indes lückenhaft; wir wissen nur, dass er den Hortus 1656 verlassen musste, allerdings nicht, warum.

Vieles, was inzwischen zur Sammlung des Hortus gehört, ist aus Saatgut und Pflanzen entstanden, die von Schiffen der East India Company über die Weltmeere in den nahegelegenen Hafen transportiert worden waren – zusammen mit anderen Handelsgütern von Tulpen bis Sklaven, die der Stadt zu Wohlstand verhalfen. Kaffeesamen beispielsweise (von einer Pflanze, die ursprünglich von einem Angestellten der East India Company im Jemen entwendet wurde) kamen in den späten 1680ern aus Java in den Hortus und wurden in einem der Treibhäuser hochgepäppelt. Inmitten des pseudotropischen Wasserdampfs einer nordeuropäischen Großstadt wuchsen die Pflänzchen und entwickelten ihrerseits Samen. Angeblich wurden Nachkommen derselben Pflanze 1714 an Ludwig XIV. weitergereicht, der sie wiederum in seine Parks setzen ließ. Und nachdem sie so schon mal in französische Hände gelangt war, wurde die Kaffeepflanze entsprechend auch in die französischen

Karibikkolonien und nach Brasilien gebracht – was zu einem Kaffee-Boom in ganz Europa im frühen 18. Jahrhundert führte. Die Neugier hatte die Hortus-Mitarbeiter indes schon Jahre zuvor veranlasst, die Bohnen zu rösten und aufzubrühen. Das Getränk treibt die Stadt noch heute an: von den modischen, minimalistischen Cafés bis zu den *bruine kroegen*, »braunen Eckkneipen«, in deren Holzvertäfelung der Zigarettenrauch aus Jahrzehnten zu sitzen scheint. Matt und ich verbrachten einen Abend in einer davon, wurden an unserem Ecktisch als Außenseiter toleriert und durften dort neben Einheimischen unsere Getränke in einem Refugium einnehmen, in dem es sich anfühlte, als wäre die Zeit stehen geblieben.

Doch auch nach jenen berauschenden Entdeckerjahrzehnten setzte der Hortus sein Wachstum fort: Das Palmenhaus beispielsweise – ein weitläufiges, Steampunk-artiges Gebäude aus gelbem Klinker und Trägerbalken – wurde 1912 errichtet, um den amtierenden Hortus-Direktor Hugo de Vries in Amsterdam zu halten, nachdem er eine Professur in New York angeboten bekommen hatte. In den späten Achtzigerjahren stand der Hortus am Rande des Bankrotts, und die Stadt sprang ein, um das Ruder herumzureißen; Hunderte Jahre nach der Eröffnung übernahm die Stadtverwaltung also erneut die Kosten. 1993 wurde ein neues Gewächshaus errichtet, das Drei-Klimazonen-Haus, in dem Tropen, Subtropen und Wüste unter einem großstückigen Glasdach am Rand einer kühlen Gracht nachgestaltet werden.

Genau hier landeten Matt und ich an einem Nachmittag Mitte Dezember und blickten durch das beschlagene Glasdach und die Moose, die in derart nahrhafter Luft gedeihen, empor in den klarblauen Himmel. Wir saßen auf einer

Bank in einem Areal, das entweder das südliche Afrika oder Australien darstellen sollte, und waren umgeben von Pflanzen mit dünnem, nadelgleichem Laub (das sich entwickelt, wenn in trockener Luft Feuchtigkeit gespeichert werden muss), von den walzenförmigen, fedrigen Blütenständen des Weißen Zylinderputzers und kraftvoll-eleganten Baumfarnwedeln. Über eine Wendeltreppe erreichten wir einen Baumkronenpfad, von dem aus wir alles überblicken konnten – die eigentümlichen Grenzziehungen an diesem Ort, das Wechselspiel aus menschlicher Kontrolle und Natur, echtem Leben und Fiktion. Ein Büschel Drahtwein saß ziemlich munter über der Öffnung eines Lüftungsrohrs; aus einem anderen Rohr rieselte ein Wasserfall. Der Anorak eines Gärtners hing über dem Stahlgeländer, an dem die Blätter einer Tillandsie zupften. Ich identifizierte, was immer ich konnte, anhand der lateinischen Namen, während Matt in einem fort – vergeblich – versuchte, die niederländischen Namen mitsamt dem hiesigen Akzent auszusprechen. Nur die Brunfelsie, die im englischen Volksmund *Yesterday-to-day-and-tomorrow* heißt, weil sie im Laufe der Blüte binnen weniger Tage die Farbe wechselt, durfte ihren englischen Spitznamen behalten.

Der Hortus war komplett verwaist; das sind botanische Gärten im Winter oft. Die Enten aus den benachbarten Grachten hatten die Freiluftbeete für sich erobert, in denen Schildchen ankündigten, was dort im Frühling zu erwarten war – *sneeuwklokjes* oder *Galanthus*, also Schneeglöckchen, sowie Krokusse, Hyazinthen, die prallen Knospen der Rhododendren. Auch dort schlenderten wir herum, ehe wir zum Palmenhaus weiterzogen, in das auch alle anderen Pflanzen eingezogen waren, die sonst die wärmeren Monate in anderen Schauhäusern verbringen: ein vorübergehender

Dschungel, der mehr als ein Jahrhundert alt war. In einem der Flügel stießen wir inmitten all der lebenden Relikte auf Vitrinen, in denen eingestaubte, tote Artefakte aus der Zeit der Entdeckerreisen des 17. Jahrhunderts lagerten. Selbst die Luft, die hier deutlich trockener war als im feuchteren, erdigeren Tropenareal des Drei-Klimazonen-Hauses, fühlte sich an, als stammte sie aus einer anderen Zeit. In einem Holzfass in der Nähe stand ein prächtig belaubter *Encephalartos woodii* – in freier Natur seit Langem »ausgestorben«, wie das Schildchen uns lehrte. Die Pflanze war im Jahr 1855 nach Amsterdam gebracht worden – eine männliche Pflanze, die man hier im Hortus aus einem Schössling hatte ziehen können. Seit jener Zeit sind nirgends mehr weibliche *Encephalartos-woodii*-Pflanzen gefunden worden. Dieser grüne Dinosaurier führte hier also ein ziemlich einsames Leben.

Es waren tatsächlich die Niederländer, die bereits in den 1680er Jahren die ersten Gewächshaus-Prototypen schufen. Von hier aus wurde das Konzept von britischen Aristokraten (Maria II. beispielsweise ließ eins für Hampton Court errichten) und von Gärtnern aufgegriffen – und binnen fünfzig Jahren tauchten mehrere im Chelsea Physic Garden auf. Ähnlich wie die stets leicht anrüchigen Orangerien wurden sie ursprünglich erbaut, um exotische Früchte wie die Ananas und andere tropische Pflanzen zu kultivieren, die aus den Kolonien eingeschifft worden waren. Zum anderen zeugten diese Gebäude natürlich von Wohlstand: Gegen Ende des 18. und zu Beginn des 19. Jahrhunderts wurde zusehends mehr Glas verbaut (die frühesten Gewächs- oder Treibhäuser hatten eher Hütten mit Fensterluken geglichen); die Gewächshäuser wurden regelrecht zu Statussymbolen. Es entspann sich eine heftige Rivalität zwischen zwei Schulen des Gewächshausgedankens – Eisen- versus Holzkonstruktion –, während einem Artikel im *Gardener's Magazine* von 1837 zufolge Landsitze überall in Großbritannien plötzlich mit »dem Äußeren nach luftigen und zusehends substanzlosen Strukturen« geschmückt wurden.

Bis zur Thronbesteigung Victorias hatte ein einziger Hersteller allein 200 Häuser produziert, und eine »Besessenheit für derlei Konservatorien« war entbrannt, die sich »über sämtliche wohlhabenderen Schichten erstreckte«, wie ein Zeitgenosse schrieb. »Sie sind nunmehr notwendige Bestandteile umso herrschaftlicherer Häuser.« Was mit Pflanzen begonnen hatte, diente in einigen Fällen indes der reinen Vergnügungssucht: Das Gewächshaus von The Grange in Northington beispielsweise dürfte mit seinen wellenden Dächern und an Säulen gezogenen Kletterpflanzen den Höhepunkt der Gewächshausmanie im Jahr 1824 darstellen. Genutzt wurde es als Ballsaal. In den 1840er Jahren führte die Kombination aus einem entstehenden Eisenbahnnetz und dem (damit nicht zusammenhängenden) Ende der Strafzölle auf Glas dazu, dass landauf, landab Gewächshäuser aus dem Boden schossen und selbst die Mittelschicht sich bemüßigt sah, kleine, fruchtbare Welten in ihren Gärten entstehen zu lassen.

Die Verluste im Ersten Weltkrieg setzten den großartigen Gewächshäusern der Landsitze mehr oder weniger ein Ende; die Gärtner waren auf den Schlachtfeldern ums Leben gekommen, und es war nicht mehr hinreichend Geld für den Erhalt dieser verschwenderischen, transparenten Welten da. Die Gewächshäuser wurden sich selbst überlassen und von den Pflanzen in Besitz genommen, und unter hartnäckigen, zählebigen Ranken barsten die Scheiben.

Einige – wie das Farnhaus in Ascog – wurden in den Neunzigern von engagierten Bürgern gerettet. Von anderen – wie dem gespenstischen Kuppelglasbau von Hilton Hall – steht nur noch das Eisengerippe; halb zeugt es von der Rückeroberungskraft der Natur, halb von den Spuren einstigen menschlichen Ehrgeizes.

Unter Millennials ist die alte viktorianische Gewächshausliebe neu entbrannt: nicht indem sie neue Gewächshäuser errichteten, sondern in Gestalt der schmalen Fensterchen unserer Smartphone-Displays, durch die ganze Welten aus Glas und atmendem Grün erobert werden können: das schwindelerregende Tonnengewölbe des Palmenhauses in Kew; die Ranken, die im Royal Botanic Garden von Edinburgh die Wendeltreppen umklammern. Die Art und Weise, wie selbst die stattliche *Monstera deliciosa* winzig wirkt vor dem brutalen Betonkonstrukt im Barbican Conservatory, das den riesigen Seilboden des benachbarten Theaters verdecken soll. Die ätherischen Wölkchen, die durch das Grün im Sky Garden in Singapur wabern, und der enge, zugewucherte Pfad durch den Physic Garden in Chelsea …

Neben den öffentlich zugänglichen gibt es auch noch die weniger zugänglichen Häuser: Wie seltene Farne im 19. Jahrhundert werden sie durch ihre Exklusivität umso attraktiver. Das kleine Treibhaus des South London Botanical Institute wird gerade deshalb so hoch geschätzt, weil es so selten geöffnet hat. Der kaum kontrollierten Wildheit des Kakteenhauses eines älteren Herrn namens Richard aus Robin Hood's Bay in Yorkshire eilt ein ganz besonderer Ruf voraus. Handgeschriebene Schilder an der Straße werben für »Kakteen zum Verkauf« und erklären innerhalb des Gewächshauses, dass »alles Geld, das durch den Verkauf dieser Pflanzen eingenommen wird, an Kinder aus der Dritten Welt« gespendet werde.

Obwohl all diese Orte im echten Leben oftmals übersehen werden, hat ihre digitale Dokumentation die Entdeckerlust und Begeisterung von Millennials geweckt, deren stabilste Sache im Leben ein Telefonvertrag mit zwei Jahren Laufzeit zu sein scheint. Wie Tausende in meinem Alter sehnte auch ich mich nach einem Seelenort – ob das nun der wundersame *walled garden* war, von dem ich manchmal träumte, oder etwas so Simples wie ein Dach über dem Kopf für mehr als nur ein paar Wochen. Der Traum von einem dauerhaften Zuhause hatte sich als Trugschluss entpuppt, auf den ich mich nicht mehr berufen konnte. Ein eigener Garten war diesbezüglich noch viel undenkbarer, insofern stiegen Gewächshäuser – die so lange als Zeitvertreib für Rentner galten, für Vorstädter oder einfach nur für all jene, die Stille suchten – in den Rang eines fremdartigen neuen Luxus auf. Und sie sahen auf Instagram auch wirklich gut aus: Die Fotografen hinter Haarkon, einem Blog und Instagram-Account, rekrutierten im Handumdrehen Hunderttausende Follower, indem sie wunderschöne Fotos von Gewächshäusern online stellten, die sie auf ihren Abenteuerreisen rund um die Welt besichtigt hatten. Sie gruppierten die Fotos anhand von Hashtags – #ihavethisthingwithglasshouses oder #greenhousehunter. Caro Langton und Rose Ray, den beiden Frauen hinter dem Designstudio Ro-Co, verhalfen die Fotos ihres »House of Plants« zum Online-Durchbruch – einer alten Remise in Hampstead, zu der zum Glück ein Gewächshaus gehörte, das die Größe einer Atelierwohnung hatte. Als ich Clark Moorten besuchte, den Chef von Moorten Botanical Garden and Cactarium in Palm Springs, das in den Dreißigerjahren von seinem Vater als »Kaktusmuseum« gegründet worden war, argwöhnte er, dass sein bescheidenes Gewächshaus – eher ein Bunker unter einem gewellten Plastikdach – »zu den am weitesten verbreiteten Gewächshäusern weltweit auf Instagram« zählen dürfte. Hinter ihm standen junge, perfekt geschminkte Frauen in Kaftanen und mit Spiegelreflexkameras um den Hals bereits Schlange, um ihren eigenen Glamour vor der baufälligen Kulisse, die in Jahrzehnten von Kakteen überwuchert worden war, umso besser in Szene zu setzen.

Dieser merkwürdige Boom, der Gewächshäusern neue Popularität beschert hat, ist auf etwas zurückzuführen, was ich seit meiner Kindheit gespürt habe. Die physische Befreiung, die ich im Garten und beim Gärtnern empfand, hatte gewiss zahlreiche Ursachen, aber ein Grund war sicher, dass meine Großväter Gewächshäuser hatten. Diese schwindelerregende Vermischung von Innen- und Außenraum, der Zauber, den man der Natur entlockt, und die kleinen Triumphe und Niederlagen, die man beim Zaubern nun mal durchläuft – unzählige verstrichene Stunden und hoch konzentrierte Minuten, die Winzigkeit von Samen, Pflanztabletts, Töpfe und der enorme Ehrgeiz: in Sussex oder Reading Wein und tropische Pflanzen anzubauen! All das kommt zusammen und macht aus derlei Räumen etwas ganz Besonderes. Quadratmeter der Ruhe und Erholung, die dem reinen Vergnügen und der Herausforderung dienen, Dinge großzuziehen.

Auch Grandpas Haus war in Teilen von gläsernen Strukturen umgeben gewesen. Das Gewächshaus beispielsweise war direkt an seine Spülküche angebaut worden. Der detailreiche Scheibenmosaik-Vorbau vor der Eingangstür jedoch war mir nie wirklich aufgefallen – die Türen hatten immer offengestanden, und wenn wir Grandpa besuchen gefahren waren, hatten wir immer bloß an die Haustür geklopft, um dann zu hören, wie er wenige Minuten später über den Flur geschlurft kam. Ich war einigermaßen überrascht, als ich den Vorbau Jahre später auf den Maklerfotos seines Hauses entdeckte. Das Licht, das durch die Glaseinsätze fiel, war grün, weil es durch die Magnolie und die wild wuchernden Vorgartenhecken gefiltert wurde. Dieser Vorbau, die viktorianische Konstruktion, die nun potenzielle Kaufinteressenten verzaubern sollte, sah ich auf den Fotos gewissermaßen zum allerersten Mal.

Ich war noch keine zwanzig, als ich Grandpas Gewächshaus für ein Uniprojekt auserkor – auch um mir den geheimen Wunsch zu erfüllen, nur ein paar Monate nach meinem Wegzug in meine alte Heimat zurückzukehren. Auch wenn ich über stapelweise Pflanztöpfe und säckeweise Gartenerde steigen musste – im zehnten Lebensjahrzehnt meines Großvaters war es hier ein bisschen unordentlich geworden –, verspürte ich am ganzen Leib eine Art Seufzer, die Art von Befreiung, die einem ein Ort dichten Wachstums beschert. Eine Woche nach seinem Tod stand ich wieder in seinem Gewächshaus, nahm den Geruch der verschütteten Erde wahr und war immer noch viel zu sehr mit meiner Trauer beschäftigt, um überhaupt zu bemerken, dass all seine Pflanzen dort unterdessen weiterwuchsen.

Weil sie nun mal weiterwachsen. Pflanzen sind auf der Welt – genau wie wir –, um zu leben, selbst in schlechten Zeiten und unter ungünstigen Bedingungen. Trotz aller Regulierungen, die uns beeinträchtigen und denen wir uns unterwerfen.

Jenseits von London, in jener charmanten mitteleuropäischen Großstadt, in der die Zeit genauso vorüberzugleiten schien wie die Fahrradreifen auf dem nassen Kopfsteinpflaster, ließ der Druck, den ich angesichts von Matts und meiner sich entwickelnden Beziehung verspürt hatte, allmählich nach. Unser Tanz verlangsamte sich. Ich konnte auch einfach nicht drei Tage in Folge die perfekte Version meiner selbst spielen. Die perfekte Frau veränderte sich, quengelte plötzlich, wenn sie bis elf auf ihr Abendessen warten musste, und wurde nach und nach besser darin, ihren eigenen Ansichten Ausdruck zu verleihen.

In dieser Stadt steckten wir weder altvertraute Claims ab, noch beackerten wir Landschaften, die wir einst für andere oder gemeinsam mit anderen gestaltet hatten, sondern wir entdeckten – und bebauten – Neuland. Inmitten Dutzender Fremder konnten wir einen kurzen Moment lang allem, was sich derzeit zwischen uns entwickelte, endlich Raum und Zeit zum Wachsen geben. Ich durfte einfach nur an Matts Seite sein, und die komplexen Anforderungen von zu Hause spielten keine Rolle mehr. Es war befreiend, so als wäre eine Vakuumverpackung aufgegangen und hätte einen ganz leisen Lufthauch eingelassen – dringend benötigten Sauerstoff, der dazu beitrug, dass ich meine Ängste loslassen konnte, und der uns beiden erlaubte, über unsere Limitierungen hinweg frei zu atmen.

•

Die Stadt, in die wir zurückkehrten, blitzte ausnahmsweise nur so in der Wintersonne. Ich zählte erst die Grate der Thames Barrier, die im Mittagslicht gleißend weiß unter uns lagen, und nur wenig später erstreckte sich vor uns auch der Rest von London. Die blassbraun-rötliche Masse schien die graugrünen Weiten von Essex regelrecht zu verschlingen, und die Themse schlängelte sich wie eine bleierne Schlange durch all das hindurch. Das Flugzeug ging tiefer – unter uns die in die Jahre gekommene Triebkraft der Canary Wharf; der Millennium Dome wie ein umgedrehter Löffel; das Old Royal Navy College, dieses puppenhausgleiche Wahrzeichen von Greenwich; über Deptford hinweg, bis ich von oben meinen Supermarkt und Dog Kennel Hill sehen konnte. Dann der Ruskin Park und die unverkennbare Kontur des Wohnhauses, in dem ich rein theoretisch immer noch zu Hause war. Mir wurde im Magen merkwürdig flau, weil ich meinen alten Dreh- und Angelpunkt aus einem neuen Blickwinkel betrachtete. Ich wusste immer noch nicht recht, wie ich mit dieser früheren Landmarke meines Lebens umgehen sollte. Ja, die Wohnung gehörte noch mir, zumindest auf dem Papier, aber ich mochte sie kaum noch als »meine« bezeichnen, und es fühlte sich auch kaum mehr so an. Sie war ein Ort geworden, von dem ich mich aktiv würde entlieben müssen – zu meinem eigenen Schutz. Beim Blick aus dem Flugzeug sah ich meine eigene innere Entwurzelung sozusagen im größeren Zusammenhang: Bei der Rückkehr von einem Urlaub mit meinem neuen Freund war ich mit der Aussicht auf die Wohnung konfrontiert, in der der vorherige schlief. Ich schob den Gedanken beiseite und ließ den Blick weiter schweifen. Wir bewunderten das Spiel des Sonnenlichts auf dem Shard, der so hoch aufragte, dass er sich auf Armeslänge von unserem Flugzeugflügel zu befinden schien – ein weiteres kapriziöses Glaskonstrukt, das für Fantasterei und Status stand.

·

In der Nacht auf den ersten Weihnachtsfeiertag begleitete mich Wham!s »Last Christmas« aus den Auto-Lautsprechern des Uber-Fahrers, der mich von einem Weihnachtsessen am anderen Ende der Stadt zurück zur Wohnung brachte. London war komplett verwaist, die alljährliche Pilgerreise in die Vorstädte und hinaus aufs Land hatte bereits vor Stunden und Tagen stattgefunden. Ich hatte diesmal nicht mitgemacht. Dieses Jahr hatte Hannah nach Lewisham eingeladen: Gans und ein sechs Wochen altes Baby, mit dem wir in einem neuen Zuhause Weihnachten feiern würden. Als ich an jenem Tag aufwachte, lag ich allein im Bett – zum mattgrauen Licht auf einem vielfach benutzten Kissenbezug. Vom üblichen Stadtlärm war kein Mucks zu hören. Ich radelte durch diverse Tore der Stadt und keuchte an all den Häuserreihen vorbei, die sich bis zur südöstlichen Stadtgrenze erstreckten; an einem finster dreinblickenden Mann vorbei, der soeben in einen Polizeiwagen geschoben wurde; weiter bis zu Hannahs Eingangstür, nachdem ich mein Fahrrad einfach an einen Gartenzaun gelehnt hatte, weil an Weihnachten doch sicher kein Fahrraddieb unterwegs wäre. Es sollte ein Tag voller Spaß, Wein und Pixar-Filme werden, und am Boden blieben die Überreste unserer Weihnachts-Knallbonbons liegen. Früh am nächsten Morgen wachte ich auf Hannahs Sofa auf und erfuhr, dass George Michael gestorben war.

Die Nachricht erwischte mich eiskalt. Immerhin besteht meine Arbeit darin, über Popstars zu schreiben, und ich hatte mich an ihre mitunter unerwarteten Abgänge gewöhnt: an den anfänglichen Schock, das Breittreten der Tragödie, an den Versuch, irgendwie ein Schiffchen Bedeutsamkeit durch das Trauermeer auszuschicken und dabei ein Leben irgendwie zusammenzufassen. Doch diesmal war ich zutiefst traurig darüber, wie schnell es mit ihm vorbeigegangen war; kurz zuvor hatte ich noch seine Stimme aus dem

Auto-Lautsprecher gehört. Irgendwann an diesem zweiten Weihnachtsfeiertag radelte ich wieder zurück nach Hause, diesmal durch One Tree Hill, ein von Häusern umgebenes Stückchen Land, das mit dem Bus nur schwer zu erreichen ist. Von dort kann man fast die ganze Stadt überblicken – vom Park aus hat man einen wesentlich besseren Ausblick als von den bekannteren Aussichtsplätzen. Er liegt ein Stück weiter draußen als Primrose Hill und ist weniger überlaufen, und von dort kann man sehen, wie die Gebäude zusehends größer und großartiger werden, die Hochhäuser immer höher, bis sie in einem dichten Gemenge aus Grau aufgehen, das mit ansichtskartengrünen Einsprengseln versehen ist. Es war mehr oder weniger dieselbe Aussicht, die auch die Wohnung zu bieten hatte – vielleicht sogar einen Hauch schlechter. Darüber hatte ich oft nachgedacht, wenn Leute von der schicken Rooftop-Bar in Peckham oder dem Biergarten des Pubs in der Nachbarschaft sprachen und darüber staunten, was sie alles sahen. Ich selbst hatte meinen ganz privaten Ausguck durchs Fenster meiner Wohnung, mitsamt all den Vorzügen, die ein Zuhause zu bieten hatte. Warum hätte ich also hinausgehen sollen? Warum etwas suchen, was jenseits meiner Tür nur durch andere Eindrücke verwässert wurde?

Trotzdem war ich jetzt hier und betrachtete diese mir wohlbekannte Landschaft von einem neuen Standpunkt aus. Saugte sie von einer Parkbank aus in mich auf. Ich nahm die Draußenheit ganz bewusst wahr, die Brise auf meiner Haut, die Familien, die mit ihren Hunden an mir vorbei Gassi gingen, mich selbst inmitten dieses Ortes, den ich für einen kurzen Augenblick geliehen hatte. Die Kälte kroch mir in die Glieder, während das Tageslicht äschern wurde, und ich sah meinen Atemwölkchen nach, während aus meinen Kopfhörern »Careless Whisper« drang. Mein ganzer Körper schmerzte vor Trauer, ich war gefangen zwischen dem Wunsch, mit mir allein zu sein, und einer tief empfundenen Einsamkeit dort auf dem Hügelkamm am zweiten Weihnachtsfeiertag, an dem ich der Stimme eines Toten lauschte. Weihnachten war auf das lebensnotwendige Minimum eingedampft worden und kurz und seltsam gewesen; ich fühlte mich fehl am Platz angesichts der Traditionen, aus dem Takt der Feierlichkeiten geraten. Ich wartete noch, bis es dunkel wurde, und fuhr nach Hause. Tags darauf kehrte ich zur Arbeit zurück und genoss die Stille und Einsamkeit in der Redaktion. Die Einzige bei der Arbeit zu sein, während alle anderen Familienbesuche machten oder auf ihren Sofas Schokopralinen naschten, bescherte mir ein Gefühl von Autarkie. In der folgenden Woche hörte ich obsessiv »Faith«.

Dann war Weihnachten auch schon fast wieder vergessen; ich hatte es »weggearbeitet«, es von mir weggeschoben, war fest entschlossen, wieder halbwegs Normalität in mein Leben zu lassen, während die Stadt immer noch still und starr dalag. Ich klammerte mich an die Jahreswende wie an einen Rettungsring – zum ersten Mal, seit ich ein Teenager gewesen war, damals, als der Dezember noch etwas Mächtiges, Bedeutsames gewesen war statt einfach nur eine Zeit, in der man viel Geld ausgibt für Dinge, die am Ende doch nie den Erwartungen entsprechen.

Matt und ich gingen auf eine Party im Nordwesten Londons im Reihenhaus einer kürzlich erst zu Bekanntheit gelangten Person und ihres wohlhabenden Ehemanns. Das Haus war voller Leute, deren Gesichter ich aus dem Fernsehen kannte. Es war der Vorabend von Silvester, der Startschuss für ein langes Wochenende, das – wie ich hoffte – das vergangene Jahr in einer wilden finalen Läuterung austreiben würde. Es war außerdem die erste Verpflichtung, der wir als Paar nachkamen. Mir war mulmig dabei; ich wusste nicht, wie Matt mich vorstellen würde, aber auch ganz unabhängig davon wäre es in jedem Fall merkwürdig. Er traf dort Freunde und Kollegen, die er schon eine ganze Weile nicht mehr gesehen hatte, und ihre Namen rieselten wie Glitter durch mein Hirn. Ich hatte den Dresscode falsch interpretiert und fühlte mich inmitten all der Kleidchen und Pelzmäntel ganz grässlich altbacken. Die Leute waren nett und freundlich, umso mehr, je später der Abend wurde; trotzdem fühlte ich mich fehl am Platz, wusste nicht, welches Gesicht ich auflegen und welche Person ich spielen sollte.

Als um Mitternacht der letzte Tag des Jahres anbrach, fanden wir uns im übervollen, überhitzten Wohnzimmer wieder. In Sektlaune und leicht berauscht von den ersten Zigaretten seit einer gefühlten Ewigkeit legte Matt derart bizarre, alberne Tanzschritte aufs Parkett, dass ich unendlich erleichtert und dankbar über die Leichtigkeit war, die vergnügliche Blase, die wir um uns herum aufgepustet hatten. Wir versanken in der Musik, tanzten und lachten. Es war, als hätte sich bei mir ein Schalter umgelegt, als wären aller Überdruss und alle Not schlagartig von mir abgefallen. Als wir zu guter Letzt an der Warren Street standen, waren wir die Einzigen am Bahngleis. Es muss wohl gegen vier Uhr nachts gewesen sein. Matt stand direkt vor mir, als ich mich in eine der gefliesten Nischen drückte, und mit der Selbstsicherheit und dem Schalk dessen, der die Antwort ohnehin längst kannte, fragte er mich, ob ich ihn liebte. »Manchmal«, antwortete ich. »Manchmal glaub ich schon.« Und das entsprach der Wahrheit. Ich hatte die Worte in den vergangenen Wochen immer wieder in mir aufkommen gespürt, wann immer wir uns aneinandergekuschelt hatten oder ich ihm das Haar nach hinten gestrichen hatte; wann immer er etwas Süßes, Unausgesprochenes getan hatte, wie etwa ein albernes Müsli zu kaufen, das ich wahnsinnig gern aß, das ihm selbst aber herzlich egal war. Ich spürte, wie sie in mir wuchs – eine neue Liebe.

Und dann war es raus: in der grellen Neonbeleuchtung des Bahnsteigs. Es fühlte sich unendlich kostbar, unfertig und brandneu an, und sie verwirrte mich, diese neue Liebe. Wie sie in all der Zeit eingekapselt gewesen war; wo sie auf einmal hergekommen war. Trotzdem war sie da. Und er liebte mich auch.

Januar

Die kürzesten Tage im Jahr beobachte ich immer besonders genau. Die längeren überraschen uns jedes Mal neu, begrüßen uns mit hellen Morgen oder machen uns glauben, dass die Abendstunden auch noch zum Tag gehören. Bei den kurzen Tagen, die so lange brauchen, um überhaupt in die Gänge zu kommen, und kaum dass es hell ist, auch schon wieder zur Neige gehen, Spaziergängen und anderen Outdoor-Aktivitäten ein Ende setzen und uns in Innenräume und in Pubs treiben, gibt es eine solche Gedankenlosigkeit nicht. Während jener kurzen Tage bekomme ich kaum je die Sonne zu sehen. Wenn es draußen hell wird, sitze ich längst im Büro, weil ich meinen Arbeitstag gern in aller Ruhe und früh am Morgen beginne. Manchmal setzt der Sonnenuntergang schon kurz nach dem Mittagessen ein – oder noch währenddessen. Wieder ein Tag vorbei, wieder ein langer Abend, der vor einem liegt, nasses Laub, auf das orangefarbenes Laternenlicht fällt.

Die Wintersonnenwende – der kürzeste Tag im Jahr – ist mittlerweile etwas, worauf ich hinfiebere, wenn das Jahr düster und dunkel wird, denn sie stellt den Wendepunkt dar. Nach dem 21. Dezember (oder rundherum, manchmal ist es auch erst in den frühen Morgenstunden des darauffolgenden Tages so weit) werden die Tage endlich wieder länger – immer um ein paar Minuten. Die Nachmittage im Januar sind immer noch düster und im Februar trist, aber es wird wieder heller. Selbst wenn das Wetter eklig ist oder nicht der Jahreszeit entspricht – merkwürdig warm im Oktober oder im Frühling auf einmal wieder bitterkalt –, können wir uns trotzdem darauf verlassen, dass bis zum 21. Juni tagaus, tagein mehr Sonnenstunden auf uns zukommen – bis es dann wieder umgekehrt läuft.

Ich klammere mich an die Aussicht darauf, was bevorsteht. Nur deshalb mag ich die Wintersonnenwende, während andere in der lang anhaltenden Dunkelheit bloß ein Übel sehen. Umgekehrt werde ich beim Gedanken an Mittsommer immer leicht melancholisch, denn dieses Datum ist in meinen Augen kein Anlass zu Vergnügungen – eher der Beginn jenes schleichenden Abstiegs in die Dunkelheit und des notwendigen Rückzugs der Natur. Mittsommer als den Beginn des Sommers zu begreifen, fühlt sich für mich merkwürdig an, wenn ich doch weiß, dass die kommenden drei Monate, auch wenn es immer noch warm sein mag, von zusehends kürzeren Tagen geprägt sein werden.

Die »Zeitsprünge«, die man beim Gärtnern unternimmt, indem man sich um Monate in die Zukunft versetzt, sind da sehr wohltuend. Sie fühlen sich an wie ein Zaubertrick, und zwar einer, der mit umso mehr Wissen und Erfahrung immer besser funktioniert. Wenn man nur genug über die entsprechende Pflanze weiß, kann man im tiefsten Winter in seinem Garten stehen und das üppige Blattwerk und die Knospen schon vor sich sehen, das Aufblühen und die sich verfärbenden Blätter. Im Grunde ist es ein nüchternes Rauschbild aus Vorfreude, Biologie und treuem Glauben, das aber auch dringend nötig ist, wenn sich die existenziellen Fragen im Leben vor einem auftürmen.

Ich war schon immer jemand, der von der nahen Zukunft geträumt und den die Frage umgetrieben hat, was als Nächstes käme und wie es wohl sein würde und ob ich mich je wieder an die nervöse Unruhe im Vorfeld erinnern könnte, sobald endlich dies und das eingetreten wäre. Ich habe meine komplette Kindheit latent frustriert darüber verbracht, dass meine Bilder oder Basteleien am Ende nie so ausgesehen haben, wie ich sie mir eingangs vorgestellt hatte, und in den darauffolgenden Jahren sah es mit meinem Leben ganz ähnlich aus; irgendwie stellte sich nie die Zufriedenheit ein, die mir doch in Aussicht gestellt worden war.

Nur beim Gärtnern ist das bei mir anders. Selbst die vorhersagbarsten Dinge – die anschwellenden Knospen der Pelargonie, die Zielsicherheit eines grünen Triebs, der sich durch kalte, feste Erde bohrt – sind in der Realität noch viel schöner als in meiner Vorstellung. Es ist nicht ein einziges Mal vorgekommen, dass ich nach Hause kam, dort einen halben Zentimeter neuen Wachstums an einer Pflanze vorfand, die ich fast schon vergessen hatte, und nicht begeistert gewesen wäre. In derlei Momenten jubiliere ich nicht nur, ich verspüre etwas zutiefst Innerliches, das sich der Fassbarkeit widersetzt. Die Leichtigkeit, die schlichte Freude ist so angeboren-natürlich wie nur die zusehends seltenen Momente des Glücks, die lediglich offline eintreten – und oftmals, wenn man allein ist. Ein Augenblick ruhigen, privaten Glücks, das bei der Arbeit oder zu Hause oder selbst in Liebesdingen viel schwieriger zu finden ist.

Wenn es nicht funktioniert – wenn die Zwiebeln nicht austreiben, eine Pflanze nicht blühen mag, wenn Farben nicht zusammenpassen oder einfach die Sonne nicht genügend scheint, um Dinge über einen mageren Spross hinaus wachsen zu lassen –, dann kommt die Enttäuschung darüber einer Herausforderung gleich, einem Rätsel, das es zu lösen gilt. Dieses Rätsel versuche ich zu dechiffrieren, Wasser- und Düngermenge einzuschätzen, ob die Pflanzen vielleicht zu viel oder zu wenig abbekommen haben; ich versuche, mir all das zu merken und im Jahr darauf entsprechend nachzujustieren, während ich gleichzeitig ständig in der Zeit nach vorne springe und umso bessere Ergebnisse avisiere.

Für mich hat dies mit Geduld zu tun, also mit etwas, wovon ich nach wie vor wenig besitze; aber was ich an Geduld aufbringen kann, habe ich mir durch das Gärtnern angeeignet. Dass ich so schnell vom Werkeln auf meinem Balkon in den Bann geschlagen war, lag teils daran, dass es meinen Kopf wie kaum etwas anderes beruhigen konnte. Andere erzählen, dass Sport ihnen hilft, den Kopf freizukriegen, dass Joggen oder Schwimmen oder Klettern ihnen hilft, Frieden mit all den Zielen zu machen, die sie nicht erreicht haben. Einige finden dieses Ventil auch in Achtsamkeitsübungen und in der Meditation. Je hektischer unser Leben wurde, umso mehr Wege haben wir gefunden, um den Technologien und dem Tempo zu entsagen, das jene technischen Innovationen vorantreibt. Ich persönlich habe nie eine heilsamere Ruhe verspürt als diejenige, die mich beim Gärtnern überkommt. Sie vertreibt meine Ängste, meine Neurosen, meine Sorgen. Und sie entschleunigt. Ich gehe Aufgaben nach, die getan werden müssen, und gebe mich damit zufrieden, dass einige Ergebnisse noch wochenlang nicht zu sehen sein werden – wenn überhaupt. Vieles im Gärtnerleben geht nun mal seine eigenen Wege.

Nichtsdestoweniger gibt es Kniffe, um die kleinen Fortschritte zu beschleunigen. Seit Generationen trickst man Zwiebelblumen aus, indem man die Zwiebeln bereits im

Herbst in einer kalten, abgedunkelten Umgebung lagert, bis sie glauben, es wäre tiefster Winter, und indem man sie dann, sobald sie keimen, auf ein warmes, sonniges Fensterbrett stellt, um einen Frühling vorzutäuschen, der in Wahrheit erst drei Monate später anbricht. Die zu Weihnachten blühende Hyazinthe, Weihnachtsnarzisse oder Amaryllis – da grünt und blüht es in Innenräumen, obwohl draußen die Straßen noch immer vereist sind. Allerdings muss man dieses erfreuliche Ereignis über mehrere Wochen hinweg vorbereiten. Meine »ausgetricksten« Zwiebelblumen beispielsweise blühen an Weihnachten nach wie vor höchst selten, hauptsächlich weil ich im Vorfeld viel zu viel Zeit anderweitig vertrödele – bei Flitter und Glitter und im warmen Licht der Lichterketten. Stattdessen heiße ich den berauschenden Duft meiner Pflanzen (denn vor allem Hyazinthen und Weihnachtsnarzisse sind stark duftend) im tiefsten, kältesten Januar willkommen, sobald der Weihnachtsbaum wieder entsorgt ist und die guten Vorsätze an unseren feiertagsrundlichen Leibern kritteln.

Geduld ist eine freundliche, sanfte Angelegenheit. Sie will eingeübt werden, bis eines Tages ihr Moment kommt. Dieser Januar entfaltete sich wie die Knospen der Weihnachtsnarzissen, die vor den beschlagenen Eisensprossenfenstern der Wohnung standen. Die gefältelten Blütenblätter drückten so lange gegen ihre blassgrüne Hülle, bis sie sich nach diversen langen Nächten zu guter Letzt entfalteten: sternenförmig, kostbar, perfekt. An ein paar wenigen Tagen wiesen Morgen- und Abenddämmerung regelrecht Dehnungsstreifen des Wachstums auf, und die pastelligen Wölkchen und endlosen Kondensstreifen am Himmel hatten hell korallfarbene Ränder. Atemwolken, die zwischen Schal und Brille ausgepustet worden waren, hingen in der

Luft. Aber überwiegend waren diese ersten zwei Januarwochen schwerfällig und dunkel und so feucht und nieselig, dass es einem bis in die Knochen kroch. Der Mittag – die hellste Stunde – strich wie ein Schiff im Nebel fast unbemerkt an einem vorüber.

Josh und ich hatten uns vage dazu durchgerungen, den Vertrag, der uns noch immer aneinanderband, auseinanderzudröseln, indem er die Wohnung übernehmen sollte und ich andernorts neu starten würde. Ich hatte mich allmählich mit der Vorstellung arrangiert, allerdings wollten die Details wohlüberlegt sein. Die organisatorischen Herausforderungen wetteiferten noch immer mit meinem Herzschmerz. Ich zwang mich, mit Josh distanziert umzugehen, nicht wieder in Verhaltensmuster zurückzufallen, die zwischen uns so lange vertraut gewesen und die aus unserer gemeinsamen Sprache erwachsen waren. Ich fühlte mich immer noch schuldig, weil ich mich in jemand anderen verliebt hatte, und die Schuld lastete schwer auf mir. Es war ein Glück, von dem ich glaubte, dass ich es nicht verdiente.

Aber was für ein Glück es war. Sonntagabende sahen aus wie in kitschigen Komödien: Billie Holiday aus den Lautsprechern, der Duft von Toast in der Luft. Matts Nase passte genau in die Einbuchtung zwischen meinem Nasenrücken und meiner Stirn, wenn wir tanzten, die Gesichter aneinandergepresst, Dauerlächeln, fast schon ekelhaft kitschig und süß. Trotzdem wollte keiner von uns die kleinen Kreise, die wir im Wohnzimmer drehten, unterbrechen. Matt ließ mich unkompliziert in sein Leben, stellte mich seinen Freunden und seiner Familie vor und nahm mich mit an Orte, die mir verstehen halfen, wer er war. Ihn meine weniger schönen Ecken und Kanten sehen zu lassen machte mich trotzdem noch immer nervös.

Wir gingen an Dinge sehr unterschiedlich heran. Ein Ausflug zu meinen Eltern kam für mich nicht infrage; seine wiederum wohnten in London und luden regelmäßig zu Familienessen ein. Während die Fahrt hinaus aufs Land zu meinen Eltern erfordert hätte, Fahrpläne zu studieren und eine Anstrengung zu unternehmen, meldeten wir uns bei seinen Eltern eher unverbindlich an: Wir würden durch den Common spazieren und irgendwann eintrudeln. Den Common kannte ich nicht gut, weil ich mich immer hauptsächlich im Londoner Süden und Osten aufgehalten hatte. An jenem kühlen, trockenen Tag fühlte sich das Land wild und unberührt an. Alles war wie von einem ockergelben Dunst verhangen, obwohl die Sonne gar nicht schien. Das Farngestrüpp war in Gold getaucht. Die rostbraunen gefiederten Wedel waren vertrocknet. Wintermüde Gräser wiegten sich in der Brise. Während Matt und ich über die matschigen Wege stapften, Pfützen auswichen und sich nasse, kompakte Erde unter unsere Gummisohlen klebte, erzählte er mir seine eigene Geschichte mit dem Common, in dessen Nähe er aufgewachsen war. Der Common war für ihn der Ort für Radtouren und Weihnachtsspaziergänge gewesen und ihm so vertraut wie mir jene Fußwege, die die Felder rund um mein Heimatdorf verbanden. Hier war er spazieren gegangen, später joggen, hatte nach einer Trennung den Kopf an der frischen Luft über dieser Weite freigekriegt und der Natur erlaubt, ihm Raum zum Nachdenken zu geben, zunächst aus der Not heraus, später dann aus Gewohnheit, als der Schmerz nachgelassen hatte und das Laufen für ihn zu etwas anderem wurde, zu einer neuen Herausforderung, zu Zeitlimits, die es einzuhalten galt, zu Momenten der Endorphinausschüttung.

Als wir etwa die Hälfte der Strecke hinter uns gebracht

hatten, warf Matt mir einen schelmischen Blick zu. »Sollen wir hintenrum gehen?« Anscheinend konnte man sich über eine Abkürzung von einem der Spazierwege durch den Common direkt in den Garten seiner Eltern schleichen. Es war fast schon kindisch, ein Kleinjungenstreich. Wir waren ordentlich angezogen, nicht fürs Unterholz geeignet. Trotzdem hatte Matt mich im Handumdrehen überredet, weil es mich einfach süchtig machte, mit ihm zusammen zu sein; ganz gleich wie sehr ich die Dinge kontrollieren wollte, meine Gefühle in Schubladen stecken und die jeweils passende Person spielen – er lebte nach Lust und Laune. Er widersetzte sich den Grenzen, die ich zu errichten versuchte, und zeigte mir Freiheiten auf, die jenseits davon existierten.

•

Für jemanden, der nahezu immer rastlos ist, war der Januar lange ein frustrierender Monat. Jetzt da ich fast schon abhängig war von meinem Wachstumselixier – vom Eintauchen in die kleinen grünen Nischen, die sich überall in der Stadt aufgetan hatten –, machten die tiefe Dunkelheit und der Schlafzustand zu Beginn des Jahres mich regelrecht klaustrophobisch. Während meine Freunde neue Selbstoptimierungsmaßnahmen ergriffen – einen alkoholfreien Januar beispielsweise, Fitnessprogramme und andere ehrgeizige Neujahrsvorsätze –, konnte ich mir kaum etwas vorstellen, was ich lieber wollte, als mich einfach nur wieder besser zu fühlen. Die kurzen, kalten Tage versetzten uns in eine Art Bildschirmzeit-Winterschlaf; ich fühlte mich, als wäre mein Gehirn regelrecht frittiert.

In der Wohnung zu sein bedeutete, mit meinem Balkon wiedervereint zu sein, und ich brannte natürlich darauf, ihn wiederzusehen und zu erkunden, was in meiner Abwesenheit überlebt hatte. Viele Pflanzen gehen im Dezember ein, aber nach all der Mühe, die ich mir im Herbst gemacht hatte, sollten die Zwiebeln, die ich eingesetzt hatte, die Alpenveilchen und Stiefmütterchen in den Balkonkästen vor den Fenstern nicht nur überleben, sondern sich auf ihren Zenit zugearbeitet haben.

Es war trotz allem schwierig, Zeit zu finden, bei Tageslicht dort hinauszukommen, und wann immer es mir gelang, konnte ich gar nicht viel machen. In größeren Gärten ist der Januar der Zeitpunkt für »administrative« Aufgaben: Blumentöpfe auswaschen, Gewächshäuser putzen; Werkzeug schärfen und Obstbäume beschneiden. In meinem Betonambiente war all das nicht nötig. Ich musste kein Beet umgraben, keine Tanne mulchen, ganz zu schweigen von Apfelbäumen, die ich hätte beschneiden müssen. Es waren auch keine Töpfe mehr übrig, die ich hätte reinigen können: Ich hatte alle mit Zwiebeln befüllt, von denen ich nicht mal mehr wusste, welche es gewesen waren. Ich sehnte mich nach bedeutsamer, körperlicher Arbeit; ich lechzte nach der meditativen Ruhe, die mir das Gärtnern bescherte. Trotzdem konnte ich nicht viel tun, und wenn es mir noch so sehr in den Fingern juckte.

Jenseits des Balkons lag der Großteil der Natur im Winterschlaf. Perennierende Pflanzen waren vertrocknet; viele ordentlichere Gärtner hatten die trockenen, toten Vorjahrestriebe bis auf den Boden zurückgeschnitten. Diejenigen Pflanzen, die wiederkommen würden, hatten sich ins harte Erdreich zurückgezogen, um Energie zu tanken. In der Theorie ist dies auch die Zeit des Jahres, in der all jene, die mit der Natur im Einklang leben, ebenfalls ruhen. Doch so weit war ich noch nicht. Ich fühlte mich unfähig, mich zu entspannen, war angesichts der Leere in meinem Kalender panisch und vage irritiert angesichts von flackernden Kerzen, die erst wenige Wochen zuvor noch Gemütlichkeit ausgestrahlt hatten. Ich hatte die Nase voll vom Decke-über-den-Kopf-Ziehen; ein dumpfer Schmerz in meinem unteren Rücken zeugte davon, dass ich zu lange im Bett liegen blieb. Ich wollte spazieren gehen, meine Beine wollten sich endlich wieder strecken können. Zwischen Vergangenheit und Zukunft hin- und hergerissen machte mich die Gegenwart immer dann regelrecht rasend, wenn mein Gehirn mich weit vor Sonnenaufgang weckte und die Gedanken kreisten, ohne dass ich danach hätte greifen können: Ich wollte wieder in Bewegung kommen, produktiv sein, irgendetwas unternehmen.

Ich habe nie recht begriffen, ob diese Motivation, dieser innere Motor, der immerzu ein bisschen zu hochtourig unterwegs zu sein scheint, ein genetisches oder ein Generationsproblem ist. Ich bin in einem umtriebigen Haushalt aufgewachsen: Meine Eltern hatten neben ihren verantwortungsvollen Jobs, mittels derer sie uns bestens versorgen konnten, immer noch andere Beschäftigungen. Mein Vater bastelt an Werkstücken, überdenkt sie, baut sie um, repariert Sachen. Meine Mutter hat immer schon genäht und gebacken und zwischen ihren beiden Hauptbeschäftigungen – einen Haushalt zu führen und als Lehrerin zu arbeiten – Dinge erschaffen, hervorgezaubert. Ich wuchs quasi zwischen Ziegelstaub und Bastelprojekten auf. Wenn ich an einem Samstagmorgen in die Küche kam, rührte der eine unter Garantie gerade einen Nachtisch an, plante gleichzeitig den Familienurlaub, während im Hintergrund das Schlagen des Garagentors zu hören war, wo der andere bereits leicht frenetisch zu Werke ging. To-do-Listen, mit Bleistift geschrieben und mit Ergänzungen versehen, wurden auf ordentliche Stapel älterer Notizzettel an einen Haken gepinnt – der bei uns nur als »der Clip« bekannt war und sich oftmals so anfühlte, als sei er der Nucleus dieser Familie, das Orakel, das uns alle durch unsere verschiedensten Aufgaben und Verpflichtungen führte.

Doch selbst angesichts dieses Backgrounds fühlt es sich für mich so an, als wäre die Geschäftigkeit *die* Konstante meiner Generation. Während meiner Unizeit fing es an: als sich vor Banken Warteschlangen bildeten, Meldungen zur Finanzkrise die Nachrichten beherrschten und sich mit einem Mal ein vager Druck auf unser Studium legte. Die Zusatzkurse und Hobbys, die wir uns im Lauf der Zeit zugelegt und über die wir in unseren Studienplatzbewerbungen geschrieben hatten, reichten mit einem Mal nicht mehr. Es herrschte zusehends ein Gefühl erbitterter Konkurrenz: Man musste noch besser informiert sein und hoffentlich hinreichend autodidaktisch begabt, um einen anderen superbelesenen, selbstbewussten Achtzehnjährigen von einem der wenigen Anglistik-Studienplätze an einer Uni der Russell-Gruppe zu verdrängen. Wir hatten von klein auf gelernt, dass Arbeiten gut war und Nicht-Arbeiten schlecht; dass Jobs nicht Mittel zum Zweck waren, um sich das Leben gemütlich zu machen, sondern eine Berufung, ein Schicksal, für das wir bis in alle Ewigkeit würden ackern müssen; dass eine Karriere die Verlängerung unserer Persönlichkeit sein müsste – andernfalls hätten wir versagt.

Die Uni wurde zu einer kostbaren Handelsware; die Kurse, die wir belegten, dienten nicht mehr dem Studium, bei dem wir unsere Kenntnisse erweiterten, sondern waren ein notwendiges Vehikel, um in die Traumkarriere in einem Furcht einflößenden Markt starten zu können, der im Zuge von Bankencrashs und Schuldenkrisen schrumpfte. Den drei Monate langen Sommer nach dem ersten Studienjahr verbrachte man nicht mit einer gemächlichen Reise durch Osteuropa, wie man es früher getan hätte, sondern mit Handlangertätigkeiten in Zeitschriften- und Zeitungsredaktionen, die zwischen die Schichten eines verhassten Studentenjobs gequetscht wurden. Das setzte bereits den Takt für die Geschäftigkeit, die meine Erwachsenenjahre definieren sollte: dass der aktuelle Job nie genügte, dass es immer noch etwas Besseres geben müsste, etwas, was die eigene Leidenschaft beflügelte. Denn warum sonst sollte man sich die Mühe machen? Angesichts steigender Meeresspiegel und sich ständig erweiternder sozialer Klüfte – wenn wir nicht etwas täten, was zumindest für uns selbst bedeutsam war, was wäre da noch der Sinn hinter alledem? Wir begannen, auch jenseits der Anstellungen unendlich viele Dinge für uns zu erobern – Interessen und Hobbys, und selbst die Aussicht, sich zu entspannen und etwas zum reinen Vergnügen zu tun, wurde zu einer Art Projekt, das zu einem Resultat führen musste, das wiederum in den sozialen Netzwerken dokumentiert und auf digitale Aufmerksamkeit abgeklopft wurde.

Als Teenager war mein größter Wunsch gewesen, Musikjournalistin zu werden. Ich vertiefte mich in die Seiten des *New Musical Express*, saugte Seite für Seite jedes Wort nur so in mich auf, als würde darin die Freiheit meiner erträumten Erwachsenenzukunft buchstabiert, in der ich in London leben, zu Gigs gehen und Musiker interviewen würde. Und genau das hatte ich getan – ich hatte es geschafft. Doch fast auf den Tag genau zehn Jahre nachdem der Traum wahr geworden war, dämmerte mir, dass er sich in etwas anderes verwandelt hatte. Musik zu hören, neue Bands zu entdecken – all die Dinge, die einst einen Funken in mir entzündet hatten: Sie waren zu einer alternativen Form von Arbeit geworden, die ich in meiner Freizeit verrichtete. Die Bücher und Filme und Ausstellungen, die ich früher so inspirierend gefunden hatte, waren nur mehr Punkte auf einer Liste, die ich abhaken musste, um so zu tun, als wüsste ich Bescheid, als hätte ich eine fundierte Meinung. Ich sah das Publikum bei den Auftritten, die ich rezensieren sollte, und beneidete es um den Spaß, den es hatte, während ich gleichzeitig innerlich die Augen verdrehte. Mir war das Gefühl abhandengekommen zu wissen, wie es war, um des reinen Vergnügens willen dort zu stehen und zuzusehen. Fan zu sein, mit feurigen Ansichten, die nicht erst eingeköchelt werden mussten und dann in mundgerechten Häppchen serviert wurden. Ich war zusehends uninspiriert und mürrisch – weil wir doch eigentlich allem Anschein nach genug auf dem Teller und doch so wenig zu essen hatten.

Die meisten Menschen dürften sich immer schon früher oder später nach Entschleunigung gesehnt haben, aber der Ausdruck an sich erfuhr eine neue Prägung, unmittelbar nachdem die Millennials zur Welt gekommen waren – genauer: im Jahr 1986, als der italienische Publizist und Soziologe Carlo Petrini sich derart über die Neueröffnung einer McDonald's-Filiale in Rom echauffierte, dass er aus Protest die Slow-Food-Bewegung ins Leben rief. Seither sind allerhand Slow-Konzepte entstanden: Slow Money, Slow Parenting, Slow Fashion, Slow Travel, Slow Gardening, Slow Television. Den meisten davon liegt ein und dieselbe Überzeugung zugrunde: dass man sich seine eigenen Handlungen bewusst sein, den Entstehungsprozess wertschätzen und eine Abneigung gegen massenproduzierte Waren und wenig nachhaltige Tätigkeiten entwickeln möge. Langsame Dinge sollen dem Feind – der andauernden Zeitknappheit – die Stirn bieten, dem Gefühl, dass der Tag nie hinreichend Stunden hat, um sämtliche Aufgaben bewältigen zu können.

Meine Generation hat derlei langsame Dinge schließlich zu Instagram-Hashtags und Pinterest-Suchbegriffen erhoben. Hinter #liveslow stecken – zumindest bildlich – Kaffees mit Milchschaum, in den ein Barista ein Herz gezaubert hat, neben der Tasse ein teures Hochglanzmagazin, das Ganze von oben fotografiert. Slow Cooking ist ein Schmortopf, der stundenlang auf der Herdplatte steht und zur allgemeinen digitalen Bewunderung hochgeladen wird. Slow Travel bedeutet, etwas zu fotografieren, was keine ausgewiesene Touristenattraktion ist, und zu erklären, warum ausgerechnet dieses Motiv die Reise zu etwas Besserem gemacht hat. Vor Bildschirmen und Displays aufgewachsen zu sein, die zunehmend nach unserer Aufmerksamkeit gierten, bedeutet auch, dass unser Erwachsenenleben von scrollender Sättigung gekennzeichnet ist. Unsere Jobs, unsere Wohnungen, wie wir unsere Zeit verbringen: All das ist zu Online-Content geworden. Wie muss es gewesen sein, in den Urlaub zu fahren, ohne sofort alles auf Instagramabilität abzuklopfen?

Irgendwann begannen wir, Wege zu erkunden, wie wir das Leben erleben konnten, ohne dabei von Technologien abhängig zu sein. Unsere Jugend verbrachten wir noch in der glitzernden, farbgrellen Opulenz der dekadenten Neunziger: Musikvideos, die gar nicht *bling* genug sein konnten. Fußballerfrauen, die mit unbegreiflich teuren Handtaschen zu Wortführerinnen wurden. Promis, die wir zu Göttern erhoben und die Velours-Jogginganzüge trugen, die in etwa das kosteten, was ein normaler Mensch in der Woche verdiente. Wert wurde monetär bemessen und stand all jenen, die Werte anhäufen konnten, deutlich ins Gesicht geschrieben und aufs Outfit genäht. Seinen Abschluss zu machen und die ersten beruflichen Schritte in einem Markt zu gehen, der von der Postrezession gekennzeichnet war, entlarvte all jene Glitzerbilder indes als Mogelpackung. Wir hatten es mit beruflich mäßigen Aussichten, rekordtiefen Zinssätzen und einer Immobilienkrise zu tun. Selbstverständlich war es uns da letztendlich wichtiger, Dinge zu *tun*, statt Dinge zu besitzen.

Es dauerte einige Zeit, ehe ich erstmals anderen gegenüber zugab, dass ich leidenschaftlich gern gärtnerte. Allein das Wort fühlte sich kauzig an – gar nicht passend für das, was ich da tat. Es transportierte nicht die leise Euphorie, die vorbehaltlose Ruhe, die ich beim Wühlen in der Erde und beim Schaufeln verspürte. Lange hatte ich mein Hobby vor meinen Freunden und Kollegen geheim gehalten; ich hatte mir gar nicht vorstellen können, dass sie daran wirklich interessiert wären. Immerhin war es nicht gerade die Art von Thema, die man von einer fünfundzwanzigjährigen Londoner Kulturjournalistin erwartete. Und was hätte es auch zu besprechen gegeben? Die meisten Leute, die ich kannte, hatten keinen Garten, und wenn, sprachen sie davon eher als eine Art Bürde, die schwer in den Griff zu kriegen sei – oder als Partylocation. Darüber hinaus fühlte ich mich gar nicht imstande auszudrücken, was das Gärtnern für mich zu bedeuten begann. Mir fehlten die Begriffe und das Selbstbewusstsein, um darüber zu sprechen, meine Zweifel auszudrücken und meine Erfolge zu schildern.

Mein Hobby war immer noch eines, bei dem ich im Großen und Ganzen kenntnislos war. Ich konnte noch immer nicht einjährige von mehrjährigen Pflanzen unterscheiden. Ich hatte kaum Einsichten in die Saisonalität oder das angeborene Bedürfnis der perennierenden Pflanze, sich irgendwann zurückzuziehen und – zumindest dem Anschein nach – einzugehen. Aus einer Schicht stammend, die stolz war auf ihre Ausbildung und ihren Ehrgeiz, war es mir unangenehm einzugestehen, dass ich noch immer unbeholfen in etwas herumstochere, wovon ich so gut wie keinen Schimmer hatte. Wann immer das Thema trotzdem aufkam, wussten die Leute in aller Regel nicht, was sie darauf erwidern sollten, weil wir diesbezüglich auf keinen gemeinsamen Nenner kamen. Mittzwanziger, die gerne gärtnerten, waren nun mal nicht allzu weit verbreitet.

Allerdings änderte sich das. Binnen nicht einmal fünf Jahren kamen auf einmal Leute auf mich zu – Freunde, Freunde von Freunden, Kollegen und völlig Fremde aus dem Internet, von denen fast alle in meinem Alter gewesen sein dürften –, um mit mir über Pflanzen zu fachsimpeln. Sie hatten die gleichen Sorgen wie ich, die gleichen Wünsche: Grün in ihr Leben zu bringen, zu lernen, wie man es pflegt und sicherstellt, dass es nicht eingeht. Ich empfahl meistens, geduldig zu sein, und beschied ihnen, dass mit ihrer nicht mehr ganz taufrischen Pflanze alles in Ordnung sei. Oder dass sie sie womöglich ein bisschen zu reichlich gegossen hätten. Trotz der begrenzten Erfahrungen, die ich in der kurzen Zeit angesammelt habe, neige auch ich inzwischen zu der Auffassung, dass jede Pflanze wiederbelebt werden kann, wenn sie nur hinreichend Licht, die richtige Menge Wasser und eine Chance bekommt. Eine braune Blattspitze bedeutet nicht, dass der Tod unmittelbar bevorsteht, sondern zumeist, dass die Heizung zu warm ist. Normalerweise wartet man am besten ab und erfreut sich daran, wie alles in seinem ureigenen, herrlich unabhängigen Tempo abläuft.

Dass meine Generation zum Gärtnern zurückgefunden

hat – sei es mittels tropischer Zimmerpflanzen oder der Begeisterung für den Anbau eigener Lebensmittel sogar in Balkonkästen –, geschah mehr oder weniger zeitgleich mit einem noch weiter verbreiteten Trend: Pflanzen in Mode- und Innenausstattungs-Welten hereinzuholen. Als die skandinavische Damenmodemarke »& Other Stories« ihre lange herbeigesehnte Filiale an der Londoner Regent Street eröffnete, wurden – quasi als Warentrenner – Crassulas und Geigenfeigen in die Regale gesetzt. Die Pflanzen sorgten für ein Gefühl von Begehrlichkeit, für Atmosphäre: Hier herrschte Luftigkeit, hier hatte man Zeit, das hier war eine Umgebung, in der Leben gedeihen konnte – sogar im gnadenlosen Licht eines Verkaufsraums. Das Ostlondoner Lifestyle-Label »House of Hackney« hatte den Ton dafür schon ein paar Jahre eher vorgegeben: als es 2011 sein üppiges, auf Blattmustern basierendes »Palmeral«-Design launchte, das im Handumdrehen zum zugkräftigen inoffiziellen Markenzeichen wurde. House of Hackney beruft sich in seiner Identität tatsächlich auf Loddiges, eine viktorianische Gärtnerei für exotische Pflanzen, die in den 1820er Jahren das größte Treibhaus der Welt betrieb. Loddiges war der Wegbereiter für exotische Pflanzen – unter anderem Orchideen und Palmen – in ganz Europa. Obwohl von der einstigen Gärtnerei nur noch zwei Palmen vor dem Rathaus in Hackney zeugen, wo sich zwei Jahrhunderte zuvor die Gärtnerei befand, hat sich in der Nachbarschaft inzwischen eine ganze Reihe schicker Blumenläden angesiedelt, die die pflanzenhungrigen Millennials aus dem Viertel wieder mit tropischen Pflanzen versorgen.

Unser Bedürfnis nach beständigen Dingen ist nicht neu. Wir sind lediglich die jüngste Generation, die diesem Verlangen nachgibt. Ich selbst kann beispielsweise nicht an

Liberty vorbeigehen, dem wunderschönen Kaufhaus im schwarz-weißen Tudor-Stil am Ende der Argyll Street, ohne einen Blick auf die Farne zu werfen, die dort die Türen schmücken. Sie sind als Accessoire relativ neu, tauchten erst vor ein paar Jahren dort auf, verdschungeln die Bürgersteige voller aufgeregter Touristen und Büroangestellten mit Sandwiches in der Hand und flankieren mit ihrem surrealen Grün die endlose Schlange schwarzer Taxis dort vor dem Zebrastreifen. Für mich war das Auftauchen der Farne quasi der Moment, in dem Pflanzen wieder in den Mainstream zurückkehrten: indem sie sich von kauzig zu modisch wandelten, von uncool zu Sinnbildern eines Lebenstraums – genau wie die 90-Pfund-Kerzen, die bei Liberty zum Verkauf angeboten werden. Zudem stehen sie meiner Ansicht nach für eine neu erstehende Arts-and-Crafts-Bewegung – eine zweite Welle, ein gutes Jahrhundert nach der ersten, die vom gleichen Wunsch nach Entschleunigung und der Abwendung von Technologien befeuert wird, die unsere Generation zu einer der überarbeitetsten und angeblich verängstigtsten aller Zeiten gemacht hat.

Genau wie Heal's (ebenfalls ein Londoner Geschäft, das in den frühen 2010er Jahren anfing, bepflanzbare Glasgefäße und derlei pflanzenbezogene Ausstattung zu verkaufen) war Liberty ursprünglich ein viktorianisches Warenhaus, das die Künstler der Arts-and-Crafts-Bewegung förderte – eine heterogene Gruppe von Kollektiven, die sich mit der ganzen Bandbreite aus Architektur, Design, Gärtnerei, Kunst und Handwerk beschäftigten, die aber alle ein Grundinteresse gemein hatten: nämlich ein einfacheres, von der Natur inspiriertes Leben. Nach allen aufsehenerregenden Neuerungen und ungesunden Nebeneffekten, die die Industrielle Revolution ihr beschert hatte, zielte die Arts-and-Crafts-

Bewegung vielmehr auf eine erfüllendere Art des Lebens ab, in dem man sich wieder handgemachten, zweckdienlichen Objekten und dem gemächlicheren Tempo der natürlichen Umgebungswelt zuwandte – kurz: einer vor-industrialisierten Zeit. Einige ihrer Ideen waren radikal: dass Männer und Frauen gleichberechtigt an der Entwicklung und am Konsum durchdacht designter Objekte beteiligt sein und die Grenzen zwischen den Disziplinen verwischt werden sollten – sodass ein Maler auch Gärtner sein und zum Entwurf eines Hauses beitragen konnte (und natürlich fällt mir in diesem Zusammenhang Gertrude Jekyll ein); dass Handarbeit – körperliche Arbeit – in höchstem Maße befriedigend sein konnte.

Genau dieser rebellische Arts-and-Crafts-Gedanke ist in das holzgerahmte Liberty-Skelett eingebaut worden (dessen Knochen wiederum aus den Gerippen von Schiffen stammen). Im Jahr 1884 eröffnete Edward William Godwin die dortige Gewandabteilung. Fast wie in den heutigen schicken Concept Stores war dies die Fortsetzung jener Ideale, mit denen Arthur Lasenby Liberty sein gleichnamiges Geschäft eröffnet hatte: den Weg für Veränderungen zu bereiten, indem man Konventionen strapazierte. Es war nicht nur ein Ort, an dem Kleidung verkauft wurde, sondern auch einer, an dem die Kundschaft über neue Arten der Beschäftigung unterrichtet wurde, während sie dort gleichzeitig »die schönsten Modelle modischer Kleidung« für »Laien, Künstler und die Bühne« fanden. Godwin wollte die restriktiven Korsetts und langweiligen Anzüge des Viktorianischen Zeitalters hinter sich lassen, indem er locker sitzende, bunte Entwürfe in opulenten, von der Natur inspirierten Mustern darbot. William Morris, bis heute Aushängeschild der Arts-and-Crafts-Bewegung und eines ihrer einflussreichsten Mitglieder, arbeitete mit Godwin und Liberty eng zusammen, die seine Entwürfe zum Kauf anboten. Morris' Arbeiten vereinten Blatt- und Blütenmotive in knalligen, herrlichen Farben, die wiederum aufwendig per Hand auf Stoffe und Papiere übertragen wurden. Selbst 150 Jahre später stellen wir maschinell hergestellte Versionen seiner Arbeiten in unseren Häusern zur Schau. Er glaubte fest an die Anziehungskraft der Natur und hielt beispielsweise Teppich- und Schmuckbeete – also die Mode, Blumen zu einer bunten, kompakten Masse zusammenzusetzen, um von oben betrachtet künstliche Formen und Muster vor sich zu sehen – für eine »Verirrung des menschlichen Geistes«. Einen Garten so aussehen zu lassen, als wäre er natürlich gewachsen, war lange mit Naserümpfen quittiert worden, doch diese Generation neuer Künstler wollte daran etwas ändern. Lange bevor Piet Oudolf und Henk Gerritsen Gärten mit Pflanzen befüllten, die im Tod ebenso faszinierend aussahen wie in voller Blüte, hatten die Mitglieder der Arts-and-Crafts-Bewegung perennierende Pflanzen auf den Flächen angepflanzt, die ihre neuartig-altertümlichen Häuser umgaben, um wunderbar überwucherte Gärten zu gestalten, die die Natur in ihrem ursprünglichen Wesen widerspiegelten. Blattwerk galt mehr als protzige Blüte. Im Jahr 1867 löste ein mutiger neunundzwanzigjähriger Gärtner namens William Robinson eine kleine Revolution aus, als er Baumfarne im Battersea Park pflanzte. Für Hausgärten, die bis dahin von einer wesentlich zimperlicheren Flora geprägt waren, empfahl er die Weichheit von Pampasgras, die klaren Konturen von Yuccas und zarte Bambusspeere.

Viele Ideen jener frustrierten, idealistischen viktorianischen Zeitgenossen fühlen sich heute noch vertraut an. Wir mögen heutzutage seltener Gärten haben, in denen wir

Dinge anpflanzen können, aber auch wir sehnen uns zurück in einfachere, optimistischere Zeiten. Die Designs aus der Mitte des vergangenen Jahrhunderts kommen wieder in Mode; wir begeistern uns wieder für G-Plan-Sideboards statt für Ikea-Praktikabilität. Wir schieben ratternde Fake-Marmor-Getränkewagen und niedrige, utilitaristische Sofas in unsere Wohnungen, alles Verlockungen der Fünfziger- und Sechzigerjahre, zweier Jahrzehnte der Versprechungen und des Optimismus – des Wettlaufs im Weltraum! Interessanterweise auch die Zeit *vor* der Entwicklung des Internets. Craft – das Handwerk – erfährt einen neuen Aufschwung. Das Wort allein ist zu einem Synonym für Sorgfalt, für Achtsamkeit geworden – die während des geldgierigen Jahrzehnts, in dem wir erwachsen wurden, eine eher untergeordnete Rolle gespielt hatten. Craft-Biersorten gehen durch die Decke, Keramikwaren und Holzarbeiten stehen plötzlich wieder hoch im Kurs, nachdem sie jahrelang in Einrichtungswelten die Statistenrolle gespielt haben. Genau wie die Vertreter der Arts and Crafts Laien dazu ermutigten, sich an der Herstellung von Dingen zu beteiligen, und Organisationen wie die Home Arts and Industries Association genau zu diesem Zweck entstanden, laden inzwischen Töpferstudios, Floristik- und andere Fachgeschäfte dazu ein, dass Berufstätige aus anderen Branchen Teilzeit-Fortbildungskurse belegen, weil immer mehr Millennials neben ihrer täglichen Arbeit kreativen Tätigkeiten nachgehen wollen, um ihrem Hamsterrad-Alltag zu entfliehen. Etwas mit den eigenen Händen entstehen zu lassen dient als Ausgleich für den Job, der von Arbeitszeiterfassung, Besprechungen und E-Mails geprägt ist und der zusehends weniger sinnhaft erscheint – mal abgesehen davon, dass er für einen ausgeglichenen Kontostand sorgt.

Was uns zum Phänomen der sogenannten Multijobber führt – Menschen, die mindestens noch ein zweites Standbein haben: das Phänomen einer wachsenden Gruppe von Werktätigen, die neben ihrem Brotberuf auch noch einer anderen Tätigkeit oder Leidenschaft nachgehen und somit die klassische Vorstellung hinter sich lassen, dass man *eine* Karriere einschlagen und dann für den Rest seines Lebens dabei bleiben sollte. Der Beschränkungen unserer Traumjob-Vorstellung überdrüssig, der wir in der ersten Dekade unseres Berufslebens nachgejagt sind, probiert meine Generation stattdessen immer öfter auch noch andere Hüte auf – und manchmal passen sie sogar. Oftmals bieten die Nebentätigkeiten, denen wir nachgehen, die Gelegenheit, abseits von Bildschirmen und Displays tätig zu werden: ein Pop-up-Restaurant zu eröffnen oder etwas herzustellen, für das nur das eigene Paar Hände, ein bisschen Zeit und Kreativität nötig sind; für das man nur hinauszugehen und zu buddeln braucht.

Derlei Leidenschaften, die zu Berufen werden, lassen sich nicht in vertraglich vereinbarte Vierzig-Stunden-Wochen pressen. Der DJ/Model/Influencer ist zwar das oft belächelte Millennial-Stereotyp, aber es gibt auch noch andere, die mit zwei oder mehr Tätigkeiten durchaus gut klarkommen, ohne dass ihre »klassischen« Kollegen davon überhaupt irgendetwas mitkriegen – die PR-Frau beispielsweise, die ehrenamtlich bei einer gemeinnützigen Organisation arbeitet. Oder die Veranstaltungskauffrau/Töpferin. Es ist die zeitgenössische Neuinterpretation einer Verwischung von Grenzen, die bereits in der Arts-and-Crafts-Bewegung unternommen wurde, in der man über traditionelle Grenzen hinweg kreativ wurde.

Der kleine Haken an der Sache ist oft, dass wir zwar

anderen, kreativeren – *handwerklichen* – Beschäftigungen nachgehen, die meisten von uns aber trotz allem ihrem Brotberuf nachgehen müssen. Die Arts-and-Crafts-Leute gründeten – oft kurzlebige – Kommunen beispielsweise in den Cotswolds. Wenn wir heute ungeheures Glück haben, übernachten wir mal im Soho Farmhouse. Unsere Generation sucht sich außerhalb Londons neue Orte, was wohl einer der Gründe ist, warum das Küstenstädtchen Margate heute wieder so angesagt ist. Der Traum von der Entschleunigung ist jedoch immer noch ein schwer fassbarer und bis zu einem gewissen Grad sogar unerwünscht: Wir wollen nach wie vor auf Knopfdruck ein Taxi haben und unseren Online-Einkauf innerhalb ein und derselben Woche geliefert bekommen. Die Zweites-Standbein-Kunsthandwerker laden nach wie vor ihre Bemühungen auf Instagram hoch (#makersgonnamake). Aber für Morris und Co. ist damals auch nicht immer alles glattgegangen; ihre handgefertigten Produkte waren so teuer, dass die Künstler am Ende einen Luxusmarkt bedienten – oder aber am Hungertuch nagten.

Trotz meiner Ungeduld schaffte ich es, zwischen Verdummung vor dem Fernseher und Hüttenkoller selbst im freudlosen Januar ein paar kleine Möglichkeiten zur Entschleunigung zu finden. Das mittlere Wochenende brach erstmals seit Wochen mit blauem Himmel und Schäfchenwolken an. Ich packte mich in zig Schichten meiner heiß geliebten, bewährten und durch und durch unschmeichelhaften Fleece- und Thermoklamotten, spürte endlich wieder das Gewicht meiner abgenutzten Wanderschuhe und sprang aufs Fahrrad, um erst hügelabwärts und dann den nächsten Hügel hinauf zum Brockwell Park und zum Schrebergarten zu radeln. Bis ich bei den Gewächshäusern angekommen war, hatte es doch wieder angefangen zu regnen, und es waren kaum andere Helfer da, was bedeutete, dass ich gleich zwei Pappkartons voller Tulpenzwiebeln in die Hand gedrückt und von der Chefgärtnerin die Order bekam loszulegen – »besser, sie kommen spät in die Erde als überhaupt nicht mehr«. Das zu hören war für mich eine Erleichterung – eigentlich sollte man Tulpenzwiebeln noch vor dem ersten Frost in die Erde setzen, und ich versuchte immer, meine rechtzeitig vor der Guy-Fawkes-Nacht am 5. November einzupflanzen. Doch soeben war ich Zeugin des befriedigenden Gefechts zwischen Grundregeln und Gartengesetz geworden: Statt gleich das Handtuch zu werfen, pflanzte man lieber drauflos und hoffte, es ginge gut.

Die Zwiebeln waren zum Teil schon gekeimt und brannten darauf, die Blüte auszubilden, obwohl sie doch erst noch in der Erde wurzeln mussten. Ich legte los, stocherte mit einer Harke im Boden nach versteckten Betonbrocken und hob dann flache Mulden unter Bäumen und entlang der Beeträndern aus. Nachdem ich auf meinem Balkon versucht hatte, ein halbes Dutzend Zwiebeln in ein und denselben Pflanztopf zu pressen, fühlte sich die Möglichkeit, gleich ein paar Hundert zu verteilen, schier luxuriös an – wie Hände voll Konfetti. Ich setzte die Zwiebeln mit der abgeflachten Seite und den winzigen Wurzeln nach unten und mit der Spitze nach oben in die Mulden, schob kalte Erde darüber, klopfte sie fest und wässerte alles mit dem Schlauch. Durch zwei Paar Handschuhe – ein Paar Wollhandschuhe und darüber Gartenhandschuhe, die ich mir geliehen hatte – und durch meine triefende Nase war ich leicht beeinträchtigt; Symptome einer Person, die allzu sehr daran gewöhnt war, sich drinnen aufzuhalten. Die Chefgärtnerin selbst hatte gar keine Handschuhe an und schien trotzdem klarzukommen, selbst als sie die Hände in die eisige Regentonne tauchte, um sie zur Kaffeepause zu reinigen.

Blumenzwiebeln haben für mich immer schon etwas Alchemistisches. Knusperbraune Kugeln, deren transparentpapierdünne Häute einerseits Entzündungen an den Händen hervorrufen können, andererseits aber so hauchzart sind, dass sie mitunter auf dem Boden der (bestenfalls) Papiertüten, in denen sie geliefert werden, übersehen und weggeworfen werden. Andererseits brauchen sie die durchscheinenden Häute eigentlich gar nicht, weil gut geschützt und tief im Innern bereits Blüten- und Staubblätter und Pollen und Freude schlummern. Einige Zwiebeln – wie die der Krokusse, Traubenhyazinthen, Schneeglöckchen oder Zwerg-Schwertlilien – sind putzig klein, eher wie einzelne Knoblauchzehen denn die ganze Knoblauchknolle. Aber es gibt auch die großen, grobschlächtigeren: die des Allium, der Tulpen, der Amaryllis. Zwiebeln können aber auch täuschen: Einige Unterarten der Tête-à-Tête- und der Gelben Narzisse beispielsweise haben plumpe Zwiebeln, aus denen dann aber die zierlichsten Blüten und ein wildes Büschel aus Grün entstehen. Andere fühlen sich bei Weitem zu leicht an, als dass sie überhaupt viel mehr als Luft produzieren könnten.

Und dann hat das Ganze natürlich auch noch etwas Mathematisch-Genaues. Ich gärtnere so, wie ich koche – nach Geschmack und Gefühl und Geruch und Geräusch, messe kaum je etwas ab und vertraue allein auf mein Bauchgefühl. Das Kochen habe ich von meiner Mutter gelernt, die immer Butter und Bacon im Kühlschrank hatte und eine kühle Vorratskammer randvoll mit Dingen, die man benötigte, um eine Mahlzeit auf unserem alten, widerspenstigen Aga-Herd zuzubereiten, in dem sich die Temperaturen je nach Wetterlage veränderten. (An einem windigen Winterabend konnte das Ding sogar komplett ausgehen.) Rezepte verwirren mich oft; letztlich ignoriere ich sie und lasse stattdessen etwas anderes passieren. Und so ist es auch bei der Gartenarbeit: Man kann mathematisch-präzise arbeiten, und regelhörige Meistergärtner formschöner Gärten dürften dies allesamt tun; ich selbst werde nie einen solchen Garten anlegen, denn ich bin ein von Natur aus ungeschickter Mensch, der froh ist, wenn es ein bisschen unordentlich sein darf. Und so folge ich lediglich der groben Gartengeometrie: Man pflanze Zwiebeln in der dreifachen Tiefe ihrer Höhe und – zumindest in meinem beengten Topfgarten – so nahe wie nur möglich beieinander, aber ohne dass sie sich berühren: Denn wenn eine davon erkrankt wäre, könnte andernfalls ohne die Schicht Erde dazwischen auch der Nachbar infiziert werden.

Bei zu viel Wasser verrottet die Zwiebel. Außerdem benötigt sie keine allzu nährstoffreiche Erde. In sandigem Boden, in dem Wasser gut abfließen kann, fühlt sie sich viel besser aufgehoben. Ich habe schon Weihnachtsnarzissen zum Blühen gebracht, die ihre Wurzeln lediglich um Kies gewickelt hatten. Die Zwiebeln sind – wie Eier – kleine Kraftpakete: Sie brauchen lediglich Sonnenlicht, um zum Leben zu erwachen – und das tun sie selbst während der dunkelsten, kältesten Tage im Jahr. Man muss sie nur anständig zurücksterben lassen – das Blattgrün muss gelb sein, ehe man es abschneidet –, und im Jahr darauf kommen sie wieder, vielleicht nicht mehr ganz so energisch, vielleicht ein klein wenig vorsichtiger und zarter, aber womöglich ist das ja umso besser. Und fast immer kommen sie ausgerechnet dann, wenn man längst vergessen hat, dass sie mal da waren. Es braucht gar nicht allzu viele Gärtnerjahre, um von einer rebellischen Tulpe in der verkehrten Farbe überrascht oder leicht irritiert zu werden, weil man geglaubt hat, man hätte sie im Vorjahr aus der Erde geholt. Das Wichtigste für die Blumenzwiebel ist einfach nur Zeit. Sie kommt im Grunde alleine klar, drückt ihren Trieb zwischen all den anderen Dingen hindurch, die in der Erde vor sich hin wachsen – und selbst Zwiebeln, die man kopfüber in die Erde gesetzt hat, kommen zurecht, schlagen einen kleinen Bogen um sich selbst, um zu guter Letzt die Überlebensmission zu vollenden, indem sie in die klare, kalte Luft über der Erdoberfläche vorstoßen. Die Belohnung kommt, wenn man ihnen nur einige Wochen Geduld und Verständnis zugesteht – oder Monate, im Fall der größeren Zwiebeln.

Mit der Zeit war auch ich besser darin geworden, schon im Januar erste Zeichen des Frühlings zu entdecken – eine eher geerdete Form des natürlichen Zeitreisens: Während die Hortensien die vertrockneten Blütenköpfe hängen ließen, entdeckte ich an ihren Stielen kleine, glänzende, kastanienbraune Blattknötchen. Die ersten Schneeball-Blüten blitzten bereits pastellrosa entlang der ansonsten laublosen Straßen auf. Harte, stachelige Pompons baumelten von den Platanen an Londons Straßen. An den Mahonien spitzten die ersten säuregelben Glöckchen zwischen mürrischem Grün hervor, und auf den verwitterten Grünstreifen sprossen die ersten Schneeglöckchen – erst nur ein, zwei davon, dann ein kleines Trüppchen, bis die gesamte Strecke mit winzigen weißen Tupfen übersät war. Es blühten nur wenige Dinge, aber vieles war schon auf dem Weg: Die in der Kälte erstarrte Erde in meinen Balkonkästen wurde zunehmend von grünen Trieben durchbrochen – Anzeichen dafür, dass die Wurzeln der Zwiebelpflanzen »Fuß gefasst« hatten. Die Tage wurden wieder länger, die Sonnenuntergänge glitzernd und golden – auch wenn sie immer noch weit vor dem Abendessen vorüber waren.

In dieser dunklen Jahreszeit bleiben Gärtner in ihren vier Wänden. Der Januar bietet ihnen ausnahmsweise Raum und Zeit zum Nachdenken und Planen, nachdem die Pflege, das Aussäubern bereits geschehen ist. In besser organisierten Haushalten kommen Saatgutkataloge an und werden vorfreudig durchforstet – so wie manche Menschen im tiefsten Winter sehnsüchtig Bilder der letzten Sommerferien durchsehen. Man überlegt sich Farbwelten, reißt Seiten mit neuen Sorten aus und arrangiert sie bei einem Glas Wein auf dem Küchentisch. Diejenigen mit Samenschubladen sortieren sie und schauen nach, was bald ausgesät werden könnte. In warmen Innenräumen werden ganze Gärten erdacht, Fehler in Erinnerung gerufen und geradegerückt, neue Pläne erstellt und durchgerechnet. Während andere ihre Neujahrsvorsätze in verschwitzten Sportschuhen umsetzen und einen Bogen um den nächsten Pub schlagen, geloben Gärtner, bestimmte Dinge in diesem Jahr besser zu machen, denn die Chance, die Fehler des Vorjahres nicht erneut zu begehen, besteht nur alle zwölf Monate.

Zu diesem Zeitpunkt hatte ich noch nicht viele Saatgutkataloge bestellt. Man muss sich auf Mailinglisten setzen – sei es im Zuge von Bestellungen bei speziellen Pflanzenversandhändlern (wohin man sich indes erst entwickeln muss, nachdem man anfangs eher spontan Pflanzen in Supermärkten oder örtlichen Blumenläden kauft) oder indem man vorausschauend genug ist, um sich gezielt auf den Seiten anzumelden. Beides hatte ich nicht getan. Trotzdem beschäftigte ich mich auf abstrakte Weise mit wachsenden Dingen, blätterte in »erwachsenen Bilderbüchern« mit Fotos von Wohnräumen mit Zimmerpflanzen, und die Aussicht, dass gewisse Dinge gedeihen und wieder grün würden, war wie Balsam auf meiner Seele. Ich schrieb Listen, legte mir Pläne zurecht und wanderte im Kopf über meinen frühlingshaften und sommerlichen Balkon, ohne überhaupt zu wissen, ob ich dann noch da wäre, um mich darum zu kümmern. Trotzdem fand ich diese Tätigkeit beruhigend; sie half mir, mit dem Umstand Frieden zu schließen, dass ich die Wohnung – und den Balkon – verlassen müsste, was lange mein Worst-Case-Szenario gewesen war: dass ich meine Sachen packen müsste – allein – und nur Erinnerungen hinterließe. Jetzt da dieses Szenario wahr zu werden drohte, dämmerte mir, dass dieser Einschnitt trotz aller Schmerzen nötig wäre. Ich war so lange in einer Giftwolke aus Schuldgefühlen, Verlust und Ungewissheit gefangen gewesen, dass der Gedanke an einen Schlussstrich ein gewisses Gefühl der Erleichterung mit sich brachte. Wie die Zwiebeln in der Erde oder die mehrjährigen Pflanzen in ihrer Ruhephase neigte sich die Phase des Stillstands, in der ich steckte, dem Ende zu – auch wenn mir immer noch nicht klar vor Augen stand, was als Nächstes käme und wie sich das Ganze logistisch realisieren ließe.

Auf lange Sicht würde Josh die Wohnung übernehmen, aber mir war genug Zeit zugestanden worden, um mir eine neue, dauerhafte Bleibe zu suchen. Also blieben mir auch noch ein, zwei Abschlussetappen auf meinem Balkon. Und weil ich wusste, dass meine Monate hier gezählt waren – und ich mir nicht sicher war, wie viel Platz ich in Zukunft haben würde –, beschloss ich, eine Abschiedsparty in meinem Betonkokon am Himmel zu feiern. Ich fing an, Dinge zu pflanzen, Samen auszusäen. Ich wollte wieder Leben an diesen Ort bringen, ganz gleich wie vorübergehend es wäre, und dabei zusehen, was alles wachsen würde. Nachdem ich monatelang der Natur wie eine Touristin begegnet, in Wälder eingetaucht war, gelernt hatte, dass Ruhephasen notwendig waren, dass ich in grünen Lungen meinen eigenen Atem spüren, all die winzigen Rätsel der Pflanzen lösen und innerhalb von Mauern und Gewächshäusern Zuflucht suchen konnte, wollte ich mich nun vollends in die Natur einbringen, ihr den Boden für Wachstum bereiten und mich daran erfreuen.

Es war immer noch eine Gleichung mit diversen Unbekannten: Die Balkonplanung war alles andere als die sofortige Befriedigung, die notwendige Dosis gleichmütigen Grüns, die ich brauchte, um schwierige Tage zu überstehen. Aber ich wollte mich wieder kümmern, Dinge hegen, pflegen, nähren, auch wenn ich nicht wusste, ob ich noch da wäre, wenn es hier aufblühte und meine Arbeit Früchte trüge. Aber das war schon in Ordnung. Denn mit jedem Plan, den ich machte, und mit jedem Steckling, den ich einpflanzte, konnte ich mir vorstellen, wie es in den darauffolgenden Monaten aussehen könnte – jenseits des Einflussbereichs meiner eigenen unvorhersehbaren Realität. Und ich konnte Momente des Friedens genießen, nur für mich allein, in einer Welt, in der alles andere öffentlich zur Schau gestellt wurde.

Februar

Den Fahrradschuppen aufzuziehen und das vertraute Schaben der klammen Holztür über Asphalt zu hören fühlte sich aufregend an. Ich war ein paar Extraminuten früher hinuntergelaufen, damit ich die Reifen frisch aufpumpen konnte und sie fest und prall und bereit wären, hügelabwärts zu rasen, während mir der Atem auf der Brille beschlug.

Das Fahrrad war für mich seit Jahren ein Vehikel für Entdeckungen und zur inneren Sortierung gewesen – von Gedanken, der Zeit –, allerdings war das Rad in meiner Phase der ständigen Umzüge auch nicht immer ganz leicht unterzustellen gewesen; während ich mich zunehmend besser mit dem Reduzieren von Dingen arrangiert hatte, die ich tatsächlich brauchte, um herauszufinden, was ich eigentlich wollte, war das Fahrrad – ein abgenutztes, rostiges grünes Alltagsrad mit Selbstmordbremsen – irgendwann im Fahrradschuppen meines Wohnhauses geblieben, wo sich die Reifen plattgestanden hatten. Im tiefsten Winter, in all den dunklen Wochen, die so anders verlaufen waren als mein voriges Leben, hätte ich es gar nicht fertiggebracht, auch noch neue Fahrradrouten auszutüfteln.

Sobald ich aber wieder im Sattel saß, hatte ich mein Ventil zurück, konnte mir wieder Luft verschaffen. Die Entfernungen, die ich zurücklegte, waren überschaubar: ein paar Meilen zur Arbeit über die Hauptschlagadern von Camberwell und die Vauxhall Bridge, den Hügel hinunter zu den Schrebergärten, durch den Park nach Brixton, wo ich das Rad an das Geländer vor Matts Wohnhaus kettete. Meine früheren Londoner Jahre waren in Fahrradzeiten eingeteilt gewesen: eine Stunde zur Arbeit, eine zurück. Die östlichen Ausläufer der Stadt hinauf, um Freunde in Hackney zu besuchen, und wieder mitten hinein ins pulsierende Herz, wenn ich zur Redaktion fuhr.

Auch wenn ich derlei Strecken inzwischen nicht mehr zurücklegen musste (ich konnte mir jetzt den Zug leisten und wollte nur ungern in Schweiß und Straßenschmutz gebadet zur Arbeit erscheinen), bekam ich beim mechanischen Pedaletreten, das das Rad auf dem Asphalt vorantrieb, noch immer einen klaren Kopf, was mir ansonsten nur bei der Gartenarbeit gelang. Beim Radfahren wie beim Gärtnern sind genau zwei Dinge besonders wichtig: sich nur auf die eine Sache zu konzentrieren – und die Verknüpfung von einer einfachen Tätigkeit mit körperlicher Anstrengung. Zwischen den Abgasen und den roten Ampeln klärte sich mein Kopf und füllte sich stattdessen mit Worten und Gedanken, mit neuen Ideen und Tagträumen. Rund zwanzig Minuten später kam ich mit klopfendem Herzen an meinem Ziel an und konnte das rhythmische Pulsieren meines Blutes unter der Haut deutlich spüren. Es war immer schon so gewesen, seit ich zweiundzwanzig, gleichermaßen verängstigt und voller Tatendrang gewesen war und meine Hauptantriebskräfte die Luft zum Atmen und meine Abenteuerlust gewesen waren – der Amorpfeil über furchterregende Mauern, die zwischen mir und London standen. Das Radfahren ermöglichte mir, in die Geheimnisse der

Stadt einzutauchen, bescherte mir eine Ahnung, wie alles zusammenhing und ich es mir erobern konnte, und ermöglichte mir, die Stadt anhand ihrer jahreszeitlichen Veränderungen zu studieren – wie der Wind den Regen vor sich hertrieb, die schrittweisen Veränderungen im Moment des Sonnenaufgangs. Für eine Stadt, die so sehr den Reichen vorbehalten ist, hatte London selbst für Pleitegeier einiges zu bieten, solange sie nur erkundungsfreudig und auf zwei Rädern unterwegs waren. Hier eröffnete sich eine Art Freiheit, die ich komplett für mich beanspruchte.

Wenn ich gerade nicht zu einer bestimmten Zeit irgendwo sein musste, ließ ich mich von der Neugierde leiten, bog in unbekannte Straßen ab, fuhr sie gemächlich entlang, betrachtete die fremden Häuser und Ladenfronten, immer in der Gewissheit, dass ich schon einen Rückweg finden würde. Mit rund Mitte zwanzig hatte ich mit derlei Erkundungsfahrten aufgehört. Mein Kalender war schlichtweg zu voll mit Verabredungen zu Drinks und Treffen und Besprechungen gewesen, die abgesagt, neu arrangiert und dann in einer Flut von Entschuldigungen erneut abgesagt werden mussten; dauerhaft überfordert und ständig in Zeitnot verbrachten wir die Tage in der stillen Hoffnung, dass unsere Verabredungen abgesagt würden, damit nicht wir selbst die Schuldigen wären. Es war ein unbehagliches Abwägen: eigentlich viel zu erschöpft zu sein, zu angestrengt, um noch unter Leute zu gehen, und gleichzeitig ständig so sehr darauf bedacht, Freundschaften zu pflegen und bloß kein Event sausen zu lassen, dass wir viel zu viel in unser Leben packten. Irgendwann hatte ich zunehmend das Bedürfnis, einfach nur nach Hause zu fahren, wo ich putzte und kochte und auf Josh wartete, nur um dann ganze Abende vor dem Fernseher oder vor einem anderen Bildschirm zu vergeuden.

Einen ähnlichen Druck verspürte ich immer noch, wenn auch in anderer Form. Inzwischen war da niemand mehr, zu dem ich nach Hause fahren konnte, und meine Pläne sahen von Tag zu Tag anders aus. Aber ich hatte zunehmend das Bedürfnis, wieder neugierig zu sein, mehr Raum für müßige Fragen zu haben. Ich wollte London von Neuem entdecken, und zwar um seiner selbst willen. An einem klaren Nachmittag im Februar bog ich von meinem üblichen Weg ab in Richtung Bonnington Square; dort hinter dem Bahnhof Vauxhall verbarg sich ein kleines Viertel aus sich ineinander verzahnenden viktorianischen Reihenhäusern – mit dem Fahrrad leicht abzufahren. Dort auf den Straßen gibt es kaum Autos – dafür kann man bescheidene Wunder entdecken. Die Häuser rund um den Bonnington Square sind ein städtisches Gartenparadies, eine Vision dessen, was passieren kann, wenn wir unsere Bürgersteige und Veranden mit ein wenig Zeit und Mühe begrünen, ohne auch nur einen Gedanken daran zu verschwenden, was die Nachbarn sagen könnten.

Ich war wie verzaubert. Wo andernorts nur Bürgersteige oder geparkte Autos zu sehen waren, gab es hier geräumige, dschungelwilde Beete: Riesige Baumfarne beugten sich über die Rinnsteine, und darunter sprossen bereits massenhaft grüne Triebe, wo bald Narzissen aufblühen würden. Die Häuserfronten im viktorianischen Stil – hübsche Holzfenster und gemauerte Bogen – lagen regelrecht hinter kleinen Wäldchen verborgen: tropische Bäume und Rhododendren neben buschigen Zypressen. Ein Trompetenbaum ragte über die Ecke einer Häuserzeile empor; die abgeworfenen Samenkapseln lagen wie ein Teppich aus getrockneten Auberginenschalen auf dem Bürgersteig. Fächerpalmen sägten am blauen Himmel und schirmten eine *Fatsia japonica* ab, die immer noch ihre doldigen Blütenstände trug. Gräserbüschel waren aus den Lücken zwischen den Pflastersteinen explodiert, das Wetter hatte sie blass und brüchig gemacht, trotzdem sahen sie immer noch wunderschön aus.

Neben den großzügigen Beeten gab es noch andere Behausungen für Pflanzen: Kisten und Krüge, Kästen und Tonnen, Töpfe und Kannen. Die schmalen dunkelgrünen Blattlanzen eines Schwarzblättrigen Schlangenbarts, dem der Winter nichts hatte anhaben können, wahrscheinlich weil dieser Ort aus Ziegeln und Rinde ein eigenes Mikroklima entwickelt hatte. Ein kleiner Feigenbaum in einer hellgrünen Kiste mit dem wohl seit Langem ignorierten Hinweis »EIGENTUM VON NHS LOGISTICS« trug ebenfalls nach wie vor Blätter. Die Wedel einer Schusterpalme wucherten aus einem Stahlmülleimer; die rosa-grünen Blätter einer abenteuerlustigen Dreimasterblume rankten aus einem Plastikbalkonkasten, und büschelweise *Mühlenbeckia* – dieser trotzige, von der Südhalbkugel stammende Drahtstrauch – verdeckte den Behälter, in dem sie allem Anschein nach lebte. Erste Triebe ragten aus einem Bett aus grünem *Oxalis triangularis*, der im direkten Umkreis sämtliche Risse im Bürgersteig besiedelt hatte. Hier und da wurde diese tropische Winterwiderständigkeit von einer schier bukolischen Kuriosität unterbrochen: gekräuselte rosa Blütenblattspitzen, die fast schon obszön aus einer fetten Kamelienknospe ragten; ein Durcheinander gelber Primeln, die in einer Wanne wucherten. An einem Betonkübel, in dem es von namenlosen Zwiebelblumentrieben nur so wimmelte, hing ein kleines Schildchen: »Chantal & James, Hochzeitsnektarine, 1993«.

Die Schönheit dieser Gärten – und für mich waren sie Gärten, auch wenn es hier nirgends Rasen, klar begrenzte

Beete, einen Pflanzplan oder Freiflächen gab – lag in der Tatsache begründet, dass sie überhaupt existierten. Selbst wenn man sie mit ungeschultem Auge betrachtete, war zu erkennen, dass diese kleinen Wälder, diese Schichten aus Lebensprozessen, mit einer Absicht gepflanzt worden waren, die über jede Gewissheit hinausging. Diese Bäume stellten einen Versuch dar und zeugten zugleich von einem Optimismus, der die Häuser rundherum überdauerte. Wären nicht ein paar Hundert grundverschiedene Leute gewesen, gäbe es den Bonnington Square heute längst nicht mehr. Genau wie auf dem mit Kränen gefüllten Land der benachbarten Viertel wären auch hier Hochglanzwohnungen für Käufer aus Übersee und Büros entstanden, die voller Menschen gewesen wären, die nach Feierabend heim in die Randbezirke der Stadt pendelten. Doch diese Häuser waren mittels einer Mischung aus Wohlwollen und Überlebenswillen gerettet worden, und ausgerechnet die Gartenarbeit war ein entscheidender Faktor gewesen, um den fragilen Anspruch der Anwohner auf diese Straßen durchzusetzen.

Noch in den späten Siebzigerjahren waren die rund hundert Häuser am Bonnington Square verwahrlost und verwaist gewesen. Die Fenster waren zugemauert, die Türen mit Brettern verrammelt. Im Innern verrotteten Dielen über rostigen Rohren, Tapetenreste rieselten auf den Boden und entblößten den Putz und das frühere Leben derer, die ihr einstiges Zuhause verlassen hatten. Junge Leute, die eine Unterkunft brauchten, möglichst eine günstige, radelten auf der Suche nach Leerstand durch die zunehmend segregierten, heruntergekommenen Straßen Londons. Zu guter Letzt landeten sie, genau wie ich, am Bonnington Square. Einer der Entdecker beschrieb ihn als eine Art Festung.

Die Leute brachen in die Häuser ein – durch zerbrochene Hinterhoffenster oder mithilfe von Brechstangen direkt durch die Eingangstür. Für einige war es eine Frage der Zeit: Je schneller sie dort eindrangen und die Schlösser auswechselten, umso schneller konnten sie ihre Hausbesetzer-Rechte durchsetzen. Für andere jedoch war das Öffnen einer eigenen Haustür ein symbolischer Akt, egal wie lange es dauerte. Eine Frau stemmte ihre Tür mit dem Brecheisen und unter Einsatz ihres ganzen Körpers auf. »Mit jedem Nagel kam ich einem Zuhause einen Schritt näher«, erinnerte sie sich später. Dies war eine praktische Handlung, die von Bedeutung und Bedeutsamkeit durchdrungen war, von einem Bedürfnis, sich niederzulassen, einem Verlangen nach einer Art Beständigkeit in einer Zeit, in der so viel anderes von Instabilität und Wandel geprägt war.

Die Gemeinschaft wuchs rasend schnell und lockte Menschen aus der ganzen Welt an, die sich in London ein Nest bauen wollten – und zwar buchstäblich bauen: Neue Rohre und Kabel wurden verlegt, Fensterrahmen und Möbel und sogar Kronleuchter aus Containern geborgen und zum Nestbau verwendet. Und dann natürlich die Pflanzen. Auf Fotos und Filmaufnahmen aus der Zeit sieht man Grünlilien und Philodendren und Kentiapalmen und Pelargonien auf den Fensterbänken und in den Ecken improvisierter Küchen stehen. Ein zugemauertes Fenster aufzubrechen bedeutete, den Raum zum Garten davor zu öffnen. Dächer wurden begrünt, auf denen nun Tulpen in Trögen vor dem Himmel tanzten. Lücken im Bürgersteig wurden bepflanzt. Bevor die Leute überhaupt ihre Klempnerarbeiten oder die Elektrik ordentlich sortiert hatten, schafften sie Platz für Blumen und Pflanzen.

Als der Landschaftsgärtner Dan Pearson zu Beginn der

Neunziger an den Platz zog, überblickte sein Dachgarten ein Stück Brachland, auf dem sieben Häuser gestanden hatten, die während der deutschen Luftangriffe im Zweiten Weltkrieg zerstört worden waren. Ein einsamer Walnussbaum, den einige der ersten Hausbesetzer 1983 gepflanzt hatten, war von Winden und Schmetterlingsflieder und den Überresten eines Spielplatzes umgeben, den die Stadtverwaltung in den Siebzigern optimistischerweise dort errichtet hatte. Ein Maschendrahtzaun schirmte ihn von den Häusern dahinter ab.

Bis 1990 war das Land in Vergessenheit geraten. Dann fragte ein Bauunternehmer bei der Stadt an, ob er dort Material lagern dürfe, und rief es den Behörden wieder in Erinnerung. In der Absicht, sämtliche Bauvorhaben dort abzuwenden, gründete Evan English die Bonnington Square Garden Association und erhielt einen der letzten offiziell gewährten Zuschüsse für öffentliche Begrünung. Pearson erinnerte sich in einem Artikel aus dem Jahr 2008:

> Absperrketten wurden durch Geländer ersetzt, Asphalt und Beton durch einen Naturbelag aus Lehm, Kies und Sand, und eine Reihe von Hochbeeten mit Humusboden wurde über den Kellern der alten Häuser angelegt.

Die Anwohner halfen bei der Bepflanzung und feierten ihre Fortschritte. Sie stockten die Fördergelder mithilfe von Flohmarkterlösen auf, um mehr Pflanzen und Bänke kaufen zu können. Der Garten, schrieb Pearson,

> rief unter den Bewohnern ein neues Gefühl des Stolzes hervor ... Das Leben rund um den Platz veränderte sich. Auf dem Picknickplatz war jetzt jedes Wochenende eini-

ges los, und wir sahen Menschen, die es sonst nie gewagt hätten, den Park als Erweiterung ihres Zuhauses zu nutzen.

Der Garten wurde Pleasure Garden (»Vergnügungsgarten«) genannt – eine Reminiszenz an den Vergnügungspark aus dem 17. Jahrhundert, der nur einen Katzensprung entfernt gelegen hatte. Auch die hiesigen Gärten sollten einzig und allein dem Vergnügen dienen. Im Jahr darauf folgte das sogenannte Paradise Project (»Paradiesprojekt«), in dessen Zuge erneut Geld in die Hand genommen und Judasbäume und Mimosen gepflanzt wurden, die bei meinem Besuch ein Vierteljahrhundert später die Gehwege in Dschungel verwandelt hatten. Pearson schrieb:

> Jeder, der sein Haus begrünen wollte, bekam Rankpflanzen, die die Wände emporwucherten. Die Leute fingen sofort an, auch die Bürgersteige vor ihren Häusern zu begrünen. Es tauchten Balkonkästen mit Kräutern und Blumen an den Fenstern auf, alte Telegrafenmasten wurden mit Prunkwinden und anderen Kletterpflanzen besiedelt, und eine Menge Dachgärten wurden angelegt, sodass ich in meinem grünen Horst nicht mehr alleine war.

Der Pleasure Garden und das Paradise Project leisteten weit mehr, als bloß die Tage der Menschen aufzuhellen, die rund um den Platz lebten – obwohl das allein schon unermesslichen Wert hatte. Sie trugen überdies dazu bei, die rebellische Besetzung der Häuser im Nachhinein zu legitimieren: Im Lauf der Neunzigerjahre gründeten die Besetzer Genossenschaften und Kooperativen und setzten sich bei den städtischen Behörden erfolgreich dafür ein, dass ihre Gemeinschaft in jenem Geist aufrechterhalten wurde, mit dem sie gegründet worden war.

Die Häusergemeinschaft brachte noch einen weiteren Gemeinschaftsgarten hervor: Noch ehe Pearson dort hingezogen war, war der Harleyford Road Community Garden eröffnet worden: Auf einem Stück Land, das hinter einer verfallenen Ansammlung von georgianischen Häusern mit großen Vorgärten brach gelegen hatte, entwarfen und bestellten Anwohner ab 1984 Schrebergärten und ließen nur einige Ahorne stehen, die zuvor hinter jenen zerbombten Häusern gestanden hatten. Und genau dort landete ich. Es heißt, es gebe einen geheimen Durchgang vom Pleasure Garden zum Harleyford Road Community Garden; ich ging einfach durch eine offene Tür zwischen zwei Häusern, was mir magisch genug erschien. Der Durchgang führte zu einem gepflasterten, runden Hof, der von vier kleineren Bäumen umstanden war; da sie kein Laub trugen, konnte ich sie nicht identifizieren. Dahinter lag ein Beet voller Schneeglöckchen, die bereits durch das schlammig grünbraune Schweigen des winterlichen Gartens getrieben waren.

Es fühlte sich an, als wäre ich in einer Zwitterwelt gelandet – das Gefühl, das viele grüne Orte heraufbeschwören, die von Städten umzingelt sind. Von den pulsierenden Verkehrsadern zwischen Camberwell, Oval und Vauxhall, denen ich an den meisten Tagen mit dem Fahrrad folgte, schrillten Sirenen herüber – doch die Ziegelmauern und der Stein unter meinen Füßen durften sich mit dem grünen Moos eines Ortes rühmen, der weitaus reinere Luft atmete und der so viel ruhiger war. Violette Krokusse bedeckten einen Bereich, in dem eine Sitzbank einsam auf wärmeres Wetter wartete. Pfade waren mit Stein gepflastert und verlockten zu Erkundungsgängen in entlegene Ecken, die durch Hecken und Zäune sichtgeschützt waren. Außer mir war niemand zu sehen. Die meisten Menschen arbeiten an Nachmittagen unter der Woche. Ich stand eine Weile da, fühlte mich zugleich willkommen und wie ein Eindringling, war dankbar für diese grüne Nische, die ich entdeckt hatte, und fassungslos, weil ich nie zuvor hier gewesen war. Obwohl ich zu diesem Zeitpunkt von seiner Geschichte noch gar keine Ahnung hatte, war ich mir bewusst, dass es sich hierbei um einen Ort handelte, der aus einem spielerischen, urtümlichen Drang heraus gestaltet worden war – hier hatte etwas entstehen sollen, was friedlich war und um seiner selbst willen schön. Dies hier war kein öffentlicher Garten, der das nächste Luxuswohnungsbauprojekt rechtfertigte; dieser Garten hier war aus der Baufälligkeit heraus entstanden, um als grüne Lunge für einen auflebenden Gemeinschaftsorganismus zu dienen. Als Ort der Ruhe, der Natur, des Lernens und Sich-Entwickelns mitten in der Stadt. Innerhalb gewisser Grenzen ein Freiraum im Schatten der rundherum turmhoch aufragenden Fassaden.

Es war einer jener sich hinziehenden Wintertage, an denen ein paar Minuten lang der Frühling schon in der Luft hängt; die Sonne mag schon am Nachmittag tief stehen, aber es dauert doch immer länger, bis sie untergeht, bis der Himmel sanft und tief wird, während einem die Kälte in die Knochen kriecht. Ein Hauch von Regen fiel vom wolkenlosen Himmel, und die Straßenlaternen schienen ein klein bisschen zu früh anzugehen. Eine blühende Narzisse wäre noch immer ein verblüffender Anblick gewesen, aber ein Schneeglöckchen war schon zu sehen – Produkt einer kälteren, dunkleren Zeit. Grüne Triebe eifriger Zwiebeln schoben sich durch den Boden, und kahle Zweige stellten sich in den böigen Wind. Nach all den dumpfen Januarwochen war ein neuer Monat angebrochen, der eine unberechenbare, vibrierende Energie mit sich brachte. Besser, man freute sich an dem Wetter, solange es ging, weil es binnen eines Wimpernschlags wieder umschlagen könnte.

Meine erneuerte Entschlossenheit, in der kurzen Zeit, die noch blieb, meinen Balkon zu bewirtschaften, machte den Februar fruchtbar. Die weißen Alpenveilchen, die ich im Oktober eingepflanzt hatte, hielten sich immer noch in ihren Kästen inmitten einer spröden Efeudecke. Ich gesellte ihnen ein paar Beutestücke vom Columbia Market bei: Ranunkeln und ein paar dunkle, majestätische Hyazinthen, die drauf und dran waren aufzublühen, deren Blütenstände aber immer noch fest im Schutz der Laubblätter steckten. Ein paar Hyazinthenzwiebeln hatte ich schon in andere Tröge gesetzt – weiße, die durch einen Nebel aus silbrigem Wermut sprießen würden, allerdings drückten sie gerade erst zögerlich die glatt grünen Triebkuppeln aus der Erde. Es dürfte noch einige Wochen dauern, bis sie aufblühten – dabei war ich am Ende meiner Geduld.

Die Hyazinthe hat für mich etwas leicht Schlampiges; vielleicht liegt es an ihrer berühmten Namensvetterin, Hyacinth Bucket, dieser unerträglichen Figur aus der Neunziger-Sitcom *Mehr Schein als Sein*, aber da ist auch der Duft: eine berauschende, raumfüllende Sache, an die man sich – wie an Bucket – erst gewöhnen muss. Einige beschreiben ihn als süßlich, allerdings ist da noch eine tiefere, durchdringendere Nuance, die Art von schwindelerregendem Geruch, der fast schon animalisch ist; eine Potenz und Präsenz, die eher an Begierde denn an Träumerei gemahnt. Ähnlich wie der Seidelbast, auch ein Frühblüher, kann man den Duft einer Hyazinthe selbst am trostlosesten, nieseligsten Wintertag in einem kalten Windstoß wittern.

Josh und ich hatten zum Einzug exakt drei Jahre zuvor weiße Hyazinthen geschenkt bekommen. Hyazinthen werden gern vorgetrieben, damit sie pünktlich zu Weihnachten blühen, aber genau wie andere Pflanzen, die für Weihnachten gezogen werden, sehen sie umso schöner aus, je länger die Feierlichkeiten zurückliegen und der Ernst des Winters sich hinzieht. Ich finde sie schon immer merkwürdig extravagant für eine Pflanze, die sich in kahlen Winterlandschaften zu Hause fühlt – als wäre sie das gärtnerische Äquivalent des gut gekleideten Städters, der sich auf dem Heimweg von einer Party im Hinterland verirrt und nie mehr richtig zurück in die Stadt gefunden hat.

Unsere Hyazinthen hatte ich ans Küchenfenster unserer damals neuen Wohnung gestellt, wo sie an dunklen Abenden vor dem beschlagenen Fenster gestanden hatten. Damals hatten wir die Wohnung ordentlich beheizt – Heizkosten waren in den Nebenkosten enthalten, die unsere antiquierte Gebäudeverwaltung kassierte –, und die seesternförmigen Blüten, die in üppigen Trauben an den stabilen Stängeln saßen und einst so voll und spritzig gewesen waren, wurden bald knusprig braun. Ich wusste damals noch nicht, dass ihr Niedergang ein Teil des Prozesses war, eine Unvermeidlichkeit, wie bei jeder anderen Blühpflanze auch. Stattdessen wässerte ich in meiner Verzweiflung den kleinen Topf wie eine Wahnsinnige und hoffte auf Wiederbelebung. Irgendwann erzählte mir meine Mutter, dass dies ganz normal sei, dass die Hyazinthen geblüht hätten und ich sie anschließend nach draußen stellen müsse, damit sie im Folgejahr wiederkommen könnten. Und meine Mutter musste es wissen: Sie kann den Duft von Hyazinthen nicht ausstehen, und jede einzelne, die sie geschenkt bekommt, landet sofort in einem speziellen Beet jenseits des Küchenfensters. Dort herrscht alsbald Aufruhr, ein herrliches Durcheinander aus Lila und Rosa und Weiß, alles vorgetriebene Zwiebeln, die nur zum Zweck saisonaler Frivolität gezüchtet wurden und die meine Mutter dann ins Freie setzte, wo sie sich gegen die Eichhörnchen und den Frost wehren durften.

Ich hatte meine verblühten Hyazinthen nicht hinaus auf den Balkon gepflanzt; es sollte damals noch Monate dauern, ehe mein Balkongartenabenteuer beginnen würde. Stattdessen hatte ich das kleine gemusterte Körbchen, in dem die Hyazinthen bei uns eingezogen waren, einfach in eine Ecke des Balkons gestellt, wo es nach und nach hinter einem Obstkorb, einem Pflanztopf, Blumenerde und anderen Pflanzexperimenten verschwunden war, sodass die braunen Blätter allein durch Vernachlässigung vor den Elementen geschützt waren. Ein Jahr später, während die Tage immer noch kurz und kalt waren, entdeckte ich den ersten Trieb. Ich glaube, ich hatte sogar vergessen, was dort in der Ecke vor sich hin gedämmert hatte. Womöglich kannte ich damals nicht mal den Namen der Pflanze. Ich holte sie wieder hervor ans Licht, und sie blühte erneut auf: weiße Blüten an einem Stängel, der ein bisschen weniger Kraft als zuvor zu haben schien – aber immer noch genug, um diesen fast unausstehlichen Duft zu verströmen, wann immer wir das Fenster aufmachten, um zu lüften. Eine kleine Dosis Unverwüstlichkeit.

•

Meine Freundinnen Anna und Heather kamen fast wöchentlich zu Besuch. Unser Untermieter war immer öfter außer Haus unterwegs – mit irgendeiner neuen Freundin oder in einer Bar –, und wenn er mal zu Hause war, dann in aller

Regel hinter der verschlossenen Zimmertür zum gedämpften Murmeln des Fernsehers. Zu dritt ließen wir uns in eine herrliche Vertrautheit sinken, tranken Tee, alle auf demselben kleinen Ikea-Sofa zusammengekuschelt und mit den Füßen unter einer synthetischen, statisch aufgeladenen Decke. Wir vertieften uns in die pure Lockerheit der jeweils anderen. Ich wusste, dass dies ein seltener, wunderbarer Umstand war – etwas, in das wir gemeinsam hineingewachsen waren und das sich der Art widersetzte, wie so viele andere in unserem Alter miteinander umgingen, wie wir selbst mit so vielen unserer Bekannten umgingen, die nicht wir waren. Cocktails oder schicke Bars brauchten wir nicht, und Selfies zu schießen wäre an derlei Abenden undenkbar gewesen. Bei uns galt eine ungeschriebene Regel: Über Job und Karriere wurde an unseren Mädelsabenden, die uns an unsere Jugendzeit gemahnten, nicht gesprochen. Eines Freitagabends, nachdem die beiden nach Hause gegangen waren, blieb ich noch alleine im Wohnzimmer sitzen und hörte ein altes Lied, das wir immer an der Uni gehört hatten. Ich war mir des bevorstehenden Verlusts bewusst, all der bevorstehenden Veränderungen. Anna hatte sich verlobt und würde in wenigen Monaten heiraten. Und auch Heather sah einer Zukunft entgegen, die ihr mit ihrem dreißigsten Geburtstag auch eine gewisse Stabilität bescheren würde. Ich wusste selbst, dass wir langsam erwachsen wurden; allerdings hatte ich Angst davor.

Diese Angst kam nie offen zum Vorschein, sondern kleidete sich immer in heiße, frustrierte Wut angesichts der Ungewissheit, des Gefühls, zu viele Dinge gleichzeitig sein zu müssen. Matt und ich rangen noch immer um die Gestalt unserer Beziehung, um ihre Fassbarkeit; bei jedem Schritt, den wir in Richtung Behaglichkeit oder Wohnlichkeit machten, schrillten bei mir die Alarmglocken. Während wir zusehends Zeit auf dem Sofa verbrachten und immer seltener zum Beispiel auf die letzte Sekunde im Restaurant noch Sushi bestellten, war ich überzeugt, dass eine solche Bequemlichkeit uns genauso ersticken würde, wie es mit Josh der Fall gewesen war. Matt war eine so willkommene Explosion in meinem Leben gewesen; es war, als wäre ich süchtig nach der Energie, die er mir dargeboten hatte, und erlitte niederschmetternde Rückschläge, sobald es auch nur entfernt danach aussah, als wollte sich zwischen uns etwas Wiedererkennbareres, Normaleres breitmachen. Er hieß mich jederzeit in seiner Wohnung willkommen, aber ich war insgeheim auch verärgert darüber, wie leicht es ihm fiel, zum Beispiel Geschirr zu spülen oder Wäsche aufzuhängen, während ich da war – ich, die randvoll mit Befürchtungen war und jede Minute, die er sich nicht ausschließlich mit mir beschäftigte, als Zeichen von Desinteresse interpretierte. Ich fühlte mich alleingelassen, geriet in Panik, weil er sich mit mir langweilen und mich dann abservieren könnte, wie ich zuvor abserviert worden war. Ich verlor die Beherrschung, schaffte es nicht, ihm einen Grund dafür zu nennen, und knallte stattdessen mit den Türen. Er war wie vor den Kopf geschlagen, trotzdem konnte ich mich nicht dazu durchringen, ihm zu erklären, wie besorgt ich war, dass er alles falsch verstanden haben könnte – dass ich nicht die Person sein mochte, die er haben wollte.

Es fiel mir leichter, die Flucht zu ergreifen. Mitunter wälzte ich mich rastlos in Matts Bett hin und her, war zusehends verärgert, weil ich noch immer das Klappern seiner Tastatur durch die Wand hörte, und versuchte, mir selbst zu erklären, warum ich mich derart zurückgewiesen fühlte, obwohl ich doch im Grunde selbst gar nicht wusste, was ich wirklich wollte. Eines Morgens nahm ich meine schlechte Laune mit hinaus an die kühle, schlechte Luft von Brixton und stapfte den Bürgersteig entlang, bis ich den Brockwell Park erreichte. Die Gummisohlen meiner Wanderschuhe fühlten sich inmitten der Vormittagspendler seltsam an. Ich war auf dem Weg zu den Gewächshäusern im Schrebergarten. Innerhalb der roten Klinkermauern hatte ich ein Refugium gefunden, einen verborgenen Ort der Geschäftigkeit und Ruhe, an dem außer der anstehenden körperlichen Arbeit wenig von Bedeutung war. Hier fanden Prozesse statt, physische, jahreszeitliche Fortschritte, die in einer Kombination aus festgelegten Handgriffen, bestimmten Anweisungen, Wissenschaft und durchaus auch Glück beim Timing die Aussicht eröffneten, dass aus der Erde und dem natürlichen Durcheinander etwas Schönes, etwas Wohlsortiertes entstünde. Ich war dort eins der kleinsten Rädchen im Getriebe, eine eher unregelmäßige ehrenamtliche Helferin, und brachte auch nicht viel Wissen mit ein; aber genau das gefiel mir. Ich mochte es, nicht Teil der Maschinerie zu sein, bloß ein Beitrag am Rande zu einem Narrativ, das nur wenige kannten oder gar verstanden, und ich mochte es, diesem Land meine Zeit und meine Energie zu schenken, um es besser zu machen.

Es war die Zeit des Jahres, in der das Gärtnern eher kraftraubend denn kraftspendend war, erst recht, wenn man sich auf einem größeren Areal bewegte, auf dem ständig neue Projekte in Angriff genommen wurden. An diesem Morgen bekamen meine Mitstreiterin und ich Spaten und Schubkarren zugewiesen und sollten einen Bereich mit klumpiger Erde planieren, wo eine Spielküche für die Kinder der Besucher entstehen würde – keine glamouröse Aufgabe, aber in ihrer Einfachheit und Zweckmäßigkeit zufriedenstellend. Wie im größten Teil von London ist auch in Brockwell Park der Boden sehr lehmhaltig. Der Nachtfrost hatte uns in die Karten gespielt: Hätten die Temperaturen über dem Gefrierpunkt gelegen, wäre die Feuchtigkeit im Boden getaut, der Lehm wäre schmierig und klebrig geworden und hätte dem Spatenblatt erbittert Widerstand geleistet. Doch heute war die Erde kalt und fest, wir konnten sie mit der Forke gut lockern, ehe wir sie mithilfe des Spatens bearbeiteten. Ich war immer noch ungeschickt mit derlei Arbeitsgerät; ich konnte mich darüber beugen oder die Schubkarre anheben und mit Nachdruck herumschieben, donnerte aber in einem fort mit den Schienbeinen dagegen, und in der Kälte protestierten meine Finger.

Wir unterhielten uns während der Arbeit – Kate, die Direktorin des Gartens, ich und die zweite Ehrenamtliche, eine Frau in meinem Alter, die ihre Bürozeiten reduziert hatte, um freitags in den Schrebergarten kommen zu können. Ich konnte gar nicht anders, als ein Gefühl der Schwesternschaft zu empfinden: drei Frauen mit unterschiedlichsten Lebensentwürfen, die für diesen einen Vormittag zusammengekommen waren, um größere Metallgeräte in den Boden zu rammen und fast schon als Gegenentwurf zu den Erwartungen an unser Geschlecht ihre Körperkraft einzusetzen. In einer Zeit, in der ich mich unendlich beschränkt sah durch all das, was ich hätte sein und fühlen müssen, fühlte es sich gut und richtig an, die Erde unter unserer eigenen Anleitung, nur anhand der eigenen Motivation zu beackern. Der Rhythmus unserer wiederholten Bewegungen bereitete den Boden für ein ausgedehntes Gespräch über das Schreiben, Frauen und Worte. Wir diskutierten über Doris Lessing und Jan Morris, über Gender und Ausdruck, immer begleitet vom sanften Stoß des Stahls in die Erde. Während wir dicke, ineinander verschlungene Baumwurzeln umschifften und Geröll aus der Erde entfernten, erzählte Kate von der Geschichte der Gärten. Wir konnten sie regelrecht an den Spuren in der Erde unter unseren Füßen ablesen – in den roten Ziegelsplittern, in den mit der Zeit glatt geschliffenen Scherben alten Keramikgeschirrs, in das wir unser Werkzeug schlugen. Das Lambeth Council hatte Mitte der 1980er Jahre aufgehört, dieses Land zu pflegen, als unter Margaret Thatcher Fördergelder zusammengestrichen wurden und das Areal abgesperrt werden musste. Es wurde sich selbst überlassen, wurde zur inoffiziellen Müllhalde des Parks. Stumm traten Müll und Natur gegeneinander an; im selben Maße, wie sich das eine durch Menschenhand anhäufte, versuchte das andere dagegenzuhalten. Viertausend Quadratmeter wildes, seinem Schicksal anheimgegebenes Land.

Allerdings gab es auch Leute, die das Potenzial unter dem sich häufenden Schutt zu erkennen vermochten. Der mündlichen Überlieferung zufolge waren es auch hier Hausbesetzer, die sich den Raum zurückeroberten. Wie jene vom Bonnington Square begannen sie, Hand anzulegen, den Müll abzutragen und das Land zu bestellen. Bis in die Neunzigerjahre hatte ein Trupp Guerilla-Gärtner, der sich »Green Adventure« nannte, das Areal beackert, um es wieder in fruchtbares Land zurückzuverwandeln. Sie pflanzten Obstbäume, die zu einem Obstgarten wurden, und entwarfen Pläne, um das gesamte Grundstück in einen Ort zu verwandeln, der die Menschen in der Nähe ernähren konnte.

Mit der Zeit erlangten auch diese revolutionären Kräfte eine offizielle Legitimierung. Genau wie die Anwohner des Bonnington Square erkannt hatten, können Dauerhaftigkeit und Schutz nur in Zusammenarbeit mit den Behörden er-

reicht werden. Es war die Geburtsstunde einer Wohltätig-
keitsorganisation, aus der alsbald die Brockwell Park Community Greenhouses hervorgehen würden. Bis September
1997 wurden Geschäftspläne für das Brockwell Park Community Environmental Center ausgearbeitet – mitsamt Kos-
ten-, Anlage- und Zeitplänen und unter demselben Green-
Adventure-Motto, das auch nach zwei Jahrzehnten noch
gültig ist:

> um die Bewohnerinnen und Bewohner der Innenstadt,
> insbesondere diejenigen unter uns, die sozial und wirt-
> schaftlich benachteiligt sind, dazu zu ermächtigen, ge-
> meinsam Projekte auszuarbeiten und umzusetzen, die eine
> nachhaltige Entwicklung fördern und uns dadurch befähi-
> gen, die Lebensqualität für uns selbst, unsere Gemeinschaft
> und zukünftige Generationen zu verbessern.

Von Hand gezeichnete Pläne wiesen die Gärten aus, die ich
inzwischen so lieb gewonnen hatte – mitsamt Komposthaufen und Frühbeeten, einem Teich und einem Färbergar-
ten. Endlich erfuhr ich auch, dass die Gewächshäuser Spitznamen hatten – »Esther« hieß das größere, »Sunshine« das
kleine. In jenem Projektplan waren all die Vorhaben zusam-
mengefasst, die ich inzwischen verwirklicht vor mir sehen
konnte: die Restaurierung der maroden viktorianischen
Mauern, die Umwandlung der »Müllkippe« zu einem Treff-
punkt, wo die Freiwilligen auf Kaffee und Kuchen zusammenkommen konnten, und zu guter Letzt die Aufforstung
eines Gebiets mit einheimischen Pflanzen, die das Licht
einfingen und filterten.

All das war sicher nicht einfach gewesen. Die frühen
Green Adventurers, mit denen ich ins Gespräch kam, be-

richteten von deutlich weniger utopischen – oder schlicht: von wesentlich banaleren – Umständen als jenen, aus denen die Vorstellung von lebendigen, heiß geliebten Schrebergärten innerhalb hübscher viktorianischer Mauern hervorgegangen war. Anfangs hatten sich tatsächlich Freiwillige eingefunden, um die Müllberge abzutragen, was essenziell für die Anfänge des Projekts gewesen war; doch dann durchkreuzte das Leben ihre Pläne. Immer wieder entspannen sich kleinere Streitereien, Rangeleien, Dramen, zusehends ehrenrührige Gerüchte, die sich in Erinnerungen und Erzählungen irgendwann aber verloren. Andere sprechen von »chaotischen Phasen«, von verlorenen Schlüsseln und langen Diskussionen über die Finanzierung. Nichtsdestoweniger wurden die Pläne realisiert. Heute ernten wir die Früchte, mein Körper beackert den Boden, der einst hart umkämpft war, gerettet und durchgesiebt wurde, um nachfolgenden Generationen zu ermöglichen, sich in der Natur aufzuhalten, so wie es die ursprüngliche Vision von Green Adventure gewesen war.

Stunden später stand ich ausgezogen in der Küche und hatte soeben einen blauen Fleck von der Größe einer Mandarine auf meinem Oberschenkel entdeckt – Beweis meines ungeschickten Umgangs mit dem Gelände, mit Spaten und Schubkarre. Nachdem wir die Erde planiert hatten, war ich mit dem Fahrrad den Hügel hinunter- und wieder hinaufgefahren und hatte meinen erschöpften Körper in die Wohnung geschleppt, wo ich im Flur gestanden und die schlamm-, sand-, erd- und schweißdurchtränkten Klamottenschichten abgestreift und sofort in die Waschmaschine geworfen hatte. Ich ließ die Wärme durch meine prickelnde Haut bis in die sich langsam erwärmenden Muskeln sickern. Beim Umgraben hatte ich eine halbe, von Erde und Zeit glatt geschliffene, verzierte Kachel gefunden, zur Seite gelegt und mit nach Hause genommen – einen Schatz, den ich ausgegraben und vor dem Müllcontainer gerettet hatte: flaschengrün mit hübschen, erhabenen Blättern in den Ecken. Sie sah aus, als könnte sie von einem viktorianischen Kamin gestammt haben, und hatte sogar noch einen Hauch der ursprünglichen Glasur bewahrt, die ich unter fließendem Wasser freilegte. Ich fuhr mit den Fingern darüber und staunte, wie diese Kachel in meine Hände, in meine Küche gelangt war, fragte mich, wer sie wohl weggeworfen hatte und wann, wer sie einst stolz verlegt hatte und wo. Die Anspannung des Morgens hatte sich gelegt, war von der Kälte und den wiederholten Bewegungen und all den Dingen, die ich gelernt hatte, vertrieben worden. Mir tat alles weh, aber mein Geist arbeitete heftig, nicht mehr vor Aufregung oder Verwirrung, sondern in ruhiger Klarheit.

Den Boden umzugraben und damit auch seine Geschichte ans Licht zu befördern hatte mir gezeigt, was aus zerschundenem Land neu entstehen kann. Dabei war es wichtig anzuerkennen, dass es selten leicht war, etwas wieder neu erstehen zu lassen, was zuvor aufgegeben und sich selbst überlassen worden war. Und es gab dafür auch keine Regeln. Damit der Bonnington Square hatte schön werden können, hatte er erst mit einigem Mut und juristischer Spitzfindigkeit erobert werden müssen. Die Müllkippe im Brockwell Park war von Leuten, die sich über verfallende Mauern geschlichen und dort ohne Erlaubnis aufgeräumt hatten, in einen gemeinschaftlich genutzten Garten verwandelt worden. Nur mit Mut, Überzeugungskraft und Entschlossenheit hatte dort wieder Struktur einziehen können – wider alle Streitigkeiten über die Ausgestaltung oder die Herangehensweise. Nur mit viel Zeit, durch Zusammenarbeit und harte Plackerei konnte dort etwas Gutes und Richtiges entstehen. Die Scherereien und Streitigkeiten und endlosen Treffen und verlorenen Schlüssel hatten sich in eine Geschichte eingefügt, die unsichtbar zwischen den Pflanzen eingebettet liegt, die dort inzwischen wachsen.

Matt stand eine vierwöchige Reise nach Indien bevor – ein ganzer Monat, um nach Jahren harter Arbeit, in der kaum Zeit für Urlaub geblieben war, wieder ein Gefühl für Abenteuer zu entwickeln. Am Vorabend seiner Abreise war er ganz fiebrig vor Vorfreude; eine so weite Reise hatte er noch nie unternommen. Weil er sich aber mit Tagträumen und Sich-Treibenlassen besser auskannte, war er mit Packen und Planen und der neuen Erfahrung, die ihm bevorstand, schier überfordert. Ich war fest entschlossen, ihm zu helfen, aber irgendwann verlor ich die Geduld. Ich hatte das Gefühl, wir sollten die Zeit, die uns noch blieb, lieber gemeinsam verbringen, bevor er zu etwas umso Bedeutungsvollerem aufbräche. Ich ließ meine Wut an ihm aus, drehte mich um und ließ mir ein Bad ein. Wenig später schob er die Tür auf und kam ebenfalls in die Wanne. Ich war immer noch wütend, weil er alles bis zur letzten Minute aufgeschoben hatte; dass er sich bei alledem auf mich verließ, verstand ich nicht als Hilferuf oder Ausdruck der Zuneigung, sondern als den puren Egoismus. Als er in den Raum eindrang, in dem ich versucht hatte, Zuflucht zu suchen, stieß ich ihn von mir weg. Nun ist das in einer Badewanne einigermaßen schwierig, daher war es wohl langsam Zeit für ein klärendes Gespräch – für das nachdenklichste, ehrlichste Gespräch, das wir je geführt hatten. Mir machte Angst, wie wohl ich mich mit ihm fühlte, und ich war davon überzeugt, dass er sich irgendwann, wenn der Lack erst ab wäre, mit mir langweilen würde. Ich eröffnete ihm, dass ich befürchtete, wir könnten verschiedene Dinge wollen, und dass ich die Nase voll davon hatte, mit jemandem so vertraut zu werden, dass ich quasi unsichtbar für ihn wurde – dass ich mir mehr wert wäre. Er hörte mir zu, erwiderte, dass er das alles ganz anders sehe: dass ich doch gerade erst Teil seines Lebens würde und ihm das gefalle. Allmählich rückten wir wieder zusammen und hielten einander eng umschlungen, während wir uns mehr Geduld und Verständnis schworen, um es von nun an besser zu machen.

Wenn ich meinen Frieden mit diesem neuen, nachgiebigeren Wir machen wollte, musste ich die Spuren meiner Vergangenheit offen- und freilegen und sie als solche akzeptieren – genau wie ich im Schrebergarten die Spuren fremden, wesentlich älteren Lebens freigelegt hatte. So wie es derzeit aussah, konnte ich gar nicht über unsere Zukunft nachdenken, weil ich immer noch nicht damit klarkam, dass ich schon einmal alles von mir preisgegeben hatte, nur um dann zusehen zu müssen, wie mein Leben in sich zusammengefallen war. Aber jetzt stand ich hier, war inzwischen ein anderer Mensch und mit einem anderen Menschen zusammen, und was wir teilten, schien direkt vor unseren Augen heranzuwachsen. Trotz meiner Wut, trotz meiner Frustration und aller Aufregung gab es uns immer noch. Wenn ich meine eigene Vergangenheit nicht allmählich aufarbeitete und mir selbst Raum und die Erlaubnis gäbe zu akzeptieren, dass sie *Vergangenheit* war – und wenn sie oftmals noch so fröhlich und wagemutig gewesen war und eine Zeit lang gut funktioniert hatte –, wäre ich wohl niemals imstande, stattdessen den Boden für Neues zu bereiten.

Vielleicht war einer der Gründe, warum ich in der Natur immer wieder Trost fand und mich zu Dingen hingezogen fühlte, die Mauerwerk und Pflastersteinen zum Trotz wuchsen, dass mir nie vor Augen stand, worauf all das hinauslaufen würde: diese uralte Sache, die alle Zeit überdauert hatte, die nur von Licht, Erde und Mineralien umhüllt war; die von ganz allein passierte, während wir mit anderen, mehr oder weniger komplizierten Dingen beschäftigt waren.

Eine der schwierigsten Lektionen, die ich bei meiner Beschäftigung mit Pflanzen hatte lernen müssen, war, dass sie alles in ihrem ureigenen Tempo tun. Ein Same, der schnell keimt, mag trotzdem erst in der doppelten Anzahl von Wochen aufblühen, die auf der Packung angegeben war. Licht, Wärme, Feuchtigkeit und Erdbeschaffenheit tun sich in einer stillen Verschwörung zusammen, die darüber entscheidet, wann Pflanzen die nächsten Schritte tun. Einige trotzen dem Frost, werden dann aber von der Blattlaus dahingerafft. Andere warten bis zum Ende der Sommerzeit, um aufzublühen. Eine Hyazinthe, die zu viel Wasser abbekommt und im Dunkeln vergessen wird, wird ein Jahr später trotzdem Blüten von reinstem Weiß hervorbringen. Es sind diese kleinen Geheimnisse, die Gärtner bei der Stange halten: Auch wenn wir wissen, dass eine Blumenzwiebel austreiben und der Trieb früher oder später aufblühen wird, gibt es immer noch zig kleine Hürden, die es zu überwinden gilt. Jede davon stellt eine Herausforderung dar, die bewältigt werden muss – aber auch Freude, die im nächsten Jahr aufrechterhalten werden will. Manchmal sind es die kleinsten Dinge, die die tollsten Ergebnisse liefern. Eine Reihe kleinster Schritte, wie etwa, dass ich vor Wochen in den Schrebergärten die Kriech-Quecke aus dem winterlichen Lehmboden gerissen hatte und dort nun alsbald Wildblumensamen ausgesät werden konnten. Oder dass die Bombenangriffe auf London und das Vergessenwerden der New Yorker High Line es Pflanzen eher ländlicher Herkunft überhaupt erst ermöglicht hatten, auch in der Stadt Fuß zu fassen. Dass die schiere Notwendigkeit, irgendwo ein Dach über dem Kopf zu haben, einige Jahrzehnte später in den Stadtdschungel vom Bonnington Square gemündet hatte. Nicht immer muss die Vergangenheit komplett untergepflügt, sie darf auch gewürdigt und aufgepäppelt werden. Anzuerkennen, was früher war, kann auch eine Chance für gewisse Dinge sein, gerade lange genug zu verweilen, um zu wurzeln und zu wachsen.

So hatte es auch mit der Guerilla-Gärtnerei angefangen. Menschen machen das schon seit Jahrhunderten, auch wenn die erste offizielle Erwähnung aus dem Jahr 1649 stammt: Damals hatte der Umstand, dass auf Gemeindeland nichts Essbares angebaut werden durfte, einen hungrigen Stoffhändler namens Gerrard Winstanley so wütend gemacht, dass er eine Gruppe von Leuten zusammentrommelte, Männer und Frauen, die als Diggers bekannt wurden. Er verfasste eine Streitschrift, in der er anprangerte, dass »auf Land, auf dem man wunderbar Getreide anbauen könnte, nichts weiter als Heidekraut wächst«. Binnen einer Woche räumten er und seine Diggers in St George's Hill in Surrey ganze Schneisen frei, um dort Pastinaken, Karotten, Bohnen und Gerste anzubauen.

In New York verfügte etwa zur selben Zeit so gut wie jedes Haus über einen Garten und sogar Weideland für Vieh. Die Stadt steckte noch in den Kinderschuhen, und ihre Bewohner konnten überall Dinge anbauen, um sich selbst zu versorgen. Doch bis 1973 waren Manhattan und Brooklyn zu drogenvernebelten Hochburgen der Kriminalität geworden und verfielen zusehends. Liz Christy, eine Ölmalerin mit messerscharf gezeichneten Wangenknochen und einer Ausbildung an der Columbia, sah indes, wie aus den Müllbergen an ihrer Straße, der Lower East Side in Manhattan, Tomatenpflanzen sprossen; sie ahnte, dass somit bestimmt auch noch andere Dinge gepflanzt werden könnten. Es war Christy, die den Begriff des *guerilla gardening* prägte. Gemeinsam mit ein paar Freunden verteilte sie Samen auf den freien Grundstücken in der Nähe ihres Hauses und bepflanzte den Boden unter den Bäumen des Viertels. Die Gruppe bewaffnete sich mit »Saatgutbomben« – natürlichen Granaten aus Gartenerde, Sämereien und Wasser –, warfen sie über Zäune und in brachliegende Parzellen, um dort inmitten des Schutts Blumen zu säen.

Aus Christys Nachbarschafts-Trümmerhaufen wurde mit der Zeit die Bowery-Houston Community Farm and Garden – das erste Schrebergarten-Park-Ensemble seiner Art mitten in New York City. Noch ehe dort irgendetwas ordentlich wachsen konnte, hatten sie und ihre »Green Guerillas« (auch über den Namen »Radical Rhizomes« hatten sie nachgedacht, was aber nicht annähernd so eingängig gewesen wäre) ein komplettes Jahr damit verbracht, Müll abzutragen, bis mithilfe von Erde, Pferdemist vom benachbarten Polizeirevier und Spenden von diversen Gartengeschäften das erste Grün entstehen konnte.

Christy starb schon in jungen Jahren: 1985 erlag sie im Alter von nur neununddreißig einem Krebsleiden. Zu diesem Zeitpunkt waren die Saatgutbomben, die sie einst geworfen hatte, zu einer urbanen Gartenrevolution explodiert. Christy hatte die Kunde von der Schrebergärtnerei über ihr Radioprogramm »Grow Your Own« verbreitet und wurde die erste Direktorin des städtischen Open-Space-Greening-Programms. Durch Christys Tipps und Einsichten blühten alles in allem 700 Schrebergärten in New York City auf. Zwei Jahrzehnte nach ihrem Tod erfährt ihr Garten (der

337

heute als Liz Christy Garden bekannt ist) die gleiche offizielle Anerkennung wie beispielsweise der Central Park. Entlang des turbulenten grauen Bowery-Areals beschert er seinen Besuchern einen gelassenen Rückzugsort; nur ein paar blaue Plastikstühle zwischen Bambusgestrüpp zeugen noch von seinem Ursprung als Müllkippe.

•

Matt schrieb in aller Regel, während ich noch schlief, und wenn ich aufwachte, fand ich Farbexplosionen und Fotos exotischer Pflanzen vor, Schnappschüsse von kitschig bunten Studentenblumen und grell gefleckten Krotonen. Die Vorstellung, dass er dort auf seinem großen Abenteuer war, Pflanzen entdeckte und dabei an mich dachte, war wirklich charmant. Aber ich betrachtete die vorübergehende Distanz auch ein bisschen als wissenschaftliches Experiment – als Kombination aus Physik und Chemie, die mir im Ergebnis hoffentlich sagen würde, was in meinem Leben fehlte, wenn diese neue Vertrautheit mit ihm wegfiele.

Seit dem vergangenen Sommer hatte ich mich zusehends darauf verlegt, auf verschiedenste Hilfskonstrukte zurückzugreifen, um meine wohl größte Angst abzuwehren: die Einsamkeit. Freundinnen, Kurzzeit-Liebeleien, flüchtige neue Bekanntschaften und alte, einst verlorene, an die ich mich gleichermaßen begierig klammerte. Meine Familie. Interims-Mitbewohner. Und dann natürlich Matt. All diese Leute hatten mir das Gefühl gegeben, geliebt zu werden, wertvoll zu sein, und mich in die Lage versetzt herauszufinden, wie ich wieder funktionieren konnte. Ich hatte mich mit ihnen beschäftigt, um mich nicht der Leere stellen zu müssen, die Josh hinterlassen hatte. Und obwohl ich in den letzten Monaten immer besser allein klargekommen war, hatte es trotzdem nicht viele Situationen gegeben, in denen ich wirklich auf mich alleine gestellt gewesen war.

Doch jetzt war ich es. Sonntagabends. Morgens unter der Woche. Diese endlosen freien Stunden, in denen man sich sonst an die Gewohnheiten einer anderen Person anpasst. Seit ich mich mit der Aussicht arrangiert hatte, die Wohnung irgendwann im Laufe des Jahres verlassen zu müssen, hatte ich angefangen, ernsthaft darüber nachzudenken, alleine zu wohnen, mein eigenes, alleiniges Dach über dem Kopf zu haben. Obwohl mir klar war, dass ich ziemlich sicher irgendwo außerhalb der City landen würde, wo es kleiner wäre und viel weniger schön, begann ich, die Vorstellung von einer eigenen Wohnung zusehends als willkommenen Schritt zu begreifen. Jetzt, da Matt weg war, erprobte ich mich darin und erinnerte mich daran, wie dankbar ich sein sollte, dass ich auch mal alleine sein konnte. Es war die Erwachsenenversion all der spontanen Radtouren, die ich Jahre zuvor unternommen hatte. Jetzt eroberte ich diese merkwürdig neue Vorstellung von Heimat für mich und versuchte, etwas Wilderes, Größeres, als ich es selbst war, in seine Schranken zu verweisen und unter Kontrolle zu bringen. Etwas, was das Potenzial hatte, mich zu verschlingen, wenn ich ihm nicht die Stirn bot und zeigte, aus welchem Holz ich geschnitzt war. Ich versuchte, mich in den dunklen, stillen Nächten nicht unterkriegen zu lassen, sondern sie willkommen zu heißen, und wenn es nur durch einen sprachlichen Akt war. Indem ich die Tiefe des Alleinseins anerkannte und zugleich quasi blind darin herumstocherte, konnte ich vielleicht ihre Grenzen ertasten.

Eine Woche nach Matts Abreise schlug das Februarwetter aufs Schauerlichste um. Fünf Tage lang wütete Sturmtief

Doris durchs Land. In der Stadt sind wir oft zu eingebaut, zu eingezwängt in unseren Betonburgen, um das volle Ausmaß eines solchen Unwetters zu spüren zu kriegen. Wir sehen die meterhohen Wellen und die umgestürzten Bäume bloß auf Fotos. Die Züge im Speckgürtel fahren nicht mehr, während wir uns in der Stadt in Innenräume zurückziehen und in die Tiefen der U-Bahn ausweichen. Unser Leben geht trotzdem weiter. Nicht so bei Sturmtief Doris: Der Himmel nahm eine seltsame, unheilvolle Farbe zwischen Zinngrau und Pink an; kaum greifbare, blasse und doch flauschige Wolken wurden von den Sturmböen vor sich her gepeitscht. Ich kam nach Hause und stellte fest, dass die Balkontür und das Schlafzimmerfenster in den Scharnieren hingen, so sehr hatte der Wind dagegengepresst. Eine aggressive Frische strömte durch den Flur, der durch die gesamte Wohnung verlief; die Böen waren hereingefegt, hatten Türen geknallt und die Schranken zwischen draußen und drinnen beiseitegerückt. Keine Ahnung, ob ich die Riegel nicht richtig zugeschoben hatte oder ob es die Windstärke allein gewesen war, aber die Witterung hatte sich selbst hier drinnen bemerkbar gemacht: Hier war etwas Unkontrollierbares hindurchgerast. Angesichts dessen musste der Mensch einen Schritt zurückweichen, dem Ganzen tatenlos zusehen und das bisschen Kontrolle, die wir zu haben glauben, komplett aus der Hand geben.

Unwillkürlich fühlte ich mich an die allererste Nacht in dieser Wohnung erinnert: Auch die war stürmisch gewesen. Der Dauerregen war irgendwann in pfeifenden Wind übergegangen. Ich hatte auf der Matratze gelegen, die wir mangels Mobiliar auf den blanken Boden gelegt hatten, und war zutiefst besorgt gewesen, als der Wind gegen die Metallsprossenfenster gedrückt und es durch die Ritzen gezogen hatte, dass es die Vorhänge, die noch Wochen auf sich warten lassen sollten, ziemlich sicher angehoben hätte. Ich beschwor die seltsamen Geräusche, das leise Jammern und das metallische Hämmern, endlich zu verstummen und aufzuhören, doch der Wind drückte sich selbst unter der Zimmertür durch, dort, wo wir mit den Köpfen lagen, und ich fühlte mich im wahrsten Sinne durch den Wind – das hier war jetzt unsere Verantwortung! Die Geräusche waren einfach nur entmutigend. Ich machte mir Sorgen, dass dieses neue, erwachsene Ding, diese teure Wohnung, für die wir uns entschieden hatten, von den heftigen Böen zerschmettert würde. Ich wollte ihnen Einhalt gebieten, sie aus der Gleichung herausnehmen – das hier war nie Teil des Plans gewesen.

Doch auch die Lage, in der ich jetzt steckte, war nie Teil des Plans gewesen. Als ich alleine dort lag, hörte ich genau hin. Die scheppernden Fenster störten mich nicht mehr. Einige Monate zuvor hatte ich die klapprigsten mit Schaumstoffband abgedichtet, und ich wusste natürlich, was passieren würde: Die Böen würden weiter daran reißen – sie kamen mit gut siebzig Stundenkilometern, weniger als die Hälfte dessen, was den Rest des Landes in Atem hielt –, doch das Glas würde halten. Und selbst wenn nicht, würde ich das Problem beheben. Ich drückte die Balkontür gegen den Wind zu und hörte, wie der trockene Bambus eingeklemmt wurde und knisterte wie Luftschlangen, die man an einen Ventilator geklebt hatte. Trotzdem hatte ich keine Angst mehr. Die Wohnung war nicht mehr wertvoll auf dieselbe Weise wie früher; wir hatten die Zukunft auf dem Gewissen, die sie uns einst versprochen hatte.

Und das galt für mehr als nur für die Infrastruktur – doch jetzt, da ich es anerkennen konnte, war es schon in Ordnung:

dass auch große Pläne in sich zusammenfielen, einknickten, sich veränderten. Dass gewisse Dinge einfach nicht mehr funktionierten. Nachdem ich mich wochenlang so kopflos und erbärmlich gefühlt hatte, konnte ich jetzt, wo die kalte Luft mir ins Gesicht schlug, meinen Status quo erstmals ganz klar und ruhig akzeptieren. Nicht dass ich gewusst hätte, was vor mir lag – ich hatte nach wie vor weder eine Ahnung, wo ich leben würde, noch davon, wie ich es mir würde leisten können oder wann es wohl so weit wäre. Aber mir war klar, dass es sinnlos wäre, sich um den Wind Gedanken zu machen oder um all die Millionen anderer Dinge, die ich ohnehin nicht ändern oder gar kontrollieren konnte. Zum Heulen des Windes und dem Klappern der Fenster schlief ich ein. Ich hatte mich selbst durchgelüftet – sollte es doch draußen genauso geschehen.

Natürlich wusste ich, dass die Pflanzen draußen mächtig durchgeschüttelt würden. Der Sonnenaufgang war schnörkellos, satt königsblau und mit den Lichtern einer Stadt durchsetzt, die reingewaschen worden war. Die überwinternden Geranien, die zu trocken gewesen waren, um von nasser Erde beschwert zu werden, hatten als Erste kapituliert: Wurzelballen und Erde waren an einem Ende des Balkons in Klumpen liegen geblieben; die Plastiktöpfe lagen am anderen Ende zerknickt hinter anderen Pflanzgefäßen. Es sah dramatischer aus, als es war; man musste sie einfach mit ein wenig Wasser und einem aufmunternden Klaps zurück in die Töpfe stecken, und sie würden noch eine weitere Saison überleben. Die Purpurglöckchen indes waren verwüstet worden. Der Aufruhr aus kastanienbraunen bis pfirsichfarbenen Blütenblättern, die während der langsamen Sonnenuntergänge im Winter ein bisschen Farbe geliefert hatten, war vom Sturm gerupft und skalpiert worden.

Stumm schalt ich mich dafür, dass ich den Kasten nicht einfach auf den Balkonboden gestellt hatte, um sie davor zu bewahren, derart gewaltsam geköpft zu werden. Aber letztlich waren die Verluste gering; ich hatte kein Gewächshaus, das durch die Luft gesegelt oder zersplittert war; ich hatte keine Ackerbohnensetzlinge in fein säuberlich gehegte Beete gepflanzt, um jetzt alles ausgeweidet zu sehen. Doch selbst jene beraubten Gärtner wussten inmitten der Zerstörung Positives zu vermelden – das neu entblößte Land, sagten sie, erspare ihnen mehrere Stunden des Jätens. Man habe diesen oder jenen Folientunnel ohnehin ersetzen wollen. Diese erfahreneren Gärtner hörten auf die Natur, wussten genau, wer das Sagen hatte, und überlegten einfach kurzerhand, was sie als Nächstes tun würden. Sie machten das Beste aus dem, was der Sturm hinterlassen hatte.

Meine Hyazinthen waren abgeknickt oder ganz ausgerissen worden, aber immerhin war es ihnen gelungen, auf dem Balkon zu bleiben. Ich trennte die letzten grünen Stängel ab, die sich noch ans Leben klammerten, und nahm die Blüten mit hinein, stellte sie in ein Marmeladenglas und dieses ins Schlafzimmerfenster. Die Blüten, dunkel wie Öl in einer Pfütze, erlangten im klaren Nachmittagslicht, das folgte, einen neuen Glanz. Tags darauf wachte ich zu ihrem Anblick und ihrem Geruch wieder auf und freute mich ebenso sehr über die Tatsache, dass sie den Sturm überstanden hatten, wie darüber, dass ich es war, die sie gerettet hatte.

März

Meine Keimlinge auf der Fensterbank rangelten miteinander um Platz. Es war der perfekte Ort zum Sprießen: viel Licht durch die großen, eisengerahmten Fenster, Wärme vom Heizkörper darunter. Das Fensterbrett bestand aus roten Tonfliesen, sodass ich mir auch keine Gedanken um feuchte Erde machen musste, die einen Holzuntergrund aufquellen lassen oder Malerfarbe beschädigen könnte. Am besten aber war, dass ich den Pflanzen beim Wachsen zusehen konnte. Der Tisch stand entlang dieses Fensters vor der Balkontür, und dort frühstückte ich im endlich wieder helleren Morgenlicht oder schrieb an den Abenden und konnte gleichzeitig im Blick behalten, welche Fortschritte meine Babypflänzchen machten: von der ersten Spitze eines grünen Sprosses, der aus dem Samen in der Erde getrieben war und sich jetzt nach oben streckte, bis hin zu den ersten Blättchen. Mit jedem neuen Tag entwickelten sie mehr Kraft und Stabilität, und die Stängel wurden stabiler. Nach einem sonnigen Tag heimzukommen bedeutete, sie dabei zu ertappen, wie sie sich in Richtung Fenster lehnten, also drehte ich die Pflanztabletts, Töpfchen und Pappbecher immer wieder herum (ich hatte meinen Vorrat an Plastikpflanztöpfen verbraucht, die sich sonst immer in sämtlichen Ecken des Balkons gestapelt hatten), damit die Sprösslinge sich tags darauf in die Gegenrichtung streckten. Ich hoffte, sie auf diese Weise dazu zu bringen, am Ende schön gerade nach oben zu wachsen.

Die Samen hatte ich in den Wochen zuvor ausgesät. Was den Zeitpunkt des Aussäens angeht, gibt es eine unerklärlich panische Konkurrenz zwischen Gärtnern: Die Eifrigen setzen ihre Duftwicken bereits im November in Anzuchterde (nachdem sie die Samen wahrscheinlich erst ein paar Tage lang in feuchtem Küchenpapier in einer Tupperdose haben vorkeimen lassen). Andere setzen sie ohne viel Aufhebens im Mai direkt raus in den Garten. Es gibt diejenigen, die mit der Aussaat schon loslegen, wenn die Tage noch kurz und dunkel sind, und genauso viele, die dagegenhalten, dass die kleinen, lichtunterversorgten Schwächlinge, die daraufhin keimen, der ganzen Mühe nicht wert seien, wenn man doch genauso gut zwei Monate später säen könne und die daraus entstehenden Keimlinge im Handumdrehen aufgeholt hätten. Dann wiederum gibt es diejenigen, die den ganzen Vorbereitungsprozess komplett überspringen und einfach im Juni hübsche, gesunde, fertige Setzlinge pflanzen. Die meisten entscheiden sich für eine Kombination aus diesen Strategien.

Nun war ich im Januar zappelig gewesen, und abgesehen davon, dass man sich an seinen Pflanzen erfreut, ist der Grund für eine Aussaat im tiefsten Winter, dass sie genau die Art Beschäftigung darstellt, die einem noch bleibt, sobald man das Durchforsten der Saatgutkataloge hinter sich hat. Tomaten und Chilischoten beispielsweise, genau wie andere zimmertaugliche Gewächse, kann man wunderbar schon zum Jahresanfang angehen. Und genau die hatten sich bei mir – zusammen mit ein paar Duftwicken – zu einem kleinen Dschungel aus Babypflanzen entwickelt, die ein merkliches Wachstum an den Tag legten, das ich bei jedem Frühstück neu in Augenschein nehmen durfte.

Ich stibitzte eine Obstkiste vom Laden an der Ecke und reihte die Pflänzchen vorsichtig darin auf. Die feuchten Unterseiten verdunkelten die Pappe, während über die gewellte Oberkante grüne Sprosse spitzten. Die Keimlinge würden für zwei Wochen zu meinem Nachbarn eine Etage tiefer wandern, weil ich die Wohnung erneut verlassen musste und unserem Untermieter die Pflege nicht zutraute.

Diesmal bezog ich kein anderes Haus oder Gästebett. Ich fuhr in Urlaub: zwei Wochen in Japans Hinterland. Ein ambitioniertes Vorhaben – und keines, das ich in der Rückschau noch einmal unternehmen wollte. In den vergangenen Jahren hatte ich sparsam gelebt, um mir mit Josh wiederholt Japanbesuche leisten zu können; er liebte Japan für seine Eigenarten und die Kultur, und ich war ihm stets eine willige Reisebegleiterin gewesen. Mit der Zeit hatte ich eine Begeisterung für die dortige Vegetation entwickelt, wie sie sich in die penibel durchorganisierte, menschengemachte Infrastruktur einpasste, und das erleichterte es mir, mich von Joshs Euphorie anstecken zu lassen. Doch selbst für ein so faszinierendes, vielseitiges Land fühlte sich ein dritter Urlaub irgendwie unnötig an. Wir Millennials besuchen normalerweise ein Reiseziel für eine gewisse Zeit und betrachten es damit als erledigt, als abgehakt. Unsere Freunde hatten nie begriffen, warum wir schon wieder nach Japan flogen, und als wir vor zig Monaten Flüge gebucht hatten, hatte ich es ehrlich gesagt auch nicht verstanden. Ich hatte mit meinen kleinen englischen Füßen noch nie lateinamerikanischen oder afrikanischen Boden betreten; ich reise gern und viel, aber es kostete auch eine Menge Geld, und die Welt zu erkunden ist nun mal eine von vielen Sachen, die von uns Millennials erwartet werden. Trotzdem hatten wir nun also erneut Flüge nach Tokio; vielleicht war es der Versuch gewesen, irgendetwas zu kitten – uns etwas vorzunehmen, worauf wir gemeinsam hinfiebern konnten. Doch dieser Steigbügel hatte seinen Zweck nicht erfüllt, weil die Reise mit einer Fantasiezukunft verbunden gewesen war, die sich in Wohlgefallen aufgelöst hatte. Weil ich meinen Flug nicht verfallen lassen wollte, machte ich mich kurzerhand allein auf den Weg.

Bei der Aussicht war mir angst und bange. Auf dem Papier ist das Alleine-Reisen eins dieser Ziele, die einem als Ausdruck der ultimativen Freiheit des Millennials verkauft werden. Eine Auszeit von Kollegen und Familie, um wieder zu sich selbst zu finden, neue Leute kennenzulernen und die »authentischen« Erfahrungen zu machen, die jenseits der Beschränkungen unserer Komfortzonen liegen; das Ganze illustriert von Fotos sommersprossiger Freigeister mit Rucksack und entspanntem Gesichtsausdruck. Nichts davon überzeugte mich, und bereits bei der Vorstellung, die kommenden zwei Wochen nur mit meinen eigenen Gedanken alleine zu sein, wurde mir ganz anders. Ich konnte mich nicht mal mehr daran erinnern, wann ich zuletzt einen kompletten Tag mit mir alleine gewesen war – von vierzehn Tagen ganz zu schweigen. Ich legte also den Planungsturbo ein, kontaktierte Freunde, die alleine gereist waren, um Tipps einzuholen (in den Gemeinschaftsräumen von Hostels herumhängen, Kochkurse vor Ort buchen – was für mich beides noch unattraktiver klang als das Alleine-Reisen an sich), und versuchte, lange verschollene Freundinnen zu reaktivieren, die zur selben Zeit in der Gegend wären, und mich mit ihnen zu verabreden. Ich buchte mit einiger Mühe abgelegene Pensionen und plante minutiös jeden

Schritt, um meinen Bammel in schriftlicher Ordnung zu ersticken. Unterdessen tat ich gegenüber Freunden und meiner Familie so, als wollte ich gar nichts lieber tun als loszureisen, als könnte ich es überhaupt nicht erwarten, aus London wegzukommen. Die Abreise näherte sich mit eindeutigem Schrecken.

Der Direktflug von Heathrow zum Narita Airport dauert rund dreizehn Stunden, und der Platz neben mir, der für den groß gewachsenen Josh vorgesehen gewesen war, blieb leer. Ich schlief die meiste Zeit, dämmerte mit unverhofft viel Bewegungsfreiraum vor mich hin. Als ich wieder aufwachte, zog ich den Reiseplan hervor, den ich mir zurechtgelegt und ausgedruckt hatte, studierte ihn wie eine heilige Schrift wieder und immer wieder und stellte mir die Bahnhöfe vor, in die ich einfahren würde.

Als wir uns Narita näherten, stieg die Anspannung. Ich sah aus dem Fenster, und beim Anblick der Berge jenseits des Flugzeugflügels entfleuchte mir ein »Wow!«, das an niemand Bestimmten gerichtet war. Dann kamen zusehends bewohnte Landstriche in Sicht, flachere graubraune Felder, die sich endlos auszubreiten schienen; das eine oder andere gedeckte Dach, die Krone eines laublosen Baumes. Ich spürte, wie die Aufregung durch meine Adern flirrte und es sich eher besser denn schlecht anfühlte, und umklammerte vorfreudig die Armlehnen. Endlich fiel mir auch wieder ein, warum ich überhaupt hier war: nicht weil es praktisch gewesen war und ich den Flug nicht hatte verfallen lassen wollen – sondern weil neue Orte mich beflügelten. Weil ich das Leben auf der anderen Seite der Welt in allen Einzelheiten erkunden wollte. Und genau dafür hatte ich jetzt zwei Wochen Zeit.

Indem ich London, die Greenwich Mean Time und all

die damit verbundenen Pendel- und Büro- und Schlafenszeiten hinter mir gelassen hatte, war ich hier nur noch mir selbst verpflichtet. Ich hatte mich seit geraumer Zeit nach mehr Freizeit gesehnt – die ich mit Josh hatte verbringen wollen; dann, an den ersten kurzatmigen Wochenenden nach der Trennung – raus aus der Wohnung und rein in mehr Freizeit: Ich fühlte mich wieder halbwegs okay, konnte gärtnern oder einfach nur rumtrödeln. Ich hatte die Lücke, die meine gescheiterte Beziehung gerissen hatte, mit Aktivität überfüllt: mit Projekten und Büchern, mit Freundschaften und Pflanzen. Ich war extrem gut darin geworden, effizient zu sein, erst aus reinem Selbsterhaltungstrieb, dann aus Gewohnheit. Und wenn ich mal keinen Grund hatte, aktiv zu sein, oder es nicht hatte sein können – weil ein Abend im Kalender leer geblieben war, weil sich irgendwo eine Pause ergab –, machte mir das Angst. Mit dem ständigen Zwang, noch mehr zu tun, noch mehr zu haben und mehr zu sein, hatte ich mich selbst der Fähigkeit beraubt, mich zu entspannen; jede untätige Stunde fühlte sich wie eine Verschwendung an. Immerhin gab es doch immer noch eine weitere Netflix-Serie, mit der man sich besser vertraut machen sollte, irgendeinen zeitgeistigen Artikel oder ein neues Album, das man sich anhören konnte.

Ich startete meine Reise in Kanazawa, einer Stadt etwa auf halber Höhe der Nordküste Honshus. Jetzt konnte ich mich auf keine meiner etablierten Hilfskonstruktionen mehr verlassen, um »Ruhezeiten« aus dem Weg zu gehen – diesen unwillkommenen Plötzlich-alleine-Zeiten. Hier hatte ich keine Freunde, war nicht in der Redaktion, war zeitversetzt zu all den Leuten, mit denen ich mir in den sozialen Netzwerken schrieb, und ich war von meinen Pflanzen getrennt. Hier sollte ich also nur *sein*. Ich hatte vier Taschenbücher im

Gepäck und die vage Absicht zu schreiben. Ich mochte im Vorfeld große Reden geschwungen haben, wie ich hier entschleunigen wollte, hatte allerdings nicht die leiseste Ahnung, wie ich es anstellen sollte. Also entschleunigte ich nicht.

Nachdem ich direkt nach der Landung den Shinkansen nach Kanazawa genommen hatte, war ich dort erst mal unter die Dusche gehüpft, nur um sofort wieder hinauszugehen und die abendlichen Straßen entlangzuschlendern. Ich stieg die Außentreppe eines Wohnblocks hinauf, um einen Blick auf die glitzernden Lichter der Stadt zu werfen, die Überreste des Sonnenuntergangs in Gestalt schwacher Linien am Himmel zu sehen, und stolperte dann hungrig durch einen der Parks, für den die Stadt bekannt ist: Gyokusen-en, der hell erleuchtet und kitschig war wie Weihnachtsbaumschmuck. Die Japaner besuchen Kanazawa um der Parks willen, und ich fuhr sogar mit dem Fahrrad dort herum, stellte aber schon bald fest, dass es spannender war, den anderen Besuchern zuzusehen – die mit Selfiesticks und in ausgefallenen Outfits umherwanderten –, als die Gartenanlagen selbst zu besichtigen. In der japanischen Gartenarchitektur dreht sich alles um Kontrolle und Konzentration. In einem Land, in dem die Natur ihre Macht durch Erdbeben und Tsunamis unter Beweis stellt, bedeutet Gärtnern zugleich das Streben nach Perfektion. Ich beobachtete kleine Kohorten aus Frauen, die auf den Moosteppichen kauerten und sie von Hand pflegten, und fragte mich, was mir gerade entging; es fühlte sich alles so statisch an. Ich hatte Mühe, dort richtig einzutauchen. Später fuhr ich mit dem Fahrrad über die kopfsteingepflasterten Spazierwege am Fluss (in Japan ist Radfahren auf Gehwegen weit weniger illegal als in England) und steuerte die Hügel jenseits der holzvertäfelten Altstadt an. Hier war es ein bisschen ungezähmter, heimeliger. Mit dem schweren Fahrrad kam ich auf den steilen, schmalen Pfaden nicht eben gut voran, also stellte ich es an einem Laternenpfahl ab und ging zu Fuß weiter. Ich strich an verirrten Bambusblättern entlang, wanderte ziellos herum, wurde leicht kurzatmig, als es bergauf ging. Es war kühl, das Jahr noch jung, und die meisten Bäume waren noch immer kahl. Trotzdem gab es einiges zu entdecken – unter anderem einen alten Mann, der auf seinem Gewächshaus hockte und irgendetwas reparierte. Unter ihm pressten sich Pflanzen gegen die Scheiben – eine Glaskiste aus Nebel und Vegetation.

Tags darauf wachte ich mit einem vagen Triumphgefühl auf. Vor mir lag ein Ausflug ins Hinterland zur Berggruppe Kōya-san, die sich nun wie etwas anfühlte, was leicht zu erobern war, und nicht mehr wie die widersinnig anmutende Fiktion, als die mir diese Unternehmung noch in der Woche zuvor erschienen war. Der Zug von Kanazawa nach Osaka, das an der gleichnamigen Bucht an der Südküste der Insel Honshu liegt, kam einem knapp dreistündigen Gleiten durch eine Weite gleich, die von Flüssen und Bergen durchzogen war. Aus dem industrialisierten Osaka fuhr der Nankai Express stetig bergauf. Die Häuser entlang der Strecke wurden kleiner, die Dächer steiler und mit Schindeln gedeckt, und nach jedem neuerlichen Tunnel eröffnete sich mir umso mehr pittoreske Szenerie. Einsame Bahnhofswärter mit Schulterklappen und Mützen winkten mit weißen Handschuhen, während wir die kleinen hölzernen Bahnhöfe passierten; alte Leute, die in ihren Gärten und Gewächshäusern zugange waren, blickten auf, wenn der Zug vorüberfuhr, als wäre er eine Seltenheit und käme nicht mehrmals am Tag dort vorbei. Sobald wir in den Wald eingetaucht waren, schleppte uns eine Seilbahn Hänge mit schneebepudertem Bambus und geduckten Zedern hinauf. Beim Ausstieg schlug mir kalte Luft entgegen, ich stieg in den Anschlussbus um und folgte zu guter Letzt einer handgezeichneten Karte, die ich per E-Mail bekommen hatte, einen Weg entlang bis zum Kongō Sanmai-in, dem Tempel, in dem ich die kommenden zwei Nächte bleiben würde.

Am Vorabend hatten die Mönche mir geschrieben, dass sie mir dort kein Abendessen vorsetzen könnten. *»There is no material«*, hatte es in der kurzen Nachricht geheißen. Allerdings war ein Café geöffnet, dort aß ich zu Abend und starrte in den Abgrund aus Zeit hinab, der nun vor mir lag. Es war gerade erst fünf – doch in der Nebensaison durfte man den Kōya-san ab dieser Uhrzeit nicht mehr betreten. Dies hier war weniger ein Dorf denn eine religiöse Siedlung, in der auf einer Ebene zwischen acht Gipfeln der Kii-Berge über Jahrhunderte rund 120 Tempel errichtet worden waren. Im Sommer, wenn es hier warm ist, lockt dieses Areal Tausende Touristen an. Es war jedoch gerade erst Anfang März, und die wenigen Paar Schuhe, die am Eingang zu meiner Unterkunft standen, legten den Schluss nahe, dass derzeit bloß eine Handvoll Besucher da waren.

In dem Minilädchen nebenan kaufte ich mir einen Süßigkeiten-Proviant für den Fall, dass ich später noch Hunger bekäme – Frühstück würde es erst nach dem Morgengebet geben –, und spazierte dann westwärts dem verblassenden Licht entgegen und an ein paar imposanten Tempeln vorbei, die nichtsdestoweniger ätherisch anmutend zwischen den haushohen Zedern emporragten. Sie waren groß genug, um fast schon an sich göttlich zu wirken, und im Vergleich dazu wirkte ein Mann, der in seinem braunen Kittel im Zwielicht kaum erkennbar auf den Stufen kauerte und betete, wie ein Zwerg.

In der Dämmerung verwischten das Graubraun des Waldes und der Tempel und bildeten die Kulisse für blütenweiße Omikuji – zarte Papierstreifen, auf denen Weissagungen standen und die an Bäume und eigens errichtete Holzrahmen mit Metalldrähten geknotet waren. Es ging kein Lüftchen, und die Aberhundert winzigen Streifen regten sich nicht. Ich selbst habe nie ein Omikuji aufgehängt, aber sie sind in ganz Japan ein gängiger Anblick, hauptsächlich vor buddhistischen Tempeln und Shintō-Schreinen. Man ersteht sie an Buden in der Nähe oder lässt mitunter auch nur Geld in einer Kassette, und das Zettelchen, das man willkürlich auswählt, enthält entweder einen Segen oder einen Fluch und irgendeine Weissagung – vom Heiratsantrag bis hin zur Erkrankung. Die Zettel decken sämtliche Lebensbereiche ab: von nüchternen Spekulationen auf den Finanzmärkten und Unternehmenstransaktionen bis hin zu Gedichten über Menschen, nach denen man sich sehnt oder auf die man hofft. Sich ein Omikuji zu nehmen, bedeutet, sich für einen kurzen Augenblick dem Schicksal zu unterwerfen. Die Tradition besagt, dass das Glück durch das Anbringen des Omikuji an einem Baum in der Nähe kanalisiert werden kann, der die kleine papierne Prophezeiung entweder verkörpert oder ins Gegenteil verkehrt. Gute Sprüche werden an *matsu* (Kiefern) gepinnt; schlechte an *sugi* (Zedern). Beide Vokabeln haben auch noch eine jeweils zweite Bedeutung: *Matsu* kann auch »verweilen« heißen, *sugi* »vorbeigehen«. Insofern darf das Glück gerne verweilen, während das Pech vergehen darf. Am Ende gehen all die Schicksale in Rauch auf – denn in den Tempeln oder Schreinen werden die Sprüche während des Gebets verbrannt, auf dass die auf Papier gebannten Aussichten gereinigt werden.

Auch ohne die volle Bedeutung der Omikuji zu verstehen – und für viele handelt es sich hierbei um spielerischen Aberglauben, der ebenso wenig ernst genommen wird wie ein Glückskeksspruch oder ein Horoskop –, fand ich ihren Anblick an den Zweigen eines Baumes immer schön. Oft sind es die zarteren, niedrigen Äste, die die Last tragen müssen – diese flatternden Papierchen, die zuvor jemand gelesen hatte, die mit dem Leben anderer Menschen in Verbindung standen und in die Natur eingebunden wurden, um Zeugnis abzulegen und um Zusammenhalt zu stiften. Verweilen oder vergehen, Kiefer oder Zeder – das Vertrauen auf eine Natur, die hilft, das eigene Schicksal zu gestalten, bleibt das gleiche. Hier, umgeben von diesen gigantischen Bäumen, steckten in diesen kleinen Schicksalssprüchen Überlegungen zu zahllosen Leben.

Trotzdem jagte ich dem Sonnenuntergang nach: durch das riesige, verwaiste orangefarbene Daimon-Tor an der Dorfgrenze und darüber hinaus über wacklige Stufen, die von kleineren und blasser orangefarbenen Bogen flankiert waren, bis meine Turnschuhe auf weiches Moos und Farngebüsch trafen, das vom getauten Schnee durchnässt war. Vor mir ein pfirsichfarbener Sonnenuntergang, der sich in Blau auflöste. Irgendwie fühlte sich diese stumme Betrachtung seltsam neutral an; ich konnte dem Ganzen kein Gefühl entnehmen, konnte mich selbst nicht darin verorten. Ich wurde unruhig, lief entlang der Hauptstraße quer durch die Siedlung zurück und fühlte mich von der Einsamkeit all dessen eher gelähmt, eher gegruselt denn friedvoll. Die Silhouetten der Kiefern und vereinzelte Telefonkabel vor dem bildschönen Himmel stimmten mich eher bedrückt – als wäre ich ein verirrter Statist in einer verlassenen Filmkulisse.

In einem Café, in dem auch Kristallwaren verkauft wurden, brannte noch Licht. Der Betreiber wachte auf, als ich eintrat und einen Tee trinken wollte, den ich – was ich sonst nie tat – mit Zucker süßte. Mit jedem Schluck suhlte ich mich in unwillkommener Einsamkeit und schambesetzter Langeweile. Was immer ich mir vorgestellt hatte, was ich in dieser von Kiefernnadeln bedeckten Tempelstadt der Stille finden würde – irgendeine verbrauchte Einsicht, die durch *Eat, Pray, Love* und derlei Erzählungen angepriesen worden war, oder die launische »Spiritualität«, die manche Leute in ihren Gap Years und exotischen Sabbaticals für sich entdeckten: Ich fand in den eingeweichten süßen Körnchen am Boden meiner Tasse nichts dergleichen. Also bezahlte ich und kehrte zurück in mein Zimmer im Tempel, wo die Matratze auf den Tatami-Matten für mich ausgerollt worden war. Die Dusche wurde im Handumdrehen kalt, und so blieb mir nichts anderes übrig, als halbnass das Labyrinth aus dunklen Korridoren zu erkunden, bevor ich hinter einer Tür, hinter der ich zunächst die Toilette vermutete, auf ein privates Onsen stieß, eine Art heiße Quelle. Ich ließ mich ins heiße Wasser gleiten und hoffte, ich würde endlich müde, damit der bevorstehende Abend umso kürzer wäre.

Besucher übernachten in den Tempeln des Kōya-san, weil es davon weitaus mehr gibt als Hotels oder Hostels. Zudem kann man dort den Mönchen bei ihren Ritualen zusehen, die kurz nach Sonnenaufgang beginnen und den ganzen Tag über fortgesetzt werden. Auch ich wollte daran teilhaben, stand um halb sieben nach einer unruhigen Nacht auf, in der ich von Wäldern geträumt hatte, legte dieselben praktischen, bequemen Klamotten an, die ich seit Beginn meiner Reise trug, nur in einer anderen Reihenfolge. Im Kongō Sanmai-in war es eisig kalt; über Nacht hatte es geschneit, und als ich die Schiebetüren öffnete, die auf ein überdachtes Treppchen zum benachbarten Tempelgarten führten, schlug es mir kalt entgegen. Ich verbrachte den Tag bei Zeremonien, sah vier Mönchen dabei zu, wie sie Rituale von einer Bedeutsamkeit ausführten, die sich mir nicht erschloss; statt dass es meditativ gewesen wäre, ertappte ich mich wiederholt dabei, wie meine Gedanken zu Rätseln wanderten, die ich niemals würde entschlüsseln können. Die Gesänge der Mönche hörten sich gleichermaßen fremdartig und vertraut an; die Schnörkel und Basstöne der vier Stimmen erinnerten vage an Dance-Tracks. Stunden später wohnte ich einer anderen Zeremonie bei, in einem anderen, größeren Tempel, in dem die Luft geschwängert war mit Räucherdüften und der bleiernen Gewichtigkeit eines sehr düsteren, sehr heiligen Ortes. Als die Gesänge einsetzten, klangen sie irgendwie purer als zuvor, und ich ließ mich davontragen, verlor jedes Zeitgefühl und wusste irgendwann nur noch, dass meine Füße in den Strümpfen auf dem Boden taub geworden waren.

Dieser Tempel stand auf dem Okunoin, einem Friedhof, der in ganz Japan für seine Größe bekannt ist – dort liegen mehr als 200 000 Menschen begraben – und der zusammen mit den anderen Tempeln zur Heiligkeit des Kōya-san beitrug. Bei meinen vorangegangenen Japanreisen hatte ich auch schon Friedhöfe besucht und sie immer faszinierend gefunden: still – selbstverständlich – und gleichzeitig von einer charmanten Vertrautheit mit den Toten erfüllt, die in England undenkbar wäre. Mir gefiel der Umstand, dass die Hobbys der Verstorbenen (in Gestalt von Büchern oder Karaoke-Mikrofonen) in die Grabmale eingemeißelt wurden, und ich mochte die Zärtlichkeit, die in Opfergaben in Form von Kaffeekannen und Süßigkeiten zum Ausdruck kam. Okunoin hatte zudem den Bonus, alt und überwuchert zu sein; die Gräber befinden sich im Waldboden. Während es dort eine eher offene Fläche für rund 300 »Firmengräber« gibt, an denen der Angestellten von Konzernen wie Nissan, Panasonic und Kirin – einem Bier- und Teeproduzenten – gedacht wird, liegt die Mehrzahl der Grabsteine unter Bäumen: Zedern, Tannen, Rotkiefern, Japanischen Hemlocktannen, Schirmtannen und Hinoki-Scheinzypressen, die für ihren berauschenden, erdigen Duft bekannt sind.

Dieser Wald war im frühen 19. Jahrhundert quasi mittelbar unter Schutz gestellt worden, als ein Verbot erlassen wurde, besagte Bäume zu einem anderen Zweck zu fällen als zum Bau von Tempeln; es ist schwer vorstellbar, dass ein derart sakrosankter Ort noch von etwas anderem zeugen sollte als lediglich von Pietät, aber der Kōya-san hat im Lauf der Zeit von Kriegen bis Bränden allerhand Zerstörungen erlebt. Nach jeder neuerlichen Katastrophe räumten die Menschen, die sich hier um der Friedlichkeit willen niedergelassen hatten, von Neuem auf und fingen wieder von vorne an. Viele der Tempel auf diesem Areal sind nicht so alt, wie sie auf den ersten Blick aussehen, sprich: Der rundherum wiederholt aufgeforstete Wald hat sie nicht nur überlebt, sondern die Forstarbeiten sind auch zu einem bestimmten Zweck geschehen: nämlich um etwas wiederauferstehen zu lassen.

Es gibt einen Spazierweg, der quer durch den Friedhof führt. Wie so oft, wenn irgendwo Bäume stehen, ist der Pfad anfangs noch klar erkennbar, verliert sich dann aber im Waldboden. Hier schien nirgends der Zutritt verboten zu sein; ich durfte allem Anschein nach überall hinwandern, solange ich nur leise war und achtsam und dem Ort den gebührenden Respekt zollte. Mal fand ich mich am Hang eines Bergs wieder oder auf ausgetretenen Stufen, die zu kleineren, versteckteren Gräbern führten, die enger von Bäumen bestanden waren, und unter meinen Füßen konnte ich die Weichheit von herabgefallenen Nadelbaumzweigen, Moos und Farngestrüpp fühlen, das mit jedem Schritt dichter wurde. Dann wieder führten die Pfade mitunter zu etwas Surrealem, völlig Unerwartetem: auf ein weites, windgepeitschtes Stück Buschland, das nach dem Winter vergilbt aussah – als hätte ich nicht gerade erst Sekunden zuvor mitten im dichtesten Wald gestanden.

Der Fokus auf diese unausgesprochene, fast urtümliche Mission der Entdeckung riss mich schließlich aus meiner fast schon panischen Langeweile und aus der Einsamkeit heraus und versetzte mich in einen ruhigeren, kontemplativeren Zustand. Hier war es schlicht unmöglich, sich des Verstreichens der Zeit nicht bewusst zu werden, selbst während einem für den Augenblick das Zeitgefühl abhandenkam – ich hätte Stunden dort zugebracht oder genauso gut bloß einen Umweg von ein paar Sekunden eingeschlagen haben können; schwer zu sagen, weil die Natur vor meinen Augen lebendige Geschichte schrieb. In den weiter entfernten, unzugänglicheren Bereichen des Friedhofs waren die moosbedeckten Gedenksteine im Wald kaum mehr zu sehen; ich fragte mich, wer sie errichtet hatte, ob die Hinterbliebenen noch am Leben waren und nach wie vor um ihre Lieben trauerten, deren Grabmäler nicht mal mehr entzifferbar waren. Diese buddhistischen Grabmäler oder Gorintō – die traditionell aus fünf übereinandergeschichteten Segmenten bestehen – standen mitunter Hunderte Meter zurückversetzt im Wald und bildeten im Unterholz eine ureigene Architektur.

Hier und da wurde das Grün und Grau von einem roten

Lätzchen oder Tuch kontrastiert; einige dieser Tücher waren immer noch knallig rot, die meisten jedoch waren zu staubigem Rosa oder Orange verblasst – Accessoires der Jizō-Statuen, an deren Schmerzlichkeit ich mich nie gewöhnen werde. Jizō ist die japanisch-buddhistische Gottheit der Schutzbedürftigen und Schwachen, der Reisenden, der Frauen und Kinder, insbesondere derjenigen, die vor ihren Eltern gestorben sind, ob schon im Mutterleib oder später. Nach japanisch-buddhistischer Überzeugung sind diejenigen, die in der Kindheit oder sogar noch vor der Geburt sterben, für eine Art Zwischenwelt bestimmt; um positives Karma zu erzeugen, hatten sie in ihrem kurzen Leben nicht genug Zeit. Jizō indes, der oftmals mit langen Ärmeln dargestellt wird, schmuggelt darin die Seelen jener Kinder ins Jenseits. Trauernden Eltern und Frauen, die ihr Kind durch eine Abtreibung, Fehlgeburt oder noch im Säuglingsalter verloren haben, spendet Jizō Trost. Seine Statuen stechen auf einem Friedhof heraus; es gibt jede Menge davon – oft sind sie klein und haben die Gestalt von Mönchen oder zufrieden dreinblickenden Säuglingen. Was aber am auffälligsten an ihnen ist, sind eben die roten Lätzchen, Hüte, Strickjacken oder Kittel: Die Statuen werden von Hinterbliebenen bekleidet, die um Kinder trauern, die nicht alt genug wurden, um ein eigenes Grab zu erhalten.

Die Jizō-Statuen stellten womöglich den deutlichsten Hinweis auf das Leben derjenigen dar, an die man sich auf diesem Friedhof erinnerte; doch obwohl mir klar war, dass ich davon bei Weitem nicht genug verstand – weder die japanischen Schriftzeichen auf den Grabmalen noch die Bedeutung des fernen Gongs und der Gesänge –, bot sich mir an diesem Ort eine Stille, die ich andernorts kaum je erlebt hatte. Aus dem Boden drang etwas zu mir durch; hier zu sein fühlte sich anders an als in der Steifheit und Ordnung der Tempelgärten mit dem geharkten Kies und den beschnittenen Bäumen. Selbst die Witterung wirkte fast überirdisch: Schnee fiel vom klar blauen Himmel und rieselte von den sich sanft wiegenden Baumkronen. Kurz darauf waren Wolken zu sehen, die scheinbar allein vom Sonnenlicht aufgebrannt wurden, das sich in den Laubspitzen fing, ehe es bis auf den Boden zu meinen Füßen vordrang. Das Gewicht all der Erinnerungen und Verluste war hier deutlich zu spüren, schien die Luft in etwas zu verwandeln, was schwer auf mir lastete und sogar jenseits von der reinen Empfindung bis in den Bereich des Körperlichen reichte. Aber es bot auch eine gewisse Erleichterung: Nach Tagen des Wartens – auf Feierlichkeit, auf ein Erwachen, auf das Gefühl, dass sich etwas veränderte – war es jetzt endlich so weit. Meine einsame Reise, die mich anfänglich eher beunruhigt und rastlos gemacht hatte, bescherte mir endlich ein Gefühl von Sinnhaftigkeit. Es legte sich auf meine Schultern wie ein Mantel, der ein bisschen zu groß war, und hüllte mich ein; ich war umfangen von etwas, was ich an Strömungen und Stürmen bislang nur aus weiter Ferne hatte erspüren können. Es fühlte sich an wie eine Lösung.

Als ich am Nachmittag ins Kloster zurückkehrte, war mein Zimmer warm, mein Bett war gemacht worden, und es stand eine größere Thermoskanne mit Tee bereit als jene, die ich am Abend zuvor leer getrunken hatte. Draußen hatte es wieder angefangen zu schneien. Ich setzte mich auf einen der Weidenhocker auf die kleine Veranda vor meinem Zimmer und sah zu, wie die Flocken auf die Steine im Garten vor mir fielen. Am Abend zuvor hatte ich hauptsächlich über Möglichkeiten nachgedacht, von hier zu fliehen – den Tempel und die Einsamkeit des Kōya-san hinter mir zu lassen und in die erstbeste Seilbahn zu steigen, dann in den ersten Zug aus den Bergen, der mich zurück nach Osaka brächte, in eine Stadt, die vor Leben vibrierte und mit teigumhüllten Leckereien aufwarten konnte, die ich immer schon gern mochte. Kōya-san war mir einfach zu still gewesen; ich hatte mich umgeben von der Leere schier klaustrophobisch gefühlt. Doch hier in diesem kleinen Gärtchen, das ich zuvor ausgesperrt hatte, dämmerte mir, welchen Luxus ich mir gerade leistete: ein klein bisschen gelangweilt zu sein. Sich an eine Umgebung zu gewöhnen und ihre Besonderheit genießen zu können, den Stimmen in meinem Kopf zu lauschen, weil es sonst niemanden gab, mit dem ich mich hätte unterhalten können, kein Internet, mit dem ich zu anderen hätte Kontakt aufnehmen können, nur mystische Rituale und eine enorme Emotionalität, die in diese Landschaft eingeschrieben war.

Am Abend zog es mich auf den Friedhof zurück. Der Schneefall war hartnäckig – es hatte mittlerweile genug geschneit, um die Pfade zu bedecken, und unter jedem Schritt hörte ich es leise knirschen. Im Dunkeln gestaltete der Schnee die Landschaft neu – nicht auf meteorologische, sondern auf magische Weise, als wäre er erst gefallen, sobald die Tempel die schweren Holztüren geschlossen hatten, als fielen die Flocken im vollen Bewusstsein dessen, dass die meisten Menschen sich bereits zurückgezogen hatten. Nach Einbruch der Dunkelheit war der Hauptweg beleuchtet; Glühbirnchen in Laternen beleuchteten gelb den Pfad, und diesmal war mein Weg ein bisschen zurückhaltender als bei meiner vorigen Erkundungstour. Der Friedhof war eindeutig verändert. Ich fühlte mich, als wäre ich an einem gänzlich neuen Ort gelandet, obwohl ich denselben Weg gegangen war. Die Statuen waren in ihr eigenes Dunkel getaucht, und der Schnee auf ihren Köpfen und Nasen bescherte ihnen eine veränderte Mystik. Und genau wie die Szenerie fühlte auch ich mich verändert. Ich war jetzt ruhiger, ließ bereitwilliger zu, die Kontrolle abzugeben, fühlte mich weniger verpflichtet, Pläne zu schmieden, als vielmehr einfach umherzustreifen. Einen Teil meiner Rastlosigkeit hatte ich ablegen können, den Drang, mir selbst unbedingt Herausforderungen zu stellen und etwas zu verändern. Stattdessen fing ich allmählich an, allem zu erlauben, einfach zu *sein*.

Ich tauschte eine Bergregion gegen eine andere ein – Gifu. Dort wohnte ich in einem zwergenhaft kleinen Straßendorf namens Magome. Es war die Art von Siedlung, die sich an einen Berghang klammert und nur aus einer Handvoll verwitterter Häuser besteht – und drum herum nichts als spröde, karge Schönheit. Schwere, gestromte Wolken krochen über die Berggrate, die den umgebenden Zedern- und Bambuswald überragten, und ließen nur gelegentlich einen Schimmer des letzten Tageslichts hindurch, das über die platten, vom kalten Winter und dem unerbittlichen Wind geschwächten gelben Gräser wanderte. Trotzdem gab es selbst in den oberen Ausläufern der Siedlung ordentliche Gemüsegärten. Grüne Schösslinge bohrten sich durch sorgsam ausgelegte schwarze Schutzfolie, und Kohlköpfe harrten dort stolz ihrer Ernte, fast als wüssten sie, dass sie aufgrund der Kälte der vergangenen Nacht umso besser schmecken würden. Bambushalme säumten akkurate Furchen in der Erde, und die roten Umhänge von Vogelscheuchen wehten im Wind. Hier gab es Kleingärten, grüne Netze über Metallrahmen, die bereits auf eine Ernte verwiesen, die später im Jahr kommen würde, wenn es wärmer geworden wäre. Auf dem kleinen Friedhof oben auf dem

Hügel hatte ich Schwierigkeiten, die prallen Knospen von Zwiebelpflanzen zu identifizieren, die jeden Moment aufblühen würden.

Bei einer kurzen Unterhaltung im Speisesaal gegenüber von meiner Pension stellte sich heraus, dass ich die kommenden zwei Nächte allein hier sein würde; die meisten anderen kamen nur für ein paar Stunden nach Magome und wohnten eigentlich in Tsumago, dem benachbarten und wesentlich hübscheren Dorf, von dem aus sie sich tags darauf am frühen Morgen auf den Weg zum Nakasendo Trail machten: einer rund 400 Jahre alten einstigen Feudalstraße. Ich spürte, wie die Einsamkeit wieder an mir zu nagen begann; mich beschlich das Gefühl, dass ich meine Zeit hier vergeudete. Trotzdem verfiel ich direkt nach dem Abendessen erneut in die Routine, von der ich inzwischen abhängig geworden war, und stürzte mich in das tiefe, heiße Wasser eines Onsen, nur um mich anschließend in einen Yukata einzuwickeln – eine Art leichten, knöchellangen Kimono, den die meisten Gasthäuser zur Verfügung stellten. Darin legte ich mich auf die Matratze am Boden, um zu lesen. Inzwischen hatte ich bereits eine Woche in traditionellen japanischen Häusern verbracht und mich an die Kühle gewöhnt, an das leise Klappern der Schiebetüren und die Art und Weise, wie sie Stille und Kontemplation zu fördern schienen. Ich hatte angefangen, meine Städter-Ansprüche abzuschütteln; ich hatte kaum tiefer als ein paar Fingerbreit in mein Gepäck gegriffen, weil ich wie selbstverständlich dieselben Klamotten Tag für Tag wieder anzog. Auch Make-up trug ich nicht mehr auf und band mir die Haare einfach nur hoch; ein Spiegel schreckte mich nicht mehr. Es waren schlichtweg zu wenige Leute hier, die mich so hätten sehen können.

Nicht so sehr, dass ich mit meinen Gedanken allein, sondern dass ich ganz grundsätzlich alleine war, sorgte dafür, dass ich mich ohne die angenehme Ablenkung durch andere mit mir selbst beschäftigen musste und mir den Luxus gestattete, nur zu tun, was ich wollte, statt zu tun, was ich sollte. So erfuhr ich auch, dass ich gerne in meinem eigenen Tempo wanderte – oft wurde ich von besser trainierten Wanderern überholt – und noch viel lieber die Schreine, Gärten und Nachbarschaften erkundete, an denen ich vorüberkam. Mir dämmerte, dass ich die falschen Schuhe eingepackt hatte – alle anderen trugen Wanderschuhe, ich bloß meine Nike Air Max –, aber ich lernte auch, dass ich mich jedes Mal aufrappeln konnte, wenn ich im Schnee ausrutschte. Obendrein wurde mir langsam klar, dass ich womöglich nur deshalb so viel Zeit damit vergeudet hatte, über potenzielle Komplikationen bei dieser Reise nachzudenken – all die langen Fahrten, die ich im Vorfeld geplant und ausgedruckt hatte, die abgelegenen Gästehäuser –, weil ich mich der Realität des Ganzen lieber nicht hatte stellen wollen: dass nämlich dies alles ursprünglich anders vorgesehen gewesen war. Dass es eine gemeinsame Reise hätte werden sollen, eine Reise für zwei, die jetzt zu einer Reise für eine Einzelperson geworden war. Dass es aber im Grunde völlig egal war, wohin ich reiste, wie viele Kilometer ich zurücklegte oder wie abgeschieden mein nächstes Etappenziel wäre – weil ich dort in jedem Fall allein gewesen wäre, und dies war eine wesentlich größere Herausforderung als die Berge, um die ich herumnavigieren musste. Auf diese Einsamkeit hätte ich mich durch Lektüre und Recherche auch gar nicht vorbereiten können – weil ich mich in Wahrheit niemals aus freien Stücken darauf eingelassen hätte. Nach monatelangem organisatorischem und praktischem

Hin und Her war meine Gefühlslage in weiten Teilen von anderen Leuten abhängig gewesen – von Josh, Matt natürlich und von meinen Freunden. Ich hatte mir nie die Zeit genommen nachzuspüren, was ich abseits von ihnen allen fühlte.

Nicht dass es für diese Erkenntnis den großen Aha-Moment gegeben hätte. Der Nakasendo Trail war ohne Zweifel wunderschön – und abgelegen. Die einzigen Lebenszeichen waren der stumme Rauch, der aus Schornsteinen emporschwebte, der gelegentliche Hund und – in Kombination dieser beiden – ein freundlicher Mann, der mit seinem Vierbeiner in einem der flachen Holzhäuser wohnte und mir grünen Tee aus einem Kessel über dem offenen Herdfeuer anbot. Trotzdem sah ich die schneebedeckten Bambuswälder und den stetig grollenden nahegelegenen Fluss als das an, was sie waren, und nicht als einen Ort der Erleuchtung. Meine Erkenntnis war ein langsamerer, leiserer Prozess gewesen, der eher mangels Erleuchtung ablief. Irgendwann kam ich wieder im sonnenverwöhnten Tokio an, wie aus Träumen entsprungen, die so veränderlich und so leicht waren wie Transparentpapier, und spürte, wie sich mein Bewusstsein regte, sowie sich diese halbwegs vertraute Stadt wieder um mich herum materialisierte. Ich schnappte mir mein Gepäck und mein Ticket und vollzog den Übergang von der Sinnsuche zurück in die Realität. Mein Haar roch immer noch nach Holzfeuer.

•

Mit vierzehn nahmen wir in Erdkunde Japan durch. Ich kann mich noch an die wenig aktuelle Beschreibung in meinem eselsohrigen Erdkundebuch erinnern, die schon

365

damals nach Zukunft klang. Wir erfuhren von Hochge-
schwindigkeitszügen und erdbebensicherer Architektur; dass
dort alle übereinandergestapelt in winzigen Stadtwohnungen lebten. Und es hörte sich alles nach Warnung an: die
brutale Arbeitskultur, das Postulat von Firmentreue und
Überstunden. Wir hörten, dass junge Leute so sehr unter
Druck standen, bestimmte Ziele zu erreichen und Erwartungen zu erfüllen, dass sie darunter schier in die Knie
gingen und Japan mit einer chronisch hohen Suizidrate zu
kämpfen hatte. Und das war nicht übertrieben: Japans
Selbstmordrate ist signifikant höher als die des Vereinigten
Königreichs, wenn auch deutlich niedriger als die in Russ-
land. Renommierte Fälle von *karoshi* – dem Tod durch
Überarbeitung – haben in jüngster Zeit immer öfter zu An-
suchen an die japanische Regierung geführt, an diesem
tödlichen Überstundenkult etwas zu verändern. Die Opfer
waren allesamt Leute in den Zwanzigern. Japanische Millennials sind berüchtigt dafür, dass sie keinen Sex haben, körperliche Beziehungen meiden, und dies aus einer Reihe
von Gründen, unter anderem aufgrund technologischer
Neuerungen, drohender Arbeitslosigkeit und der Einkom-
mensstruktur.

Was uns diesbezüglich zu denken geben sollte: dass auch
wir zum Teil einer Gesellschaft geworden sind, die gar nicht
mehr so wesentlich anders aussieht als diejenige, die wir
Teenager damals als Dystopie empfunden haben. Seit den
Achtzigerjahren sind auch unsere Zwanzigjährigen zunehmend in Städte gezogen, haben sich zugunsten innerstäd-
tischer Annehmlichkeiten und prekärer Wohnverhältnisse
gegen die viel sichereren Vorortsiedlungen entschieden.
Überarbeitung ist für uns Millennials zur Norm geworden.
2019 definierte die Weltgesundheitsorganisation das Burn-

out als Resultat von »chronischem Stress am Arbeitsplatz« und ernst zu nehmendes Gesundheitsproblem. Wir sind mit Großflächenwerbung aufgewachsen, die uns einflüstert, dass wir noch nicht den perfekten Beach Body haben, und suchen soziale Kontakte über Dating-Apps. Schlagzeilen besagen, dass wir immer seltener Geschlechtsverkehr haben, auch wenn Ökonomen der Ansicht sind, dass es ein bisschen komplizierter ist – wir sind so risikofeindlich, so voller Ängste, dass es einfach verlockender zu sein scheint, sich in die eigenen vier Wände zurückzuziehen, als mit jemandem auszugehen.

Nun ist es nicht ganz leicht, die beiden Kulturen gegenüberzustellen; Japan mag sich Mitte des 19. Jahrhunderts aus der Isolation befreit haben, aber es gibt nach wie vor unendlich viel, was dem Betrachter oder Touristen unverständlich bleibt. Trotzdem hatte ich Tokio über die Jahre immer angenehm tröstlich gefunden. Ich mochte die Ordnung, wie die Leute sich artig anstellten, wenn sie einen Zug besteigen wollten, und sich nicht um die Türen drängelten. Ich mochte die endlosen Reihen von Pastellkacheln auf städtischen Gebäuden und in öffentlichen Toiletten. Tokio ist eine Stadt, die für Einsamkeit gut vorsorgt. Hier ist es auch nicht tabu, alleine essen zu gehen, und selbst als *gaijin* – Ausländerin – ließ ich mich gerne von den durchorganisierten Millionen mitreißen, die durch die städtischen Lebensadern strömten.

Andererseits war Tokio aber auch ein Ort, der für Josh und mich eine besondere Bedeutung gehabt hatte. Wir mochten uns in London ineinander verliebt haben und dort zusammengelebt haben, doch London war auch eine Stadt, die ich nach meinen eigenen Regeln kennengelernt hatte. Die Radwege waren mir in meine Psyche geritzt, mein geografisches Verständnis der Stadt stammte aus Vorstellungsgesprächen und Essensverabredungen und Drinks und lustigen Abenden, von Freunden, die ich aus den Augen verloren hatte, neuen Bekanntschaften und dem sehnsüchtigen Blick zu Fremden, die in Pubs saßen und Spaß hatten, während ich alleine daran vorüberlief. London war eine Stadt, die zu lieben ich mir hart erkämpft hatte, in der ich inzwischen aber fest verwurzelt war; ein Ort, den ich mir mittels schlecht bezahlter Schufterei in meinem Teenager-Traumberuf und durch den Überlebenswillen der Anfang-Zwanzigerin erobert hatte. Es war ein Ort, der auf ärgerlichen Rushhour-Schlangen vor der Supermarktkasse und auf herrlichen Frühsommer-Pimm's am Flussufer errichtet war, auf Stunden um Stunden um Stunden in Bussen. Auf Überlegungen, wie ich an den nächsten Job kommen könnte, an die nächste Wohnung, die nächste Clubnacht, zum nächsten Treffen mit Freunden.

Josh und ich waren in London umhergestreift, hatten uns aber eben auch eine eigene Nische eingerichtet, die auf einer eigenen Umlaufbahn existiert hatte – nicht in, sondern rund um die Stadt, die mich so viele Jahre lang aufrecht gehalten und herausgefordert hatte. Die vergangenen neun Monate waren meine Übung gewesen, ein neues London aufzuspüren: einen Standort für Pflanzen, die mutig genug waren, in einer Stadt zu gedeihen – in einer Stadt mit Mauern, an denen Flieder wuchs, und mit Wildblumen, die aus Trümmern sprossen. Ein London, das mir Trost spendete, während ich seinen Boden umgrub.

Tokio hingegen war immer ein Ort der Abenteuer gewesen, die Josh und ich gemeinsam erlebt hatten; wie die Sprache, die wir erfunden, und die Gewohnheiten, die wir uns angeeignet hatten. Die Verkaufsautomaten am Straßenrand, sprechende Toiletten und die riesigen, wogenden Zebrastreifenkreuzungen waren für mich Beigaben einer unerklärlichen, unbestreitbaren Romantik – weil es sich um Dinge handelte, die wir gemeinsam für uns entdeckt hatten. Ich genoss die Erinnerungen daran. In den ersten Tagen, die ich in Tokio verbrachte, schrieben Josh und ich uns sogar erstmals seit Wochen, womöglich seit Monaten, so wie Freunde einander schrieben. Wir tauschten uns beschwingt über Zeitzonen und Tausende WLAN-Kilometer hinweg miteinander aus. Ich ging gezielt dieselben Wege ab, die wir einst gemeinsam gegangen waren, befolgte seine Tipps, ging in Cafés und Geschäfte, die wir beide toll gefunden hatten, und genoss es, all das, was wir damals zusammen erlebt hatten, von Neuem, nur eben alleine zu erleben.

Nach Monaten, in denen ich mich zigmal am Tag beim Anblick banalster Dinge unbehaglich gefühlt oder gelitten hatte, weil sie gewisse Erinnerungen geweckt hatten, ließ ich die Erinnerungen endlich zu – und konnte so endlich auch wieder dankbar sein für Joshs beste Eigenschaften: sein großes Interesse daran, verborgene Schätze aufzuspüren, und wie akribisch er dabei war; seine ansteckende Freude selbst an den kleinsten Dingen – und darüber, wenn auch andere auf derlei Details achteten. Indem ich es zuließ und indem ich anerkannte, dass all das gut gewesen war, statt nur zu sehen, dass diese Dinge nicht länger aktuell waren, dass all das mir fehlte oder mich traurig machte oder einen Verlust darstellte, lernte ich endlich schätzen, was wir gemeinsam Großartiges hervorgebracht und erlebt hatten – selbst wenn auch das inzwischen Geschichte war. Wie in einer Dunkelkammer Chemikalien auf Fotopapier nach und nach etwas zum Vorschein bringen, war dies ein Prozess, in dem allmählich sichtbar wurde, wie ich mein Leben von nun an leben wollte. Genau wie ich Tokio alleine erlebte, konnte ich auch mein neues Leben alleine leben.

Ein paar Freundinnen waren zufällig gleichzeitig in der Stadt und wollten sich zum Sonnenuntergang auf einen Cocktail in der Bar des Park Hyatt treffen. Der Film *Lost in Translation* hatte daraus eine Touristenattraktion gemacht. Nur leider kam es an diesem Abend nicht zum spektakulären Sonnenuntergang; stattdessen leuchtete es von unten herauf – rote Warnlichter (für die Hubschrauber und vorbeifliegenden Flugzeuge), die auf Tokios unzähligen Hochhäusern in unterschiedlichen Intervallen aufblitzten. Es war ein Anblick, den ich auch schon aus weniger schicken Hotels, aber immer in Joshs Gesellschaft erlebt hatte. Doch hier, im 52. Stock, in ein paar wenigen Sekunden der Einsamkeit, während die anderen mit ihren Handys beschäftigt waren und das WLAN nutzten, sah ich auf diese Lichter hinab und spürte, dass ich mich von alledem verabschiedete. Von Josh. Von unserer gemeinsamen Vergangenheit. Und ich erteilte mir die Erlaubnis, den nächsten Schritt zu gehen, die Fesseln abzulegen und ein für alle Mal der Vergangenheit anheimzugeben, was wir andernorts gemeinsam gehabt hatten.

Nachdem wir ausgetrunken hatten, begann ich, Tokio für mich neu zu erobern. Ich hieß die Einsamkeit, vor der ich mich eingangs so sehr gefürchtet hatte, mit offenen Armen willkommen. Ich ließ entspannt eine Stunde nach der anderen verstreichen und erlaubte mir herumzuwandern oder ein Päuschen einzulegen, wann immer ich Lust dazu hatte. Die Tage bestanden nicht aus hektischen Besichtigungen von Sehenswürdigkeiten oder Unternehmungen, die auf einer Liste abgehakt werden mussten, sondern aus fröhlichem Müßiggang, der sich erst eine Woche zuvor noch komplett undenkbar angefühlt hätte. Mich trieb nicht mehr an, was ich tun *sollte* – was gut für Instagram wäre oder was der Reiseführer empfahl –, sondern wonach mir gerade der Sinn stand. Ich schob die Ausdrucke und Pläne, die inzwischen schmuddelig und an den Falzen durchscheinend geworden waren, zurück in ihr Kofferfach. Ich schlief aus, ließ mich vom allmählich heller werdenden Sonnenlicht wecken. Der Himmel war selten klar blau, häufiger baumwollig grau, sodass Tokios Beton in ein Licht getaucht war, das so weich und beruhigend war wie eine zerknautschte Bettdecke. Ich entwickelte meine eigenen Rituale: auf Google Maps nach Grünflächen in der Nachbarschaft suchen und hingehen, hauptsächlich nach der beginnenden Blüte suchen, aber auch einfach mal sehen, was es sonst noch so gäbe.

Und die Blüte war bereits im Anmarsch – die Sakura. Quitten-, Pfirsich- und Pflaumenbäume hatten bereits geblüht, als ich in Tokio angekommen war, aber für die Kirschblüte war ich ein paar Tage zu früh dran gewesen. Andererseits war ich auch ganz bewusst gekommen, um Japan im Winter und nicht im Frühling zu sehen. Das Hanami, das Kirschblütenfest, wurde gerade erst vorbereitet. Im Rikugi-en, einem Wandelgarten, in dem eine riesige Japanische Hänge-Nelkenkirsche (*Prunus serrulata »Kikushidare-zakura«*) alljährlich unzählige Betrachter anlockt, waren bereits Schilder aufgestellt und Absperrungen errichtet worden, um der Menschenmassen Herr zu werden, die herbeiströmen, Bier aus Dosen mit Sakura-Aufdruck trinken und Fotos unter dem Blütenmeer schießen würden. Vor ein paar Jahren waren Josh und ich im Frühling hier gewesen, und damals hatte ich von all den rosafarbenen, übersprudelnden Schönheiten überall gar nicht genug kriegen können. Die überwiegende Mehrheit der Kirschbäume in japanischen Städten gehört derselben Unterart an – dem *Prunus x yedoensis* »*Somei-yoshino*«, dessen zartrosa Blüten quasi Nationalsymbol sind. Da es sich bei dieser Art um Klone handelt, blühen die Bäume alle gleichzeitig auf und stehen ungefähr acht Tage lang in voller Blüte, ehe sie die hellen Blütenblätter abwerfen. Um ein paar unüblichere Arten zu sehen, muss man schon in die Berge fahren, Parks oder eher ländliche Ausflugsziele besuchen. Aber für viele ist die Yoshino-Kirsche völlig ausreichend: lebende Zuckerwatte, die umso heißer geliebt wird, weil sie so schnell verblüht. Die Japaner takten ihr Jahr nach der Blüte: Das Schuljahr beginnt im April, Studiengänge gleichermaßen. Die Kirschblüte steht für den Neustart.

Ich wollte ein anderes Tokio, keins der Erinnerungen und der Traditionen. Ich war von Neugier getrieben und suchte die pralle Normalität eines Lebens, das anders war, als ich es kannte. Auch damit stellte sich eine gewisse Erneuerung ein. Ich verliebte mich in die engen Durchgänge zwischen den kastenförmigen, pastellfarbenen Häusern (eine japanische Eigenart, die Erdbebenschäden vorbeugt). Im besten Fall waren sie mit Styropor- oder Bierkästen voller Gänseblümchen oder den wedelnden geometrischen Blättern des *Oxalis triangularis* gefüllt. Ich blieb stehen, um ganze Wände aus kleinen grauen quadratischen Kacheln zu bestaunen – die pragmatische Kulisse für einen üppigen Sprühnebel aus rosa Blüten. Im Stadtteil Kōenji kam ich an einem absolut makellosen Bonsai-Geschäft vorbei und erhaschte einen Blick auf den Inhaber – einen Mann im traditionellen Hakama-Hosenrock, der ganz hinten saß –, bevor mein Blick am Geschäft nebenan hängen blieb, in dem eine junge Frau in kleinkindhaft anmutenden Klamotten

Kleidungsstücke nach Primärfarben sortierte und zu einem pulsierenden Ska-Sound Vintage-Spielzeug an einem Ständer aufhängte.

Tokios traditionelle Parks hatten mich immer einigermaßen kaltgelassen. Mir fehlte der nötige Blick, um der nüchternen Monotonie von Zen-Gärten einen Sinn zu entnehmen, ich fand die Formalität der Parks und Gärten, die ich in den historischen Tempeln von Kyoto und Kanazawa und selbst im Kōya-san besucht hatte, irgendwie erstickend. Ihre Kunst liegt in der Konstanz. Hier geht man komplett anders ans Gärtnern heran als in englischen Gärten, in denen man sich dem Tanz von Wind und Wetter anpasst und sich die Jahreszeit je nach Sonnenstand ändert. Doch diesmal führte mich mein Bummel zu Tokios Hausgärten, in denen die Leute Dinge anbauen, wie sie es auch in England tun – einfach weil sie sie mögen und wissen, wie man sie pflegt. Hier ist Lebensfreude wichtiger als Kunstfertigkeit. In Bunkyō, wo die Straßen nach Verbenen dufteten, waren die Wohnblöcke von Palmen flankiert; durch eine Buchsbaumhecke entlang einer Straße spähte schräg eine blühende Quitte in fast schon schockierendem Barbierosa hervor. Die cremige Eleganz einer Magnolie verdeckte das Grau einer leeren Plakatwand über einem Parkplatz. Ich entdeckte perfekte rosafarbene Anemonen in Fensterkästen und in Blumentöpfen üppig wuchernde Frauenhaarfarne, deren Wedel im Wind wie Haare im Luftstrom eines Föhns wehten.

Der Bezirk Shibuya wiederum ist berühmt für seine Einkaufsmöglichkeiten, doch vor den Schaufenstern stehen kopfüber Plastikflaschen in Töpfen mit Baumstecklingen und Babystauden – eine wilde Explosion von Grün entlang des Bürgersteigs. Welche Entschlossenheit, welche Ausdauer sie brauchten, um sich dort zu halten – und zwar sowohl die Leute, die dort am Bürgersteig Bäume in Töpfen wachsen lassen wollten, als auch die Bäumchen selbst, die dort eingepflanzt wurden. Ich dachte über all die Handgriffe nach, die sie erforderten: beim Wässern in ihren Plastikflaschenkokons und wie diese kleine Baumschule inmitten eines der belebtesten Viertel Tokios diejenigen, die vorsichtig einen Bogen darum schlagen mussten, zu Nachsicht und Geduld nötigte. An meinem letzten Nachmittag in Japan war ich ein paar Haltestellen entfernt in dem leicht alternativen Viertel Shimokitazawa unterwegs. Tage des täglichen Umherwanderns hatten den einst so fremdartigen Eindrücken einen Firnis der Normalität verliehen. Ich ging an Verkaufsautomaten und unter Oberleitungen vorbei, ohne auch nur anzuhalten und bei dem ungewohnten Anblick nach Luft zu schnappen. Erst an einem seltenen Graffito blieb mein Blick hängen. Neben einer efeuberankten pinkfarbenen Mauer stand auf die Rillen einer Wand aus Wellblech auf Englisch geschrieben: TOKYO IS YOURS – es schrie mir regelrecht entgegen, nachdem ich vierzehn Tage lang nur von Kanji-Schriftzeichen umgeben gewesen war.

•

Matts Flieger landete wenige Stunden nach meinem, und er fuhr direkt vom Flughafen zu mir. Während wir auf Reisen gewesen waren, hatten wir nur unregelmäßig Kontakt gehabt; ich hatte ihm in Indien seine eigene Zeit und seinen Freiraum jenseits des Londoner Lebens gewähren wollen, und im Gegenzug hatte ich die Freiheit genossen, nur mit mir selbst alleine zu sein. Als ich ihm die Tür aufmachte, stürzte er sich regelrecht auf mich und beugte mich zu einem hollywoodreifen Kuss nach hinten, während er sich mit einer Hand immer noch an seinen staubigen Koffer klammerte. Wir krallten uns förmlich ineinander, nicht einmal Worte hatten bei diesem Wiedersehen Platz, das eher welpenhaft-tapsig denn leidenschaftlich vonstattenging – aus purer Freude, wieder zusammen zu sein. Ich war fast schon sprachlos, wie sehr ich mich über ihn freute. Wie bereit ich wieder für ihn war. Ich war glücklich, wieder hier zu sein und dass jemand unter dem Neonlicht im Flur um meine Person einen derartigen Aufstand machte. Die Anspannung, dieses Gefühl, hin- und hergerissen zu sein zwischen der Liebe zu Matt und einem Gefühl des Verrats an Josh, weil ich mich vielleicht zu schnell derart tief in eine neue Beziehung gestürzt hatte, war wie weggefegt. Wir waren nun mal so, wie wir waren – so einfach war das. Den folgenden Tag hatten wir einander »freigegeben«, um auspacken und uns sortieren zu können, aber auch um den Jetlag zu überwinden und uns langsam wieder in der Stadt zu akklimatisieren, in der wir uns kennengelernt hatten. Trotzdem schafften wir es nicht, das Haus zu verlassen. Draußen war Schmuddelwetter, also blieben wir einfach unter der Decke liegen, hörten Paul Simon und tauschten Geschichten von unseren jeweiligen Reisen aus.

Ein paar Tage vor Frühlingsanfang hatte ich mich schließlich wieder an London gewöhnt. Theoretisch war es immer noch Winter, aber dieser Winter hatte beschlossen, sich mit Pauken und Trompeten zu verabschieden. In der vorangegangenen Woche, so hatte ich es mir zumindest erzählen lassen, war es warm geworden, und als ich auf meinen Balkon zurückkehrte, war dort ein Getue und Gemache im Gange wie auf einem Schiff auf stürmischer See. Die Hyazinthen, die ich ein halbes Jahr zuvor auf dem Columbia

Road Flower Market gekauft hatte und die mir seither Sorgen gemacht hatten, waren am östlichen Ende des Balkons in einen rauschhaften Aufruhr von üppigem Geruch und gleißendem Weiß ausgebrochen. Einige waren so schwer von Blüten, dass die Stängel sich bogen und über die Kissen aus Beifuß darunter beugten. In meiner Abwesenheit hatten sich auch die festen, harten Knospen der Kamelie zu einem Aufatmen geschichteter Blütenblätter geöffnet: Sie begrüßten mich an der Balkontür, als ich hinausging und auf ein aufblühendes London hinabblickte.

Und London in voller Blüte ist nach einer Japanreise etwas so merklich anderes! Hier gibt es nicht nur eine Kirschbaum-Unterart – es gibt Dutzende. Dies ist vor allem den britischen Sakuramori oder »Kirschwächtern« zu verdanken, deren Besessenheit von der Pflanze sie bei aller Unwahrscheinlichkeit, trotz der enormen Distanz, zu Fachleuten für in Japan heimische Bäume werden ließ. Collingwood Ingram beispielsweise, ein adeliger junger Naturforscher, aus dem einer jener Kirschblütenfanatiker wurde, baute in seinem weitläufigen Garten in der Nähe von Tunbridge Wells Dutzende Arten an – und tauschte seine Stecklinge gegen die seltenerer japanischer Arten per Post (sie überlebten die 40-tägige Reise, indem sie in eine aufgeschnittene Kartoffel gesteckt wurden). Leider waren sein Stück Land und der Boden durch Industrialisierung und Blutvergießen derart verdorben, dass einige Arten binnen Jahrzehnten eingingen. Trotzdem ist es seiner Sammlung zu verdanken, dass entlang britischer Straßen, in unseren verschlafenen Vororten und an den Rändern unserer Nachkriegs-Wohnblocks inzwischen eine Vielzahl unterschiedlicher Kirschbäume wächst. Wir feiern hier kein Hanami, weil es weit mehr als acht Tage Kirschblüte gibt; die Bäume schlagen in deutlich weniger strenger Folge aus: einige schon während der frühen kühlen Märzwinde, andere erst anlässlich der ersten Grillabende im Mai. Londons Blüte reicht von dunkelkirschrot bis zu zartestem Weiß über sämtliche Schattierungen dazwischen, und sie konkurriert mit der Pracht der Magnolie, dem knalligen Gelb der Forsythie und der fröhlich-pastelligen Frechheit der Harlekinweide. Londons Blüte umgibt selten Kanäle oder säumt eigene Spazierwege, hellt aber hier den Pendelverkehr mit dem Bus auf und spitzt dort durch einen Zaun. Hier ist die Blüte ein herrliches Chaos, ein buntes Durcheinander aus vielen Schattierungen, das für diejenigen ausbricht, die es neben – und nicht trotz – dem umgebenden Beton genießen können.

·

Ich bedankte mich bei meinem Nachbarn aus dem Stockwerk unter mir fürs Gießen und stellte die Kiste mit den Setzlingen auf den Tisch. Er hatte gute Arbeit geleistet: Sie waren gewachsen und strotzten vor Kraft, waren weder überwässert noch welk, und alle hatten gesunde Blätter. Die Duftwicken waren ein bisschen zu lang getrieben – wofür sie anfällig sind als Pflanzen, die sich so geschickt voranranken und überall hinkriechen und emporklettern. Sie so zu lassen wäre eine Sünde gewesen: Sie wären nur weiter in die Länge gewachsen, und ohne die Möglichkeit, sich zu verzweigen, wären sie bloß lang und drahtig geworden, die Blüte wäre minimal gewesen. Ich knipste sie also besser zurück. Ich zählte ein paar Blätterreihen entlang jedes drahtigen Sprosses ab, legte meine Fingerkuppen über ein Paar Blätter und spürte, wie der Stiel zwischen meinen Fingernägeln durchtrennt wurde. Schade um den Rest der Pflanze, der geopfert werden musste, aber es war zu ihrem Besten. Jetzt würden die Duftwicken umso buschiger und dichter werden; sie würden sich besser verzweigen und später im Sommer umso üppiger blühen. Ich hatte sie lediglich daran gehindert, in eine einzige Richtung zu wandern, und ihnen stattdessen mehrere andere, schönere Möglichkeiten eröffnet.

April

Ich erinnere mich hauptsächlich an das Licht und die Weite – die hohe Decke, davon abgesetzt die Zwischenetage –, und dass die komplette Wohnung hell und wunderschön war und nur darauf wartete, mit Leben gefüllt zu werden. Als ich aufwachte, dämmerte mir, dass sie lediglich ein Produkt meiner Fantasie gewesen war. Dies war eine von unzähligen bildschönen Wohnungen, die ich im Traum durchstreifte und die, wie mir klar wurde, eine fiktive Mischung aus all jenen war, die tatsächlich existierten – eine Traumadresse, die ich mir zusammenfantasiert hatte. In den darauffolgenden Tagen und Monaten wanderte ich immer wieder durch das entsprechende Viertel in Camberwell und fragte mich, wie mein Unterbewusstsein diese Adresse nur hatte erschaffen können.

Die Orte, an denen ich nachts meine Zukunft sah – immer war irgendein Haken daran: Einige waren eine fast schon lachhaft andere Liga, andere zwar realistischer, aber alle waren sie mit einer gewissen Torschlusspanik behaftet. Einen Traum hatte ich immer wieder, in dem ich meinen Balkon räumte und die Pflanzen mitsamt ihren Töpfen mit umzogen. Der Ort, an den sie gebracht wurden, eröffnete sich mir zwar nicht, aber es reichte aus, um mein träumendes Ich in Panik zu versetzen, weil nicht alle Pflanzen in die neue Wohnung passten oder weil sie sich nicht an die neue Umgebung gewöhnen würden; weil diese kleine Welt, die ich mir erschaffen hatte, nur an einem einzigen Ort existieren konnte.

Wenn ich nicht gerade von Pflanzen träumte, sah ich mich mit der nüchternen Realität konfrontiert, dass ich mich nun alsbald von dem Zuhause trennen musste, das Josh und ich uns einst eingerichtet hatten. Wir hatten den unangenehmen Prozess begonnen, mich aus der Wohnung rauszuverhandeln – ein steter Fluss ernster Briefe, eine ganz andere Art von Herzschmerz in schonungslosen Buchstaben auf Papier. Die nach und nach eintrudelnden Briefe der Anwälte machten mir Angst, sowohl aufgrund der furchterregenden, unvertrauten Anweisungen, die sie enthielten, als auch aufgrund der Tatsache, dass sie überhaupt hatten sein müssen. Darauf hatte sich unsere Beziehung also zu guter Letzt reduziert – nach Insider-Sprüchen und Geschichten, Abenteuern und Nestbau, Stunden, in denen wir einfach nur rumgehangen hatten und erwachsen geworden waren. Es war zutiefst traurig und stand im eklatanten Widerspruch zu der Leichtigkeit, die uns früher zu eigen gewesen war. Ich fühlte mich davon wie vor den Kopf geschlagen, nicht zuletzt weil ich an diesem Spielchen teilnehmen *musste*. Ich konnte die Briefe schlicht nicht ignorieren. Die verwirrenden Geldfragen und Entscheidungen, die wir Jahre zuvor getroffen hatten, wurden jetzt wie Kadaver auseinandergepickt. Obwohl wir beide versuchten, so viel Nachsicht wie nur möglich in den Prozess einzubringen, waren wir jetzt definitiv getrennte Leute, die sich beide für das jeweils eigene Wohl stark machen mussten, nachdem wir jahrelang füreinander eingestanden hatten.

Ich durchforstete Inserate von Immobilienmaklern und

organisierte unzählige entmutigende Besichtigungen rund um meine Arbeitsstunden, eilte mit dem Fahrrad dorthin – mit dem Handy in der Hand, um durch fremde, labyrinthische Wohnanlagen zu navigieren, von denen ich zuvor nie auch nur gehört hatte. Ich hatte das enorme Glück, eine von wenigen in meiner Generation zu sein, die es sich leisten konnten, überhaupt etwas in London zu kaufen, und ich wusste, dass dies eine seltene, ganz besondere Situation war. Trotzdem war mein Budget verhältnismäßig klein; zudem wollte ich nicht weg aus dem Südosten Londons, der ohnehin schon das billigste Ende der Stadt war, und ich weigerte mich, auch nur irgendetwas anzuschauen, was keinen Platz im Freien vorsah – und wenn es der winzigste Balkon überhaupt war. Ohne ein kleines Eckchen, in dem ich gärtnern und atmen konnte, hätte ich ansonsten das Gefühl, ersticken zu müssen.

Mit derlei Spezifikationen war das Suchergebnis immer wieder das Gleiche: einstige Gemeindebauprojekte in der Regel aus den Sechzigern, die jahrzehntelang vermietet gewesen waren, oft feucht, beengt und fast immer renovierungsbedürftig. Die Makler machten sich selten die Mühe, auch nur irgendetwas schönzureden – es hätte auch gar nicht allzu viel zu sagen gegeben. Es dauert keine zehn Minuten, bis eine Frau sich eine Zweizimmerwohnung angesehen hat, deshalb standen sie meist bloß leicht ungeduldig da und hielten unterdessen nach Politessen Ausschau, während ich zu beurteilen versuchte, welches Licht wann und wie hereinkäme, wie viel an der jeweiligen Wohnung getan werden müsste und welche Wände man möglicherweise einreißen könnte. Fast immer war irgendwo ein Riesenhaken: zu teuer, zu weitab vom Schuss, zu klein, zu traurig. Ich war durchaus aufgeschlossen und bereit, ein Stück aus der Stadt rauszuziehen oder in eine weniger schöne Ecke, allein schon deshalb, weil jetzt ein Gehalt reichen musste statt wie zuvor zwei. Aber die wenigsten Häuser, die ich besichtigte, kamen auch nur im Entferntesten infrage.

Meine Träume zeugten davon, welche Luftschlösser ich immer schon bauen konnte: Mir kommen anlässlich nichtigster Details die wildesten Ideen, die sich dann verselbstständigen. Eine beiläufige Aussage darüber, wie schön es doch wäre, beispielsweise in den Urlaub zu fahren, versetzt mich augenblicklich in den Planungsmodus: Ich schlage sofort Flüge und Hotels nach und blättere im Kalender. Ich könnte niemals zu einem Vorstellungsgespräch gehen, ohne mir vorher zu überlegen, wie mein Leben aussähe, wenn ich den Job bekäme, welche Kleidung ich dann tragen und wie ich zur Arbeit pendeln würde. Es ist der gleiche Impuls, der es mir ermöglicht, mitten im Winter auf dem Balkon zu stehen und mir auszumalen, wie es dort im Frühling und im folgenden Sommer aussehen könnte. Und dies ist auch der Grund, warum ich mit unvorhergesehenen Veränderungen so meine Schwierigkeiten habe, mit den Rissen im Leben, die sich an einem trüben Dienstagnachmittag oder an einem tristen Samstagmorgen auftun. Da fange ich an, mir Szenarien für völlig unrealistische Situationen zu überlegen, bis mir irgendwann dämmert, dass es aussichtslos ist. Nicht alles kann immer sofort wieder geradegerückt werden. Ich fing an, das zu lernen, obwohl es immer noch schwierig zu akzeptieren war.

In diesen ersten Apriltagen wechselte ich also in einem fort zwischen Fantasien und Frusterlebnissen. Ich konnte mich für eine heruntergekommene kleine Wohnung in einem Hochhaus in Camberwell begeistern, für den achten Stock, aus dem ich in zwei Richtungen würde schauen können. Dass keine Küche vorhanden war, ignorierte ich gänzlich und träumte stattdessen von derjenigen, die ich dort einbauen könnte. Ich skizzierte Pflanzpläne für den eingenetzten Balkon und überlegte schon, welchen Bus ich nehmen würde. Im nächsten Moment holten mich immer neue, anstrengende Verwicklungen, die ich erst hinter mich bringen müsste, um Joshs und meine gemeinsame Wohnung verlassen zu können, zurück auf den Boden der Tatsachen. Ich ertappte mich dabei, wie ich an die Gärten dachte, die ich in meiner zukünftigen Wohnung anlegen könnte, konzentrierte mich auf dumme Kleinigkeiten – wo ich zum Beispiel mein Fahrrad abstellen würde –, statt auf den Umstand, dass der Makler sich nicht bei mir zurückmeldete und jeder Hypothekenberater auf der Stelle abwinken würde.

Die immer gleichen Fragen kreisten mir in Dauerschleife durch den Kopf. Meine Mutter und Hannah unterstützten mich tatkräftig, waren immer daran interessiert, sich mit mir zusammen Inserate anzusehen oder von den Besichtigungen zu hören, und widmeten ihren kreativen und aufgeschlossenen Geist alledem, was ich ausgegraben hatte. Von meinen Freunden versuchte ich, all das fernzuhalten; es fühlte sich sowohl mühselig als auch langweilig an, ich wollte sie nicht damit behelligen. Matt wurde ebenfalls auf Abstand gehalten. Wir hatten unser jeweiliges Leben so herrlich leichtfüßig mit dem des anderen verwoben; obwohl ich endlich den Mut hatte, vor ihm mein ganzes chaotisches, zerbrechliches Ich zu sein – und nicht mehr nur die schimmernde, kristallklare und angeblich bessere Version meiner selbst, die ich ihm monatelang vorzugaukeln versucht hatte –, hatte ich immer noch das Gefühl, dass ich ihm die Anstrengung meiner Maklergespräche ersparen müsste, das tägliche Auf und Ab in Sachen Hoffnung. Er fand dies alles vage verwirrend – auch dass ich darauf bestand, eine eigene Wohnung zu finden. Hin und wieder brachte er die Frage auf, ob ich nicht zu ihm ziehen wollte, und ich konnte nie recht erklären, warum ich dazu nicht bereit war, warum ich dazu niemals bereit sein würde. Warum ich meinen eigenen Bereich brauchte, egal wie klein oder verwahrlost er wäre.

Ganz gleich welche leichten Turbulenzen der Tag mit sich gebracht hatte, zog ich mich abends stets auf meinen Balkon zurück. Die Morgen waren hell und leer geworden – die Sonne ging schon um sechs Uhr auf, sogar noch bevor die Uhren wieder umgestellt wurden. Und während es draußen immer noch frisch war, genoss ich diese kostbaren Minuten und die Kälte, die auf meinen Armen prickelte. In einer Stadt hinaus an die Luft zu kommen, während die meisten anderen noch schliefen, und mir einen Moment Zeit zu nehmen, in der ich und die Pflanzen die Einzigen waren, die sich regten, wurde zu einem stillen Ritual, mit dem ich meinen Tag einläutete. Nach langen Arbeitstagen fand ich auch abends dort wieder zur Ruhe, und dies war nach den vergangenen vierzehn Tagen des Loslegens und Vollbremsens und der Alltagsorganisation unabdingbar – dieser Fülle von administrativen Aufgaben, die zu langweilig und unvertraut waren, um mich überhaupt darüber aufzuregen, die trotzdem Zeit und Nerven kosteten und alles überschatteten. Doch während es nach den ersten warmen Frühlingstagen draußen wieder kalt geworden war – Schnee erstickte den Norden des Landes und ließ auch London mitunter bibbern –, bedeuteten das erste Wachstum und die böigen Winde, dass die Blumenkästen zum ersten Mal seit sechs Monaten wieder täglich gewässert werden mussten. So hatte ich einen Grund, meine Balkonroutinen wieder aufzunehmen, die Gießkanne im Küchenspülbecken aufzufüllen, eine Lunge voll schmutziger Luft einzuatmen und die immer neuen Triebe zu begutachten. Das brachte mir mehr, als lediglich aufs Sofa zu fallen und mich von der Erschöpfung überwältigen zu lassen. Mit dem Gärtnern ging es mir wieder besser.

Und es wuchs einiges. Organisiertere, dynamische Gärtner, Actionfans, legen schon in den letzten Winterwochen bestmöglich mit allem los, was geht. Aber bis April haben auch die Gärten selbst losgelegt: Erste Knospen entstehen. Sämereien keimen und drücken sich durch die Erde, die sie ausgebrütet hat. Nach Monaten der duldsamen Energiegewinnung unter der Erde setzen die Pflanzen sich wieder den Elementen aus: Sie spüren das Plätschern eines Regenschauers, das Sonnenlicht, drehen sich hungrig und fasziniert danach um. Im Schrebergarten begannen die Tulpen, die ich auf die allerletzte Sekunde noch eilig in den kalten Januarboden gebracht hatte, in einem fröhlichen Farbdurcheinander zu blühen. Anfang April standen einem sowohl die Überreste des Winters als auch die Versprechen des Frühlings vor Augen. Die Stiefmütterchen, die im Winter bloß in die Länge gewachsen und kürzlich zurückgeschnitten worden waren, trieben neu aus, und die weißen Alpenveilchen, die seit Oktober überlebt hatten, ohne dass sich ihre fleischigen Blätter im Regen zu Brei verwandelt hätten, hoben zum letzten Gruß mit den Blütenblättern an, die alsbald zu Boden fallen würden. Eine wackere Hyazinthe hielt sich noch dort, wo die anderen bereits verblüht waren. Nachdem sie noch ein paar Tage lang windschief über die Seite ihres Topfs gehangen hatte, wurde sie braun und schrumpelig. Ich ließ das Laub dran, während draußen die Frühlingsluft immer wärmer wurde; es blieb noch wochenlang grün, betrieb weiter Fotosynthese, sammelte Sonnenlicht und nährte die Zwiebel darunter, die im kommenden Jahr wieder aufblühen würde. Der Schwanengesang begleitete an anderer Stelle einen Auftakt: Die festen Knospen der Ranunkeln und Kamelien – beide weiß und wunderschön – schoben sich heraus und entblätterten schichtweise Kronblätter. Sie sahen auf dem grauen Balkonboden unglaublich glamourös aus.

Ich hatte die Sämlinge auf der Fensterbank beim Frühstück immer mal wieder gedreht, seit sie an Höhe gewonnen hatten, und jetzt wuchsen sie kräftig und gerade. Inzwischen war es auch warm genug, um sie draußen zu akklimatisieren. Ich stellte die Duftwicken morgens hinaus, um sie an die kühlere Luft zu gewöhnen, holte sie aber in der Abenddämmerung wieder nach drinnen. Ich säte auch neue Dinge aus: kleine, befriedigende Tätigkeiten. Erbsensprossen und Kapuzinerkresse, die beide große braune Samen aufweisen, wie am Schnürchen aufkeimen und binnen einer Woche kräftige Stiele und hübsche kleine Blätter entwickeln, wenn es nur hinreichend warm ist wie im April. Erbsensprossen sind großartig – die immer wiederkehrende Ernte, die fast wie von selbst in einem wilden Gewirr aus Grün aus dem überfülltesten Pflanztopf direkt auf dem Teller landet! Ich betrachte es als etwas Mühelos-Schönes, als einen Vorgeschmack des Frühsommers, der zu fast allem passt, was aus der Küche kommt. Diese Pflanzen würden weit über den längsten Tag des Jahres hinaus eine köstliche Ernte hervorbringen und den Blattläusen trotzen.

Die Kapuzinerkresse nimmt sich ein bisschen mehr Zeit, um ihre seerosenartigen Blätter auszubilden, die erstaunlich hübsch aussehen in der Kühnheit ihrer Struktur und mit den Adern, die das flächige Grün durchziehen. Die Knospen haben die Form von weichen Pfeilspitzen, die mit einem Kaulquappenschwanz an den Stängelranken hängen und nach scheinbar endlosen, fruchtlosen Tagen mit einem Mal leuchtend orange aufblühen. Und man kann sie sogar essen: sowohl Blätter, Stiele als auch die Blüten, und sie werden einen reich belohnen, wenn die Sonne nur hell genug und der Boden hinreichend nährstoffarm ist – denn sie gedeihen am liebsten dort, wo der Boden mager ist, wo der Mensch sich nicht länger kümmert. Eine Verneigung an Elisabeth von Linné (Tochter desselben Carl, der im 18. Jahrhundert Frauen aus der akademischen Welt zu verbannen suchte), die mit neunzehn Jahren feststellte, dass bestimmte Blumen – einschließlich der Kapuzinerkresse – »aufblitzten«, sobald das umgebende Licht verblasst. Dies hängt damit zusammen, wie das menschliche Auge den Kontrast zwischen Orange und Grün verarbeitet, jedenfalls kann im Ergebnis ein Kapuzinerkressefeld wie ein Waldbrand aussehen. Später im Jahr, nachdem ich sie so sehr zurückgeschnitten hatte, wie ich es nur übers Herz brachte, überließ ich die Flammen den Kriebelmücken. Immerhin hatte ich meinen Anteil Blüten gefuttert, jetzt waren die Insekten an der Reihe, die wiederum den Vögeln als Nahrung dienten. Insgeheim jedoch liebte ich den Anblick der kriechenden schwarzen Geschöpfe auf dem flammenden Orange – es sah für mich aus wie ein Holzkohlefeuer.

Trotz der wenigen Minuten, die sich auf dem Balkon zu Stunden aufsummierten, sickerten die Pflanzen und ihr Zuhause weiter in meine Träume – genau wie die Wohnungen selbst. Im Schlaf sah ich wie bei einem Videospiel dabei zu, wie meine Hände eifrig kräftige Sämlinge aus Pflanztabletts zogen und sie ins Freie setzten; die Erde war üppig und nährstoffreich, bröselig wie eine Keksmischung, die Blätter leuchtend grün. Es war ein fröhlicher Tanz, ähnlich seltsam faszinierend wie Videos von Fabrikationsprozessen, die immer wieder ein und dieselbe Handlung zeigen, aus der Neues entsteht.

Der Balkon war ein Raum, den ich für mich selbst erschlossen hatte; ich hatte einiges dort jedoch nur deshalb angepflanzt, weil ich es aus meiner Kindheit kannte. So wie sich meine Schwester nach dem Flieder sehnte, der unsere Kindheit und unsere Pendelstrecken geprägt hatte, schickte ich Duftwicken die Klinkermauer empor und versuchte in jedem Frühjahr aufs Neue, Büschel aus Lavendel zu züchten – ein unbewusster Gruß an die von Bienen umkreiste Lavendelhecke, die unter dem Küchenfenster meiner Kindheit bis auf den Bürgersteig wucherte. Ich pflanzte zartrosa Pelargonien, weil mich jedes Mal, wenn ich die Blüten abtrennte, allein der Geruch der fiedrigen Blätter an meinen Händen direkt zurück ins Gewächshaus meines Großvaters katapultierte. Dann gab es noch Anemonen, die schwieriger zu ziehen sind, weil sie Geduld erfordern, aber jedes Mal einen solchen Triumph darstellen, wenn sie aufblühen. Ich hatte erzählt bekommen, dass meine Großmutter sie geliebt hatte.

Meine Großmutter mütterlicherseits, die ihren drei Enkelkindern als Grandma bekannt war, starb, als ich vier war, nach drei Jahren, die durch eine Reihe von Schlaganfällen zunehmend mühsam geworden waren. Ich habe nicht allzu viele Erinnerungen an sie – und die wenigen stammen größtenteils von Heimvideos und aus Erzählungen. Trotzdem habe ich eine vage Erinnerung daran, wie sie in ihrem Pflegeheim im Bett lag, und es gibt eine klarere, frühere Erinnerung an meinen Großvater – der sie gepflegt hatte, bis er nicht mehr konnte, und der mich anwies, ihr einen dieser kreisrunden Cadbury-Schoko-Buttons zu bringen.

Ich offerierte ihn ihr auf dem Plastiktablett vor ihrem Stuhl; er war von meiner schmuddeligen Kinderhand schon ganz klebrig. Dass sie in meinem Kopf immer eine weitaus stärkere Frau bleiben wird, ist ein Testament sowohl ihrer selbst als auch der Liebe, die sie meinen Eltern und Geschwistern vermittelt hat. Ich erinnere mich an sie in Form eines Lächelns im Sonnenlicht auf einem windumtosten Strandliegestuhl, in Gestalt fixierter Locken, die dem Wind trotzten – das Ganze eingefroren in einem Foto. Ein Teil ihrer Garderobe ist zu mir gewandert, ein Seidenrock beispielsweise, den sie am Hochzeitstag meiner Eltern mit diskretem Yorkshire-Stolz trug: Er ist schwarz und dezent mit kleinen orangefarbenen Blüten gemustert und war in den späten Siebzigern für die Mutter der Braut sicher ziemlich gewagt. Meinen Studienabschluss feierte ich in ihrem luftigen schwarzen Fünfzigerjahre-Midikleid, und ihren Taftrock aus derselben Zeit ziehe ich immer wieder gerne zur Arbeit an. Dieser Tage fragte ich mich, was sie davon gehalten hätte: von der Enkelin, die sie so gut wie nicht kannte und die in ihren alten, leicht ausgebleichten Klamotten in einer Zeitungsredaktion arbeitete – und zwar nicht als Sekretärin, sondern als Journalistin.

Grandma lebt in unseren Geschichten weiter: Über die Jahre ist aus einer Prise Humor und einem Schuss Erinnerungen eine liebevolle Karikatur ihrer selbst entstanden. Ich weiß, dass sie es genau nahm in Sachen Sauberkeit, Ordnung und Korrektheit; dass sie ihre gesellschaftlichen Kontakte pflegte und sich körperlich und geistig mit Golf und mit Bridge fit hielt. Ich weiß, dass sie im Krieg Krankenwagen fuhr und Kindermädchen wurde, weil sie Kinder liebte, und ich weiß von der stillen Tragödie, dass sie selbst nur ein einziges Kind lebend zur Welt brachte, nachdem sie viele

Jahre lang immer wieder Kinder verloren hatte. Ich weiß, dass sie ihre Tochter, meine Mutter, unendlich geliebt hat, dass aber beide in der Förmlichkeit ihrer Zeit gefangen waren; dass sie sich zwar wöchentlich Briefe schrieben, als meine Mutter aufs College ging, aber nie über erwachsene, schwierige Dinge sprachen, auch weil meine Mutter gerade erst in den Dreißigern war und drei kleine Kinder zu Hause hatte, als Grandma starb. Bevor meine Mutter in einem hochgeschlossenen Spitzenkleid, das sie selbst genäht hatte, auf den Traualtar zuschritt, hatte meine Oma sie auf einen Stuhl und ihr ein Sandwich in die Hand gedrückt. Selbst als sie schon so krank war, dass sie nicht mehr sprechen konnte, sang sie noch immer die Lieder aus der Fernsehsendung *Songs of Praise* mit. Sie hinterließ eine jüngere Schwester namens Joan, die – obwohl sie winzig war – Bekannte und Verwandte ungestüm und knochenknackend umarmen konnte. Joan war damals die einzige mir bekannte alte Dame, die Hosen trug, was mich gleichermaßen verblüffte und begeisterte. Ich weiß, dass meine Großmutter die erste und einzige Frau war, die mein Großvater geliebt hat. Und ich weiß, dass sie Anemonen mochte.

Meine Mutter kann nicht erklären, warum, glaubt aber, es könnte daran liegen, dass von meinen Großeltern niemand sie in der sauren Erde des Speckgürtels anzubauen vermochte. Die *coronaria* oder Kronen-Anemone, die sich in sanft roten und blauen Wogen entfaltet, mochte Grandma am liebsten – und die violetten noch mal ein klein wenig mehr. Wann immer sie ihre Eltern in Yorkshire besuchte, brachte meine Mutter ihrer Mutter von einem der Londoner Floristen Anemonen mit – kaufte sie manchmal aber auch für sich selbst als Belohnung. Jahrzehnte später machten meine Mutter und ich mitunter das Gleiche und hielten noch kurz vor dem Blumenladen am Bahnhof Haywards Heath, um dort noch schnell ein halbes Dutzend zu kaufen und es dann auf Grandmas Grab zu legen.

Insgeheim glaube ich, dass Grandma Anemonen deshalb so gern hatte, weil sie zu unseren »gezähmtesten« Wildblumen zählen. *Anemone coronaria* stammt ursprünglich aus dem Mittelmeerraum, wo sie im Frühling die Hügel lila färbt. Genau wie die Aurikel und eine Handvoll anderer Arten ist auch sie im ausgehenden 17. Jahrhundert zu einer Floristenblume geworden und als solche in etwa so alt wie die Tulpe – nur ohne das ganze Tamtam. Andere Unterarten wie *nemorosa* – das Buschwindröschen – haben sich hauptsächlich in Wäldern ausgebreitet, treiben im frühen Frühling aus und bringen inmitten ihrer ausladenden Blätter fröhliche kleine blassbläuliche und weiße Blüten hervor. Sobald die Sonne herauskommt, öffnen sie ihre Blütenblätter, schließen sie aber wieder, wenn es nach Regen aussieht oder sobald es dämmert, und halten sogar den Aprilstürmen stand – was ihren Namen erklären könnte. (*Anemone* ist vom griechischen Wort *anemos* für »Wind« abgeleitet.)

Derlei Wildblumen waren Grandmas erste große Liebe. Als Tochter eines Bahnhofsvorstehers aus Nord-Yorkshire – dessen Vater ebenfalls Bahnhofsvorsteher gewesen war – suchte sie zusammen mit Joan entlang von Bahndämmen nach Wildblumen, presste und klebte sie auf Papier. Sie füllte ganze Sammelalben mit Wildblumen, deren Farben mit der Zeit verblassten. Es war ein Hobby, in das sie und ihre Schwester förmlich hinein-erzogen worden waren: Es gibt ein Foto meiner Urgroßmutter Emily (von der ich meinen zweiten Vornamen geerbt habe), die zusammen mit meinem Urgroßvater Stan und Freunden auf einer Waldbank sitzt, auf der noch letzte Spuren des Winters erkennbar sind. Emily hält ein paar bescheidene Blüten in der Faust und hat ein verzücktes Lächeln im Gesicht, das dem Lächeln meiner Mutter ähnelt. Das war 1914, in den kurzen Monaten zwischen ihrer Hochzeit und Kriegsbeginn. Jahrzehnte später war ihre Tochter, meine Großmutter, eine erwachsene Frau; trotzdem kannte auch sie nach wie vor die Namen all jener Wildblumen – Kuckucks-Lichtnelke, diverse Johanniskrautgewächse … Sie pflückte Schlüsselblumen und packte sie in kleine Schachteln auf feuchte Watte, um sie meinem Urgroßvater zu schicken – ein kleines Päckchen Blütenblätter, die ihm eine Freude machen sollten, zarte Blüten voller Nostalgie. Derlei Gewohnheiten setzen sich indes nicht immer über die Generationen fort. Grandma ermutigte ihrerseits meine Mutter, ebenfalls Blumen zu pressen, und zeigte ihr die alten Sammelalben, die sie in ihrer Kindheit angefertigt hatte. Allerdings gesteht meine Mutter, nie Interesse daran gehabt zu haben – tote Pflanzen in einem Album waren einfach nicht ihr Ding. Sie feiert noch heute die Dinge eher im Leben denn im Tod. Es sind zum Beispiel die Geburtstage meiner verstorbenen Großeltern, an die sie denkt, und nicht die Todestage.

Mit dem Eintritt ins Erwachsenenalter durften die Wildblumen für meine Großmutter wieder wild bleiben – sie zu sammeln war ein mädchenhaftes Hobby gewesen, das seine Zeit gehabt hatte, genau wie die zwischen Papier abgeflachten Stängel. In den Gärten, in denen meine Mutter aufwuchs, wuchsen keine Wildblumen; in den Sechzigern waren sie als Unkraut verschrien, und in den Vorstädten herrschte ein anderer Geschmack vor. In den schmalen Beeten, die makellose Rasenflächen einfriedeten, wurde vielmehr auf die Rüschen von Edelrosen und hochwachsende, üppige Dahlien gesetzt, und Wildblumen wurden verbannt. Die eleganten Engelwurzen und die Goldpracht des Stechginsters waren fortan jenen Bahndämmen der Kindheit und Jugend meiner Großmutter überlassen.

Gewisse Dinge bleiben auf der Strecke, wenn ein Mädchen seine Kindheit hinter sich lässt. Es wird schwieriger, den steigenden gesellschaftlichen Erwartungen zu genügen. Inzwischen ist es natürlich einfacher geworden: Unsere Zeit bietet Mädchen und Frauen größere Chancen denn je. Meine Großmutter wäre empört gewesen, hätte sie ihren eigenen Unterhalt verdienen müssen – ihre Domäne war der makellose Haushalt, für dessen Finanzierung mein Großvater zuständig war. Sie selbst kochte und putzte und kaufte ein. Meine Mutter suchte sich einen Job – allerdings hat sie auch immer erzählt, es hätten ihr nur eine Handvoll Optionen offengestanden: Krankenschwester, Sekretärin, Lehrerin. Sie entschied sich für Letzteres und ist immer noch stolz darauf. Meiner Generation wiederum wurde gepredigt, wir könnten alles werden, wenn wir hart genug dafür arbeiteten, wir könnten jeden Beruf wählen, den wir uns nur vorstellen könnten, und unseren Karriereweg auch unabhängig von einer potenziellen Mutterschaft weiter gehen (die wiederum irgendwie immer noch als Norm gilt).

Ich selbst habe als kleines Mädchen immer alles Pink-Süßlich-Mädchenhafte abgelehnt. Eine schnörkellose, praktisch veranlagte Mutter und die bodenständige Dorferziehung ließen aber auch wenig Raum für Mädchenhaftigkeit – an der ich ohnehin nie interessiert war. Die Schranken und Schubladen gewisser Geschlechtererwartungen blieben mir bis in die frühen Zwanziger tatsächlich verborgen; den Mädchen wurde nicht mehr direkt gesagt, was sich für sie ziemte und was nicht. Wir hatten Frauen erlebt, die um die ganze Welt gesegelt waren und Marathons gewonnen hatten, und in der Schule von der britannischen Königin und Heerführerin Boudicca und von Jeanne d'Arc gehört. Ich wusste natürlich, was damenhaft war, aber dass dieses Attribut nicht auf mich passte, fühlte sich für mich nie wie ein Scheitern an. Andererseits wuchs ich auch von all den Hindernissen abgeschirmt auf, denen ich mich nach meinem Studienabschluss plötzlich gegenübersah, als ich – wie meine Großmutter vor mir – nach London zog. Erst in London erlebte ich nach und nach diverse Ungerechtigkeiten, mit denen sich unsereins immer noch konfrontiert sah. Nach wie vor wurde von uns erwartet, dass wir wie selbstverständlich diverse Lasten trugen – aber bitte lautlos und unsichtbar. Ich lernte, dass Weiblichkeit zwar durchaus etwas war, was wir ausgestalten konnten – allerdings nur mittels einer Million kleiner Kämpfe: indem wir Erwartungen, zugewiesene Rollen und Aufgaben hinterfragten, gläserne Decken durchstießen, Makel im Spiegelbild zuließen, es aber auch mit grapschenden Händen aufnehmen mussten, mit Pfiffen auf der Straße, mit im Vergleich niedrigeren Gehältern. In meinem Job, zu Hause, im ganzen Leben wurde mir Tag für Tag immer wieder bewusst, dass für Mädchen und Frauen nach wie vor viel Arbeit zu leisten ist, über die Männer für gewöhnlich nicht einmal nachdenken.

Unmittelbar nach der Trennung von Josh war mir mit als Erstes aufgefallen, wie oft ich hinter ihm hergeräumt hatte: die Müslischalen, die auf dem Tisch stehen geblieben waren, die Schuhe im Flur, die Kleidung am Boden. Wäsche, die am Ständer hängen blieb. Ohne auch nur ein Wort darüber zu verlieren, waren wir in diese Rollen hineingerutscht, und das nicht mit dem Einzug in unsere Wohnung, sondern schon Jahre zuvor, als wir zwar im selben Haus, aber in getrennten Zimmern gewohnt hatten und mein Zimmer meist aufgeräumt war und Joshs nicht. Ich bin sicher niemand, mit dem es sich leicht wohnen lässt. Genau wie meine Großmutter mag ich es, wenn gewisse Dinge an ihrem Platz liegen, und wenn zu Hause Unordnung herrscht, macht mich das nervös. Doch erst als ich mich mit der Situation konfrontiert sah, ohne Josh in der Wohnung zu sein, dämmerte mir das Ausmaß der klassisch weiblichen Rolle, die ich jahrelang ausgelebt hatte. Wir hatten nie ausdrücklich darüber gesprochen, wer welche Aufgaben übernehmen sollte, und doch hatte ich, wie meine Mutter vor mir und ihre vor ihr, stillschweigend beschlossen, was wir wann aßen, hatte dafür gesorgt, dass die Wohnung schön aussah, wenn Gäste kamen, und vor dem Schlafengehen noch kurz aufgeräumt. Josh hatte andere, möglicherweise sogar wichtigere Aufgaben übernommen: Er hatte darauf geachtet, dass Milch und Müsli da waren, und er hatte sich meist um die Wäsche gekümmert. Als ich jetzt aber auf mein Leben als junge Erwachsene zurückblickte, war ich leicht bestürzt darüber, wie selbstverständlich ich mir die Hausfraulichkeit angewöhnt hatte, als wäre sie mein Schicksal. Als wäre sie meine Rolle – in die ich geschlüpft war wie in eine Schürze, die ich mir fest um die Taille gebunden hatte, ohne je wirklich darüber nachzudenken.

Mit unserer Trennung war all das Geschichte. Nicht dass ich schlampig geworden wäre. Aber so vieles in unserer Beziehung war mit der Vorstellung von einem Zuhause und Stabilität verbunden gewesen, von der Vorstellung einer Zukunft, in der ich den gleichen Weg wie meine Mutter und meine Großmutter gegangen wäre, den auch meine Schwester gegangen war – den Weg einer vernünftigen Langzeitbeziehung, eines schönen Zuhauses, eines Tages dann der Ring am Finger und der ganze Rest. Inzwischen stand all das nicht mehr zur Debatte, zumindest noch nicht, vielleicht auch nie mehr und ganz sicher nicht mehr mit Josh. Ich war brutal und ohne Vorwarnung aus diesem Trott hinausgeschubst worden. Und in dem immer noch unfertigen Zustand, in den die Trennung mich versetzt hatte, sah ich mich plötzlich mit der Möglichkeit konfrontiert, meine Weiblichkeit neu zu definieren. Über gewisse Erwartungen hinwegzusehen, von denen die Gesellschaft verlangte, dass ich sie mir auferlegte, und stattdessen einen anderen Weg zu gehen.

Genau wie Generationen von Frauen vor uns überschritten auch wir weiter Grenzen, die uns gesetzt worden waren. Bei gemeinsamen Abendessen und in Lesekreisen wurde darüber diskutiert, was es heute bedeutete, »alles erreicht« zu haben; eine vierte Feminismuswelle erfasste die Generation Frauen, die als Mädchen die Spice Girls toll gefunden hatten und denen das Internet beschert worden war, um dort ihrem Zorn und ihrem Gefühl der Ungerechtigkeit Luft zu machen. Das wiederum löste zig Debatten darüber aus, was junge Frauen überhaupt sein *sollten*. Sich als Millennial-Frau niederzulassen – in einer schicken Wohnung, in einer stabilen Beziehung – wurde mal als Niederlage, mal als radikaler Akt betrachtet. Wir lasen zwar nicht mehr *Good Housekeeping*, scrollten aber durch Instagram und Pinterest, wo der Fokus auf Kochen, Dekorieren und Uns-das-Leben-schön-Einrichten der gleiche blieb. Die Person, von der wir glaubten, dass wir sie sein sollten, hatte derlei Attribute der Häuslichkeit noch immer zutiefst verinnerlicht.

Seit dem ersten Tag nach unserer Trennung hatte mich die Frage umgetrieben, welche Art Frau ich selbst sein wollte – neben der Vorstellung, fortan allein zu sein, und meiner mangelnden Erfahrung damit; neben den Themen Freundschaft, Liebe und was es wohl war, was das Leben lebenswert machte. Im April standen gleich zwei Ereignisse bevor, entscheidende Schritte im Leben, die mich dazu brachten, erneut darüber nachzudenken, wo ich eigentlich stand, wo ich hergekommen war und wo es mit mir hingehen sollte. Zwei meiner ältesten, besten Freundinnen aus unterschiedlichen Abschnitten meiner Kindheit und Jugend heirateten binnen einer Woche. Die Erste, Anna, war in derselben ereignislosen Dorfidylle aufgewachsen wie ich. Neben ihrer Affinität für alles Alberne, Süßliche verfügte Anna über eine verschroben-stählerne Entschlossenheit, für die ich sie bewunderte und mit der ich mich identifizieren konnte. Wir hatten in unserem Humor einen gemeinsamen Nenner gefunden, in der Tatsache, dass wir zwei Mädels waren, die den Limitierungen des Hinterlands entkommen waren und in leicht zerfledderten Vintage-Kleidern glitzernderen Abenteuern entgegensahen. Zusammen unternahmen wir die leicht holprige, eher nüchterne Variante von klassischen Braut-Trauzeugin-Aktivitäten: Sie probierte in meinem Bad ihr Brautkleid an, und ich trommelte für sie einen Junggesellinnen-Abend zusammen, der in einem Club in Peckham endete – eine Handvoll Freundinnen, die über das Getöse der Beats hinweg plapperten, während der herzförmige Luftballon, den ich Anna ans Handgelenk geknotet hatte, über unseren Köpfen wippte und die Discobeleuchtung von der pinken Ballonfolie widerschien.

Wenige Tage zuvor hatten Matt und ich auf einem Hang in Perthshire gestanden und *Octopus's Garden* gesungen, als Martin und Emily geheiratet hatten. Selbst nach zehn Jahren kann ich mich immer noch gut an den Abend erinnern, als die beiden sich kennenlernten – unser erstes Semester war gerade erst ein paar Wochen alt. Ihre Beziehung hatte selbst dann immer ruhig und verständnisvoll gewirkt, wenn

ordentlich Gegenwind geherrscht hatte. Und obwohl wir –
unsere Mitbewohner und wahrscheinlich auch Emily selbst –
immer schon gewusst hatten, dass sie eines Tages heiraten
würden, bezweifle ich, dass auch nur einer von uns sich
den Tag so passend ausgemalt hätte: vom böigen Wind, der
die gut frisierten Haare der Hochzeitsgesellschaft zerzauste,
bis hin zu dem stundenlangen, von Trommeln begleiteten
ceidlidh – diese fantastische Musik inmitten der Wildnis, die
so viel freudige Hitze entfachte, dass es selbst in der riesigen
gemauerten Scheune zu warm wurde. Matt und ich mussten irgendwann raus, um frische Luft zu schnappen. Draußen schwebte Lagerfeuerrauch in den klaren Himmel, und
wir empfanden reines Glück, einander einfach nur an den
Händen zu halten.

Ich sah die beiden, diese geliebten Freundinnen, mit
denen ich erwachsen geworden war, mit großen Erwartungen und in weißen Kleidern ihre Jugend abschließen, war
schier schwindelerregend glücklich für sie und froh, diesen
Augenblick mit ihnen erleben zu dürfen. Gleichzeitig fühlte
ich mich, als wäre ich zwischen Erinnerungen und die
Realität geraten: als spielten sich diese konfetti- und spitzen-
dekorierten Ereignisse im Kino ab, in ganz leicht ruckeligen
Bildern vielleicht, auf jeden Fall charmant, aber auch dem
Leben entfremdet, das ich inzwischen führte und dem ich
einen Sinn zu geben versuchte. Einerseits waren die beiden
Frauen, die in diesen Tagen zum Traualtar schritten, mir
nur zu gut bekannt; wir hatten die Art von unverzichtbaren,
unhöflichen Intimitäten geteilt, auf denen Freundschaften
von Mädchen nun mal aufbauen, die sie ausmachen, die
mal aberwitzig, mal abgefeimt, vor allem aber etwas ganz
Besonderes sind. Andererseits kamen sie mir irgendwie
fremd vor, wie aufpoliertere, makellose, fast schon perfekte

Versionen ihrer selbst – und das nur für diesen einen Tag, an dem sie die Ehe eingingen.

Auf diese Kluft sah ich auch mich selbst zutaumeln; vielleicht weil ich mich ebenfalls von meiner Jugend verabschiedet hatte und in etwas anderes verwandelte. Schon in jenem ersten Frühling in Newcastle, sechs Monate nach unserer ungezügelten, mit weit aufgerissenen Augen durchfeierten Erstsemester-Woche, hatte eine ganz ähnliche Veränderung stattgefunden. Wir hatten die Stadt im März kalt und unwirtlich verlassen, waren Wochen später im April wiedergekommen, und der Kirschbaum vor meinem Fenster – in einem pragmatischen Siebzigerbau, der kurz nach unserem Abschluss abgerissen werden sollte – stand in voller rosa Blüte und kam einem Versprechen von Wärme und weiten Himmeln im Sommersemester gleich. Die kurzen Ferien hatte ich zu Hause im Süden verbracht und war hin- und hergerissen zwischen meinem Jugendfreund und dem Quasi-Freund, den ich im Norden aufgegabelt hatte, fühlte mich aber größtenteils im Fluss, in einer Übergangsphase, weil ich genau spürte, dass Veränderungen in der Luft lagen und in mir drin schlummerten, auch wenn ich nicht hätte sagen können, wie ich sie nutzbar machen sollte. Ich spürte, wie sie sich anbahnten, als draußen der Boden weicher wurde und Narzissen austrieb, als die Bäume aufblühten und zarte neue Blätter entwickelten, sobald die Blüte zu Boden gefallen war. Zwischen kalten Frühlingsböen und immer wieder aufblitzenden Sonnenstrahlen regte sich etwas. Ein Jahrzehnt später, und ich fühlte es wieder, nur war ich diesmal viel zuversichtlicher.

Ich begann zu verstehen, dass das »gescheiterte« Leben, das ich mir so nie ausgemalt hatte – und mit dem ich nie gerechnet hätte –, nach Monaten der Trauer, der Verleugnung, der Ablenkungen und des Selbstmitleids endlich in etwas transformiert worden war, was ich selbst definiert hatte: Ich hatte gelernt, einige Dinge ziehen zu lassen – den Komfort vermeintlicher Sicherheit, und zwar in vielerlei Hinsicht –, hatte stattdessen neue Dinge willkommen geheißen, machte das Beste aus dem allermeisten, was sich mir darbot, und schätzte das Hier und Jetzt, statt mir über die Zukunft Gedanken zu machen. Nicht dass ich ein besserer Mensch geworden wäre als derjenige, der ich mit Josh gewesen war, nicht mal ein wesentlich anderer. Aber ich war jemand, der gelernt hatte, über das hinauszuwachsen, was von ihm erwartet wurde – nicht zuletzt von ihm selbst.

Sosehr die Hochzeiten rauschende Feiern eines neuen Lebensabschnitts für Anna und für Emily waren, sosehr kamen sie auch einer Gelegenheit gleich innezuhalten und in gewisser Hinsicht unserer Jugend Adieu zu sagen. Ich feierte Emilys Hochzeit in der Gesellschaft all unserer alten Mitbewohner. Wir teilten uns ein Zimmer mit drei Stockbetten, wie an einem Pfadfinderinnen-Wochenende, und leiteten die aufgeregt-nervöse Energie, die vor einer Hochzeit in der Luft liegt, in einen flotten Spaziergang rund um die Hügel, die den Veranstaltungsort umgaben. Es war ungewöhnlich hell und warm für die Jahreszeit, und wir zogen Pullover und Mäntel aus, als wir durch leuchtendes Stechginstergestrüpp und schattige Wäldchen streiften, verfallene Scheunen und Pilzkolonien unter umgestürzten Bäumen entdeckten und die saubere Luft mit Erzählungen von alledem füllten, was in den Jahren, in denen wir uns nicht gesehen hatten, geschehen war. Ereignisreiche, abenteuerliche Touren im Freien hatten uns damals schon zusammengebracht: Gleich zu Beginn hatten wir am winterlichen Strand von Tynemouth tapfer kalte Fish and Chips gefuttert oder uns am Tyne-Ufer herumgetrieben, um bei einem meeresbiologischen Experiment mitzuhelfen. Schuhe oder Make-up-Tipps waren nie unser Ding gewesen, eher Purzelbäume und menschliche Pyramiden – wir waren junge Frauen gewesen, die gewusst hatten, wie sie jedwede Pompösität mit einem gewitzten Wortspiel und einem Grinsen nach dem Motto »Hab ich dich!« entlarven konnten.

Ich habe es immer wieder verspürt und aufleben lassen wollen: dieses Gefühl, die Ecken und Kanten der Natur zu erleben. Als die Hochzeitsfeier vorüber war, flogen Matt und ich auf die Orkneys in Schottlands hohen Norden. An vier diesigen, lichtlangen Tagen, die umso länger in Erinnerung bleiben würden, spürten Matt und ich den rauen, uralten Wind auf unseren Gesichtern und bis in die Knochen. Stemmten uns in die Böen dieses hügeligen, baumlosen Landes. Sobald irgendwann der Abend anbrach und Wolken und bissige Kälte vor sich hertrieb, mummelten wir uns gegen die Dunkelheit ein. Mitunter fühlte es sich an, als wären wir die einzigen Menschen auf diesen winzigen, mit Meernebel umwehten Inseln. Ich hörte den Wind draußen heulen und durch den Kamin des kleinen Cottages pfeifen, in dem wir wohnten, aber ich fürchtete mich nicht davor. Wir ließen die frische, tobende Luft auf uns einpeitschen und stemmten uns dagegen, sodass mir die Haare um die geröteten Wangen flatterten, während ich einfach nur tief einatmete.

Unterdessen war es in London heiß geworden. Die Sonne versengte die Stadt und legte sich auf Glas und Ziegel. Die Pendler klemmten sich ihre Wintermäntel unter den Arm oder warfen sie sich über die Schulter, und die Touristen aus wärmeren Gefilden sahen in ihren Anoraks regelrecht überrumpelt aus. Die erste echte Hitzewelle des

Jahres brannte sich durch die lichten Wolken, die im Morgengrauen noch am Himmel standen, und erwischte uns unvorbereitet. Langschläfer verließen direkt in T-Shirts das Haus und setzten ihre lange verdeckten, durchscheinend blassen Gliedmaßen der Sonne aus. Dieses unverhoffte Sonnenlicht legte sich auch auf die ersten Blätter, die ihre Ziehharmonikafalten aus den Blattknospen immer noch nicht ausgespreizt hatten. Die Leute strömten nach draußen, suchten sich eine Sitzbank oder ein Stück Rasen im Park, krempelten die Hosenbeine hoch und legten sich vorsichtig ins Gras.

Anna und James heirateten in einem Herrenhaus aus dem 18. Jahrhundert, das mitten im Grünen abseits der Stoke Newington Church Street lag. An dem Haus fließt ein Kanal vorbei, der immer schon Liebe und weibliche Rebellion mitführt: Eliza, die Tochter des zweiten Eigentümers, eines Industriellen namens William Crayshaw, hatte den örtlichen Pfarrer heiraten wollen, doch ihr Vater hatte es ihr verboten. Also saß sie es aus. Nach Crayshaws Tod im Jahr 1834 – da war Eliza inzwischen gut vierzig – erbte sie zum einen das Haus und nahm zum anderen sofort die Hochzeit mit ihrem geliebten, geduldigen Pfarrer Augustus Clissold in Angriff. Der Park und das Haus tragen bis heute seinen Namen. 1889, nur wenige Jahre bevor der Brockwell Park seine Tore öffnete, wurde der Clissold Park, der zuvor vom Metropolitan Board of Works aufgekauft worden war, der Öffentlichkeit zugänglich gemacht.

Und so folgten wir in unseren schicken Outfits und blumengeschmückt Annas Schleppe, als sie den Parkweg zu ihrer Hochzeitslocation entlangging und sich die Londoner nach ihr umdrehten, die nach dem langen Winter hungrig nach Wärme ins Freie geströmt waren. London verwandelt sich mit steigenden Außentemperaturen: Die Menschen werden unbeschwert, wollen die Wärme sofort in sich aufnehmen. Jogger konkurrieren plötzlich wieder mit trödelnden Spaziergängern, man verlegt Verabredungen in Pubs mit Außenbereich, und der Lockruf des Eiswagens klingelt durch die Luft.

Ich schwelgte in Erinnerungen daran, wie wir gemeinsam groß geworden waren. Anna und ich waren quasi zusammen zu sozialen Wesen erwacht: Wir waren in unseren frühen Zwanzigern wütend auf unsere eigene angepasste Jugend gewesen, auf die Gesellschaft, die einem lediglich Hürden in den Weg stellte, wenn man doch bloß sein Glück versuchen wollte. Als wir uns als erwachsene junge Frauen neu hatten positionieren müssen, hatten wir unsere Naivität verloren und gemeinsam unsere Fähigkeiten verbessert, die Welt zumindest ein Stück weit in andere Bahnen zu lenken. Dieses Bewusstsein hatte uns auch aus der Kindheit herausgeholt. Als dieser sonnige Tag allmählich in Indigo überging, saßen wir auf den Stufen dieses großartigen georgianischen Anwesens – Heather, Anna, Jamie und ich –, teilten uns eine Zigarette und sahen zu, wie sich der Rauch in der Luft kräuselte, waren ein glückliches Gewirr aus Kopf auf Schulter und Arm um Taille, während uns die Discoklänge in unserem Rücken sanft wieder nach drinnen riefen. Wir sahen dem Sommer entgegen, und ich hatte so eine Ahnung, dass es unser letzter Jugend-Sommer werden könnte – dass wir kurz davor standen, das »echte« Erwachsenenalter zu erreichen, in dem man einen Samstag lieber geschäftig bei Ikea verbringt, als ihn zu verschlafen.

Der vor uns liegende Sommer fühlte sich wie der womöglich letzte an, in dem wir sämtliche Freiheiten genießen konnten. Ich wollte mich selbst in diese Freiheiten stürzen –

gemeinsam mit den anderen. Ich wollte, dass wir sichtbare, schiefe Bräunungsstreifen auf der Haut bekämen und Schmutz unter die Fingernägel; ich wollte, dass unser Haar lang und ausgebleicht würde und uns über die Schultern fiele. Ich wollte Schweiß auf der Stirn, gierig Wasser trinken, mit leichter Orientierungslosigkeit und zu vielen Möglichkeiten angefüllt sein. Ich wollte einen letzten Sommer voll erstickenden, tränenfließenden Gelächters und wilder Tänze unter einem sich verdunkelnden Himmel. Bitte, flehte ich insgeheim, während ich zusah, wie sich unser Leben allmählich auf festere Bahnen zubewegte: einen letzten Sommer der freudigen Hemmungslosigkeit. Frei von Besitztum, von Sorgen, voll von Sehnsüchten und Liebe.

Unsere Mädchenjahre waren vorbei und rückten allmählich in die Vergangenheit, während wir unaufhaltsam erwachsen wurden und in die weiblichen Rollen schlüpften, die wir kennengelernt oder selbst gestaltet hatten. Diesen Übertritt mochte man betrauern, doch ich beschloss, es nicht zu tun: Ich beschloss, mich daran zu erinnern, was wir gewesen waren, wertzuschätzen, was davon noch geblieben war, und für alles offen zu sein, was davon weiterhin aufblitzen würde, während wir sowohl gemeinsam als auch getrennt voneinander erwachsene Frauen würden. Unser Leben büßte dadurch an sich nichts ein, aber es verwandelte sich in etwas, was anders war und trotzdem geprägt von dem, was unsere Mütter und Großmütter uns vorgelebt hatten.

•

Als wir Annas Hochzeitslocation räumen mussten und die Gäste langsam hinaus in den Park und auf die dahinter liegenden Straßen in Richtung Pub strömten, gingen die Lichter an, und die Braut bat uns letzte Gäste, die Blumen mitzunehmen, damit sie nicht weggeworfen werden müssten. Mein Sträußchen hatte stundenlanges Tanzen überlebt, eine tumultartige, schweißtreibende Aktion, die in einem Durcheinander aus Neon-Leuchtfarbe, abgeschürften Schuhsohlen und keuchenden Brustkörben geendet hatte. Es landete zu guter Letzt in einem Pint-Glas auf Matts Schlafzimmerfensterbank. Als ich tags darauf mit kajalverschmierten Augen aufwachte und es dort entdeckte – die Klematisranke und die Blüte einer Duftwicke, zwar leicht derangiert, aber immer noch wunderschön –, freute ich mich zutiefst. Diese typisch britischen Frühsommerblumen halten sich nicht allzu lange. Selbst wenn man sie auf die Vase vorbereitet, die Stängel schräg anschneidet und sie in lauwarmes Wasser stellt, liegt ihre Attraktivität wohl auch in ihrer Vergänglichkeit: Sie versüßen einem den Moment, sind aber nicht für die Ewigkeit gemacht und deshalb umso kostbarer. Es war Sonntagmorgen, wieder ein Tag, der noch sonniger zu werden versprach als der Tag zuvor, und Heather, Jamie und ich hatten uns zu einem Picknick im Park verabredet, um dort unseren Kater in der untypischen Wärme auszukurieren und Anekdoten von der Magie des Vortags und -abends auszutauschen. Um die Erinnerungen zu festigen, ehe sie sich verflüchtigten.

Es kam mir vor, als hätten wir uns genau dies erobert und als hätte die Generation meiner Großmutter das nicht gekonnt. Ich könnte mir nie eines Mannes fürs ganze Leben sicher sein, der für mich sorgen würde, während ich mich bloß um den Haushalt kümmern müsste. Die Zukunft meines Jobs war ungewiss und mein Dach über dem Kopf umso mehr. Den Frauen meiner Generation war immer erzählt worden, wir könnten alles haben, nur dass wir irgendwann hatten erfahren müssen, dass *alles* unmöglich und anstrengend war und wir stattdessen neu definieren mussten, was wir im Leben wollten. Und obwohl ich all die Jahre nach Gewissheit gesucht und durch ihren Verlust entwurzelt worden war, war die Freiheit, die ich in der Folge erlangt hatte, jetzt, da ich sie für mich entdeckt hatte, schier elektrisierend. Ich würde in meinem Garten nie an die strikten Regeln der Edelrosenzucht gebunden sein, sondern könnte Anemonen in einem alten Eimer auf einem Wohnungsbalkon ziehen, der in Kürze nicht mehr meiner wäre, sie abschneiden, um sie in eine Vase zu stellen – oder eben auch nicht. Mir würde nie jemand sagen, dass ich mich zwischen mageren drei Karrierewegen entscheiden müsste, und es würde auch keiner von mir erwarten, dass ich meinen Beruf komplett aufgäbe, nur weil ich Kinder zur Welt bringen müsste – auch wenn dies ein eigener, noch mal ganz anderer Kampf werden könnte. Aber wenn ich die Stürme der Unsicherheit überstanden hätte, würde eine ureigene Belohnung beispielsweise in den Freuden eines spontanen Picknicks an einem sonnigen Tag oder in einem nächtlichen Spaziergang durch Soho liegen – und in der noch viel größeren, viel klangvolleren Option, all das abzulehnen, was von mir erwartet wurde, weil ich auch anders irgendwie klarkäme.

Es konnte durchaus auch sein, dass nichts davon von Dauer wäre. Genau wie an den Blüten, die am Ende des Monats von den Bäumen wehten und die Gehwege pink färbten, ist das Schöne an einer Anemone, dass ihre Blütenblätter nur eine gewisse Zeit lang dem Wind standhalten. Nach ein paar Tagen, maximal ein paar Wochen, spreizen sie sich, fallen ab und hinterlassen Samen. Diese wiederum werden von Böen davongetragen, landen irgendwo anders, lassen sich womöglich nieder und keimen oder vielleicht auch nicht – vielleicht passiert auch gar nichts dergleichen. Aber wenn, dann gedeihen sie und blühen auf. Und allein für diese Möglichkeit war der ganze Aufwand es womöglich wert.

·

Der Monat neigte sich dem Ende zu, und um uns herum kamen komplett andere Dinge zum Vorschein als in den Wochen zuvor. Der Wiesenkerbel war an Bordsteinen und Bahnhöfen in den südöstlichen Vororten der Stadt aufgetaucht, weiße Tupfer auf schwankenden Stielen. Es fing erst um acht an, dunkel zu werden. In Bussen wurden die Fenster aufgestemmt. Die letzten Christrosenblüten rollten sich papierartig und blass über dem wild wuchernden neuen Laub zusammen, das auch die Bäume und Hecken wie zu einer grünen Überraschung eingehüllt hatte. Die Stadt verwilderte allmählich – hybride Hasenglöckchen, Nachkommen von Gartenflüchtlingen, die sich mit der in den englischen Wäldern heimischen Unterart gekreuzt hatten, tauchten auf Verkehrsinseln und in städtischen Blumenbeeten auf. Vergissmeinnicht kroch an vergessenen Mauerabschnitten empor. Der Frühling braute sein eigenes Süppchen. Pollen hatten angefangen, von den Bäumen auf die Bürgersteige zu driften – wie Puderzucker, der die Schüssel verfehlt hatte.

Ich war in meiner Jacke, die dicker als nötig war, schon leicht verschwitzt, als ich mal wieder in einen neuen Teil von Südlondon fuhr. Es war später Nachmittag, und Hannah mitsamt meinem inzwischen allen Ernstes schon sechs Monate alten kleinen Neffen im Buggy begleitete mich zur

Besichtigung eines winzigen Apartments mit Gärtchen am Rand von Brockley. Der Makler war spät dran und wirkte nicht sonderlich seriös, erzählte eine merkwürdige Geschichte nach dem Motto, er kenne den Besitzer und helfe bloß aus, womöglich um den Umstand zu verschleiern, dass es sich in Wahrheit um ein Einzimmerapartment handelte, in das lediglich eine Zwischenwand eingezogen worden war, um ein winziges Schlafzimmer abzutrennen. Ja, es gab einen Garten, trotzdem schrieben wir das Ganze ab, ich bedankte mich bei Hannah und ließ sie ziehen, damit sie das Baby nach Hause bringen und schlafen legen konnte, während ich einen dieser kleinen Busse nahm, die immer wahnsinnig langsam durch die Vororte gondelten.

Die Wohnung, zu der ich als Nächstes fuhr, war schon seit einer Weile auf dem Markt; tatsächlich war ich bereits ein halbes Jahr zuvor schon einmal darüber gestolpert, als ich mich halbwegs ziellos schlaugemacht hatte, was ich mir – wenn überhaupt – würde leisten können. Es hatte damals nach einem Hoffnungsschimmer ausgesehen – eine großzügige, wenn auch leicht heruntergekommene Zweizimmerwohnung mit einem zugewachsenen Balkon direkt am Rand des Dulwich Golf Course. Auf dem Stadtplan hatte es ausgesehen, als wäre sie von Grün umgeben. Allerdings war die Preisvorstellung des Besitzers zu hoch gewesen. Eine Woche vor meinem jetzigen Termin war er schließlich doch mit dem Preis nach unten gegangen (der immer noch stattlich war, immer noch mehr, als ich mir leisten konnte). Die Adresse war nicht ganz leicht zu finden, verbarg sich in einem Eckchen eines unübersichtlich angelegten Wohnareals, und der Makler wartete bereits auf mich, als ich den Hang hochschnaufte, und bedachte die Kinder auf den Rasenflächen rundherum mit einem

Lächeln. Wir machten die Art von unbehaglichem Small-talk, an den ich mich inzwischen gewöhnt hatte, dieses hirnrissige Katz-und-Maus-Spiel, in dem der potenzielle Käufer den Anschein routinierter Langeweile gegenüber dieser Prozedur an den Tag legen muss. Hinter der roten Eingangstür hing ein zerfleddertes Poster, einmal links – und wir standen vor einer grünen Wand. Die Wohnung ging auf ganzer Breite hinaus zum Wald, altehrwürdige Eichen trieben soeben frisches Laub aus, hier und da hingen immer noch Blüten an den Zweigen und fingen das Licht ein, das sich in ein paar Stunden verabschieden würde. Die Wohnung wirkte ermüdet; sie roch muffig und war voll mit traurigem Mobiliar und schweren Vorhängen. Die Decken in Bad und Schlafzimmer bestanden aus rissigen Styroporplatten, die Küchenpaneele aus orangestichigem Kiefernholz, und in der Mitte befand sich ein merkwürdiger Alkoven, der fast den kompletten Raum einnahm. Zur nächsten Bushaltestelle war es ein gutes Stück zu Fuß; zur U-Bahn waren es, wenn man schnell war, zwanzig Minuten. Trotzdem hatte ich das Gefühl, dass die Wohnung Potenzial hatte. Sie fühlte sich an, als könnte sie ein Zuhause werden, als könnte ich hier glücklich werden. Von Bäumen umgeben zu sein war genau, was ich brauchte: aus der Tür zu treten und von der Natur willkommen geheißen zu werden. Die Solidität, nach der ich gesucht hatte – in den Pflanzen, in ihren Wachstumszyklen, in ihrer Fähigkeit und Bereitschaft, sich anzupassen –, konnte ich genau hier vor mir sehen, in den großen Eichen, die den Ort in eine Art Waldkokon hüllten. Gegenüber dem Makler tat ich cool, rief anschließend aber sofort meine Mutter und meine Schwester an und erzählte ihnen, dass sie in der darauffolgenden Woche mit mir zusammen hierherkommen müssten.

Mai

Wenn es nicht hier und da spät geworden wäre – keine Ahnung, wo es überhaupt hätte anfangen sollen: meine Freundschaft zu Heather oder auch die Einsicht, dass Pflanzen einem sinnliche Freuden bereiten können. Es sollte noch Jahre dauern, ehe ich mich zu ihnen hingezogen fühlen und selbst die ersten Pflanzen ziehen würde – aber jene erste warme Nacht im Jahr 2008 war der Grund, warum ich mich ihnen überhaupt wieder zuwandte, Faszination und Trost in ihnen fand, mich nach ihnen sehnte, ihnen nachspürte, über sie schrieb und von ihnen träumte.

Unsere gemeinsame Freundin Katie hatte Heather und mich zusammengebracht. Wir waren uns auch zuvor schon hier und da begegnet, so wie es Mädchen mit ähnlichen Interessen an überschaubaren Orten taten. Wir hatten dieselben Tanzflächen betanzt, unsere Namen hatten auf denselben Seiten der Studentenzeitung gestanden, aber keine von uns hatte den Mut gehabt, auf die andere zuzugehen. Also sorgte Katie dafür, dass wir uns trafen: leicht unbeholfen zu einer Art Bekanntschafts-Date. Im Nachhinein scheint es zu passen, dass es auf der Tanzfläche eines der damals topaktuellen Clubs der Stadt war, bei einer Party, die von einem schicken, in London ansässigen Magazin ausgerichtet wurde. Im darauffolgenden Jahrzehnt drängelten

Heather und ich uns immer wieder in derlei Locations herum, unsere Freundschaft formte sich durch den dort fließenden Schweiß und den Nervenkitzel, das einigende Wummern des unnachgiebigen Beats eines Dance-Tracks und die widersinnige, mäandrierende Freude, die man empfindet, wenn man anschließend hinaus auf den Bürgersteig tritt und beschließt, endlich nach Hause zu gehen. Wir wussten, dass wir uns beide an solchen Orten frei fühlten. Wir nahmen einander auf Partys mit, blieben wie Satelliten immer in Sichtweite der jeweils anderen, beschützten einander vor unerwünschter Aufmerksamkeit und ließen die andere nur dann aus ihrer Umlaufbahn entschwinden, wenn die richtige Person auftauchte. Unser Verhältnis war weder geprägt von Anhänglichkeit noch von Coolness und selten von Eifersucht, sondern bewegte sich eher auf eine Art leichtfüßiger, verständnisvoller Loyalität.

In jener ersten Nacht – es war Anfang Mai, ein paar Wochen vor den Prüfungen – war es ebenfalls spät geworden. Der Himmel über Newcastle, der immer kaum zu greifen war, nicht zuletzt in den bissigen Tiefen des Winters, wurde nur mit Mühe dunkel. Zwischen Frühlingsanfang und Sommersonnenwende scheinen die Nächte dort oben nie richtig dunkel zu werden. Eher tauchen sie in immer tiefere Blautöne ab, um sich dann in einer kreidebleichen Morgendämmerung zu verabschieden. Es war mitunter noch kalt, trotzdem sangen die Vögel die ganze Nacht. In Anbetracht der bevorstehenden Prüfungen hätte eigentlich Ruhe unter den Studenten einkehren sollen, trotzdem luden die Straßen an den jetzt wärmeren Tagen und längeren Abenden zum Feiern ein. Endlich legten wir Strumpfhosen und Mäntel ab (die härteren Mädels trugen sowieso nie welche), streckten uns auf den Rasenflächen aus, die sich vor der Bibliothek erstreckten, und redeten uns ein, dass wir draußen genauso viel lernen könnten wie drinnen. Einweggrills tauchten auf dem Gelände rund um die Studentenwohnheime auf, und der mit Chemikalien befeuerte Rauch waberte über den Campus.

Die Kirschblüte vor meinem Wohnheimfenster lag inzwischen größtenteils unter den Zweigen im Gras und machte Platz für stolze neue Blätter. Ich hatte angefangen, Kräuter auf der Fensterbank zu ziehen, hauptsächlich um die schlichten Nudelkreationen aufzubessern, von denen ich mich ernährte. Ich schlief jetzt schon eine Weile bei offenem Fenster; der Mann, mit dem ich manchmal mein Einzelbett teilte, mochte den Hauch von Nachtluft auf dem, was von seiner Haut unter der Decke hervorblitzte, und ich hatte mich an das Gefühl gewöhnt, das Draußen hereinzulassen, das fast mechanische Geräusch der leichten Brise über den Alu-Jalousien.

Heather und ich verabschiedeten uns auf dem Rasen rund um das Civic Centre, berauscht von Pints billigen Biers und dem Glühen, das eine neue Bekanntschaft mit sich bringt. Es muss gegen ein Uhr nachts gewesen sein, also noch verhältnismäßig früh und doch spät genug, um die Stadt halbwegs zur Ruhe kommen zu lassen. Nicht viele Studenten gingen richtig feiern, sobald die Prüfungszeit begonnen hatte. Mein Heimweg war jetzt kurz und sicher – einfach nur zwischen den Unigebäuden hindurch und dann über den ausgetretenen Pfad zu meinem Wohnheim. Ich nehme an, Heathers Weg bis Heaton war nicht viel weiter. Dort wohnte sie mit zwei anderen jungen Frauen zusammen. Trotzdem schien mir ihr Heimweg gefährlicher. (Heather ist ein paar Jährchen älter als ich, war an der Uni zwei Semester über mir, und damals fühlte es sich an, als hätte sie doppelt so viel Lebenserfahrung.) Ich bewunderte sie zutiefst für ihre Gelassenheit.

Es war mucksmäuschenstill, als ich heimkam, dunkel und stickig. Doch als ich meine Zimmertür aufschob, bot sich mir dahinter eine andere Welt: Die warme Luft, die durch das offene Fenster kam, war durch die Basilikumpflanze auf dem Fensterbrett gestrichen und hatte über die Abendstunden das kleine, charakterlose Zimmer mit etwas süß-botanisch Berauschendem angefüllt, das ich nie zuvor wahrgenommen hatte. Frisch und betörend stieg es mir in die Nase, in den Rachen, wie eine Welle, die einem die Beine wegschlägt. Ich musste das Licht gar nicht einschalten. Der Mond war hell, und es schien mir fast so, als würde ich, indem ich das empfindliche Gleichgewicht aus Dämmerung, Sauerstoff und Geruch veränderte, alles zunichtemachen. Also legte ich mich ins Bett, ließ mich in dem Geruch treiben, ließ ihn mit meinen Träumen spielen.

Es war keine glamouröse botanische Art oder Unterart, anhand derer ich erkannte, dass Pflanzen wie Musik oder Geschmack sein konnten, eine Art sechster Sinn, der mit Erinnerungen und Bedeutsamkeit zu tun hat – es war das Basilikum, das sich seinen Weg in mein Gehirn bahnte. Ohne das Basilikum wäre die Nacht meiner ersten Begegnung mit Heather nur eine Nacht von vielen gewesen, eine von Hunderten, die wir später gemeinsam erleben sollten. Aber durch diese süße Vermischung prägte sich das Ereignis tief in mein Gedächtnis ein.

Wenn ich poetischer veranlagt wäre, hätte ich diese Episode vielleicht in Rosmarin umgeschrieben, der seit Jahrhunderten mit dem Erinnern assoziiert wird – oder mit Petersilie, die für Dankbarkeit steht. Aber tatsächlich war es Basilikum, das verschiedentlich mit Extremen von Liebe und Hass assoziiert und das man um des schönen Scheins willen in Supermarkttöpfen wild wuchern lässt. Ich habe diese Pflanze immer als diejenige betrachtet, die mich zu der Erkenntnis gebracht hat, dass ich Pflanzen um mich brauche, selbst wenn es ab jenem Zeitpunkt noch eine Weile dauern sollte, bis ich sie selbst pflanzte.

Nach dieser Nacht begann ich wahrzunehmen, was sonst noch um mich herum wuchs. Auch wenn ich meine Kindheit auf dem Land verbracht hatte, war ich bis dahin mehr oder weniger pflanzenblind gewesen. An einigen war man natürlich gar nicht vorbeigekommen – Brennnesseln, Löwenzahn, einige Bäume; Wiesenkerbel, Kletten-Labkraut; Narzissen, Hasenglöckchen; die eher einfach zu identifizierenden Bäume. Aber hauptsächlich waren die Gewächse, zwischen denen ich aufgewachsen war, eine Art Mobiliar oder Kulisse meines Heranwachsens gewesen, das wegen des ländlichen Settings mitunter klaustrophobisch sein konnte. Sosehr ich die elegante Umgebung des Leazes Parks belebender fand als die unendlichen Wanderwege, die ich von früher kannte, war es die Natur in der Stadt, die mir die Scheuklappen abnahm. Hier konnte ich gänzlich neue Entdeckungen machen, während ich gegen Ende des Frühlings oben im Heaton Park saß und beobachtete, wie die Mauerschwalben im schwindenden Licht empor- und hinabschossen. Ich war begeistert von der Art und Weise, wie die Bäume in eine weiße Blüte ausbrachen und die Gehwege in Jesmond mit hübschen Tupfern versahen, wie die nordöstlichen Winde die Blütenblätter vor sich hertrieben und ich sie später auf meiner Jacke finden würde, wenn ich durch die Stadt gefahren war. Ich sah, wie die Rosmarinsträucher im Kolleghof wuchsen, strich im Vorbeigehen mit der Hand darüber, um ihren Geruch freizusetzen, und dachte darüber nach, ein paar Zweige zu stibitzen, wie mein Freund es oft tat, wenn er vorhatte, Bratkartoffeln zu machen. Ein Spaziergang im Dene im Mai bedeutete, in den Geruch von Bärlauch einzutauchen, der die schattigen Ufer mit breiten, sanft nickenden Blättern bedeckte, ehe er seine weißen, sternförmigen Blüten austrieb, die sich über den Bach neigten und ihr Spiegelbild betrachteten. (Bärlauch oder *Allium ursinum* wird oft verwechselt mit dem Glöckchen-Lauch oder *Allium triquetrum* – beide haben den scharfen, verräterischen Geruch und Geschmack von Knoblauch und ergeben gleichermaßen leckeres Pesto, aber der Letztere blüht früher und hat Toblerone-förmige, dreieckige Blütenstiele.)

Ich begann, mich für Kräuter zu interessieren – auch wenn diejenigen in Plastiktöpfen aus dem Supermarkt zum Ausbeuterischsten beim Gärtnern zählen und in aller Regel zum Sterben verurteilt sind, weil zu viele Setzlinge in einen Topf gepfercht werden, als dass auch nur einer davon gedeihen könnte, ohne sich mit seinen Nachbarn um Licht, Platz und Wasser zu kannibalisieren. Aber es handelte sich nun mal um diejenigen Kulturpflanzen, mit denen ich aufgewachsen war, wenn ich auch nicht wusste, wie man sie großzog – allenfalls, wie man sie verwendete. Meine Mutter hatte zu Hause ein Kräuterbeet, in das ich von Kindesbeinen an geschickt worden war, um etwas von draußen zu holen; mitunter brachte ich ihr das Falsche und rief eine verwirrte Gereiztheit hervor. Als ich lernte, diese Kräuter selbst zu züchten, sollte ich die gleiche Haltung an den Tag legen: einen vage entsetzten Unglauben und größtenteils unangebrachten Zorn auf jene Helfer, die den Unterschied zwischen Minze und Petersilie nicht kannten. Inzwischen kann ich an Rosmarin oder – seltener, aber unendlich charmanter – Myrrhenkerbel oder Majoran gar nicht mehr vorbeigehen, ohne ihn zwischen meinen Fingern zu zerreiben und den Geruch einzuatmen.

Die Gartenarbeit lehrt uns überdies, wie viele Zwecke Pflanzen haben können – sowohl im kulinarischen als auch im medizinischen Bereich. Zu ergründen, wie diese anfangs fremden, besorgniserregenden verschiedenen Dinge die Lösung für Rückenschmerzen sein können oder einfach nur hübsch einen Cocktail verfeinern, bedeutet im Grunde nur, ihre Fähigkeiten weiter zu bestaunen. Es ist eine solche Genugtuung, wenn man nicht nur eine Pflanze entdeckt, sondern auch lernt, dass man sie essen kann, und sie wird köstlicher sein als jede andere, die man in einem Geschäft findet. Bei Kräutern ist es meist umgekehrt: Seit Jahrhunderten werden sie von Menschen zum Essen gezüchtet, und erst mit der Zeit haben wir auch ihre Schönheit zu schätzen gelernt. Der zarte Purpur der Rosmarinblüte lockt sogar an harten Wintertagen eine Biene an. Gebratene Fenchelknolle wird zu einem famosen, an Anis erinnernden Bissen – aber wenn man sie sich selbst überlässt, sind die Blüten seltsam retro-futuristische Explosionen von ehrgeizigem Gelb. Die sternförmigen blauen Borretschblüten sind viel hübscher, als ihr Name vermuten lässt. Erstmals übertrat ich die Grenze zwischen dem, was man essen, und dem, was man bewundern kann, mit sechs oder sieben, als ich den Stachelkopf eines Schnittlauchs von seinem Stiel biss. Ich war überzeugt, dass man mich dafür ausschimpfen würde, erzählte es deshalb niemandem und musste stundenlang in beschämter Stille den anhaltenden feurigen Geschmack ertragen.

Nach jenem ersten Sommer unseres Studiums zogen wir aus dem Wohnheim in Häuser und Maisonettewohnungen zusammen, die über eigene Innen- und Hinterhöfe verfügten. Allerdings waren das derart trostlose, zubetonierte und von Müllcontainern beherrschte Orte, dass man dort kaum mehr als rauchen gehen konnte, und wenn es warm genug und wir zu faul waren, um heilsameres Land aufzusuchen, lungerten wir dort untätig herum. Ich sollte sechs Jahre lang keinen Zugang zu einem eigenen Garten haben, abgesehen von dem meiner Eltern. Als es dann so weit war, war es ein überwuchertes Areal hinter einem jener hohen Londoner Reihenhäuser, die noch nicht in Wohnungen umgewandelt worden waren – eine Seltenheit. Wir bestimmten selbst über das Haus, meine vier (manchmal fünf) Mitbewohnerinnen und ich; wir ertrugen das Haus wie einander, und es ertrug uns. Aus dem Küchenspülbecken krochen Schnecken, und ich schlief jahrelang zu dem Geräusch ein, wie irgendetwas über mir auf dem Dachboden hin- und herwetzte. Die feuchten Handtücher im schimmligen Badezimmer, das nur deshalb so prächtig wirkte, weil es groß genug war für eine stolz mitten im Raum stehende Wanne mit Löwentatzen, haben uns nie gestört – auch wenn es immer zu kalt war, um je in der Wanne zu sitzen. Wir sahen über die Schäbigkeit schlicht hinweg. Das Haus stand nur wenige Gehminuten vom nächsten Pub, den Clubs und den Häusern unserer Freunde entfernt. In einem Gestell in der Ecke des Esszimmers war Platz für all unsere Fahrräder, und die Miete betrug weniger als 400 Pfund im Monat.

Das Wohnzimmer und das Esszimmer strichen wir neu, machten das Beste aus dem, was wir an Geld zur Verfügung hatten. Auch wenn das Haus ungepflegt war, hatte es immer noch etwas Viktorianisch-Ehrwürdiges an sich – der Stuck an der Decke staubte zwar zu, hatte aber die Jahre schadlos überstanden. Die originalen Fensterläden umrahmten die hohen, einfach verglasten Fenster. Wir trugen zig Pullover übereinander, kauerten in der düsteren, niedrigen Küche und veranstalteten die Art von Partys, bei denen man aus einem Zimmer trat, nur um im nächsten Dutzenden Fremden zu begegnen. Ich kann mir bis heute nicht erklären, warum wir nicht alle einen tödlichen Stromschlag erlitten haben, als der Keller, in dem überall Lautsprecher und Lichterketten hingen, einmal gut knöcheltief überflutet war. Die Partys akzentuierten den Vortrieb, den wir alle spürten: Geld verdienen und uns in dieser Stadt über Wasser halten, die uns nicht zu wollen oder zu brauchen schien. Wir schwankten zwischen Euphorie und Verzweiflung. Zwischen Leuten, die auf Tischen tanzten, stritt sich irgendwo ein Pärchen; jemand hatte zu viel getrunken; und dann waren da auch noch – viel weniger offensichtlich – diejenigen, die nur mehr mechanisch dem Trott folgten und versuchten, in den frühen Morgenstunden ihre anhaltenden Ängste mit zu lauter Musik und diversen Substanzen aufzuweichen.

Der Garten war weniger etwas, worum wir uns kümmerten, als vielmehr die Erweiterung dieses heruntergekommenen Lebensraums, den wir dankbar als unser Zuhause bezeichneten. Im Mai breiteten sich die Partys auch auf den Rasen jenseits des rissigen seitlichen Betondurchgangs aus. Bier sickerte in den Rasen. Wir hängten Einmachgläser in die Bäume und stellten Kerzen hinein. Nachdem einer meiner Mitbewohner auf ein sechsmonatiges Abenteuer aufbrach, aus dem letztlich drei Jahre werden sollten, zog Josh bei uns ein – und es war eine süße, liebeserfüllte Zeit; gemeinsam versuchten wir, den Garten ein wenig auf Vordermann zu bringen, verbrachten an späten Frühlingsabenden Stunden damit, grassierendes Unkraut aus einst geliebten Hochbeeten zu jäten und Müll aus dem Gestrüpp herauszuklauben. Es war eine befriedigende Arbeit, der muskulösere Verwandte des Saubermachens auf dem Balkon, des Köpfens welker Blüten, das später zu meiner regelmäßigen Meditation werden sollte. Eine Mitbewohnerin besorgte einen günstigen Rasenmäher. Die Arbeit beflügelte uns; es war sogar die Rede von Gemüseanbau.

Nur kam uns das Leben in die Quere. Sobald das Wetter wieder schlechter wurde, zogen wir uns nach drinnen zurück, vor unsere Bildschirme, in Pubs und auf Tanzflächen. Und sobald wir den Beeten den Rücken gekehrt hatten, dachte ich auch nicht mehr daran, wofür sie sonst noch gut sein könnten. Unser Vorhaben schien irgendwie ohnehin zu ehrgeizig gewesen zu sein und der Garten zu groß und zu einschüchternd; ich hätte gar nicht gewusst, welche Pflanzen ich wo hätte einpflanzen sollen. Ich hatte noch nicht gelernt, ein ureigenes Verlangen danach zu entwickeln – obwohl ich doch jedes Mal einen Stich der Freude verspürte, wenn ich an den aufragenden Stockmalven und dem Fingerhut vorbeiging, die unsere Nachbarin aus Plastikwannen in ihrem Vorgarten lockte. Unsere mit hinreichend Sonne und Regen gesegneten Anbauflächen blieben somit von menschlichem Einfluss unberührt. Und so kamen die Pflanzen, denen wir zuvor Einhalt geboten hatten, wieder zurück. Ich nahm sie nicht einmal hinreichend zur Kenntnis, um herauszufinden, worum es sich überhaupt handelte.

Allerdings baute ich Kräuter an – oder versuchte es zumindest. Während sich der Boden, den unser eigentlicher Garten bot, unberührbar und wild anfühlte, versuchte ich, den von der Küche aus zugänglichen Durchgang nach hinten zu besiedeln. (Ich erinnere mich nicht wirklich daran, dass wir die Hintertür je verschlossen hätten, was ein Wahnsinn war, wenn man bedachte, wo wir wohnten.) Und so fühlte sich der Streifen ein klein wenig an wie die Beete meiner Mutter, in denen sie immer Kräuter angebaut hatte – annähernd in Reichweite von den verschiedenen Arbeitsflächen der Häuser meiner Kindheit, nur mit dem Unterschied, dass meine Mutter immer genau wusste, was sie da tat, und klug genug war, die Kräuter an Stellen anzubauen, an denen sie den erforderlichen Schutz und genügend Sonne abbekamen. Unser Durchgang lag im Schatten, war dauerhaft feucht, wenn auch regengeschützt, und teils von einem kaputten Zaun umschlossen; ich pflanzte dort Basilikum an, Rosmarin und Lavendel – allesamt Sonnenliebhaber – und war guter Hoffnung, sie würden gedeihen, nur dass sie bloß dürr und traurig wurden, sich nach dem Licht streckten oder von Schnecken verschlungen wurden. Hätte ich gewusst, wo in unserem Garten ich sie hätte einpflanzen können, in diesem Streifen magerer Erde – wer weiß, wozu meine bescheidenen Erfolge geführt hätten?

Jene todgeweihten Pflanzen hatte ich per Fahrrad vom Columbia Road Flower Market die Kingsland Road hochgeschafft. Der Markt ist eines der Dinge, die den Londonern seit jeher bekannt sind und bei Touristen immer beliebter werden. Wenn man erst um elf Uhr morgens losfährt, bedeutet das, sich in ein Gedränge zu stürzen, in dem auf Augenhöhe schicke Kameras umherschwenken und einem kleine Modehunde zwischen den Beinen herumwuseln. Kinder und Buggys, die – wenig ratsam – von optimistischen Eltern mitgebracht werden, rumpeln einem gegen die Knie, und über alledem die Schreie der Standinhaber, von denen viele die jüngsten Sprösslinge aus Familien sind, die dort seit Generationen an Sonntagen Schnittblumen und Topfpflanzen verkaufen. Seit sich Shoreditch und Hoxton, die Stadtteile rund um den Markt, Mitte der Neunzigerjahre in Hipster-Viertel und ein Jahrzehnt später in eine Art Außenposten von wohlhabenden, glamourösen Tech-Start-ups verwandelt haben – die Square Mile, das wirtschaftliche Zentrum Londons, liegt gleich nebenan –, hat sich die Columbia Road zu einer Standardetappe auf den geschäftigen Sonntagsrunden für Touristen und Londoner gleichermaßen entwickelt. Ganz in der Nähe verwandelt sich die Brick Lane ebenfalls in einen trubeligen Markt, und auch der mit Zynismus und Verachtung beäugte Boxpark bietet allerlei Arten von Brunch- und Trinkmöglichkeiten. Bündel langstieliger Blumen in braunem Einwickelpapier und die wippenden Wedel einer Mexikanischen Bergpalme werden auf Schultern bis nach Bethnal Green getragen.

Der Blumenmarkt begann früher immer um acht Uhr und endete am frühen Nachmittag. Allerdings haben die bummelnden, verkaterten Faulenzer für eine Verschiebung gesorgt – inzwischen sind die Stände kaum mehr vor neun Uhr fertig bestückt; dafür kann man dort noch bis vier Uhr nachmittags Schnäppchen machen. Die Nachfrage nach urbanem Grün – und die Columbia Road ist nach wie vor der am besten erreichbare Ort in London, um Pflanzen zu kaufen – verändert auch jahrzehntealte Traditionen. Die Moden, die durch Einrichtungsmagazine geprägt und auf allerlei sozialen Medienkanälen durchexerziert werden, tauchen nur wenige Monate später auch an den Ständen auf: Der lila *Oxalis triangularis* ist jetzt dort Stammgast (weil er lange schwer zu bekommen war, habe ich ihn immer aus Knollen gezogen – jene länglichen, zwiebelartigen Gebilde, die den Anfang von so vielen Pflanzen bilden); zwischen den Ständen für Einjährige und Schnittblumen finden sich entlang der Straße unter Pavillondächern auch Dutzende Sukkulenten in Pflanztöpfchen. Zimmerpflanzen, die früher lediglich eine Ergänzung zu den Schnittblumen darstellten, füllen heute ganze Stände: modisch blassrosa gestreifte Korbmaranten und todgeweihte Geigenfeigen, die so günstig angeboten werden, dass eine Getränkerunde in einer der benachbarten Bars teurer wäre. Es wird verkauft, was die Leute wollen, und seit Mitte der 2010er Jahre prägt dort auf den Gehwegen der Hunger der Millenials nach Grün das Bild – genau wie in ihren gemieteten Stadtwohnungen.

Und seit meinem ersten Sommer in London gehörte auch ich dazu: Erst fuhr ich nur hin, um zu gucken, doch irgendwann fing auch ich an zu kaufen und meine Begierde nach essbaren Pflanzen zu befriedigen, die bei mir gedeihen würden. Im ersten Mai mit Anfang zwanzig fing ich an zu üben, was ich später als Gärtnerin deutlich besser beherrschen würde. Ich schrieb Listen und fuhr früh genug hin, damit ich fast alleine wäre. Ich ging die Stände ab (vielleicht dreißig), nur um anschließend zu denjenigen zurückzukehren, wo die Pflanzen, die ich wollte, gesund aussahen und günstig waren. Viele Jahre lang war die Columbia Road meine Hauptbezugsquelle für Pflanzen. Dort lernte ich auch, worauf man beim Kauf vorrangig achten sollte: dass die Erde nicht komplett durchtränkt, die Wurzeln nicht tödlich überschwemmt waren und die Oberfläche durch die Staunässe nicht bereits schimmelte. Besser, man wählte Pflanzen aus, die viele Knospen hatten, und nicht die mit den meisten Blüten. Und wenn man sich doch einmal hinreißen ließ, stellte man besser sicher, dass die Pflanzen nicht mehr Platz brauchten, als man ihnen zu Hause bieten konnte. Ich machte es mir zur Gewohnheit, regelmäßig zum Markt zu fahren – immer früher am Sonntagmorgen – und rechtzeitig vor den eintreffenden Horden wieder zu gehen, sodass ich meine Lieblingsstände mit Einjährigen in Pflanztabletts, Kräutern in Kisten und Blumenzwiebeln und Christrosen immer besser kennenlernte.

Irgendwie passt es, dass all diese jungen, adretten Leute einen solchen Einfluss auf den dortigen Pflanzenmarkt haben; immerhin war selbst der Ursprung des Columbia Road Market im Grunde ein Akt der Gentrifizierung. Angela Georgina Burdett-Coutts, Enkelin (und Millionenerbin) eines der einflussreichsten Bankiers der englischen Aristokratie, ließ dort 1868 ein riesiges Marktgebäude mit Hunderten Lebensmittelständen anlegen, nachdem sie inmitten des Ostlondoner Slums, in dem es von Mördern und Banden nur so wimmelte, Grundstücke aufgekauft hatte. Jahrzehnte später war aus Burdett-Coutts' Markt ein sonntäglicher Blumenmarkt geworden – sonntäglich, damit die örtlichen jüdischen Händler ebenfalls arbeiten und auch die Restbestände von den konkurrierenden Märkten in Covent Garden und Spitalfields abverkauft werden konnten. Die Blumen wiederum sind ein Erbe der Hugenotten, die nicht nur die Aurikeln und Anemonen, sondern auch meine Vorfahren ins Land gebracht und sich seit ihrer Ankunft 200 Jahre zuvor im East End niedergelassen hatten.

•

Nach dem Aufruhr und der Wechselhaftigkeit des April, der an einem Wochenende alarmierend heiß und am Montagmorgen wieder kühl und grau ist, fühlt es sich immer an, als pendelte sich der Frühling im Mai endgültig ein; als wüchse er in sich hinein. Der Mai ist die Zeit des letzten Frosts, in der Gärtner beginnen, ihre Pflanzen abzuhärten, indem sie sie hinausstellen, um sie an die kühlere Luft zu gewöhnen, sie anfangs nachts aber immer noch reinholen, dann jedoch zu guter Letzt in der Fülle ungefilterten natürlichen Tageslichts und Regens wachsen lassen. Der Sonnenschein wird stabiler, der Sommer fühlt sich fast greifbar an und nicht mehr nur wie eine ferne, immer noch leicht absurde Aussicht. Und mit einem Mal, als hätten sie sich alle über Nacht dazu verschworen, werden die Bäume grün: Sämtliche Zweige treiben sprossfrische Blätter aus und füllen die Luft mit einem Gefühl der Erneuerung, dass man es regelrecht riechen kann: die Veränderung, die Möglichkeiten, die Geschäftigkeit. Der Weißdorn – ob in kompakten Büschen oder widerspenstigen, schlaksigen Bäumen – kleidet sich in hübsche, kleine weiße Blüten. Die Glyzinie lässt ihre blassvioletten traubigen Blütenstände über Ziegelwände und schicke Stadt- ebenso wie Landhäuser rieseln. Manchmal klettert sie sogar in Bäume – als eine Art Zaubertarnung. Der Flieder gibt in Sachen Farbe und Duft sein Bestes. Rasenstreifen, die von allen genutzt und gesehen werden – entlang von Straßenrändern oder in örtlichen Grünanlagen –, produzieren strahlend gelbe Löwenzahnköpfe, und ihr darauffolgender süßer Pusteblumenflaum bleibt bis zum nächsten böigen Tag perfekt kugelförmig. Wenn dann aber der Wind kommt, verursacht er Chaos: Platanen und Linden detonieren förmlich, ihr Pollen schwebt durch die Luft und wird nur durch den fließenden Verkehr niedergefahren. Die Pollenbüschel verwandeln sich in winzige Tornados, bevor sie sich auf Randstreifen und im Rinnstein niederlassen. Sie sammeln sich in Haufen aus weißem, fremdartigem Flausch an, der all jene, die dazu neigen, zu Niesanfällen reizt. Der Tag beginnt immer früher und mit ihm die Kakofonie aus Zirpen und Singen: der Morgenchor. Selbst in London, selbst in der Großstadt übertönen die Vogelstimmen das Rumpeln der leeren, trostlosen

Busse und des ständig leise dröhnenden Himmels. Die Natur ist reif und bereit, nachdem sie sich monatelang auf diesen Moment vorbereitet hat.

Das Leben strömte in die Stadt, und mein Körper und Geist spiegelten es wider. Womöglich war der Mai in meinem inneren Kalender die Entsprechung des September – eines Monats des Vortriebs, aber auch eines des Innehaltens; denn im Moment der Erneuerung war es umso wichtiger zurückzublicken. Das hatte ich früher immer mit dem Einsetzen des Sommers in Verbindung gebracht, mit der nervösen Hektik der Prüfungsphasen, der Aufregung angesichts wärmerer, längerer Tage, die vor mir lagen. Doch diesmal war die Erfahrung einer Rückschau in Anbetracht meiner Trennung und all dessen, was darauf gefolgt war, eine bittersüße Erfahrung. Ein ganzes Jahr war vergangen, seit Josh und ich zuletzt wirklich glücklich gewesen waren; der Jahrestag unserer Trennung würde von nun an seine eigene unausgesprochene Bedeutsamkeit haben. Trotzdem fiel es mir schwer, diesem Jahrestag entgegenzusehen; damals hatte ich geglaubt, es würde einfach nur um die nächste Ecke gehen, und es stünden mir goldene Möglichkeiten bevor, die sich dann in Wahrheit als hohl und falsch erwiesen hatten. Im Jahr zuvor waren wir für ein Wochenende weg gewesen, und es hatte sich angefühlt wie ein erstes Date, ansteckend, aufregend und voller Begehren. Außerhalb Londons, jenseits der Routine und Strenge unseres Arbeitsalltags und abseits der Häuslichkeit, in die wir uns verstrickt hatten, war ich randvoll mit Optimismus gewesen. Es war warm gewesen und sonnig, und wir waren Hand in Hand spazieren gegangen. Ich hätte nie auch nur einen Gedanken daran verschwendet, dass es mit uns demnächst zu Ende gehen könnte, auch wenn ich wusste, dass es zuletzt holprig gewesen war; aber nachdem wir diese Phase durchgestanden hatten, dachte ich, Josh und ich wären immer noch imstande, glücklich zu werden.

Um diese Vorstellung trauerte ich ein Jahr später. Ich hatte Wochen gebraucht, um diesen seltsamen Zustand der Trauer und Wehmut um all das anzuerkennen, was mir zuvor so vertraut gewesen war; die betäubende Mischung aus Hoffnung und Verleugnung, von der ich so abhängig geworden war, dass ich die Realität ausgeblendet hatte, den bevorstehenden Zerfall eines Lebens, das ich mir so nett zurechtgelegt hatte. Seit der Trennung hatte ich Phasen der emotionalen Taubheit, Aufregung, Wut, Verwirrung und Distanzierung in jeglichen Schweregraden, des dumpfen Schmerzes und der nagenden Leidenschaften durchlaufen. Aber hier war etwas anderes, eine neue Art von Nostalgie und Mitgefühl für das naive Mädchen, das ich gewesen war, eine Beileidsbekundung angesichts seiner falschen, wenn auch unverzagten Hoffnung.

Ich fragte mich, ob ich mich zu irgendeinem Zeitpunkt anders hätte verhalten sollen. Ob ich in der Zeit hätte zurückgehen wollen und das naive Ich wachrütteln, ihm sagen, dass es genauer hinsehen, den Blick auf gewisse Dinge richten und Abhängigkeiten abstreifen müsse und dann erkennen könne, dass es auch ohne all die Luftschlösser funktionierte. Ob ich die Verleugnung so hätte abstellen und Joshs Warnhinweise als solche hätte wahrnehmen können.

Ich kam zu dem Schluss, dass ich es nicht hätte tun wollen. Es war gut, dass es genau so gekommen war, dass es mich erst hatte zerreißen müssen, während ich noch voller Liebe und verbissenem Schutzinstinkt für den Mann gewesen war, der wiederum mit unserer Beziehung gehadert hatte, mit dem Leben, das wir uns eingerichtet hatten.

Trotzdem. Trotzdem war ich um meines alten Ichs willen traurig – weil mir klar war, dass dies hier der letzte Rest gewesen war, das letzte bisschen blinden, wilden Sentiments. Dass von nun an viele Sachen eher mit dem Hauch von Vergänglichkeit versehen wären, von dem Wissen, dass nichts Gutes für immer hielt, dass man immer damit rechnen musste, dass es einem abhandenkam.

Doch ausgerechnet die Vergänglichkeit hatte ich letztlich schätzen gelernt. Trotz aller verbleibenden Melancholie stürzte ich mich in den Mai – voller erwachender Vorsätze, Frühling und Sommer aus vollem Herzen zu genießen. In diesem Frühling und Sommer würde ich in all den herrlichen Dingen baden, die um mich herum geschahen; ich würde die Jahreszeiten auskosten, als wären sie Nektar, süß und vital und zusehends wertvoll. Ich erlaubte mir Freiheiten und Müßiggang, verbrachte Wochen in Berlin – in Flüssen baden, in Parks abhängen, Lindenpollen von schwarzem Jeansstoff bürsten – und in Barcelona mit Heather und Jamie und ein paar anderen. Ich liebte, lachte, schlief wenig und war jedes Mal überrascht, wenn ein neuer Tag anbrach und wir immer noch wach waren. All die organisatorischen Aufgaben und Übel, die mir den April so beschwerlich gemacht hatten, traten für eine Weile in den Hintergrund, und ich genoss die spontanen Pläne, die wir schmiedeten und die überhaupt erst durch die längeren Abende möglich waren. Ich verliebte mich wieder und immer wieder neu in Londons frisches Grün und in die knospenreichen Straßen und beobachtete, wie ein neues Häuflein blasser Sommersprossen auf meinem Nasenrücken auftauchte.

Nach Jahren, in denen ich meinen Balkon pünktlich zum Frühlingsanfang wie eine militärische Operation betrachtet hatte – neue einjährige Pflanzen, die eingepflanzt werden wollten, Saatgut, das ich aussäen musste, Zwiebeln, die ich herausnehmen sollte, Knollen, die umgesetzt werden müssten –, lehnte ich mich zurück, und mir dämmerte, dass überhaupt keine Notwendigkeit für diese jahreszeitliche Hektik bestand. Die Blumentöpfe füllten sich ganz von alleine. Die Blüten der Christrosen waren blassgrünlich und ledrig geworden und hatten mit schier obszöner Produktivität Samenstände hervorgebracht, unter denen bereits frisches Grün spross. Die Farne, die so lange eingeschrumpelt vor sich hin gedämmert hatten, drückten neue Wedelspitzen durch die Erde: wollig wie Welpen und voller Tatendrang. Die Pracht der Kamelie ging langsam zur Neige, die elegant weißen Blüten wurden allmählich schlapp und braun und landeten schließlich kopfüber auf dem grauen Beton, hinterließen jedoch unzählige neue, glänzende Blätter. Wo ich zuvor welkes Blattwerk ausgerissen hätte, weil mich die Unvollkommenheit gestört hätte, ließ ich es nun glücklich und zufrieden stehen, weil mir klar war, dass es sich dabei um schöne, raumfüllende Dinge handelte, die ihren eigenen Zweck erfüllten. Ich war vollauf zufrieden damit, neugierig zu sein, ließ Dinge wachsen und sah dabei zu, wie schön sie sich entwickelten, statt in einem fort nach Kontrolle zu streben.

Als ich aus Barcelona wiederkam und die Wohnungstür aufschob, stand Matt in meiner Küche. Schon draußen im Hausflur hatte ich das Abendessen riechen können. Ich hatte ihm meine Schlüssel gegeben, damit er in meiner Abwesenheit meine Sämlinge und die jungen, frisch sonnenverwöhnten Pflanzen gießen konnte, und er hatte dafür gesorgt, dass mir daheim ein Willkommen bereitet würde. Die Wohnung war mittlerweile weniger ein Zuhause denn eine Auffangstation für mich geworden, nicht länger ein

Käfig oder ein Ort, den man auf seiner Liste der Errungenschaften abhaken konnte – sondern einfach etwas, wobei ich Glück gehabt hatte und was ich bald nicht mehr zur Verfügung hätte. Ein Ort unter vielen, an denen ich ein Kapitel meines Lebens verbracht hatte. Und hier war Matt – hier waren wir und lebten unsere eigene neue Art der Häuslichkeit. Ich hatte in Sachen Unabhängigkeit nicht versagt, nur weil er vorbeigekommen war, um nach mir zu sehen. Ich hatte nicht irgendeinen Millennial-Erfolgstest bestanden, nur weil ich die letzten Tage irgendwo auf dem Kontinent verbracht und gefeiert hatte. Dies war eine ruhige, unaufdringliche Sache, normal und elementar: dass er ein Mann war, den ich liebte, der mich zufällig auch liebte, und dass wir einander glücklich machten. Nach unseren ersten turbulenten gemeinsamen Monaten kam ich allmählich dort an, wo er längst war: an einem Punkt, an dem man einfach nur zufrieden vor sich hin leben konnte. Rund um diesen Punkt war oftmals kein Platz für die großen Fragen – sosehr ich deshalb auch in Panik geraten und in Hektik verfallen mochte – oder auch für Frustanfälle angesichts seiner ständigen Spontaneität. Ich hatte inzwischen aufgehört, nach Gewissheit oder Sicherheit zu fragen, und begann zu lernen, wie ich in diesem Zustand existieren konnte. Ich fing an, seinen oft geäußerten Ratschlag zu befolgen, einfach zu *sein*.

In der Monatsmitte regnete es heftig. Der April war bis auf dieses eine heiße Wochenende ein kühler und trockener Monat gewesen, und so hieß ich den Mairegen mit der gleichen angenehmen Vertrautheit willkommen wie einen alten Bekannten, der eng genug mit dir befreundet ist, um sich in deiner Wohnung eine Tasse Tee zu machen, nachdem er sich selbst eingelassen hat. Das Prasseln zupfte im ersten Tageslicht einer bescheidenen Morgendämmerung an meinem Bewusstsein und kehrte in der darauffolgenden Nacht erneut zurück. Ich hielt mein Gesicht in den Regen, genoss es, wie er die Luft kurzzeitig reinigte. Ein paar Tage später, und aus dem Regen waren Wolkenbrüche geworden, es wogten bereits die Pfützen, bis ich es auch nur schaffte, die Fenster zu schließen. So ging es den ganzen Tag weiter. Ich fuhr mit dem Fahrrad zur Arbeit, wurde bis auf die Knochen nass, schälte mich aus dem durchnässten Lycra und bestaunte den Halbkreis aus grauem Straßendreck, der auf der Rückseite meines weißen T-Shirts eingraviert und, wie ich vermutete, bis auf die Haut durchgesickert war. Und auch die Pflanzen hießen den Regen willkommen – nach so vielen Wochen chemisch aufbereiteter Flüssigkeit aus dem Wasserhahn. Meine Keimlinge hatten jetzt ihr Zuhause draußen vor der Balkontür bezogen. Die Tomaten, die zuvor auf der Fensterbank gestanden hatten, wuchsen zu großen, selbstbewussten Pflanzen heran, die Stängel der Duftwicken wurden kräftig, Basilikum und Petersilie waren die Ersten, die ich noch vor einem erntereichen Sommer genießen konnte.

Der Regen hinterließ Frische, spülte den Balkon von Stadtschmutz und Pollen sauber und schickte den ganzen Modder durch den Ablauf in der Mitte meiner Himmelsplattform nach unten. Während eines Wolkenbruchs riecht die Luft nur nach Tatkraft. Und die Folge davon ist schlichtweg köstlich. Es ist erstaunlich, wie stark dieser Geruch sein kann – Petrichor, der Geruch von Regen, der auf Erde trifft –, selbst wenn Pflanzen in Beton eingepfercht sind. Wie perfekt er in seiner Entstehung ist, wie vielversprechend – diese saubere, erdige Masse aufgewühlten Bodens und neuen Wachstums. Wie prompt es mich in die fruchtbaren Schatten des Jesmond Dene versetzte; in jene ruhigen Morgenstunden nach Partys im Garten hinter unserem Haus in Hackney; an all die unwahrscheinlichen Orte, an denen neues Leben gedieh.

•

Ich hatte verschiedene Abschnitte meiner Zwanzigerjahre in verschiedenen Stadtteilen Londons verbracht. Kaum je waren wir bis in den Westen gestromert; nur im ersten Sommer war ich hin und wieder in Clapham oder sogar in Balham gewesen, wo einige meiner Freunde gewohnt hatten. Die nordöstlichen Ausläufer von Hackney lockten mich für eine Weile von Peckham weg, doch in der zweiten Hälfte des Jahrzehnts kehrte ich wieder genau dorthin zurück. Und immer frustrierte und begeisterte mich diese Stadt. Wie sie uns mit ihren Schätzen verlockte, wie sie uns mithilfe von Glaswänden und -decken von Dingen fernhielt. Ich habe kaum je darüber nachgedacht, diese Stadt zu verlassen. London ist mein attraktivster Geliebter, und ich bin süchtig nach ihm, auch wenn er mich hier und da schäbig behandelt. Die Stadt ist teuer, anstrengend, aber wenn man denn weiß, wo man hinsehen muss, wunderschön. Indem ich die grünen Nischen der Stadt aufspürte, fühlte es sich für mich an, als könnte ich sie zähmen. So viel Leben gedieh hier, trotz aller Mühsal. Ich brauchte nicht die Weite oder die Stille des Hinterlands, ich brauchte lediglich diese Nischen und grünen Lungen, die groß genug für mich waren.

Der Fluss mag die Stadt zerteilen, aber er ist auch Londons Lebensader, und so war er auch immer eine Konstante in meiner Geschichte mit dieser Stadt. Wie oft hatte ich die schmutzige Themse auf dem Fahrrad überquert, per Bus, hin und wieder in einem Auto oder zu Fuß, und die Nase gerümpft angesichts dieser dunklen, aufgewühlten Brühe. Seltener, glitzender war das bleierne Grau an Sonnentagen, wenn die Gebäude an seinen Ufern im Dunst schimmerten und ich mit Dankbarkeit erfüllt war, weil ich hier leben durfte und nicht bloß auf Durchreise war.

Auch wenn es dort von Touristen und Leuten von außerhalb nur so wimmelt, hat das Southbank Centre – dieser wunderbare Klotz aus Fünfziger-Sechziger-Siebzigerjahre-Brutalismus – mich und meine Freunde immer wieder angelockt. Neben dem riesigen, kantigen benachbarten Nationaltheater und dem oftmals übersehenen British Film Institute lagen auch die Royal Festival Hall und die Hayward Gallery dort am südlichen Ufer des Flusses. Dieser fantastische Schandfleck starrte trotzig hinüber zur überstrapazierten Hektik von Somerset House, The Strand und Covent Garden jenseits der Hungerford- und Waterloo-Brücken. In diesem Teil der Stadt hatten Josh und ich uns erstmals in einem schäbigen Pub an der Waterloo Station gegenübergestanden. Hier war ich pleite am Fluss entlanggeschlendert und hatte eine Stadt in mich aufgesaugt, die ich mir eigentlich gar nicht leisten konnte. Mehrere Generationen von Fahrrädern habe ich zigmal in den zahlreichen Ständern unter den sich kreuzenden Betonstreben abgestellt; habe diese Gebäude zu Buchpartys und Streetfood-Messen besucht, zu Vernissagen und Vorträgen, Konzerten und Theaterstücken und zu Gratisveranstaltungen; beobachtete aus den Räumlichkeiten, in denen offiziell nur Förderer Zutritt haben und in denen ich genau genommen nichts zu suchen hatte, wie die Sonne unterging, und huschte nach einem langen Tag in der Stadt dort aufs Klo (wo die Wandverkleidung immer noch die Patina der Fünfziger aufweist). An all diesen langen Tagen habe ich dem Glück hinterhergejagt, mich gefragt, warum ich nie mehr fühlte, warum es nie genug sein konnte, ob es je besser würde, und mitunter doch geahnt, dass es gut so war, dass all das niemals übertroffen werden könnte.

An einigen Tagen stieg ich die gelbe Wendeltreppe zum Dachgarten der Queen Elizabeth Hall hoch. Es dauert eine Weile, bis man das Southbank Centre als etwas versteht, was mehr ist als bloß ein Labyrinth. Es zieht sich über die gesamte Länge zwischen zwei Brücken, es gibt dort zig unüberschaubare Stockwerke und Treppenhäuser, die in geheime Welten zu führen scheinen. Ich brauchte ein volles Jahr, in dem ich die endlose Busreise von Peckham bis Blackfriars und dann den Rest per pedes zurücklegte, ehe ich begriff, dass ich auch einen ganz anderen Bus bis zur Waterloo Bridge nehmen konnte und im Handumdrehen an meinem Ziel war.

Trotz solcher Wirren fand ich wie von Zauberhand immer zu jener kleinen Rasenfläche auf dem Dach, die sich wie ein Geheimnis anfühlte: Sie war von Beton flankiert – wie alles andere ebenfalls. Inmitten des Grüns standen einige klobige, unbequeme Bänke, dafür war die Aussicht ein Traum: über das Chaos vor der angrenzenden Festival Hall hinweg, über Musik und schreiende Kinder hinweg, über Schnattergänse hinweg, die ihre Stühle zurechtrückten, um sich mit teuren Getränken niederzulassen, hinüber nach Westminster und zu den schimmernden London-Eye-Gondeln, die ihre Runden durch die Wolken zogen. Diesen Himmel zu sehen hieß, in einer Stadt, in der ich oftmals Schwierigkeiten hatte, sie zu verstehen und mich als Teil von ihr zu begreifen, wie ein Vogel über allem zu schweben und frei zu sein. Das hier war irgendwie meins – etwas, was ich entdeckt hatte.

Der Dachgarten hatte anfangs bloß aus einem Stück Rasen bestanden, insofern war »Garten« wohl eher die falsche Bezeichnung; es war eher ein Fleckchen der Witterung ausgesetzten, struppigen Grüns im Herzen der grauen Stadt mit einer Bar in einem Verschlag gewesen. Die Bäume waren so winzig, dass ich sie nicht einmal wahrnahm. Das Ganze war 2011 eröffnet worden – in meinem ersten kompletten London-Jahr – und wurde von uns wie von vielen anderen auch anfangs bloß als neue Anlaufstelle für Drinks betrachtet; es gibt nur wenige Dächer in London, die weitläufig genug sind, um all die lichthungrigen, in der Abendsonne nach draußen strömenden Leute zu beherbergen. Doch der Garten wuchs tatsächlich heran und hieß neben kleinen Olivenbäumchen auch immer mehr einheimische Arten willkommen. Die Gartentische und Stühle, die ursprünglich Besucher an diesen knospenden Ort locken sollten, waren immer schwerer zu erkennen. Große Behälter füllten sich mit fröhlichem Grün – vieles davon essbar. Rosmarin blühte in Wannen und flankierte die Bänke, die vor dem Beton der umliegenden Gebäude standen. Lavendel suhlte sich im Licht. Doldenblütler wiegten sich über Kapuzinerkresseblättern. Eine Laube im hinteren Teil war mit Laub und Blüten schier überwuchert – der Garten war eine fruchtbare Pulsader inmitten eines Himmels aus harten Konturen und grauen Wänden. Auf einer oft unzugänglichen Brücke zwischen zwei Gebäuden und in der schmalen Lücke zwischen Bodenpflaster und brusthohem Geländer wuchsen seltene Orchideenarten – ausgerechnet dort, am unwahrscheinlichsten aller Orte. An ruhigeren Tagen konnte man sogar ein paar winzigen Geschöpfen bei der

Arbeit zusehen: Bienen summten gegen das Verkehrsaufkommen an, Blattläuse und Fliegen taten sich an dem neuen Wachstum gütlich, was wiederum Vögel anlockte – und all das eingezwängt in Kisten, auf von Menschen errichteten Gebäuden.

Durch all meine Londoner Frühlinge und Sommer hindurch war ich hierhergekommen, hatte mich von dieser Anlage angezogen gefühlt, ohne recht zu verstehen, warum. Um meinen Pimm's zu trinken, wenn es warm war, und um für ein Lesestündchen ein bisschen Gras um mich herum zu haben. Um die Zeit zwischen Arbeit und Abendplanung zu überbrücken, um mal banale, mal ernsthafte Gespräche zu führen. Anfangs hatte ich immer eine der vorderen Bänke angesteuert, die eine schöne Aussicht und irgendwie auch das Gefühl von Überlegenheit versprachen. Doch mit der Zeit zog es mich immer tiefer in den Wildwuchs und zu den Insekten, wo ich im Grünen Ruhe und Ausgeglichenheit fand.

Es war immer da gewesen, dieses Bedürfnis nach Natur – ein Erbe meiner Großeltern und noch länger zurückliegender Generationen. Ich war als Kind nur derart dicht davon umgeben gewesen, dass ich blind dafür geworden war. In der Stadt hatte es auf sich warten lassen – ich hatte zunächst Kneipen und Bars und Clubs und Lagerhauspartys für mich entdecken wollen, den Job, die Karriere, Freunde und Liebhaber, lange Nächte und frühe Morgen. Ich wollte all das machen, was eben als das Richtige galt. Während ich alledem nachging, wartete die Natur geduldig auf mich. Durchlief ihre Prozesse, die Keimung, die Knospe, die Blüte und das Verteilen der Samen. Blätter sprossen, wuchsen, fielen zu Boden. Der Winter hielt uns im kalten Griff, der Frühling überraschte uns, der Sommer ging zu schnell vorbei. Und die ganze Zeit über wartete die Natur weiter, während ich immer noch viel zu beschäftigt war mit alledem, was ich für das Leben hielt. Dann, als ich gerade dachte, ich hätte dieses Leben erreicht – hätte es für mich erobert und gesichert –, machte sich die Natur bemerkbar. Ich sehnte mich danach, richtete mich danach aus, als alles andere urplötzlich ungewiss wurde, weil ich in ihren rätselhaften Rhythmen und unvorhergesehenen Entwicklungen eine Art Solidarität und Trost empfand. Ich wollte ihre Sprache übersetzen, ihre Muster verstehen, und als ich es schließlich versuchte, dämmerte mir, dass ich sie wahrscheinlich nie verstehen würde. Ich wusste, sie würde mich jedes Mal wieder neu überraschen, jedes Mal, wenn etwas aufblühte – selbst wenn die Knospe zuvor zum Bersten prall gewesen wäre: Es wäre trotzdem immer wieder ein kleines Wunder. Es würde mich trotzdem wieder unvorbereitet erwischen – wie ein warmes Zimmer mit Basilikumbrise oder ein lächelnder Mann auf einem Balkon, der meinen Namen sagte, und dann würden auch wir eine fordernde Liebesaffäre beginnen und jeden Moment genießen, den sie eben andauerte. Dann würde sich wieder alles verändern, sich in etwas anderes verwandeln – und auch das hätte seinen ureigenen, notwendigen Charme.

Es heißt immer, dass ein Garten im Jahr nach dem Tod des Gärtners am schönsten aussieht. Dass die Pflanzen – sobald sie sich selbst überlassen werden – sämtliche Beschränkungen überwinden, die ihnen zuvor auferlegt wurden: durch Schädlingsbekämpfung, durch Rückschnitt und dergleichen. Welke Blüten bleiben mit einem Mal hängen, es bilden sich Samen, die sich so verstreuen, wie es die Natur für sie vorgesehen hat. Überraschungen keimen und schlagen Wurzeln. Andere Dinge brechen aus ihren Begrenzungen aus und sind plötzlich nicht mehr an ihren Pflanzort gebunden. Alles wird wild und widerspenstig; die Pläne und Designs, in die sie einst eingepasst wurden, verschwimmen. Am Rand von Gehwegen sprießt Unkraut, und in den Rissen tauchen erste Blumen auf. Blüten und Laub sammeln sich unter den Töpfen.

Ein Jahr nach jenem letzten glücklichen Aufatmen stand ich erneut alleine oben auf dem Dachgarten der Queen Elizabeth Hall. Es war später Nachmittag, ein grauer Tag – da war es hier schläfrig; die Büroangestellten würden, wenn überhaupt, erst in einigen Stunden zu ihren Feierabenddrinks auftauchen. Ich war nicht hier, um zu lesen oder Kontakte zu knüpfen, Freunde zu treffen oder die Aussicht zu genießen. Ich hatte einfach nur hier stehen wollen, ein bisschen herumschlendern, schauen, was wo heranwuchs. Es dauerte ein paar Minuten umzuschalten – aus der Londoner Hektik herauszukommen und mich auf die unzähligen verschiedenen Taktungen einzulassen, in denen all diese Pflanzen und die heimischen Insekten zu Werke gingen. Einjährige, mehrjährige Pflanzen, Dinge, die länger waren oder kürzer oder sonst irgendwie anders, als es von ihrer Spezies erwartbar wäre: Sie alle wuchsen stillschweigend vor sich hin, während unter ihnen die Stadt tobte. Hier schlummerten Überraschungen, hier schlummerte durchaus auch Frustration, hier schlummerten Wunder. Unkontrolliertes Leben – das ich für mich übersetzte.

Epilog

Ich griff mir die Schere und schnitt die schönsten Schmuckkörbchen ab. Unmengen gefiederter Blätter und fester Knospen, die für mich nie aufgeblüht waren, jetzt aber liebevoll in ein Pintglas gestellt und auf der Anrichte zurückgelassen würden, um jemand anderem Freude zu bereiten. Die Kisten und Tragetaschen waren voll, umzugsbereit, stapelten sich – turmhoch und entmutigend. Ich hatte versucht – und war gescheitert –, die irrationale Angst zu verdrängen, die Umzugsleute könnten nicht auftauchen, meine Sachen würden nicht in den viel zu großen Umzugswagen passen ... Stattdessen hatte ich versucht, ein letztes Mal nachzuspüren, was die Zimmer bedeuteten, die ich nun verlassen würde.

Es sah immer noch größtenteils wie das Zuhause aus, das ich einst eingerichtet hatte: Das Sofa, das Bett, der Kleiderschrank und der Tisch standen immer noch an ihren angestammten Plätzen. Allerdings hatte es sich in den letzten Tagen nicht mehr nach Zuhause angefühlt. Was mein Schlafzimmer gewesen war, war zu einem Zimmer geworden, in dem es nach frischer Farbe und den Sachen eines anderen roch. Ich war im Dunkeln aufgewacht, hatte den Sittichen draußen gelauscht und gewusst, dass sich das Licht gleich verändern und den letzten Sonnenaufgang mit sich bringen würde, den ich von diesem Fenster aus würde beobachten dürfen. Nur wenige Stunden später war ich auf den Flur hinausgetreten und hatte das Licht betrachtet, das durch die Türen am Ende des Gangs fiel und die Wände bemalte. Jetzt stand mir also der Abschied bevor, den ich so sehr gefürchtet hatte. Aber jetzt, da es so weit war, war es gar nicht so schlimm.

Die Blumentöpfe waren das Schwerste; die überließen wir den Umzugsprofis, die die riesigen Farnbündel schulterten, als wären es Kopfkissen. Jamie, sein neuer Freund und Matt nahmen sich der Kisten an und packten sie so schnell in den Aufzug, dass ich mich regelrecht hilflos fühlte, weil ich bloß Türen aufhielt und meine wiederholte, lächerliche Dankbarkeit äußerte, während das Leben, wie ich es gekannt hatte, zur Tür hinausgetragen wurde und mich im Luftzug stehen ließ.

Die Wohnung, die ich im April gefunden hatte – die am Waldrand –, war nach einem halben Dutzend Schreckensmomenten während der Verhandlungen schlussendlich meine geworden. Dorthin würden die Umzugsleute mich mitnehmen, inklusive der Hälfte meiner Sachen. Die anderen hatten die Wohnung noch gar nicht gesehen, und als wir dort vor dem Haus ankamen, rannten sie sofort voraus, um sie sich anzusehen. Jamie kam wieder zurück – sie sei perfekt, verkündete er. Ich selbst war immer noch viel zu verschreckt, um hineinzugehen, zu schüchtern, um mit dem Ort Bekanntschaft zu schließen, der jetzt mein neues Zuhause werden sollte. Doch dann fuhr der Umzugswagen ab, es begann zu regnen, Zimmerpflanzen und Balkonkästen besetzten draußen mehrere Parkplätze und bekamen den ersten natürlichen Schluck Wasser ihres Lebens, ehe wir sie als Allererstes in die Wohnung trugen. Ich trat ein – und der

Balkon war bereits komplett möbliert. »Sieht aus wie deiner, jetzt, wo auch all deine Pflanzen hier sind«, stellte Matt fest und gab mir einen Kuss auf die Schläfe. Das mussten wir erst einmal feiern: Wild zusammengewürfelte Stühle wurden hinaus auf den Balkon gestellt, damit wir dort ein spontanes Picknick-Mittagessen und eine Flasche Apfelschorle verdrücken konnten, die wir zwischen uns herumreichten. Die Gläser waren noch nicht ausgepackt.

Dann zogen die Jungs sich zurück, und ich blieb allein. Ich stellte ein paar Sachen auf, flüchtete mich in Aktionismus: zog Vorhänge zurück und nahm Lampenschirme ab, damit ich das bestmögliche Licht hätte, nagelte ein paar Blumenampeln über den Balkon und hängte den Spiegel meines Großvaters an die Wand. Dann musste ich eine Pause einlegen. Es war noch so viel zu tun, ich würde streichen und Tapeten herunterreißen, Dinge einschlagen und neu errichten müssen. Kaufen, wiederaufmöbeln, auf etwas hinfiebern. Aber heimisch werden – das würde noch einige Zeit dauern. Doch ich war bereit, mir diese Zeit zu geben; es war ohnehin einfach nur unglaublich, überhaupt hier zu sein.

Den ganzen Sommer über hatte ich Abschieds- und Wachstumsschmerzen verspürt; ich hatte Geld zusammenkratzen und Dokumente herbeischaffen, Anwälte anrufen und diplomatische Gespräche führen müssen. Der Balkon war unterdessen schier überwuchert; ich hatte mich von seiner Ernte ernährt, von Tomaten und Erbsensprossen, von Rucola und Endivien und Kräutern und essbaren Blüten. Ich war aus der Stadt geflohen, wann immer sich die Gelegenheit geboten hatte, ich hatte Freundschaften so weit wie nur möglich ausgekostet und versucht, mich von dem mühsamen, holprigen Prozess abzulenken, mich körperlich von dem zu entfernen, was von Josh und mir übrig geblieben war. Was wir beide gewesen waren – was er für mich gewesen war –, würde mir im Gedächtnis bleiben. Würde mich in meinen Träumen besuchen und täglich meine Gedanken durchdringen. Mit der Zeit hatte mir gedämmert, dass er immer einen Teil meines Gedächtnisses einnehmen würde, und es war einfacher, das zu akzeptieren, als weiterhin zu versuchen, es von mir wegzuschieben.

Inzwischen war es Ende September, und mir war klar geworden, dass dieser neue Ort sowohl einen Neustart als auch eine Fortsetzung all dessen darstellen würde, was zuvor gewesen war. Dass ich immer noch dieselbe Frau und zugleich eine neue war. Ich fühlte mich stabiler, ruhiger, weniger ängstlich. Ich wusste mittlerweile, dass ich auf eigenen Füßen stehen konnte, konnte darauf vertrauen, setzte aber auch weiter darauf, meine Gedanken und Gefühle mit anderen zu teilen. Ich würde weniger Erwartungen an mich selbst stellen und wäre mit mehr Freude dabei, an den übrigen Erwartungen zu arbeiten. Ich hatte einen Teil meines Stolzes abgelegt; womöglich auch einige Träume. Stattdessen war ich jetzt besser darin anzuerkennen, was ich alles hatte, was um mich herum war.

Was um mich herum war, was zu meinem Balsam und Seelentröster würde, waren die Bäume jenseits meines neuen Balkons. Ja, es war ein schöner Anblick – statt auf übermächtige, glitzernde Stadtfassaden sah ich hinaus auf etwas Licht Absorbierendes, Sanfteres und Verwegeneres. Aber es würde – und das war noch viel wichtiger – auch meine ständige Erinnerung an die Magie meiner Umgebung sein; an die Bedeutsamkeit der stummen Wissenschaftlichkeit der Natur, an deren Gleichgültigkeit gegenüber unserer Zeitrechnung, die sich in jedem Baum und jeder Pflanze und Hecke in der Stadt, im Umland und darüber hinaus manifestierte. Ich wusste immer noch nicht recht, was mir als Nächstes bevorstand; ich wusste, ich würde versuchen, die Kiefernvertäfelung in der Küche abzunehmen, sodass sich der Ort mit einem neuen Anstrich und bei offenem Fenster besser anfühlte. Ich wusste nicht, ob die Liebe, die Matt und mich noch immer im schwindelerregenden Griff hielt, andauern oder verblassen oder letztlich zerbrechen würde. Ich wusste nicht, ob meine Freundschaften im Sande verlaufen oder eher aufblühen würden; ob sich meine Familie vergrößern oder verkleinern würde; ob meine Rolle bei alledem größer werden sollte. Aber ich konnte dieses Nicht-Wissen, die Ungewissheit jetzt endlich anerkennen. Sie konnte mir nichts mehr anhaben.

Was ich indes wusste: dass die Blätter draußen vor dem Fenster meines neuen Zuhauses knittrig und gelb werden und schließlich zu Boden fallen würden. Ich wusste, dass ich darüber hinaussehen könnte, dass mir Monate beschert würden, in denen ich diese kräftigen Baumskelette würde bewundern können, die stehen blieben. Dass der Winter käme und dunkel und kalt und lähmend wäre und dass dann der Frühling käme und es richtig gut riechen würde. Und ich wusste, dass ich bei alledem zusehen würde, von den Jahreszeiten umgeben, und mich dabei zusehends besser fühlen würde.

Danksagung

Diesem Buch ist ursprünglich ein Newsletter vorausgegangen, eine Art kleiner, krakeliger Tummelplatz für meine Gedanken und Ideen. Die Leute, die den Newsletter abonniert hatten, und ganz besonders diejenigen, die ihn lasen und darauf reagierten, ermunterten mich dazu, mehr aus diesen Zeilen zu machen. Rachel Mills, die später meine Agentin werden sollte, war unter diesen Leserinnen – und viel wichtiger: Sie war die erste Fremde, die einen solchen Enthusiasmus an den Tag legte und eine Vision dafür hatte, was aus *Großstadtgewächs* werden könnte, dass ich irgendwann selbst anfing, es für möglich zu halten.

Ich möchte mich bei sämtlichen Canongate-Mitarbeitern bedanken, die sich von Beginn an für dieses Buch eingesetzt haben. Besonders dankbar bin ich meiner Lektorin Jo Dingley, die mein Exposé zur Hand nahm und mir mit ihrem scharfen Verstand dazu verhalf, eine wesentlich sorgfältigere Autorin zu sein. Danke auch an Leila Cruickshank für ihr akribisches Lektorat.

Ich habe dieses Buch neben meinem Hauptjob geschrieben, und das wäre nicht möglich gewesen ohne die stillschweigende Nachsicht meiner Kollegen. Danke, Ross Jones, fürs wiederholte Einspringen, und Serena Davies, für die jede Hilfestellung eine Selbstverständlichkeit war. Für alle Zeit dankbar bin ich für Joanna Fortnams Großzügigkeit, ohne die wenig hiervon hätte passieren können.

Ich danke all jenen von der RHS Library, die mir Raum und Zeit gegeben und ihre Gewogenheit gezeigt haben, indem sie schwer aufzuspürende Bücher für mich fanden, obwohl ich nie einen Mitgliedsausweis vorweisen konnte.

Was die Recherche anging, ist und bleibt die Gärtner-Community nach wie vor die großzügigste, die ich je kennengelernt habe. Jack Wallington und Andrew O'Brien beantworteten mir unendlich viele Anfragen zu Pflanzen-Facts, selbst während sie draußen mit beiden Händen in der Erde zugange waren.

Danke an Charlotte Runcie, die die kompliziertesten Dinge einfach erscheinen ließ. Danke auch an Amy Jones, die bei unzähligen Gesprächen, in Frustphasen und bei Schreibsitzungen für mich da war und mitgefiebert hat. Danke, Anna Morris und Heather Welsh, für die Freundschaft, die wichtiger ist als jedes Buch.

Vielen Dank an meine engsten Vincents – Mum, Dad und Tom –, die mich haben machen lassen und auf eine Art und Weise unterstützt haben, wie nur sie es können. Und an Hannah Murphy, deren unerschütterliche Begeisterung mir schon immer unendlich viel bedeutet.

Und zu guter Letzt Matt Trueman für seine andauernde Geduld, Motivation und sein Zutrauen.